# COMMENTAIRE

## APPROFONDI

## DU CODE CIVIL.

IMPRIMERIE DE J. GRATIOT,
rue du Foin Saint-Jacques, maison de la Reine Blanche.

# COMMENTAIRE

## APPROFONDI

## DU CODE CIVIL;

### PAR M. A. MAILHER DE CHASSAT,

AVOCAT A LA COUR ROYALE DE PARIS.

« At jus privatum sub tutelâ juris publici latet. Lex enim cavet
« civibus, magistratus legibus, magistratuum auctoritas pendet ex
« majestate imperii et fabrica politiæ, et legibus fundamentalibus.
« Quare si ex illâ parte sanitas fuerit, et recta constitutio, leges
« erunt in bono usu; sin minùs, parum in iis præsidii erit. »

Le droit civil tire toute sa force du droit public. En effet, la loi veille
au bien des citoyens, le magistrat veille à l'exécution de la loi;
mais le magistrat tire son autorité de la majesté même de l'État,
de l'organisation politique, des lois fondamentales. Que si tout
est sainement, fortement constitué sous ce rapport, les lois seront
efficaces, secourables; dans le cas contraire, on invoquera vainement leur appui.                         BACON, Aphorisme III°.

## TOME SECOND.

# A PARIS,

Chez { NÈVE, LIBRAIRE, au Palais de Justice.
VIDECOCQ, place Sainte-Geneviève.

### 1832.

# COMMENTAIRE

## APPROFONDI

# DU CODE CIVIL.

## ART. 2.

### SUITE DU CHAPITRE IV.

#### SECTION IV<sup>e</sup>.

De l'effet des lois nouvelles sur les testamens antérieurs.

---

#### PLAN, DIVISIONS.

Pour traiter avec ordre et solidité cette matière, il importe d'envisager le testament :

1° Sous le rapport de sa forme ;

2° Sous le rapport de la capacité du testateur et de celle de la personne honorée de la disposition, soit au temps de la confection du testament, soit au temps du décès du testateur, soit au temps de l'arrivée de la condition, même au temps de l'acceptation ( d'après le droit romain ). J'examinerai l'emploi réel de la règle catonienne, dans le droit romain et dans le droit français ;

3° Sous le rapport de l'objet de la disposition et de la disponibilité ;

4° Sous le rapport des changemens survenus, 1° depuis la confection du testament jusqu'au décès du testateur ; 2° depuis son décès jusqu'à l'acceptation. J'apprécierai à cette occasion la maxime : *Media tempora non nocent* ;

5° Enfin, sous le rapport de l'exécution du testament.

II.                                                                 1

# COMMENTAIRE

## § 1. — De la forme du Testament.

—

## SOMMAIRE.

*dans le Code civil? MM. Chabot et Merlin adop-*
*tent l'affirmative. Raisons qui doivent faire pen-*
*cher pour l'opinion contraire.*

10. — *Néanmoins, les raisons particulières, dont j'ai parlé*
*plus haut ( n° 8), peuvent déterminer quelquefois*
*à adopter cette disposition de l'ordonnance de 1735.*

11. — *Applications diverses du principe que c'est la loi nou-*
*velle qui régit la forme du testament fait sous l'em-*
*pire de l'ancienne loi.*

12 — *Appréciation exacte de quelques arrêts que l'on*
*suppose avoir jugé dans un sens contraire.*

13. — *Doit-on, sous le Code civil, décider, comme sous*
*l'ordonnance de 1735, que les seuls testamens*
*authentiques ayant date certaine, à leur égard*
*seulement, s'appliqueront les règles et les distinc-*
*tions précédentes relatives à la forme; qu'elles*
*sont étrangères aux testamens olographes. Rai-*
*sons d'adopter la négative. Réfutation de l'opinion*
*contraire de M. Chabot.*

———

1. La plupart des auteurs paraissent d'accord sur ce principe, que le testament est irrévocablement régi, quant à la forme, par la loi existante à l'époque de sa confection; que dès lors, une loi postérieure qui introduirait des changemens sous ce rapport, ne saurait porter atteinte aux testamens antérieurs revêtus des formes prescrites par l'ancienne loi, bien que l'auteur du testament ait survécu à la loi nouvelle. Mais sur quelles raisons appuient-ils ce principe? C'est ce qu'aucun d'eux n'a exactement indiqué. *Si hodiè*, dit Paul de Castres sur la loi 29 au Code, *de Testament.* « Fiat statutum quod in testamentis ser-
« vetur certa solemnitas, alias non valeant; si sint aliqua jam
« facta, sine illa solemnitate, nihilominus valebunt, licet tes-
« tator potuerit mutare et solemnitatem illam servare, quia
« non arctatur ad hoc ». Ainsi, le premier testament, revêtu des solennités précédentes, sera valable, bien que le testateur eût pu changer ce testament et adopter les formalités prescrites par la loi nouvelle, attendu qu'il n'y est pas tenu; *quia non*

*arctatur ad hoc.* Je cherche vainement dans cette assertion la raison du principe dont il s'agit; et les mots : *quia non arctatur ad hoc*, ne sauraient en tenir lieu. « Testamentum non vitiatur, « dit Vasquius ( *de Successionib.*, n° 9), si posteà fiat lex novam « formam dans testamentis, licet testator testamentum mutare « potuerit. . . . . . Quia sufficit quod actus qui factus fuit « ante legem novam, fuerit sine culpâ, et testamentum quod « tunc vigebat; et ità, cùm testamentum prædictum fuerit legi- « timè factum, non meretur pœnam annullationis ». Je ne vois là que l'autorité du docteur Vasquius, qui affirme que le testa- ment, revêtu des formes prescrites par la loi précédente, ne mé- rite pas d'être annulé, par la raison que la loi postérieure aurait introduit de nouvelles formes que le testateur n'a pas suivies. M. Merlin ( Quest. de droit, v° *Testament*, § 12) essaie de donner une raison : « Dans tout ce qui tient à la forme purement probante, dit ce jurisconsulte, il n'y a et il ne peut y avoir d'autre loi à suivre que celle du lieu et du moment où l'acte se passe. Une fois l'acte passé dans une forme probante, non- seulement il prouve d'une manière authentique tout ce qu'il contient, mais le droit de le prouver lui est irrévocablement acquis; et il ne peut pas plus perdre ce droit qu'il ne peut être dépouillé de sa forme dans laquelle il a été passé; l'observation de cette forme et le droit de faire preuve, étant deux corrélatifs inséparables l'un de l'autre. « Jus proba- « tionis, dit Balde, sur le titre de *Summâ trinitate* (*Cod.*, n° 18), « oritur à principio; undè posteà ex quo jus est ortum, non « tollitur mutatione loci ». J'entends bien la raison de M. Merlin: un acte qui a acquis tous ses effets le jour même où il est revêtu des formes prescrites par la loi, prouve son contenu en même temps qu'il donne le droit de le prouver; et cela, attendu qu'il y a indivisibilité entre le droit et la preuve de ce droit. Dès lors, le changement de domicile ne saurait priver de son droit celui au profit duquel il existe. Mais pourquoi l'acte reçoit-il définitivement sa forme probante de la loi sous l'empire de la- quelle il est passé? C'est ce qu'il ne nous dit pas.

2. M. Gilbert des Voisins, dans ses Conclusions sur le testament de M. de Pommereuil (1), va plus loin : il ne se borne pas à

_____
(1) Nouveau Denizard, v° *Acte.*

poser en principe, comme Balde et M. Merlin, que le droit, résultant de l'acte passé dans les formes de la loi, emporte en soi
le droit corrélatif de prouver son existence; il essaie d'établir
pourquoi l'acte reçoit sa forme de la loi du lieu où il est passé.
Voici dans quels termes : « La forme n'est attachée ni à la personne ni aux biens ; mais elle est inhérente au corps de l'acte.
C'est elle qui lui donne l'être et le caractère ; *il est donc na-*
*turel qu'il reçoive cette forme de la loi du lieu où il se fait et*
*où il commence à exister.* Il a donc été juste de préférer cette
loi, dans le concours de plusieurs, dont les formes ne pouvaient
être toutes accomplies ». La conséquence que M. Gilbert tire
de ce principe, est que le changement de domicile ne saurait
plus altérer la force et les effets de cette forme une fois acquise.
Mais toujours faut-il admettre en principe un acte parfait en soi,
un acte qui ne laisse plus rien à désirer, *ex quo jus est ortum*,
comme dit Balde ; alors on sent la raison donnée par M. Gilbert
des Voisins : il est naturel, en effet, que l'acte reçoive sa forme
de la loi du lieu où il se fait, et où il commence à exister (1),
et de là est née la règle *locus regit actum*. Dès que l'acte est
revêtu de toutes les formalités prescrites par la loi sous l'empire
de laquelle il est passé, il reçoit d'elle à l'instant sa force

(1) Voët donne trois raisons de ce principe : la première, est qu'il faut
éviter la multiplicité des testamens ou des actes, en raison du nombre
des contrées dans lesquelles on observerait des formes diverses, d'où résulteraient les plus graves difficultés et d'inextricables embarras, lorsqu'on
voudrait comprendre dans un seul acte toutes les choses indistinctement,
situées en divers lieux; la seconde, pour ne pas jeter habituellement le
trouble et la confusion dans des gestions d'ailleurs irréprochables et de
bonne foi ; la troisième enfin, parce qu'il n'est pas souvent facile, non-
seulement aux hommes vulgaires, ou qui ignorent les lois, mais même
aux jurisconsultes les plus habiles et les plus exercés, de s'assurer exactement des formes d'actes usitées dans chaque lieu, et des changemens
qu'elles peuvent subir journellement. « Quod ita placuisse videtur,
« tum ne in infinitum propè multiplicarentur et testamenta et con-
« tractus, pro numero regionum, diverso jure circa solennia utentium ;
« atque ita summis implicarentur molestiis, ambagibus, ac difficultatibus,
« quotquot actum, res plures pluribus in locis sitas concernentem, expe-
« dire voluerint : tum etiam, ne plurima bona fide gesta nimis facilè ac
« propè sine culpâ gerentis conturbarentur : tum quia ne ipsis quidem in
« juris praxi versatissimis, multòque minus alii simplicitate desidiâque la-
« borantibus, ac juris scientiam haud professis, satis compertum est, ac
« vix per industriam exquisitissimam esse potest, quæ in unoquoque loco
« requisita sint actuum solennia, quid in dies in hac vel illa regione novis
« legibus circa solennium observantiam mutetur ».

et sa vie; car il serait contraire à la foi publique, autant qu'à l'essence même de la loi, de dénier à l'acte, fait en vertu de ses prescriptions tout l'effet qu'il peut recevoir d'elle. C'est, conformément à ce principe, que la Cour de cassation a décidé, le 17 août 1814 (1), en confirmant un arrêt de la Cour royale de Nîmes: qu'un acte synallagmatique rédigé sous seing privé avant le Code civil, ne laissait pas d'être valable sous ce Code, quoiqu'il n'eût pas été fait double; que la Cour supérieure de justice de Bruxelles a rejeté, le 24 nov. 1819, une demande formée sous le Code civil, et tendant à faire déclarer non probante la copie tirée par un notaire en 1794, sur l'original d'une procuration capitulaire sous seing privé, qui était restée entre les mains du mandataire après le décès duquel on ne l'avait pas retrouvée dans ses papiers; et cela, parce qu'il était d'usage, dans l'ancien régime brabançon, qu'on délivrât des copies certifiées des actes notariés, et ce, par extrait; que, dès lors, l'acte se trouvait parfait, aux termes de l'ancienne loi. « Attendu, porte l'arrêt, qu'il est de principe que c'est la loi en vigueur au moment où un contrat prend son origine, qui doit déterminer le mode de preuve admissible par rapport à ce contrat, par la raison que l'admissibilité ou l'inadmissibilité d'une preuve forme un point nommé en droit *decisorium litis*; d'où il suit que ce n'est pas à la loi du temps où s'exerce l'action qu'il faut s'arrêter, mais à la loi du temps où se sont passés les faits qui sont la source de l'action ».

Mais si l'acte n'a pas encore atteint ses complémens indispensables, s'il ne peut encore conférer aucun droit, comme un testament, quelque régulière qu'en soit la forme, jusqu'à la mort du testateur, comment affirmer qu'il soit définitivement régi par la loi sous l'empire de laquelle il prend naissance? C'est ici que s'applique avec toute justesse le principe posé par Abraham de Wesel (sur les nouvelles ordonnances d'Utrecht, art. 22, n° 29). « Que l'acte, resté en suspens et qui n'est pas encore parfait dans toutes ses parties, est entièrement soumis à la loi nouvelle sous laquelle il a reçu sa perfection *et conféré un droit*. « Actus pendens, nec dùm usquequaque perfectus, omninò « regitur constitutione nova sub quâ complementum accepit EX « QUO JUS ORITUR ». Et vainement M. Merlin ( *ibid.* ) essaie-t-il

_____

(1) Répert., *Effet rétroact.*, p. 252.

de faire une distinction entre la capacité des personnes, le fond même des dispositions, et les formes probantes des actes, pour affirmer que le principe de Wesel est applicable dans le premier et le second cas, et ne l'est pas dans le troisième ; que, dès lors, la capacité et la disponibilité sont bien régies par la loi postérieure, mais que les formes sont irrévocablement fixées par la loi sous l'empire de laquelle l'acte a été passé. C'est là une distinction arbitraire que repoussera toujours la nécessité d'appliquer cet autre principe d'un ordre supérieur, que les formes ne sont réellement censées revêtir les actes que du moment où ils ont reçu leur perfection intérieure, et confèrent des droits acquis, *ex quo jus oritur*. Jusque-là les formes sont considérées comme sans force, sans utilité, et comme non avenues, puisqu'elles peuvent en définitive, ne reposer sur rien de solide. Ces principes nous sont ainsi exposés par Boullenois (*des Statuts*, t. II, p. 69) : « La grande solution en cette matière, dit cet auteur, et la seule voie même d'accorder les lois, est de distinguer si l'acte de la validité duquel il est question, est parfait en soi ; s'il a tellement reçu son complément qu'il soit indépendant de quelque événement qui puisse survenir dans le futur, et pour lors, c'est le cas de dire avec la loi 85, *de Reg. jur.* : *Non est novum ut quæ semel utiliter constituta sunt, durent, licet ille casus extiterit, à quo consistere non possunt.* Par exemple : une donation est revêtue de toutes les formalités prescrites par les lois ; cette donation est valable, encore que le donateur change de domicile, et que les lois pour l'insinuation changent pareillement, parce que la donation ayant été revêtue de toutes les formalités lors prescrites, *nihil amplius desideratur.* Que si, au contraire, l'acte n'est pas parfait en soi, en ce qu'il lui manque quelque chose qui ne peut lui être donné que dans le futur, *et que le droit en soit en suspens*, c'est le cas de dire, avec la loi 140, ff *de Verb. oblig.* ; *etsi placeat extingui obligationem, non tamen hoc in omnibus verum est* ».

3. Néanmoins, je ne dois pas dissimuler que Boullenois, entraîné par l'autorité de Rodemburg, excepte de l'application de ces principes précisément les formes des testamens. Voici comment il s'exprime (*des Statuts*, t. II, p. 163) : « Il ( Rodemburg) tombe, à cette occasion, sur une question incidente, qui est de savoir si un testament, revêtu de ses formes au jour qu'il a été fait, devient nul par défaut d'une nouvelle formalité de-

puis admise et prescrite, et il décide pour la validité du testament, parce que le testateur ayant rempli la forme que la loi prescrivait pour lors, une nouvelle loi qui introduit une nouvelle forme, ne saurait annuler un acte parfait dans sa forme, à moins qu'elle ne le dise expressément, ainsi que nous l'avons déjà remarqué en l'observation 34 ».

Mais que dit donc Rodemburg ? Il s'explique sur le sens de la loi 85, ff *de Reg. jur.*, que l'on vient de lire. Selon lui, cette loi comporte une distinction nécessaire entre la capacité du testateur et la capacité du légataire. Relativement à la première, voici ses propres paroles (*Traduction* de Boullenois, t. II, p. 83): « Il suffit, quant à la personne du testateur, qu'il soit capable de faire un testament dans le temps qu'il le fait; j'entends qu'il ait les facultés de l'esprit et celles du corps; mon intention n'étant pas de parler de la condition personnelle d'un testateur, ni de la perte qu'il pourrait souffrir de son état. Or, de même que les testamens des furieux, des prodigues, des aveugles, des sourds et des muets, qui ont testé auparavant que d'être tels, ne sont point annulés pour être les testateurs tombés depuis dans ces empêchemens de tester, de même aussi tout autre testament n'en est pas plus nul, à cause du défaut d'une nouvelle formalité qui aura été depuis exigée: car, dès que le testament est valable dans sa forme, le testateur a fait tout ce qui lui est prescrit, et la loi n'exige rien de lui davantage; mais à l'égard des héritiers et des légataires, ils ne commencent à pouvoir agir qu'après la mort du testateur, et ce n'est que de ce moment qu'ils ont droit de prendre, en vertu du testament, n'ayant pas d'action auparavant ».

Or, je soutiens que la première partie de cette doctrine est fausse dans sa généralité.

Et d'abord, il n'est pas permis d'argumenter des incapacités personnelles de tester, aux prescriptions prohibitives qui dérivent directement de la loi; en second lieu, les formes des testamens sont de droit public; elles sont fondées sur des vues générales, qui ne sauraient, dans aucun cas, devenir l'objet des stipulations privées; et c'est surtout de ces formes, lorsqu'elles sont dérogatoires aux formes précédentes, que doit s'entendre la maxime exprimée par la loi 98, *de Verb. oblig.*, que les choses, régulièrement établies d'abord, cessent d'exister, lorsque survient un événement qui se serait opposé à ce qu'elles prissent

naissance. « Ea quæ rectè, constiterunt resolvi, cùm in eum
« casum reciderunt, à quo non potuissent consistere ».

Abraham de Wesel, qui soutient l'opinion de Rodemburg, ne
l'appuie pas par de meilleures raisons. Il commence (*ad Novell.
Constit. Ultraj.*, art. 22, n° 29) par poser ce principe d'une
souveraine justesse : qu'il faut entendre la loi 7, au Code
*de Legib.* des actes passés et consommés, de telle sorte qu'au
moment même où ils sont consommés, il en résulte un droit
acquis pour quelqu'un. « Leges autem novæ ad futura tantùm
« negotia, non ad actus præteritos trahuntur. Quod exaudiendum
« de actibus semel anteà gestis et consummatis, ET QUIBUS ALICUI
« CONTINUÒ JUS QUÆSITUM EST ». Puis, arrivant aux applications,
il décide : que les jeunes gens qui ont terminé leur tutelle à vingt-
deux ans sous l'ancien droit, ne retomberont pas en tutelle sous
le nouveau droit qui ne la fait cesser quà vingt-cinq ans; et pourquoi
cela ? Parce qu'il y a eu droit acquis à leur égard, du jour où a cessé
leur tutelle sous l'ancien droit. Cette raison, que ne donne pas
Rodemburg, est l'unique appui de sa solution. Mais il ajoute, que
le testament fait d'après les formes prescrites par l'ancien droit
par un jeune homme de quatorze ans, ou dans lequel aura figuré
comme témoin un jeune homme de cet âge, ne sera pas nul
parce que la loi nouvelle fixe à dix-huit ans l'âge auquel on peut
faire un testament, ou être employé comme témoin dans cet
acte. Or, quelle est la raison de Wesel ? Il n'en donne aucune.
La seule qu'il pourrait donner renverserait directement sa décision. Il faut, selon lui, entendre la loi 7 au Code, *de Legib.*,
comme on vient de le voir, d'actes d'où dérive actuellement un
droit acquis pour quelqu'un, *de actibus. . . . . quibus alicui
continuò jus quæsitum est.* Eh! le moyen de découvrir un droit
actuellement acquis pour personne dans un testament, quelque
authentique et régulier qu'il soit, jusqu'à la mort du testateur ?

Sans doute, la raison, l'équité, certaines considérations, tirées
de la justice générale, peuvent, comme je le dirai plus loin,
conseiller l'abandon de la rigueur de cette doctrine; on peut être
amené à faire parfois une distinction, entre les formes substantielles, celles qui ont directement pour but l'existence, la sincérité même du testament, et les formes accidentelles, ou auxquelles la loi n'attache qu'une importance accessoire ou secondaire; mais ce qu'il faut avant tout, en législation, c'est d'éviter
d'ébranler les solides doctrines du droit; c'est de s'efforcer de les
rétablir dans l'opinion des hommes, lorsqu'elles ont perdu leur

autorité ; les exceptions viennent ensuite d'elles-mêmes se placer, et, avec d'autant plus de facilité, à côté de la règle réhabilitée.

4. Vinnius expose à son tour, sur cette matière, une doctrine large qui reçoit sans difficulté son application aux formes des testamens, et que je veux faire connaître.

Ce jurisconsulte (*Instit.* lib. 2, tit. 20, § 11) essaie de concilier les deux principes du droit romain, que certaines choses une fois établies ne laissent pas de continuer d'exister, malgré la survenance d'événemens qui les auraient empêché de naître, s'ils eussent co-existé avec elles : « Non est novum ut quæ semel utiliter « constitua sunt, durent, licet ille casus extiterit à quo initium, « capere non potuerunt (L. 85, § 1, ff *de Reg. jur.*) »; et que les choses régulièrement ou utilement constituées d'abord, cessent d'exister, lorsqu'elles parviennent au cas auquel elles n'auraient pas pu commencer à exister : « Ea quæ initio rectè seu utiliter « constiterunt, resolvi, evanescere, in irritum deduci, cùm in « eum casum reciderunt, à quo non potuissent incipere vel con- « sistere. L. 98, ff *de Verb. oblig.* (*suprà*) ». Voici ses pro- pres paroles : « Dans les affaires entièrement consommées, qui n'attendent aucun complément de l'avenir, c'est, sans exception à la première règle qu'il faut s'en tenir, et dire : que toute chose qui est utilement accomplie ne saurait, dans aucun cas, cesser d'exister, par la survenance d'événemens qui l'auraient empêché de naître, s'ils eussent co-existé avec elle. Mais si l'affaire est en suspens, *si le droit qui en résulte est entièrement subordonné à un événement à venir et non encore réalisé*, il faudra dire que l'affaire existera ou cessera d'exister, selon la nature même de cet événement ; car, s'il est tel qu'il empêche l'affaire de re- cevoir son complément définitif, évidemment l'affaire n'existera pas ; que si, au contraire, il ne s'oppose pas à ce qu'il le reçoive, elle continuera d'exister et obtiendra tous les effets dont elle est susceptible ? « In negotiis omni ex parte perfectis, id est, quæ « nihil futuri ad consummationem desiderant, sine exceptione « valet prior definitio, nunquam ea, quæ utiliter sic gesta con- « summata sunt, infirmari ob eam causam, quod ille casus eve- « nerit, à quo consistere non poterant. Quod si negotii gesti jus « adhuc pendeat, et ad plenam perfectionem ejus adhuc aliquid « amplius desideratur, hîc aliud atque aliud pro conditione ca- « sûs postea incidentis, placet. Nam si quod postea intervenit, « tale sit, ut impediat, quominùs negotium rectè cæptum ad fi- « nem perducatur, placet, quod antè gestum est, resolvi : si

« non impedit, durare quod benè gestum est exitumque suum
« sortiri ».

Par exemple, supposez un individu qui a fait un testament
régulier ; il perd ses droits civils par la suite, soit parce qu'il devient esclave, soit parce qu'il est déporté ou adrogé. Son testament demeurera aussitôt sans effet, attendu que par la servitude,
la déportation ou l'adrogation, l'état ou la condition du testateur est changé de manière à ce qu'il ne soit capable ni de faire
un testament ni d'avoir un héritier. Il faut en dire autant de l'esclave d'autrui auquel le testateur avait fait un legs, et que le
testateur a acheté par la suite ; le legs cessera d'avoir son effet,
l'esclave n'étant plus susceptible de le recevoir. Tel sera encore
le cas de l'esclave devenu l'objet d'une stipulation et rendu plus
tard à la liberté ; le cas où la chose exprimée dans la stipulation
aura été mise plus tard hors du commerce par un événement
quelconque, pourvu que ce soit sans le fait de l'obligé ; par
exemple, si elle est consacrée, ou si elle passe dans le domaine
public ( *Instit.*, lib. 3, tit. 20, § 2 ) ; enfin, il en sera de même
si l'héritier institué est incapable de recevoir (1). Dans tous ces
cas, le testament est : *actus ad plenam perfectionem ejus adhuc
aliquid amplius desiderans* ; et l'événement subséquent sera de
nature à empêcher qu'il n'ait aucun effet. C'est alors que s'appliquera dans toute sa vérité la maxime : *ea quæ rectè constiterunt,
resolvi, cum in eum casum reciderunt, à quo consistere non potuissent.* Mais supposez, qu'après avoir fait un testament régulier, le testateur soit frappé de démence, de fureur, ou placé,
pour toute autre cause, en état d'interdiction légale, son testament cessera-t-il d'avoir tous ses effets s'il meurt dans cet état ?
Nullement. Le testateur n'a pas perdu ses droits civils, il n'en a
perdu que l'usage. La grande différence, dit Donellus ( *Comment.
ad Pandect. de Testam.* ), entre ceux dont le testament demeure sans effet, et ceux dont le testament conserve les siens,
ne consiste pas tant dans le changement d'état qui les empêche
de faire un testament ( car, sous ce rapport, les uns et les autres
seraient également incapables ), qu'en ce que les premiers,
perdent par le changement d'état, la propriété de leurs biens,
et par suite l'objet même de la disposition testamentaire, tandis
que les seconds la conservent. « Notanda igitur ratio, cur eorum,

_____

(1) L. 3, ff *de his, quæ pro non scrip. habent.*

« qui capite minuti sunt, testamenta irrita fiant; cur aliorum
« non fiant irrita, facile intelligetur. Et non quia eorum, qui
« capite minuuntur, status mutatur in eam conditionem, à qua
« testamentum facere non possent, idèo eorum testamentum fit
« irritum (alioqui nihil caussa esset, cur in eadem mutatione
« non idem diceremus de cæteris) : sed hæc caussa est, quod
« capite minuti, statu mutato, bona quoque habere desinunt,
« ut quidem de his posint testari ». Et c'est dans ce cas qu'on
pourra régulièrement dire avec la loi 85, ff *de reg. jur. non est
novum ut quæ semel utiliter constituta sunt, durent, licet ille casus extiterit, à quo consistere non possunt* (1).

(1) Jacques Godefroi, dans une Dissertation savante ( *Opera minora*,
p. 970 ), a aussi tenté de concilier ces deux règles : selon lui, la première
est applicable à tout ce qui, non-seulement reçoit à l'instant même une
existence réelle, mais encore est utilement constitué : *Quorum dies utiliter ante casum existentem cessit.* Dans ce cas, ce qui a été fait se soutient, *etsi casus extiterit, à quo initium capere non posset.* Il en excepte
toutefois un changement essentiel survenu dans la chose ou dans la personne : *Nisi rei aut personnæ status essentialis ita mutatus fuerit, ut
jam adimpleri nequeat.* Par exemple : la chose qui a fait l'objet de notre
stipulation est mise hors du commerce, soit par ce qu'elle est consacrée
à la religion, soit pour toute autre cause. L'esclave, formant l'objet de
la stipulation est mis en liberté plus tard; mon esclave, institué héritier
par un tiers, est chargé de me payer un legs; après la mort du testateur,
je lui donne l'ordre d'accepter l'hérédité; je réunis aussitôt la qualité
d'héritier et de légataire; dans tous ces cas, la règle n'est plus applicable; un changement essentiel s'est opéré dans la chose ou dans la personne; et dès lors s'évanouit ou cesse d'exister ce qui avait été régulièrement et utilement constitué d'abord.

Tout ce qui, au contraire, n'a pas reçu un effet actuel, ou qui, bien
qu'existant d'abord, n'a pas été utilement constitué, avant l'arrivée de
l'événement; enfin, tout ce qui n'est pas encore exigible, cesse d'exister,
alors qu'arrive l'événement qui se serait opposé, dans le principe, à son
existence. « Quæ ex præsenti vires non cœperunt, vel quamvis consis-
« tant, non tamen constituta sunt ante casum existentem, denique quorum
« dies nondum cessit, ea evanescunt, emergente casu, à quo initium capere
« non potuerunt». Et il donne quelques exemples que j'apprécierai plus loin.

Mais en rapprochant les textes nombreux à l'aide desquels Jacques
Godefroi a prétendu appuyer la conciliation qu'il donne, on s'aperçoit
qu'il n'a mis le plus souvent que des subtilités en regard les unes des autres.

Le jurisconsulte Paul ( L. 8, ff *de Legat.* 2 ), appliquait la dernière de
ces règles même, au cas où le testateur avait légué purement et simplement
à son créancier, le montant de sa dette, et alors que la dette se trouvant
à terme, ou sous condition, le terme ou la condition échéait du vivant du
testateur : le legs est inutile, disait Paul, quoique régulier dans le prim-

Faisant donc une application précise de ces principes aux testamens, il faudra dire : que ces actes ne confèrent aucun droit du vivant du testateur ; que, dès-lors, la forme employée par lui, quelque régulière qu'elle soit, ne sera, définitive et avouée par la loi qu'à sa mort ; que, jusque-là, la loi ne saurait définitivement concourir avec une forme à laquelle elle n'attache encore aucun effet ou dont l'effet est suspendu et peut même être empêché par une foule d'événemens ; qu'enfin, elle a pu, sans rétroagir, changer les formes déterminées par l'ancienne loi, même à l'égard des testamens qui s'en trouvent revêtus, parce qu'encore une fois, les formes d'un testament n'étant que le si-

cipe ; *dicendum erit, inutile effici legatum, quamquam constiterit ab initio ;* et il n'en donnait pas d'autre raison que celle qu'exprime Marcellus, dans la loi 98, ff *de Verb. oblig.* ; et qui forme la règle précédente, savoir : que certaines choses régulièrement constituées d'abord, cessent d'exister lorsqu'elles sont parvenues au cas auquel elles n'auraient pas pu commencer d'exister. « Maximè secundum illorum opinionem, qui etiam ea, « quæ rectè constiterint resolvi putant, cum in eum casum reciderunt, « à quo non potuissent consistere (1) ». Papinien, au contraire ( L. 5, ff *ad Leg. falcid.* ), plus fidèle à la règle catonienne, appliquée *à contrario*, écartait la subtilité, en s'attachant surtout à la volonté du testateur qui continuait de subsister, même après l'événement ; et il déclarait le legs valable. « Quod si dies aut conditio legatum fecerit, non utilitatis « æstimatio, sed totum petatur quod datum est : nec si vivo testatore dies « venerit, aut conditio fuerit impleta, fiat irritum quod semel competit ». Justinien a préféré cette dernière opinion qu'il a érigée en loi dans les Institutes, *de Leg.*, § 14.

Autre exemple : Aux termes de la loi 19, ff *de Serv. præd. rustic.* l'associé, dans la propriété d'un fonds commun, ne peut pas utilement stipuler, au nom de la société, l'établissement d'une servitude au profit de ce fonds, *quia nec dari ei potest*, dit la loi. Le même principe se retrouve dans la loi 5, ff *Comm. præd.* « Si je vends un sol commun, puis-je stipuler une servitude sur ce sol, tant pour moi que pour mon associé ? J'ai répondu, dit Javolenus, auteur de cette loi, que personne ne pouvait stipuler de servitude que pour soi-même. « Si commune solum vendo, UT « MIHI ET SOCIO SERVIAT, an consequi possim ? Respondi, servitutem « recipere, nisi sibi, nemo potest. » (Le même principe est encore consacré par les lois 18 *Eod. titul.*, 18 ff *Comm. præ.*, 4, § 3, ff *si Servit. vindic.* et 2, § 2, ff *de Verb. oblig.* ).

Mais *quid*, si celui qui a stipulé une servitude sur son propre fonds décède laissant plusieurs héritiers ? La subtilité du droit romain voulait qu'appliquant dans ce cas la règle d'après laquelle la servitude ne pouvait pas être acquise par partie, *pro parte dominii, servitutem adquiri, non posse, vulgo traditur* ( L. 11, ff *de Servit.* ); les héritiers ne pus-

(1) V. aussi le § 2, Instit., *de Inutil. stipul.*

gne régulier et certain de la volonté du testateur, et cette volonté n'obtenant ses effets, ne conférant de droit acquis, qu'à sa mort, le signe de cette volonté est rigoureusement sans existence, puisqu'il est sans valeur jusqu'à cette époque. Mais c'est ici le

sent pas l'acquérir séparément; que dès lors, l'obligation fut éteinte, se trouvant ramenée au cas auquel elle n'aurait pu commencer à exister. *Quidam hoc casu extingui stipulationem putant*, dit Paul dans la loi 2, § 2, ff *de Verb. oblig*; *quia per singulos adquiri servitus non potest*; et il en donne lui-même la raison dans la loi 140, § 2 (*Eod. tit.*): *Alioquin incideret obligatio in eum casum à quo incipere non potest*. Mais ce n'est là évidemment qu'une subtilité; et c'est ce que reconnaît le même Paul dans la loi 2, § 2, *in fine*, ff *de Verb. oblig.* déjà citée, *sed non facit inutilem stipulationem difficultas præstationis*. Or, il résulte nettement du principe et de l'espèce retracés par la loi 137, § 4, au même titre, que la difficulté dans la prestation de l'obligation n'est nullement un obstacle à son existence. M. Pardessus (*des Servitudes*, n° 251, *in fine*), se borne à dire: « Que l'héritier, ou autre successeur à titre universel, dans ce cas, représentant pour tous effets celui à qui il succède, a droit, ou est tenu de faire ce qu'il aurait pu ou dû faire lui-même ».

Mais voici la distinction judicieuse que présente à ce sujet Averani (*Interpret. juris*, lib. 4, cap. 24). La servitude ne peut pas être établie par partie, attendu qu'elle est indivisible. Lorsqu'elle est stipulée au profit du propriétaire du fonds, elle l'est donc pour la totalité, *in solidum*. Que si celui-ci vend une portion de son fonds, la stipulation s'évanouit, étant ramenée au cas auquel elle n'aurait pu commencer d'exister. « Et ideo si quis fundum habens viam stipuletur, posteà autem fundi « partem alienet, corrumpit stipulationem, in eum casum deducendo, à « quo stipulatio incipere non possit ». Ce qui est parfaitement exact. Mais, ajoute Averani, il ne saurait en être de même des héritiers du stipulant; l'héritier représente le défunt, il ne forme qu'une seule et même personne avec lui; l'hérédité est un droit incorporel indivisible, non susceptible d'une possession divisée, bien que les objets dont elle se compose soient susceptibles de cette possession. Rien donc d'étonnant que chacun des héritiers du défunt, soit censé posséder comme lui, c'est-à-dire, *in solidum*, et sans division, la servitude établie sur son fonds, puisqu'elle n'est pas susceptible d'une autre possession. On ne saurait donc luiappliquer la règle précédente.

Le jurisconsulte Paul exprime toujours la même pensée dans la loi 19, ff *de Servit. præd.* déjà citée. Après avoir posé le principe, qu'un seul associé ne peut pas acquérir une servitude au profit du fonds commun; il ajoute: *Nec si stipulator viæ plures hæredes reliquerit; inutilis stipulatio fiat*. Quelle en peut être la raison? C'est, dit Jacques Godefroi (*loc. cit.*), que la stipulation a pris immédiatement toute sa force, et a constitué un droit dans la personne du stipulant; que dès lors ses héritiers doivent jouir de ce droit qui consiste dans l'acquisition de la servitude. « Rectius Paulus, quia stipulatio ex præsenti vires cœpit, jusque ejus « constitutum est in persona stipulatoris; ac proindè et hæredes ejus

lieu d'examiner pourquoi la loi ne saurait concourir d'une manière définitive avec les formes du testament, avant la mort du testateur.

5. En principe, on ne reconnaît que quatre espèces de *formes*

« eodem jure frui debent acquirendæ scilicet servitutis ex stipulatione ». L'interprétation d'*Averani*, que l'on vient de lire, est sans doute applicable à cette espèce ; mais Dumoulin va plus loin ( *Extricat. Labyrinth. divid. et individ.*, part. 3, nº 17), «non-seulement il n'y a pas lieu, selon lui, à appliquer la règle subtile dont nous venons de parler, au cas où le stipulant a laissé des héritiers entre lesquels se divise l'obligation, mais même, il n'y a pas lieu de l'appliquer au cas où l'un des associés seul a stipulé la servitude au profit du fonds commun ; dans ce cas encore, dit cet auteur, et alors que les autres associés refuseraient leur consentement à l'acquisition de la servitude, la stipulation ne serait pas pour cela inutile, et ne s'éteindrait pas ». Elle aurait en effet, même dans cet état, une foule de résultats : « Et ego dico quod etiamsi nolint, sed repudient « acquisitionem servitutis, tamen stipulationem non est in se inutilis, nec « evanescit, quia stipulator poterit compellere socios ad divisionem , « deinde ad partem sibi pro indiviso adjudicatam facere constitui servi- « tutem promissam, vel ad totum fundum, si totus sibi adjudicatur, aut alio « quocumque modo illum vel ejus partem indivisam acquirat, aut quoties « mutato proposito, socii consentiant imponi ». Quant aut mots *inutilis est stipulatio* de la loi 19, *de Servit. præd.*, appliqués à l'associé qui a stipulé seul la servitude au profit du fonds commun, Dumoulin ( nº 17) les réduit à l'unique sens qu'ils puissent présenter savoir : que la stipulation ne saurait produire ses effets immédiats et naturels dans la personne de l'associé qui a stipulé de la sorte, attendu qu'il en est incapable, *quia nec dari ei potest*. Ainsi, la réclamation directe de cette servitude, le droit de demander son établissement sur la partie du fonds propre à l'associé stipulant, ne sauraient sans doute lui appartenir ; mais la stipulation conservera ses autres effets : « Non obstat lex siunus ibi, *inutilis* « *est stipulatio* : quia debet intelligi quantum ad ipsius servitutis præ- « sentem petitionem, seu persecutionem, exactionem, et constitutionem, » quæ non potest peti per talem socium, qui solus stipulatus est, quia « nec ei dari potest ; NON AUTEM QUOD STIPULATIO QUOAD ALIA SIT INU- « TILIS ». Plus loin ( nº 26 ) il reproduit la même pensée en ces termes : « Est ergo inutilis in quantum et quamdiu stipulatori dari nequit, seu « quatenus et quamdiu stipulator est incapax : NON ALIAS ».

Enfin, c'est dans ce sens, et toujours en haine de la subtilité, que le même auteur interprète la loi 11, ff *de Servit.* (*suprà*). « Pro parte dominii « servitutem adquiri non posse, vulgo traditur ; et ideo si quis fundum « habens viam stipulatur ; et partem fundi sui postea alienet, corrumpit « stipulationem in eum casum deducendo, à quo stipulatio incipere non « possit ». La loi 98, ff *de Verb. oblig.*, dans laquelle on lit : « Et si « fundi dominus sub conditione viam stipulatus fuerit, statim fundo alie- « nato evanescit stipulatio; la loi 136, § 1, *Eod. tit.* Si qui viam ad « fundum suum dari stipulatus fuerit, postea fundum partemve ejus,

ou *formalités;* les formalités *habilitantes*, les formalités *intrinsèques*, les formalités *extrinsèques* ou *probantes*, et les formalités *d'exécution.* C'est M. Merlin qui nous enseigne cette théorie dont je reconnais toute l'exactitude (Répertoire, t. XVI, v° *Loi,*

« ante constitutam servitutem alienaverit, EVANESCIT STIPULATIO ; enfin,
« la loi 140, § 2. Hoc evenit ( c'est-à-dire extinguitur stipulatio) si pars
« prædii servientis, vel cui servitur, alterius domini esse cæperit ».
Jacques Godefroi ( *Ibid.* ) avait pensé que dans ces divers cas la stipulation était éteinte d'une manière absolue, et sans qu'elle pût produire aucun effet ultérieur. Et il en donnait la raison suivante : « Quorum om-
« nium hæc una veraque ratio est, quia illa nondum constituta fuerunt, et
« cùm nondum constituta essent, is casus extitit à quo initium capere non
« potuerunt. Casus, inquam, putare alienata, antequam jus constitue-
« retur ». Mais Dumoulin a porté plus loin ses regards : Après avoir posé en principe, comme Godefroi lui-même, qu'il ne faut considérer, ni comme loi, ni comme règle, la décision d'après laquelle une stipulation, régulièrement formée d'abord, s'éteint lorsqu'elle parvient à un cas auquel elle n'aurait pas pu commencer d'exister; que d'après la meilleure analyse des lois sur les servitudes, il faut interpréter ces mots : *Corrumpi stipulatio, evanescit stipulatio,* en ce sens que la constitution ou l'établissement de la servitude seulement se trouve suspendu, la stipulation conservant toujours ses forces premières; il ajoute ( n° 155 ) : « Et c'est de là que les glossateurs et les docteurs ont mal à propos conclu, qu'un acte régulièrement formé d'abord, était vicié ensuite, s'il parvenait au cas auquel il n'aurait pu commencer à exister; ce qui n'est exact, ni dans cette matière, ni dans aucune autre. Tandis qu'au contraire ils devaient en conclure : qu'il y avait seulement empêchement ou suspension dans l'exécution. « Et sic indicem malè collegerunt glossatores et doctores vitiari
« actum etiam rectè cœptum, si ante consummationem deveniat ad casum
« à quo incipere non potest: quod nec ibi, nec alibi in toto jure probatur ;
« sed debebant colligere impeciri, sive suspendi dumtaxat ». Enfin, il réfute l'opinion de ceux qui pensaient que l'on devait du moins appliquer, par restriction, le sens des lois précédentes à la portion indivise comprise dans la stipulation. A l'égard de cette portion, disaient-ils, on ne saurait nier que la stipulation ne s'évanouisse entièrement». « Je dis, répond Dumoulin ( n° 156 ), qu'alors que le stipulant aurait aliéné une partie indivise du fonds, la stipulation n'en restera pas moins utile et efficace après la division. En effet, si, par suite du partage, le fonds lui est attribué en tout ou en partie, il pourra réclamer ( utilement,) l'exécution de la stipulation; s'il est adjugé à d'autres, le bénéfice de la stipulation ne leur sera sans doute pas transmis, mais il pourra leur en faire la cession; il pourra enfin en traiter, soit avec eux, soit avec l'obligé. On ne doit donc pas la considérer comme éteinte. « Nos verò dicimus, quod etiamsi partem
« indivisam alienaverit, tamen utilis et efficax erit STIPULATIO DIVISIONE
« postea SECUTA ; si tamen fundus, vel ejus pars pro diviso sibi obvenerit
« in qua possit petere stipulationis executionem : quod si totus fundus
« aliis adjudicatus fuerit, non transit ad illos stipulatio, sed potest sti-

§ 6, n° 7 ). Il s'agit évidemment ici de formes ou formalités *extrinsèques* et *probantes*, et c'est ainsi qu'il les envisage lui-même par rapport aux testamens (*ibid. Effet rétroactif*, p. 252 ); or, quel est l'objet propre de ces formes, leur vertu par rapport aux

« pulator illam eis cedere, vel de illa cum eis, aut cum promissore deci-
« dere, negotiari ; tantùm abest ut obid stipulatio ipsa in se evanescat,
« ut omnes malè putaverunt ».

En résumé, on doit dire que lorsque l'acte est tellement consommé, qu'il reçoit une exécution actuelle, et obtient sur le champ ses effets généraux et nécessaires, c'est le cas d'appliquer la règle : *Non est novum, ut quæ semel utiliter constituta sunt, durent*, etc. L'acte subsiste toujours, quel que soit l'événement ultérieur qui se serait opposé, dans le principe, à ce qu'il prît naissance. Ainsi, un contrat de mariage, une donation, une vente, etc., ne cessera pas d'exister, parce que l'une des parties sera interdite plus tard pour cause d'aliénation mentale, sera frappée de mort civile, ou aura, de toute autre manière, éprouvé un changement d'état. Mais, si l'acte n'a pas reçu son exécution actuelle et définitive, en telle sorte, qu'un événement ultérieur puisse et vienne l'altérer dans son essence, alors s'appliquera la seconde règle : *Ea quæ rectè constiterunt resolvi, cùm in eum casum reciderunt, à quo non potuissent incipere.* L'acte cessera d'exister par l'événement qui se serait opposé dans le principe, à ce qu'il eût pris naissance. Par exemple : Je conviens avec un architecte qu'il me construira une maison sur un terrain, qui depuis, et par décision de l'autorité supérieure, devient lieu public, la convention cessera d'exister, se trouvant altérée dans son essence, puisque l'un de ses objets propres, c'est-à-dire le lieu où devait s'exécuter la convention, se trouve enlevé au commerce.

Ainsi, une servitude est stipulée, mais non encore établie, par le propriétaire du fonds ; il vend plus tard une portion de son fonds. Le nouvel acquéreur ne pourra, comme on l'a vu, dans la rigueur des principes, réclamer la servitude. Pourquoi cela ? Parce que la stipulation primitive est altérée dans son essence, se trouvant parvenue au cas auquel elle n'aurait pu commencer d'exister, car la servitude ne saurait s'acquérir par partie, n'étant pas divisible.

Enfin, appliquant le principe de Jacques Godefroi : *Nisi rei aut personæ status essentialis ità mutatus fuerit, ut jam adimpleri nequeat.* Il faut dire que les formes sont de la *substance* même du testament ; car, en leur absence, on ne saurait reconnaître cet acte ; et, qu'à leur égard, s'appliquent les maximes : *Forma dat esse rei ; mutata forma propè interimit substantiam rei.* L. 9, § 3, ff *ad Exhib.* ; que la loi postérieure ayant déterminé les nouvelles conditions d'existence du testament ( que ces conditions tiennent à la capacité du testateur, ou à la forme sous laquelle il manifeste sa volonté ), ce testament n'existe qu'en vertu de la loi nouvelle ; qu'il est dès lors vrai de dire avec la loi 98 ( *suprà* ) : Que l'acte, quoique régulier d'abord, cesse d'exister, étant parvenu au cas auquel il n'aurait pu commencer d'exister. *Ea quæ rectè constiterunt resolvi, cùm in eum casum reciderunt, à quo non potuissent incipere.*

actes en général ? *C'est*, dit le même auteur ( *ibid.* v° *Loi*, su-
*prà* ), *de constater, soit l'accomplissement des formalités habilitantes et des formalités intrinsèques, soit ce qui a été fait par suite
du concours des unes et des autres. Telles sont, dans les contrats
et dans les testamens, les signatures des parties, des témoins et des
notaires ; telles sont encore dans les uns et dans les autres, les qualités que doivent avoir ces notaires et ces témoins »*. Mais si pour
prendre aux yeux de la loi leur véritable caractère, leur force
réelle, les formes extrinsèques ou probantes doivent en effet
constater, comme on vient de le dire, l'accomplissement soit
des formalités habilitantes, soit des formalités intrinsèques, soit
même leur concours ; comment rempliraient-elles cet objet par
rapport aux testamens qui ne portent réellement ce nom qu'au
décès du testateur, qui ne sont jusque-là qu'une vaine expression de sa volonté dont il peut toujours se jouer, et qui dès lors
ne sont censés renfermer ni formalités *habilitantes* ni formalités
*intrinsèques* ? Il est donc évident que ne pouvant atteindre ce résultat, elle restent en réalité, hors des effets de la loi, jusqu'à
la mort du testateur. Le même auteur donne, dans une autre
question que j'examinerai plus loin, le non *d'existence matérielle* à un pareil acte jusqu'à la mort du testateur. Mais on peut
lui demander quels effets il prétend attacher à un acte qui n'est
pas encore reconnu par la loi, et par suite, quel sens efficace il
attribue aux mots *existence matérielle* (1) ?

6. Enfin, ceux qui veulent faire prévaloir les principes contraires, ont coutume d'opposer les termes de la loi 29 au code,
*de Testam.* Mais que dit Justinien dans cette loi ? « Que les formalités nouvelles auxquelles il assujettit les testateurs ne seront
obligatoires que pour les testamens qui seront faits à l'avenir,
parce qu'on ne saurait faire un reproche aux testateurs qui ignorant la loi nouvelle, se sont conformés à l'ancienne ». « Quæ in
« posterùm tantummodò observari censemus : ut quæ testamenta
« post hanc novellam nostri numinis legem conficiuntur hœc

_____

(1) Aux mots *Effet rétr.*, p. 273, il appelle encore un tel acte *pendens
negotium* : c'est là une expression évidemment inexacte ou fausse. Un projet
de testament ne porte nullement en soi l'idée d'une affaire commencée. On
verra d'ailleurs plus loin, que la loi positive seule a pu consacrer par sa
toute-puissance, ce que les principes ordinaires du droit forçaient de
résoudre en sens contraire, c'est-à-dire réduire à l'état de *nullité* des
actes auxquels la loi ne pouvait régulièrement attacher aucun effet.

« cum tali observatione procedant. Quid enim antiquitas pecca-
« vit, quæ præsentis legis inscia, pristinam secuta est observa-
« tionem ? » Or, Justinien me paraît par-là statuer bien plus en
fait qu'en droit ; et sa règle doit être évidemment limitée au cas
où les testateurs sont régulièrement présumés ignorer la loi : il y
aurait en effet injustice dans ce cas à les assujettir à d'autres dispositions qu'à celles qu'ils connaissent.

Cette interprétation au surplus résulte de la manière la plus
formelle de la Novelle 66 qui peut être considérée comme le
meilleur commentaire de la loi 29, en même temps qu'elle expose
les vrais principes de la matière.

Justinien en effet ne dit nulle part dans cette Novelle que les testamens faits d'après les formes prescrites au temps de leur confection, seront valables, bien que les testateurs aient survécu à
loi nouvelle qui en prescrit d'autres, par *l'unique raison qu'elles
sont régulières et probantes* ; loin de là : tous ses soins tendent à
prévenir, soit dans la capitale, soit dans les provinces, l'ignorance de la loi qu'il publie, et c'est dans cette vue qu'il accorde
deux mois, à partir de son insinuation ( ou promulgation ), pour
qu'elle devienne obligatoire généralement. Par là, ajoute-t-il,
aucune excuse sur l'ignorance de la loi ne sera valable. « Ut autem
« apertius, causa declaretur sancimus, si scripta fuerit hujusmodi
« lex, hanc post duos menses dati ei temporis valere, et in
« republica tractari, sive in hac felicissima civitate, sive in pro-
« vinciis, post insinuationem sufficienti hoc tempore omni-
« bus manifestam eam constituere, et tablleionibus ejus cognos-
« centibus virtutem, et subjectis agnoscentibus, legemque ser-
« vantibus. Sic nulli omninò erit declinatio, ut nostra custodiat
« legem ». D'un autre côté, et comme conséquence de sa première
pensée, il n'a pas voulu que sa loi entraînât la nullité des testamens antérieurs faits de bonne foi, sous l'empire des anciennes
formes, et dans la juste ignorance des formes nouvelles. Il a
voulu simplement que, de toute manière, les testamens réguliers,
soit d'après les anciennes formes, soit d'après les formes
nouvelles, fussent valables, pourvu que, lorsqu'on avait
suivi les anciennes formes, la juste ignorance de la loi nouvelle pût être utilement proposée ; et c'est dans ce but qu'un
délai de deux mois avait été accordé après la publication de la
loi, soit dans la capitale, soit dans les provinces. « Non enim
« volumus deficientium infringi voluntates, omnibus siquidem

2.

« studemus modis ratas eas constituere. Cur enim culpabimus eos
« qui positas nostras ignoraverint constitutiones : vel si post pau-
« lulum fortè quam scripta lex est, et adhuc ignorata, decesserint
« testatores, et proptereà in testamentis aut non scripserint pro-
« pria manu heredum nomina, aut etiam tres uncias solùm reli-
« querint filio, et non quatuor : in quo legem aut non positam
« esse contingit, aut positam, et eo quod nondum proposita
« fuerit, justè ignoratam? » Il va plus loin dans le § 4 : confirmant ou développant toujours sa première pensée, non-
seulement il déclare valables les testamens faits selon les anciennes formes, et avant la loi nouvelle, alors que les testateurs
auraient survécu à cette loi, mais encore ceux qu'ils auront faits
de la sorte, peu après la loi nouvelle, pourvu qu'ils aient été
faits dans l'ignorance de cette loi. « Non enim infringi ( sicuti
« prædiximus ) defunctorum volumus dispositiones : sed ratas
« esse per omnia declaramus : ut si vel proximè scripta sint
« testamenta post positionem legis, nondum verò contigerit con-
« stitutiones factas innotuisse : et superviventibus fortè testato-
« ribus non sunt mutata : maneant etiam sic institutiones, quæ
« ab initio secundum tunc certas extantes factæ sunt leges, pro-
« priam virtutem habentes, et non accusandæ eo quod tempore
« quo supervixerint illi, eas non mutaverunt. » Et il en donne
sur-le-champ, non pas une raison tirée du droit, mais bien
de la force des circonstances qui peuvent ne pas laisser toujours à un testateur qui s'est déjà conformé à la loi, la liberté
ou la faculté de se conformer à la loi nouvelle. « Non enim
« omnia sunt in nobis, nec semper quibusdam tempus fit tes-
« tandi repentè, plerùmque enim incidunt hominibus mortes,
« testandi eis potestatem auferentes ». En conséquence, ajoute-
t-il, nous ne voulons pas que ce qui a été régulièrement fait d'a-
bord, soit infirmé ou anéanti, parce que cela n'aurait pas été
changé par la suite (d'après la loi nouvelle) ; nous voulons, au
contraire, que toute volonté, ainsi exprimée de la part des testateurs, reste solide et immuable ; car il serait absurde, que ce
qui a été régulièrement fait d'abord, perde de sa force, parce
que cela n'est pas conforme à ce qui a été prescrit plus tard.
« Quam ob rem ab initio factum rectè, eo quod non fuerit mu-
« tatum, non arbitramur postea mutari, aut aliquo modo in-
« fringi : sed immutilatam manere quæ tunc placuit testatoribus
« sententiam, validèque servari. Erit namque absurdum, ut

« quod factum est rectè ex eo quod tunc non erat factum,
« postea mutetur ». Denis Godefroi explique très justement ces
derniers mots, par les motifs qui résultent de l'ensemble même
de la Novelle : « Quod rectè factum est toleratur, si is qui fecit,
« IGNORAVIT MELIUS FIERI POSSE ». Ajoutez que la Novelle ne
s'applique pas seulement aux formes des testamens, mais encore
à la disponibilité elle-même. C'est ce qui résulte expressément
de son principe et de son § 4 : « Vel si secundum prius tenentem
« legislationem litteris propriis non scripserunt heredum ap-
pellationes, aut testibus eas non fecerunt manifestas, AUT TRES
UNCIAS ET NON AMPLIUS RELIQUERUNT FILIIS ».

Mais voici d'autres raisonnemens puisés dans les propres dispositions du Code civil et la jurisprudence actuelle.

Il est constant aujourd'hui, 1° qu'un individu faisant son
testament sous ce Code, ne pourrait appeler d'une manière
générale à sa succession, ceux qui lui auraient succédé, d'après
telle coutume qu'il désignerait. Ce serait, en se référant ainsi,
pour la substance de ses dispositions, à une coutume abrogée,
faire revivre cette coutume, et violer directement les art. 6,900
du Code civ., et l'art. 7 de la loi du 30 vent. an XII. Pour qu'une
telle disposition testamentaire se soutienne aux yeux de la loi,
il faut nécessairement qu'elle renferme elle-même les institutions ou désignations de personnes, comme aussi les désignations des biens, afin qu'à tous ces égards, la volonté du testateur soit clairement manifestée dans l'acte qui la renferme,
sans qu'il soit nécessaire d'avoir recours à la coutume abrogée,
pour avoir la certitude de cette volonté. M. Merlin s'était étrangement mépris sur ce principe, comme il nous l'apprend lui-
même ( Quest. de droit, t. IX, p. 409), aff. Chazerat, Cour de
cassation, arrêt du 19 juil. 1810 ); et cette erreur avait été partagée par la Cour de cassation ( même affaire ) (1); elle le fut
aussi plus tard par la Cour supérieure de justice de Bruxelles,
( arrêt du 17 fév. 1822) (2). Mais la Cour de cassation a jugé
tout différemment le 23 déc. 1828 ) (3), et M. Merlin, abandonnant sa première opinion, applaudit fortement à ce dernier
arrêt.

Or, s'il n'est pas permis de s'en référer pour le fonds de ces

(1) Quest. de droit, v° *Testament*, § 15.
(2) Répert., t. XVI, v° *Institution d'héritier*, p. 509.
(3) Aff. Lanos. Sirey, t. XXIX, 1, p. 153.

dispositions, à une ancienne coutume abrogée, comment serait-il possible de s'y référer pour la forme, lorsqu'on lit, art, 893 du Code civil, « Qu'on ne peut disposer de ses biens, à titre gratuit, que par donation entre vifs, ou par testament, *dans les formes ci-après établies* ». Et que la disposition de l'art. 7 de la loi du 30 vent. an XII abroge formellement toutes lois, coutumes, etc., antérieures, dans les matières qui sont l'objet du présent Code ? Et ce que l'on ne pourrait pas faire expressément, c'est-à-dire faire revivre pour la forme des coutumes abrogées, comment pourrait-on le faire tacitement ?

2° Il est constant aussi, que l'on ne peut pas tester par relation à un testament nul dans la forme. C'est encore ce qu'a jugé la Cour de cassation le 21 nov. 1814 (aff. Tamisey). Et que l'on ne croie pas que la décision de cet arrêt doive s'entendre uniquement des testamens nuls pour n'avoir pas été revêtus de la forme prescrite au temps de leur confection ; outre qu'aux yeux de la raison, il serait absurde de dire, qu'un testament fait autrefois en Bretagne, par exemple, où le testament reçu seulement par deux notaires était valable, fût néanmoins tel, qu'un testateur ayant disposé de la sorte, quoique décédé sous le Code civil qui exige en outre la présence de deux témoins, à peine de nullité (Art. 971), formalité que M. Toullier (t. VII, p. 595) considère avec juste raison comme substantielle, laissera it un testament valable, comme régulier au temps de sa confection, malgré les lois abrogatoires dont je viens de parler ; il faut ajouter que la jurisprudence a consacré plusieurs fois le principe contraire (1);

3° Enfin, un testament fait sous le Code civil ne pourrait pas valablement se référer, pour la substance de ses dispositions, à

---

(1) V. entre autres, deux arrêts de la Cour d'appel de Turin, rapportés par M. Merlin (*Répert.*, t. XVII, p. 656); et qui ont jugé, l'un (du 22 fév. 1806), que « bien que suivant la jurisprudence ancienne du Piémont, les testamens fussent, quant aux solennités, différenciés des codicilles et des donations à cause de mort, néanmoins, d'après les lois actuelles, cette différence n'existe plus. Que toutes dispositions de dernière volonté, sans distinction entre celles qui ne contiennent que de simples legs, étant comprises sous la dénomination de testament, les mêmes s'y appliquent indistinctement. L'autre, du 19 mars 1810 (aff. Bongianni), qu'une relation semblable, faite dans un testament, était vicieuse, bien qu'elle s'appliquât à une forme autorisée par les anciennes lois.

une ancienne coutume abrogée. Ce serait violer les art. 6, 893, 900, 1390 du Code civil, et 7 de la loi du 30 vent. an XII, disent la Cour royale d'Angers et la Cour de cassation (aff. Lanos, *suprà*) ; et quel serait donc le sort d'un testament dont la date serait antérieure au Code civil, bien que le testateur fût mort sous son empire, mais qui se référerait ainsi à une ancienne coutume? Quoi ! vous seriez entraîné à penser que ce testament serait nul, quant au fond de ses dispositions, et valable quant à la forme ; que les lois abrogatoires des anciennes lois, coutumes, etc., ne les auraient abrogées que partiellement ; qu'elles auraient anéanti leurs dispositions relatives à la capacité, à la disponibilité testamentaires, etc., et auraient laissé subsister celles qui concernaient la forme ! Contradiction évidente ; résultat absurde que doit repousser la juste interprétation de la loi, aussi bien que la raison.

A ne consulter que la rigueur des principes, il serait donc vrai de dire que les formes extrinsèques et probantes du testament sont indivisibles du fond même de la disposition et de la capacité du testateur, attendu qu'elles donnent la vie aux testamens, d'après la maxime *forma dat esse rei* (1) ; qu'aucun droit ne résulte du simple fait de leur accomplissement, puisque leur existence ne commence réellement qu'avec le testament, au décès du testateur ; qu'à leur égard s'applique, avec toute vérité, le principe de Vinnius : que le testament, pendant la vie du testateur, étant un acte, *ad plenam perfectionem ejus adhuc aliquid desiderans*, sera valable ou non valable selon l'événement, *pro conditione casûs postea incidentis ;* que, dans cet état d'incertitude, la forme du testament n'existe pas plus que le fond ; que la loi ne saurait consacrer des formes incertaines ; que cela est même contraire à son essence ; que, dès lors, la loi nouvelle a pu, sans rétroactivité, soumettre à ses prescriptions les testamens antérieurs, et obliger ceux qui les avaient faits à prendre définitivement pour règle ses dispositions ; que les formes étant de droit public, il n'est pas au pouvoir des particuliers de s'affranchir de celles que leur impose la loi nouvelle, pour leur préférer arbitrairement celles de l'ancienne loi :

(1) V. Struve, *Exercit.* 32, lib. 28, tit. 1, n° 16. *Statutum concernens solennia testamenti*, dit Salicet, sur la loi 1re, Cod. *de Summa trinit. ; non disponit de bonis principaliter, sed tantùm sufflat spiritum in testamento, illud validando.*

« Testandi causa de pecuniâ suâ, dit la loi 13, *Cod. de testam.*
« *et quemadm.*, legibus certis facultas est permissa : non autem
« jurisdictionis mutare formam, vel juri publico derogare, cui-
« quam permissum est (1) ».

Sans doute il est toujours vrai de dire que le testament, même
revêtu des formes de la loi nouvelle, n'est pas encore, d'après
les principes déjà développés, un acte consommé; qu'il est,
sous ce rapport, sur la même ligne que le testament revêtu des
formes prescrites par la loi précédente; mais il est du moins
constant que celui-là seul, qui a employé les formes prescrites
par la loi nouvelle a fait un usage régulier de celle qui lui permet de tester; que c'est même là une application rigoureuse
et directe de la maxime *jura juribus sunt concordanda*; que
l'acte qualifié testament, et revêtu des formes prescrites par
cette loi, quoique sans caractère et sans force pendant la vie du
testateur, est cependant tel qu'il puisse recevoir, au moment
de sa mort, tous les effets que la loi attribue à ces sortes
d'actes.

8. Néanmoins, comme la rigueur de cette doctrine a pu
blesser souvent la justice générale et l'équité, la législation et
la jurisprudence ont dû lui faire subir des modifications qu'il
importe d'apprécier.

La première a été introduite par les deux lois romaines, dont
j'ai donné l'analyse. Toutes deux n'ont eu qu'une pensée, celle
d'affranchir des prescriptions de la loi nouvelle, les testateurs
qui se trouvaient dans une juste présomption d'ignorance de
cette loi, « Quid enim antiquitas peccavit quæ præsentis legis
« inscia, pristinam secuta est observationem ? » Mais l'ordonnance de 1735 a été beaucoup plus loin : elle a érigé en loi positive
(art. 80): « Que les testamens, codicilles ou autres actes de dernière
volonté, dont la rédaction ou la suscription auront une date certaine et authentique, avant la publication des présentes, par la
présence et signature d'un notaire, tabellion ou autre personne
publique, ou qui auront été déposés chez un notaire ou tabellion, ou dans un greffe ou autre dépôt public, avant ladite pu-

_____

(1) *Lex civilis de testamentis fraudibus tollendis ùm lata sit*, dit
Struve (*Exercit.*32, lib. 28, tit 1), *publica auctoritate valet et servanda...*
*Ut itaque fraudes eliminentur, quantum possibile est, omnes reipublicæ*
*interest.* V. surtout *infrà*, art. 1ᵉʳ, la définition du testament qui sert
comme de complément à cette vérité.

blication , seront exécutés , ainsi qu'ils auraient pu ou dû l'être , avant notre présente ordonnance ; *et ce encore que le testateur ne soit décédé qu'après qu'elle aura été publiée* ».

Ici, le législateur, abandonnant les principes du droit, même les motifs des lois romaines , c'est-à-dire l'ignorance de la loi nouvelle, et se déterminant d'après de pures considérations , place sur la même ligne les testamens authentiques faits en vertu de l'ancienne loi et les testamens faits conformément à la loi nouvelle, par ceux qui lui ont survécu. Il est évident que cette disposition exorbitante, indépendamment du motif qui l'a dictée, suppose, comme fondement nécessaire, que le testament peut, du vivant du testateur, recevoir de la loi existante, à l'époque de sa confection, des formes irrévocables.

9. Cette disposition, qui appartient au pur droit positif, a-t-elle passé dans le Code civil ? MM. Chabot et Merlin n'en font pas un doute ». Il n'est pas étonnant , dit ce dernier ( Quest. de droit , v° *Testament*, § 12. ), que la disposition de cet article ne se retrouve pas dans le Code civil : elle n'y aurait formé qu'un pléonasme , d'après le soin qu'avait pris le nouveau législateur de déclarer , pour tous les cas indistinctement , dans l'art. 2 du Code civil, *que la loi ne dispose que pour l'avenir et n'a pas d'effet rétroactif* ». M. Merlin se détermine , comme on voit, par cette mauvaise raison de Sallé sur l'art. 80 de l'ordonnance de 1735 : « Que vouloir obliger un testateur à recommencer son testament, parce qu'il survit à la publication de la loi nouvelle qu'il ne connaissait pas lorsqu'il l'a fait, ce serait indirectement donner à cette loi un effet rétroactif ». Mais diront à M. Sallé , Balde , Wesel, Vasquius, etc., pour qu'il y ait effet rétroactif dans la loi , il faut qu'elle enlève un droit acquis en vertu de la loi précédente, qu'elle détruise un acte *ex quo jus oritur*. Or, peut-on dire qu'il y ait droit acquis par suite d'un testament , quelque conforme qu'il soit à la loi , jusqu'à la mort du testateur ? Puisqu'il importe à l'ordre public que les formes des testamens remplissent le plus efficacement leur but , celui de préserver de toute fraude et de rendre inviolables les volontés des testateurs , n'est-il pas toujours resté dans la puissance de la loi d'abroger les anciennes formes, de leur en substituer de nouvelles qu'elle juge devoir mieux atteindre ce but , et d'annuler ainsi, sans rétroactivité, les testamens précédens d'où ne résultaient pas encore des droits acquis ? La sagesse de la loi n'est-elle pas,

dans tous les cas, préférable à celle des particuliers (1)? D'un
autre côté, comment admettre que la loi du 30 vent. an XII,
dont l'objet exprès et direct a été de faire cesser les graves inconvéniens qui résultaient de cette foule de coutumes diver-
gentes, obscures ou contradictoires qui régissaient une grande
partie de la France, pour ramener la législation à l'unité sur
toutes les parties du territoire, ait néanmoins laissé subsister
les diverses dispositions de ces coutumes relatives aux formalités des testamens faits sous leur empire, et dont les auteurs
seraient décédés depuis la promulgation du Code civil, et nécessairement aussi avec ces dispositions, toute l'incertitude de
l'ancienne jurisprudence sur leur application? Je ne saurais
donc reconnaître que l'art. 80 de l'ordonnance de 1735 se
*retrouve* implicitement dans le Code civil; je crois, au contraire, que cette disposition, dont le Code civil n'offre de trace
nulle part, est comprise dans la disposition abrogatoire de la
loi du 30 vent. an XII; j'ajoute néanmoins que son autorité peut
et doit se mêler souvent aux diverses solutions relatives à la
validité des testamens, quant à la forme, mais sans enchaîner les
magistrats sur l'application des principes généraux. Je m'explique.

10. 1° Le testament étant de pur droit civil et ses formes tenant comme il a été dit du droit public, il n'appartient à personne
de s'affranchir des conditions dont la loi accompagne cette concession; or, ce serait s'affranchir de ces conditions que de préférer
aux formes prescrites par la loi nouvelle des formes anciennes
virtuellement abrogées. Ce serait même violer d'une manière indirecte la règle du droit romain, d'après laquelle personne n'a
le droit d'écrire dans son testament qu'il ne se conformera pas
aux lois : « Nemo potest in testamento suo cavere, ne leges in suo
« testamento locum habeant » (L. 55, ff *de legat*, 1°); car, par-
là même qu'on ne referait pas son testament d'après les formes
prescrites par la loi nouvelle, on méconnaîtrait évidemment l'autorité de cette loi; et de là la conséquence que le testateur qui néglige de donner à son testament les formes de la loi nouvelle qu'il
a connue, est *régulièrement* présumé avoir renoncé à la faculté
de tester.

(1) *Nullus debet censeri, sapientior, quam legislator*, dit Dumoulin,
d'après Gerson ( *Contrat. usur.*, Quest. 5, n° 109 ).

2° Néanmoins, comme le testateur dispose en quelque sorte en législateur (1); comme cet acte de sa volonté est favorable (2), et même préféré à la disposition de la loi civile (3), comme les formes du testament, bien que tenant essentiellement du droit public, ont plutôt pour objet la propre conservation du testament, la nécessité de le mettre à l'abri des atteintes de la fraude ou des contestations des héritiers ; car, dit le jurisconsulte Hahn ( *de Testam. valid.* ), la raison pour laquelle un testament est déclaré nul (pour vice de formes) n'est pas dans le testament même, mais bien dans les intentions coupables des héritiers : « Causa « itaque ob quam testamentum injustum pronunciatur, non est « in testamento, sed in animi heredum vitio ». Comme, aux termes de la loi 3, ff *de Testam. milit.*, nul n'est présumé, en adoptant une manière de tester, avoir voulu s'y enchaîner tellement que, dans le cas où elle ne serait pas exactement observée, ses dernières volontés restent sans effet lorsqu'une autre forme peut les soutenir ; qu'au contraire, il est censé avoir fait choix de l'une et de l'autre, pour qu'elles se suppléent mutuellement en cas d'insuffisance : « Nec credendus est quisquam genus testandi eli- « gere ad impugnanda sua judicia, sed magis utroque genere vo- « luisse propter fortuitos casus » ; que, dans le doute, on doit s'attacher à la maxime, « Commodissimum est id accipi quo res de « qua agitur magis valeat quam pereat (L. 12, ff *de reb. dub.*).

Il faut dire, qu'il appartient aux magistrats de puiser dans les circonstances, dont ils sont les juges souverains, des raisons suffisantes pour s'écarter quelquefois d'une règle gratuitement sévère et lui donner telles exceptions qu'autoriseront d'ailleurs les interprétations les plus judicieuses des actes de dernière volonté.

11. En appliquant ces principes nous dirons : qu'un testament fait avant la révolution dans l'un des pays régis par les ci-devant coutumes de Bayonne, de Bourgogne, de Berri, etc., où

(1) *Uti quisque legassit super tutela curave rei suœ, ità jus esto* ( L. des 12 Tabl. ). *Disponat unusquisque super suis, ut dignum est, et sit lex ejus voluntas*; Novelle 22, cap. 2. *Legare, legis modo, id est, imperative, testamento relinquere*; Ulpian. *Fragment.*, tit. 24, § 1.

(2) L. 10, ff *De inoff. testam.*

(3) § *Ult.* in fine, *Instit. Per quas person.* L. 1, l. 3, *de Heredit. petit.* L. 1 ( *Si tab. Test. nul. ext. Quamdiù possit valere testamentum*, dit la loi 89, ff *de Reg. jur.*), *tamdiù non admittitur.*

l'on admettait une forme de testament mixte, c'est-à-dire, qui participait tout à la fois du testament olographe et du testament mystique, (en ce que le testament olographe proprement dit devait être endossé de la signature d'un notaire ou de deux témoins (Bayonne, art. 5), ou revêtu d'un acte de suscription (Bourgogne, art.....) par un individu qui aurait survécu à la publication du titre des testamens du Code civil, devrait être jugé selon les dispositions du Code civil; et la raison en est que, lorsque cette forme n'avait pas été minutieusement accomplie, la validité ou la nullité de ce testament étant jugée d'une manière très diverse sous l'ancienne jurisprudence, et la loi du 30 vent. an XII ayant eu pour but de faire cesser cette divergence et les inconvéniens graves qui en résultaient, si le testateur n'a pas suivi les formes de la loi nouvelle, il a à se reprocher d'avoir méconnu le vœu d'une loi qui lui prescrivait l'accomplissement de nouvelles formes imposées dans des vues d'ordre public, qu'il savait régir la matière des testamens, et auxquelles il n'a pas été libre de se soustraire. On devrait donc, en cas d'omission de la signature ou de la suscription prescrites par ces coutumes pour les testamens dont il s'agit ou d'irrégularités dans leurs formes extérieures, prononcer purement et simplement la nullité d'un tel testament (1), ; néanmoins s'il remplit d'ailleurs les conditions prescrites par l'art. 970 de ce Code pour les testamens olographes, sa validité pourra être proclamée; pourquoi cela ? Parce que le testateur ayant laissé subsister la forme précédente qui se trouve précisément celle que consacre la loi nouvelle pour le testament olographe, est censé avoir adopté cette nouvelle forme, bien que l'acte de souscription ne remplisse ni les anciennes conditions du testament mixte, ni celles que prescrit le Code pour les testamens mystiques; et que, dans le doute, on doit, aux termes des lois 3, ff *de Testam. milit.*, et 12, ff *de Reb. dub.*, faire prévaloir de deux formes testamentaires, que paraît avoir employées le testateur, celle qui soutient ses dispositions (2); et c'est la

(1) La Cour de cassation a prononcé la nullité d'un pareil testament, le 28 therm. an XI ( Quest. de droit, v° *Testament*, § 6); mais le testateur était mort en 1789, et dès lors la solution appartenait aux anciens principes.

(2) M. Merlin a hésité à prendre ce parti sur l'application de l'art. 979. Cependant il convient aujourd'hui (et il est en cela d'accord avec M. Toullier, liv. 3, tit. 2, chap. 5, n° 420; M. Grenier ( *Donations*, part. 2,

force de ce principe qui a fait dire à M. Grenier (*Donations*, t. 1, p. 150, bien qu'il paraisse ailleurs, *ibid.*, t. 2, p. 87, adopter sans beaucoup d'examen l'opinion contraire) : « Au surplus, les personnes qui auraient fait des dispositions de dernière volonté, sous la dénomination *de donation à cause de mort*, soit dans les pays qui n'étaient point de l'ancien terri- toire de France, soit en France même où ce mode de disposer n'avait guère lieu que relativement aux fils de famille des pays de droit écrit, qui ne pouvaient point faire de testament, même avec le consentement de leur père, mais qui pouvaient faire une donation à cause de mort avec ce consentement, ces per- sonnes, dis-je, agiront prudemment, pour mieux assurer l'exé- cution de leurs dispositions, de les refaire en testamens, *et avec les formes exigées par le Code civil* ».

Mais, d'un autre côté, on dira, en vertu du même principe, qu'un testament purement olographe, fait à Bayonne ou en Bour- gogne, avant la révolution, où il eût été nul, comme aussi un testament mystique, fait à Paris, où cette forme n'était pas ad- mise, par un testateur qui a survécu au Code civil, recevra son entière exécution, par la raison que le testateur est censé avoir adopté la loi nouvelle pour règle des formes de son tes- tament, puisqu'il ne s'est pas écarté de ses dispositions, et qu'aucune considération d'ordre ou de bien public ne s'oppose à ce qu'il en soit ainsi. M. Merlin (Répert., v° *Effet rétroact.*, p. 273), professe une opinion contraire; mais il ne donne au- cune bonne raison de son opinion. La réciprocité sur laquelle il se fonde, et qui a pour but de faire décider : que par-là même qu'un testament revêtu de la forme prescrite par la loi sous laquelle il a été fait, doit rester nul, alors qu'une nouvelle loi est venue déclarer suffisante pour l'avenir, la forme dont il se trouve revêtu, ne saurait prévaloir. De telles raisons sont rarement concluantes en droit, précisément parce qu'elles sont trop absolues. L'on verra, en effet, par l'ensemble de la doc- trine que j'expose, le danger qu'il y aurait à faire dominer exclusivement un principe dans cette matière.

Ainsi encore bien qu'un testament fait en Bourgogne, avant

n° 276, est d'avis contraire); qu'un testament, nul comme mystique, ne laissera pas que d'être valable comme olographe, s'il en remplit d'ailleurs les conditions; et que l'art. 1001 qui prononce la nullité du testament mystique irrégulier sous le rapport de la forme, ne saurait avoir d'autre sens (Répert., v° *Testament*, sect. 2, § 4 art. 4, n° 6).

la révolution, par une femme mariée, ne fût valable qu'autant
que la testatrice avait été autorisée à tester par son mari, il
faudra dire qu'un tel testament qui n'aurait pas été accompagné
de cette formalité sera valable, si la femme a survécu à la publication du Code civil, parce que la loi nouvelle a suffisamment
dégagé la femme mariée de l'obligation que lui imposait la loi
précédente de se pourvoir de l'autorisation de son mari pour
faire son testament; qu'il s'agit d'une pure disposition d'ordre
public toujours restée dans le domaine souverain de la loi, et
que la loi du 3o vent. an XII, a formellement abrogée.

12. Cependant, on cite quelques arrêts qui paraîtraient avoir
consacré l'opinion contraire. Examinons donc ces monumens
judiciaires, et voyons ce qu'ils ont réellement décidé. Un arrêt
de la Cour de cassation, du 5 brum. an XIII (1), porte ce qui
suit : « Attendu que le testament et le codicille dont il s'agit ont
été faits à Bruxelles, conformément aux formalités prescrites
par l'édit perpétuel de 1611, qui régissait la Belgique au moment de leur confection; que cet édit de 1611 n'a cessé d'être
la loi du pays sur cette matière, que par la promulgation de
la loi du 13 flor. an XI, qui fait partie du nouveau Code civil;
que l'ordonnance de 1735 n'y a jamais été publiée; attendu,
quant à la forme de ces actes, qu'ils sont et restent réguliers,
lorsqu'ils sont revêtus de toutes les formalités prescrites par les
lois en vigueur dans le moment de leur confection, encore que
ces formalités fussent par la suite changées ou modifiées par de
nouvelles lois; que ces lois ne disposent que pour l'avenir, et
ne peuvent avoir d'effet rétroactif, ainsi qu'il est dit dans l'art. 2
du titre préliminaire du Code civil.... ; rejette ».

Est-ce là un arrêt de doctrine d'où l'on puisse faire résulter le
principe certain qu'un testament est irrévocablement régi, quant
à sa forme, par la loi sous laquelle il est passé, sans que la loi
postérieure qui abroge cette forme, pour lui en substituer une
autre, ait la moindre influence sur ce testament, alors que son
auteur a survécu à la loi nouvelle? Nullement. Il confond les
actes dont l'effet est actuel, définitif, consommé, qui confèrent
immédiatement des droits acquis, avec des actes dont l'effet,
d'après la doctrine de Vinnius, peut se réaliser, comme il peut
ne pas se réaliser : *Actus aliud atque aliud pro conditione casûs*

(1) Sirey, t. V, 1, p. 55, et Quest. de droit, v° *Testament*, § 12.

*postea incidentis desiderantes*, qui dès lors, ne sont pas susceptibles de recevoir encore une forme définitive ; et il prononce,
d'une manière absolue, que ces actes sont tous irrévocablement
régis par la loi sous l'empire de laquelle ils sont accomplis. Sans
doute les motifs de cet arrêt paraissent s'étendre à la forme des
testamens ; et en examinant de près l'espèce (1) sur laquelle il a
statué, on trouve qu'il a bien jugé ; mais d'autres motifs ont pu
le déterminer, et ils se présentent d'eux-mêmes. On voit, en
effet, dans l'exposé des faits de la cause, que deux déclarations
de l'ancien Gouvernement de la Belgique, l'une du 12 janv. 1617,
l'autre du 17 nov. 1623, interprétatives de l'art. 12 de l'édit perpétuel de 1611, sur la question de savoir si, d'après cet article,
on devait annuler les testamens faits avant la publication de cet
édit, dans une forme différente de celle qu'il avait prescrite :
« Que ledit art. 12 ne doit avoir lieu au regard des testamens
faits auparavant la date d'icelui édit, *encore que les testateurs
aient vécu long-temps depuis* ». Or, il est par trop évident
qu'une telle interprétation, émanée du législateur lui-même,
a toute la force, comme il a réellement la forme d'une loi interprétative, et qu'il n'y a, dès lors, rien à conclure de là pour
l'établissement d'un principe certain, en matière d'interprétation de doctrine appliquée à la rétroactivité des lois (2).

L'arrêt de la même Cour, du 3 janv. 1810 (3), offrira-t-il une
plus grande autorité ? Voici ses termes : « Attendu que le testament de Marguerite Lucot, femme de Jean-Pierre Gurgay,
a été fait le 22 oct. 1777 ; qu'il a dû être apprécié, quant à sa
forme, suivant les règles et les lois existantes à l'époque de sa
confection ; que la Cour d'appel de Besançon s'est conformée dans
l'application de ces lois, à la jurisprudence constamment observée dans l'étendue du parlement de Besançon ». Mais en lisant
les conclusions données par M. l'avocat-général Daniels dans la
cause, on voit : « Qu'une déclaration du roi, du 7 août 1783
adressée au parlement de Toulouse, en ordonnant pour l'avenir,
*la mention de la lecture au testateur*, maintenait les testamens
antérieurs où se trouvait simplement la mention *de lecture*,
sans addition, *au testateur* ; et ce magistrat pensait « que *cette*

(1) Elle était née dans l'ancienne Belgique.
(2) V. *suprà*, t. 1, p. 125 et suiv. *Lois interprétatives.*
(3) Sirey, t. x, 1, p. 184.

*intention* du législateur, quoique communiquée au seul parlement de Toulouse, suffisait pour justifier l'arrêt attaqué ». Que conclure d'un tel arrêt qui ne pénètre pas plus que l'autre le fonds de la matière, et qui se trouve d'ailleurs justifié comme lui, par une circonstance extérieure et étrangère à l'application doctrinale de lois successivement rendues sur les formes des testamens? Évidemment rien; et sa décision est d'ailleurs justement formulée comme celle de l'arrêt précédent.

Enfin, examinons si l'arrêt du 23 juin 1813 (1) sera plus concluant; voici son espèce :

Le 13 frim. an IV, le général Henri de Frégeville et la dame Possac son épouse, domiciliés à Réalmont, département du Tarn, se font, devant notaire à Paris, un don mutuel. Le 25 sept. 1805, décès du général Henri de Frégeville. Sa veuve se fait envoyer en possession des objets qu'il lui a donnés, et peu de temps après se remarie avec le sieur de Beaudecour. Le général Charles de Frégeville, frère et héritier du défunt, demande la nullité de la donation. Le 16 mars 1812, arrêt de la Cour impériale de Montpellier, qui, s'autorisant entre autres de l'arrêt de la Cour de cassation du 1er brum. an XIII, « reconnaît que des testamens faits avant le Code, et revêtus des formalités alors prescrites, sont et restent réguliers, lorsqu'ils sont revêtus de toutes les formalités prescrites par les lois en vigueur dans le moment de leur confection, encore que les formalités fussent par la suite changées ou modifiées par de nouvelles lois ». Puis se livrant à une fausse interprétation de l'art. 1097 du Code civil, elle suppose que cet article a eu pour objet de régler non pas la forme dans laquelle les époux auront pu se faire mutuellement des libéralités, mais bien la capacité même des époux, la nature propre de ces dispositions; d'où elle tire sans peine la conséquence que cette capacité se trouvant abrogée ou changée par la loi nouvelle, la donation est par-là même anéantie. Cette erreur a été amplement réfutée par M. Merlin (*ibid. Don mutuel*, § 2); or, voici ce qu'a prononcé la Cour de cassation à laquelle fût dénoncé cet arrêt (Répertoire de jurisprudence v° *Transaction*, § 5); « Sur le second moyen: Attendu que l'art. 1097 du Code Napoléon, en prohibant les donations mutuelles entre époux par un seul

_____

(1) V. Répert., v° *Don mutuel*, t. XV, § 2, et v° *Transact.*, § 5, n° 4 *bis..*

et même acte, n'a eu ni pu avoir pour objet que de changer le mode
des dispositions de cette espèce ; que cette prohibition est tout
à fait étrangère à la capacité des époux, puisqu'aux termes de l'art.
1096 du même Code, ils n'en sont pas moins capables de se donner
mutuellement par des actes séparés, ce qui ne pourrait pas être
s'ils étaient frappés d'une incapacité légale, dont l'effet naturel
et nécessaire serait de les priver de la faculté de se faire, de
quelque manière que ce fût, des donations mutuelles ; qu'il suit
de là que ladite Cour impériale de Montpellier a fait une fausse
application dudit art. 1097, et qu'en jugeant nulle une donation
mutuelle faite entre époux par un seul et même acte authentique sous la date du 13 frim. an IV, époque à laquelle elles pouvaient, en vertu des lois alors existantes, être faites et rédigées
dans cette forme, elle a donné un effet rétroactif audit article,
et qu'elle a expressément contrevenu à l'art. 2 du même Code,
qui porte que la loi ne dispose que pour l'avenir, et qu'elle n'a
point d'effet rétroactif ». Comme on le voit, cet arrêt ne fortifie pas la doctrine établie pour la première fois par l'arrêt du
1er brum. an XIII ; il continue à regarder comme certain, sans
entrer dans d'autres développemens, que la forme des donations
mutuelles, est irrévocablement fixée par les lois sous l'empire
desquelles elles sont faites, et que ce serait donner un effet
rétroactif à l'art. 1097 que de l'appliquer à une pareille donation
faite antérieurement au Code, contre la prohibition formelle de
l'art. 2 de ce Code. J'ai prouvé ( sup., p. 30, n° 12) que le principe
ainsi posé était faux, par la raison qu'il était trop général, et que
la rétroactivité ne saurait régulièrement s'entendre que de l'effet
d'une loi qui anéantirait des droits acquis ; or, les droits ne sont
acquis en vertu d'un testament, comme on l'a déjà vu, que par
le décès du testateur. Mais l'arrêt trouve sa justification naturelle
dans l'application des principes que j'ai développés plus haut, n° 2.
La raison tirée de ce que la loi postérieure est censée régir les
formes du testament, plutôt que la loi du temps de sa confection n'est pas tellement absolue qu'elle ne puisse recevoir, selon
les circonstances, de justes exceptions. Si l'ordre public n'est
pas réellement intéressé à l'application de la règle générale, si la
forme adoptée par le testateur offre une garantie suffisante de
l'expression de sa volonté, s'il y avait plus de subtilité que
d'exactitude et d'équité à appliquer une loi postérieure qui inté-
resterait purement les formes, alors que l'emploi des formes pré-

cédentes a été fait de bonne foi, et qu'elles peuvent, dans la réalité, être considérées comme équipollentes aux formes subséquentes, quelle raison solide pourrait s'opposer à ce qu'on appliquât la loi dans un sens large, *benignius*, *pro utilitate communi* (1), et dès lors, dans le sens de la conservation du testament? C'est d'après ces idées sans doute que la Cour de cassation considérant dans l'espèce, que l'art. 1097 n'ayant pas eu pour but de prohiber les donations mutuelles entre époux, mais seulement le mode de ces dispositions, et de les interdire à l'avenir par un seul et même acte; qu'aucune raison supérieure d'ordre public ou autre ne s'opposant à ce que les dispositions mutuelles du sieur de Frégeville et de la dame Possac, ainsi exprimées, ne reçussent leur pleine exécution, il y aurait eu une injustice évidente et gratuite à les annuler, parce qu'elles n'auraient pas été refaites dans la forme nouvelle, elle s'est prononcée pour le maintien de ces dispositions. C'est ainsi qu'il faut entendre encore l'arrêt de la Cour supérieure de Bruxelles du 14 janv. 1817, rapporté par M. Merlin ( Quest. de droit, v° *Testament conjonctif*, § 3), et les deux arrêts de Cour royale qu'il cite. Abraham de Wesel (*ad novell. Constit. Ultraj.*) me paraît aussi avoir adopté cette interprétation civile et tempérée, lorsqu'après avoir posé le principe (n° 29), que la loi 7, Cod. *de legib. Leges novæ ad futura tantùm negotia, non ad actus præteritos trahuntur,* doit s'entendre des actes accomplis, consommés, et desquels résulte immédiatement un droit acquis, *quod exaudiendum de actibus semel anteà gestis et consummatis, et quibus alicui continuò jus quæsitum est;* il ajoute (n° 35), qu'un testament fait selon l'ancien droit par un jeune homme de quatorze ans, ou signé par un témoin de quatorze ans, n'est pas nul parce que les art. 16 et 17 (de la nouvelle ordonnance) exigent que le testateur et les témoins aient dix-huit ans. « Nec infirmabitur testamentum secundum « præcepta juris ab adolescente 14 annis majore conditum; vel « teste subscriptum, ex eo quòd articulus 16 et 17 testatoribus et « testamentariis testibus grandiorem octodecim scilicet annorum « ætatem præfinit ». Cette restriction qui serait repoussée par notre droit actuel, en ce qui concerne la capacité du testateur, pourrait être admise selon les circonstances, quant à la capacité des témoins.

_____

(1) L. 51, *in fine*, ff *ad leg. Aquil.*

En résumé, je pose ma règle dans un sens inverse de celle qui me paraît communément reçue, et je fais prévaloir relativement à la forme des testamens, la loi postérieure à la loi précédente d'après la maxime *posteriora prioribus derogant*. Je pense qu'il est de la dignité, autant que de l'essence de la loi, de lier les sujets dès qu'elle paraît; que ce principe recevrait une atteinte grave de la décision qui laisserait subsister une loi précédente pour régir des formes qui, suivant toujours et nécessairement l'objet auquel elles s'appliquent, c'est-à-dire le fond même de la disposition, ont échappé à sa puissance; mais j'ajoute, conformément à la restriction que j'ai posée plus haut, que les principes géneraux du droit, l'emploi fait de bonne foi des formes prescrites par la loi précédente, l'application raisonnée des principes sur la capacité ou la disponibilité ( V. *inf.*, p. 37 et suiv.); en un mot les circonstances, peuvent parfois, motiver des exceptions à cette règle. On vient d'en voir des exemples.

13. Mais par quels principes se décidera-t-on pour affirmer qu'un testament est antérieur à une loi qui change les formes précédentes, et appliquer les règles que nous venons de développer? S'attachera-t-on uniquement à l'authenticité du testament? Considérera-t-on comme seuls authentiques et ayant date certaine les testamens désignés par l'art. 80 de l'ordonnance de 1735? En excluera-t-on les testamens olographes? M. Chabot ( Questions transitoires, v° *Testament*, p. 399) avait embrassé cette dernière opinion, et sur quoi se fondait-il? « Sur ce qu'il a toujours été de principe, et ce principe a été consigné dans l'art. 1328 du Code civil, que les actes sous seing privé n'ont de date contre les tiers, que du jour où cette date est devenue certaine et authentique ». Or, c'est là une erreur évidente.

1° J'ai démontré plus haut que l'ordonnance de 1735 avait perdu son autorité législative par la promulgation du Code civil; que néanmoins ses dispositions pouvaient parfois, et aux termes des règles générales, servir de guide dans l'interprétation de celles du Code civil relatives aux testamens et à leurs formes;

2° Les dispositions de l'article 1328 du Code civil sont exclusivement applicables aux actes entre vifs, et nullement aux testamens olographes. La meilleure preuve de cette vérité se tire en premier lieu de la diversité des matières. Qui ne sait en effet que le secret est la clause principale du testament olographe? Or, les avantages de cette forme disparaîtraient du jour où l'on obligerait de recourir aux preuves extérieures de l'existence de ce testament. En second lieu, des termes précis de l'art. 970 du Code qui, par ces mots qui le terminent, « *il n'est assujetti à aucune autre forme*, » exprime suffisamment que le testament olographe porte en lui-même toutes les conditions nécessaires à son existence, par conséquent une date certaine dont l'objet est d'établir surtout la capacité du testateur, sans qu'il soit besoin de recourir aux formes supplétives ou auxiliaires de l'art. 1328.

3° Sans doute, dans l'origine de notre droit français, la date des testamens a pu n'être pas considérée comme une formalité intrinsèque du testament olographe; et telle était la pensée de Boullenois (t. II, p. 77), qui ne voyait en elle : « Qu'une formalité de surcroît et de précaution pour prévenir quantité de contestations, formalité qui est totalement extrinsèque à la véritable nature de ce testament ». Mais Ricard, plus attentif dans l'examen des conditions premières et essentielles du testament olographe, soutenait (*Donations*, p. I, n° 1560,), « Qu'il n'y avait pas de raison de vouloir distinguer, à ce sujet, les testamens olographes d'avec les autres, puisqu'ils ne requièrent pas moins la capacité du testateur dans le temps qu'ils sont faits, que ceux qui sont passés par-devant des personnes publiques; de sorte qu'il y a aussi nécessité de savoir le temps auquel le testament a été fait, pour reconnaître *si le testateur était alors en âge de pouvoir tester*, ou s'il n'y avait point *quelque autre empêchement* en sa personne; comme aussi la date et le lieu où le testateur a fait son testament, doivent faire juger sa validité, et si les lois qui s'observent dans les lieux où il a testé, permettent de faire un testament olographe ». Il ajoutait, relativement à l'objection que le testateur est le maître d'antidater le testament qu'il a écrit lui-même. « Il ne faut pas que l'on objecte que le testateur étant le maître absolu d'un testament de cette qualité, puisqu'il dépend uniquement de sa plume, il ne tient qu'à lui d'y donner telle date que bon lui semble; parce que, *outre que les lois et le public ne doivent jamais supposer une fausseté dans les établissemens qu'ils font*; d'ailleurs il importe même, pour prévenir les faussetés et les suggestions, qui est le seul sujet pour lequel les formalités ont été introduites dans les testamens, que la date y soit maintenue, parce que c'est la principale voie par laquelle les suppositions peuvent être évitées, arrivant souvent que c'est la date qui sert de lumière et de boussole pour découvrir ce qu'il y a de vicieux dans un testament ».

Enfin, ces principes repoussés par l'ancienne jurisprudence, paraissent incontestables aujourd'hui ; et ils ont été consacrés par plusieurs arrêts , tant des Cours royales que de la Cour de cassation (1); leur principal motif est, comme le dit expressément la Cour royale de Riom, « Qu'un testateur, investi du droit d'être seul ministre de l'acte solennel contenant ses dispositions testamentaires, lorsqu'il prend la voie du testament olographe, en atteste légalement la date, comme l'attestent un notaire et ses témoins, si le testament est nuncupatif ou écrit ». Mais la Cour de cassation s'est élevée aux graves considérations qui doivent constamment dominer cette matière par son arrêt du 29 avril 1824. « Attendu, porte cet arrêt , que celui qui , dans un acte en forme de testament, commande à l'avenir et dispose pour un temps où il ne sera plus, exerce en quelque sorte la puissance législative, ce qui a fait dire à la loi romaine : *disponat testator et erit lex ;* qu'en conséquence la loi place momentanément le testateur dans la classe des fonctionnaires publics; d'où il résulte qu'il imprime l'authenticité à la date qu'il donne à son testament; qu'au surplus la force des choses conduirait seule à cette conséquence; qu'en effet, lorsqu'une personne a laissé plusieurs testamens , si leur date ne faisait pas foi par elle-même, auquel de ces différens actes attribuerait-on l'authenticité ? »

Nous appliquerons donc au testament olographe comme au testament authentique les règles que nous venons de développer sur l'effet de la loi nouvelle, qui change, abroge ou modifie les formes testamentaires consacrées par loi précédente.

—————

§ 2. — Du Testament considéré en lui-même.

DÉFINITION ET ANALYSE PHILOSOPHIQUE DE CET ACTE.

Je viens de considérer la rétroactivité dans ses rapports avec les solennités ou la forme extérieure du testament; il me reste à l'envisager sous le rapport du testament lui-même.

(1) 23 juil. 1821 , Cour de Paris ; 21 juin 1822, Cour de Bruxelles ; 20 janv. 1824, Cour de Riom; 29 avril 1824, Cour de cassation ; 15 avril 1825, Cour supérieure de Bruxelles. ( On peut voir , au Répert. , v° *Testament*, sect. 2 , § 4 , art. 7 , les dispositifs de ces arrêts. )

Mais je dois, avant tout, donner une analyse philosophique de cet acte important, et expliquer quelques règles générales qui s'y rattachent; car les lois romaines, si sévères et souvent si subtiles dans les applications partielles de ces règles, n'offrent habituellement aucun moyen de s'élever aux principes générateurs d'où elles découlent.

Le testament a été exactement défini par Modestin : « Volonté régulièrement exprimée de ce que chacun de nous veut être réalisé après sa mort ». *Voluntatis nostræ justa sententia, de eo, quod quis, post mortem suam, fieri velit.* L. 1, ff *qui Testam. facere poss.*

L'ensemble du testament peut se déduire dans les parties suivantes :

1° Les solennités ou les formes extrinsèques;

L'ordre naturel des idées veut, qu'avant tout, l'esprit puisse assigner un caractère certain à ce qui fait l'objet de ses appréciations. Il doit en outre reconnaître dans ces formes toutes les garanties extérieures d'une volonté librement exprimée ( V. le § précédent); et c'est pour cette raison qu'elles sont dites de droit public ( L. 55, ff *de Legat.* 1°. L. 13 C. *de Testam.* ).

2° La capacité du testateur considérée sous le rapport de sa puissance personnelle.

Le testateur est le créateur du testament : il en est *la cause efficiente;* l'ordre veut donc encore, qu'après avoir reconnu la présence du testament, l'on s'assure que l'exercice de la volonté du testateur a été accompagné de toutes les conditions voulues par la raison et par la loi pour constituer l'acte d'une intelligence libre et souveraine.

3° L'élément indispensable à la confection de cet acte et que réclame ensuite l'ordre des idées, est la personne à laquelle s'applique la disposition. La volonté du testateur ayant été d'en reporter les effets sur un tiers, il est naturel de rechercher et d'apprécier toutes les conditions de capacité de ce tiers, soit au temps du testament (L. 14, ff *de jur. Codicil.*), soit au temps du décès du testateur, pour accomplir efficacement cette même volonté.

4° La disponibilité de l'objet sur lequel s'est exercée cette volonté.

Quelque libre et souveraine que soit la volonté du testateur, elle reste néanmoins soumise aux prescriptions de la loi (V. *sup.*, p. 23 et 24); *Verbis legis 12 tabl. his;* UT LEGASSIT SUÆ REI, ITA JUS

ESTO, dit la loi 120, ff *de Verb. signif.*, *latissima potestas tributa videtur, et heredis instituendi, et legata, et libertates dandi, tutelas quoque constituendi.* SED ID INTERPRETATIONE COANGUSTATUM EST, VEL LEGUM, VEL AUTORITATE JURA CONSTITUENTIUM (1). Ces prescriptions peuvent être envisagées sous deux rapports; elles déterminent:

1º Les objets auxquels peut régulièrement s'appliquer la disposition du testateur;

2º Le mode et la quotité de cette disposition.

En d'autres termes, ces prescriptions sont l'usage même, réglé dans l'intérêt général, de la faculté de disposer par testament (2).

---

(1) V. aussi les L. 55, ff *de Legat.* 1º et 13 C. *de Testam.*

(2) Pour se former des idées exactes sur cette matière, il faut dire que ni la disponibilité telle que je viens de la décrire, ni les dispositions intérieures, comme les legs, ne sont de l'essence du testament. Quel est l'objet fondamental du testament? De mettre l'héritier au lieu et place du défunt, de le constituer *son successeur civil : Heredes, juris successores sunt,* dit la loi 9, § 12, ff *de Hered. instit.;* de là vient que l'hérédité peut n'être qu'un *résultat* purement *civil : hereditas etiam sine ullo corpore intellectum habet.* L. 50, ff *de Petit. hered.;* qu'elle est appelée *juris nomen, quod et accessionem et decessionem recipit.* L. 178, § 1, ff *de Verb. sig.;* qu'elle peut même être onéreuse, *hereditatis appellatio sine dubio continet etiam damnosam hereditatem.* L. 119, ff *ibid.;* et voilà pourquoi la loi 1re, § 2, ff *de Hered. instit.*, décide que celui qui n'a rien et qui ne laisse pas d'héritier sujet à l'exhérédation, peut faire son testament en trois mots : Que *Titius* soit mon *héritier. Qui neque legaturus quid est, neque quemquam exheredaturus, tribus verbis potest facere testamentum, ut dicat :* TITIUS HERES ESTO (a).

La propriété des biens du défunt, de la part de l'héritier, l'obligation d'acquitter les legs, d'exécuter les fidéicommis, etc., ne sont donc, dans la vérité, que des conséquences éventuelles du *résultat civil*, en vertu duquel l'héritier lui est substitué; ce résultat est donc à lui seul *tout le testament;* et l'on ne conçoit pas comment Grotius (*de jur. Bell. et Pac.*, lib. 2, cap. 6, nº 14), oubliant la sage définition de Modestin : *Justa sententia de eo quod quis post mortem suam fieri velit,* a pu ne voir dans le testament qu'une pure aliénation de biens pour l'époque de la mort, révocable jusque-là, et avec réserve pendant ce temps du droit de posséder et de jouir. *Testamentum vi ipsa nihil aliud est, quam alienatio in mortis eventum, ante eam revocabilis, retento interim jure possidendi ac fruendi.* C'est évidemment prendre la conséquence pour le principe.

(a) *Est igitur hereditas,* dit Pothier (*Pandect.*, t. III, *de Reg. jur.*, p. 674), *non ens corporale, sed ens rationis, ens juris, quod solo intellectu percipitur, complectens scilicet jura omnia defuncti, dominium rerum, obligationes tam activas quam passivas.*

5° Cependant le testament n'étant, jusqu'à la mort du testateur,
que l'expression nue d'une volonté à laquelle il n'est nullement

Et remarquez que ces sages principes, savoir : que les biens ne sont
que l'accessoire de l'homme ; que l'objet essentiel et fondamental du testament est de créer un successeur au défunt qui le représente exactement
aux yeux de la loi civile. *Hereditas nihil aliud est quam successio in
universum jus quod defunctus habuerit. L.* 24 *, ff de Verb. signif. Heredem ejusdem potestatis jurisque esse cujus fuit defunctus, constat. L.* 59,
*ff de Reg. jur. Heredes onera hereditaria agnoscere placuit. L.* 2 ;
*C. de Hered. act.*, ne sont eux-mêmes que la conséquence *de la suite.*

Le fils ne succède pas à son père , selon les principes du droit romain, il
est censé, du vivant du père, maître de ses biens en même temps que lui. De
là vient qu'il porte le même nom ; qu'à sa mort, il n'est pas censé recueillir
sa succession, mais seulement prendre l'administration des biens qui la composent ; et c'est encore par une suite rigoureuse de cette fiction qu'il est
censé maître de ces biens, alors même qu'il n'est pas institué héritier. *In
suis heredibus evidentius apparet, continuationem dominii eo rem perdu-
cere, ut nulla videatur hereditas fuisse, quasi olim hi domini essent,
qui etiam vivo patre quodammodo domini existimantur : Unde etiam
filius familias appellatur , sicut pater familias . . . Itaque post mortem
patris non hereditatem percipere videntur : sed magis liberam bonorum
administrationem consequuntur : hac ex causa, licet non sint heredes
instituti, domini sunt. (L.* 11 *de Liber.* , et Poth. *Hered. instit.* , et lib. 2
§ 2, *Instit. de Hered. qualit. et diff.* )

Dès lors disparaissent en droit, une foule de difficultés sur la saisine, la
dessaisine , sur la disponibilité des biens , après la mort du testateur , sur
la tradition réelle ou feinte , etc; or, l'institution d'héritier conçue dans
le même esprit que la *suite* n'en était qu'une imitation (*a*) ; le testateur dé-
signait et appelait celui qui devait le remplacer après sa mort; sa volonté
souveraine constituait un successeur à sa personne, qui en était en quelque sorte la continuation; et l'héritier acceptant, par un effet rétroactif qui
sortait du principe même dont je parle , était censé recueillir la succession
du jour de la mort du testateur ; *heres quandoque adeundo hereditatem ,
jam tunc à morte successisse defuncto intelligitur. L.* 54 *, ff de Acquir.
vel omitt. hered. fac. L.* 138 et 193, *ff de Reg. jur.* Et dès lors disparaissaient également les difficultés dont je viens de parler , difficultés
qui ont amené plus tard chez nous la nécessité de la règle , *le mort saisit
le vif,* règle étroite en théorie, obscure dans ses résultats, qui ne remplace pas la *suite* du Droit romain , qui réduit le testament à une pure

_____

(*a*) C'est même le sens propre de la règle : *Hi qui in universum jus succedunt,*
HEREDIS LOCO HABENTUR ( L. 128 , *ff de Reg. jur.* ); car le mot *heres* dérive de
*herus* , maître ( L. 11 , § 6, *ff ad leg. Aquil.*), source certaine de la *suite. Jus* SUI
HEREDIS *eos* DOMINOS *quodammodo faciebat, etiam vivo parente* ( Instit. *de Hered.
qual. et different.* , § 2 ); *adèo ut* , ajoute Cujas ( Observ. 25 , 14 ), *eorum successio ,
non tam hereditas esse videretur quam* CONTINUATIO DOMINII. On a appliqué plus
tard la règle précédente au légataire universel ; mais le Droit romain ne connaissait que
l'héritier.

enchaîné, *ambulatoria enim est voluntas defuncti usque ad vitœ
supremum exitum*, L. 4, ff *de Adim. vel transfer. legat.*; principe

disposition de biens, et peut même laisser des doutes réels sur la nature
et la validité de cet acte ( V. *infrà* ).

Mais la rigueur de cette théorie avait conduit les Romains à de vraies
subtilités. Comme le testament tirait toute sa force de la volonté du testateur, il fallait que l'expression de cette volonté fût formulée en termes
sacramentels; de là la nécessité *de l'institution d'héritier*, base unique
et certaine de tout testament : *testamenta vim ex institutione heredis
accipiunt, et ob id velut caput atque fundamentum intelligitur totius testamenti* HEREDIS INSTITUTIO. *Instit. de legat.*, § 34. Il fallait même, dans
l'origine, que l'institution fût placée en tête du testament; car ces rigoureux formulistes ne concevaient pas l'existence des legs et autres accessoires du testament, avant celle du testament lui-même; or, on vient de
voir que son unique base était l'institution d'héritier : *Ante heredis institutionem*, dit Ulpien dans ses *Fragmens*, tit. 24, § 14. *Legari non potest,
quoniam et potestas testamenti ab heredis institutione incipit.* Cependant
la raison générale fit insensiblement justice de cette subtilité. On comprit
que dans un acte continu, indivisible, et qui s'accomplit au même
instant, aucune partie ne précède régulièrement l'autre, et que toutes se
confondent dans la forme légale destinée à reproduire la pensée entière
du testateur. En conséquence, la loi 24 *Cod. de Testam.*, et le § 34,
*Inst. de legat.*, décident, que soit que l'institution précède, soit qu'elle
suive les legs, le testament n'en est pas moins valable. Déjà sous le droit
antérieur, il était permis de faire des legs *inter medias institutiones*,
comme l'atteste Paul, lib. 3, *Sentent.* 6, § 1; mais dans tous les cas, et
à toutes les époques, l'institution d'héritier était la base première et indispensable du testament.

La conséquence de tout ce qui précède est que si l'hérédité n'était pas
acceptée, toutes les dispositions du testament tombaient en même temps.
*Si nemo subiit hereditatem*, dit la loi 181, ff *de Reg. jur.*, *omnis vis
testamenti solvitur*. Et il ne faut pas croire que, procédant d'après de
tels principes, les Romains admissent la moindre équivoque dans l'expression de leur volonté de faire un testament. La clause codicillaire avait été
imaginée chez eux pour faire valoir le testament comme codicille dans le
cas où il serait nul comme testament, à défaut d'institution d'héritier,
*si non valeat* ( testamentum ) *jure testamenti, valeat jure codicillorum*. L. 41, § 3, ff *de Vulg. et pupill. subst.* L. 3, ff *de Test. mil.*
Mais cette clause devait être formellement exprimée; en cas d'omission
le testament ne valait pas même comme codicille, alors qu'il en eût réuni
toutes les conditions. *Sœpissimè rescriptum et constitutum est*, dit la
loi 1re ( *ibid.* ), *eum qui testamentum facere opinatus est, nec voluit
quasi codicillos id valere, videri nec codicillos fecisse. Ideòque quod
in illo testamento scriptum est, licet quasi in codicillos poterit valere,
tamen non debetur*. Et, quel était le fondement de cette solution ?
C'est que dans ce cas, la volonté de s'écarter de la forme sacramentelle
du testament que la loi favorisait, n'était pas suffisamment manifestée.

fondé sur cette autre règle plus générale qui prend sa source dans la raison même : Qu'il n'est pas au pouvoir de l'homme de s'imposer

C'est sous l'influence de ces idées que doivent être expliquées la plupart des dispositions relatives aux codicilles. On sait que ces formes particulières avaient pour objet de suppléer le testament à de certains égards, et d'obliger, soit l'héritier institué lorsqu'il y en avait un, soit l'héritier légitime, lorsque le défunt n'avait pas fait de testament, à accomplir toutes les dispositions qu'il renfermait. En cas d'existence d'un testament, c'était de lui que le codicille empruntait toute sa force ; car la même volonté qui avait pu donner la vie au testament, avait pu la donner au codicille, qui n'en était que la conséquence ; et c'était justement la raison pour laquelle le codicille ne pouvait jamais suppléer le testament pour conférer l'hérédité, l'accessoire ne pouvant, dans aucun cas, ni suppléer, ni confirmer le principal. *Codicillis hereditatem dari non posse*, dit la loi 10, ff *de jur. codicill. rationem illam habet, ne per codicillos, qui ex testamento valerent, ipsum testamentum, quod vires per institutionem heredum accipit, confirmari videretur.* Et de là, la conséquence que si le testament était anéanti, le codicille l'était avec lui, à moins toutefois, comme il a été dit plus haut, que le testateur n'eût employé la clause codicillaire ; et, dans ce cas, le testament, devenu codicille, était exécuté par l'héritier légitime. Que si le disposant n'avait pas exprimé nettement sa volonté de faire un codicille ; et si sa disposition pouvait être interprétée dans le sens du testament, elle n'était pas valable comme testament. « On a coutume de demander, dit la loi 13, § 1er *de jure Codicill.*, ce qu'il faut penser de la disposition de celui qui, sans faire de testament, fait un codicille ainsi conçu : *Je veux que Titius soit mon héritier.* Or, il importe beaucoup de savoir si celui qui a disposé ainsi, a voulu charger son héritier légitime de transmettre par la voie du codicille sa succession à un tiers, ou si, au contraire, il a entendu faire un testament ; car, dans ce dernier cas, *rien ne peut être réclamé de l'héritier légitime.* Tout se réduit donc à la question de savoir, quelle a été la volonté du disposant. Par exemple : s'il charge Titius d'acquitter ses legs, et qu'il lui substitue un tiers, dans le cas où il ne voudrait pas être son héritier, il est évident qu'il n'a pas voulu faire un codicille, mais bien un testament ». *Tractari solet de eo, qui cùm tabulas testamenti non fecisset, codicillis ita scripsit, Titium heredem esse volo : sed multùm interest, utrum fideicommissariam hereditatem à legitimo per hanc scripturam, quam codicillorum instar habere voluit, reliquerit ; an verò testamentum facere se existimaverit. Nam hoc casu, nihil à legitimo peti poterit. Voluntatis autem quæstio ex eo scripto plerumque declarabitur : nam si forte à Titio legata reliquit, substitutum adscripsit, heres si non extitisset, sine dubio non codicillos, sed testamentum facere voluisse, intelligetur.*

Ces principes, que l'héritier institué était le successeur civil du défunt ; que le testament, expression civile de ce fait, tirait toute sa force de la volonté du testateur ; qu'il importait à la mémoire du testateur d'avoir un

à lui-même une loi dont il ne puisse plus s'écarter; *Nemo sibi ipsi legem dicere potest, à qua non liceat discedere*, L. 6, § 2, ff *de jure*

successeur, et que ses volontés fussent exactement remplies (*a*), amenèrent leurs conséquences naturelles.

Si la succession n'était pas acceptée par l'héritier institué, toutes les dispositions testamentaires croulaient ( L. 181, ff *de Reg. jur.* ). Mais le fidéicommissaire universel pouvait contraindre l'héritier institué à accepter l'hérédité pour la lui rendre : *Placuit ut recta via*, dit la loi 55, § 2 , ff *ad Senatum-consultum Trebellianum ; secundus ( fideicommissarius) possit postulare ut heres adeat ;* et cette restitution s'opérait aux risques et périls du fidéicommissaire qui se trouvait par-là tenu d'acquitter les créances, les legs et autres charges de la succession. *Sicut explendæ fidei gratia, cogendus est adire hereditatem (heres), ità ob id ipsum damno affici non debet* ( L. 27, § 15, *Eod. tit.* ). L'institution était-elle accompagnée de certaines conditions ? L'héritier institué pouvait être contraint de les accomplir avant leur échéance, afin d'effectuer la restitution (*b*). Il en était de même du cas où le testament était attaqué pour cause de nullité(*c*); de celui où l'héritier se trouvait encore dans les délais pour délibérer (*d*); de celui où l'héritier avait déjà répudié la succession (*e*).

Enfin, non-seulement l'héritier institué pouvait être contraint d'accepter l'hérédité, après l'avoir répudiée, mais encore l'héritier légitime lui-même, pouvait y être contraint. *Meminisse opportebit*, dit la loi 6 , § 1, ff *de Senat-consulto Trebelli. De herede instituo senatus-consultum loqui, ideoque tractatum est apud Julianum an intestato locum habeat. Sed est verius, eoque jure utimur, ut hoc senatus-consulto ad intestatos quoque pertineat, sive legitimi, sive honorarii sint successores.* Et quel était l'objet de ces acceptations forcées dont le principal effet était de rendre valables les dispositions testamentaires exactement, comme si l'acceptation eût été volontaire et spontanée de la part de l'héritier (*f*)? D'assurer d'autant mieux l'exécution des dernières volontés des testateurs; car, c'était là le but principal lequel tendaient toutes les dispositions de la loi. *Quo magis reliquum confirmentur supremæ defunctorum voluntates*, porte le sénatus-consulte Trébellien, première loi qui ait consacré ce grand principe.

Ce but est resté constamment le même dans le dernier état de la législation romaine; mais il ne faut pas dire, avec M. Merlin ( Répert., v° *Instit. d'héritier*, sect. 1re ), que la Novelle 1re, chap. 1er, déroge au droit antérieur en ce que : « Si l'héritier institué refuse d'appréhender l'hérédité

(*a*) *Defunctorum interest ut habeant successores*, dit la loi *de Bonor. possess.* L. 6, ff *de Interrog.* V. aussi les *Instit.*, § 1, *in fine.*

(*b*) L. 63, §7, ff *Eod. tit.*

(*c*) L. 27, § 6, ff et L. 13, § 2 ( *ibid.* ).

(*d*) L. 71, ff (*ibid*).

(*e*) L. 14, § 1, ff (*ibid.*).

(*f*) *Si quis compulsus adierit, nemo dubitat, quæcumque sint in testamento, perindè valere ac si sua sponte adisset.* L. 14, § 3, *Eod. tit.*

*Codicill.*, ne prenant définitivement le caractère de testament qu'à la mort du testateur, époque à laquelle la nature des choses donne

elle transfère l'institution, de la tète de l'institué sur celle de l'héritier *ab intestat*. Aucun texte du droit romain n'offre d'une manière explicite ou implicite une telle disposition. La Novelle, dont on vient de parler, prévoit le cas où aucune des personnes désignées dans le testament ne voudra accepter l'hérédité, et elle décide, non que l'institution testamentaire subsiste toujours, mais que la succession est déférée par la loi elle-même à l'héritier *ab intestat. Si vero nullus horum de quibus testamento memoria facta est, volueri adire* ( hoc est, cohæres, aut legatarius, *aut fideicommissarius, aut servus* libertate honoratus ), *tunc ad alios quos* LEX AB INTESTATO VOCAT, *post eum quidem qui scriptus est, et legitima per hanc legem parte exclusus,* DEFERRI RES. Et en cela, il est vrai de dire que la Novelle déroge dans un sens à la disposition du droit antérieur ( le sénatus-consulte Trébellien ), qui contraignait, comme on l'a vu, même l'héritier légitime, à accepter la succession. Mais c'était toujours dans les mêmes vues ; c'était pour assurer d'autant mieux l'exécution des dernières volontés du testateur ; et ce que le sénatus-consulte décidait, *quo magis confirmentur supremæ defunctorum voluntates*, la Novelle, rectifiant la bizarrerie ou la subtilité du droit précédent, n'en conservait pas moins son motif, savoir : d'accomplir exactement les dernières volontés des mourans : *Una est enim legis intentio* ( § 4 ), *ut quæ disposita sunt à morientibus impleantur;* disposition qui se retrouve fréquemment rappelée dans cette Novelle et dans les Institutes ; et voilà pourquoi non-seulement il suffisait que le légataire d'une portion même minime de l'hérédité acceptât, sur le refus de l'héritier institué, pour soutenir le testament, et veiller à ce qu'il fût exécuté ( *Instit. de hered. instit.*, §§ 6, 7 ); mais encore que dans le cas où l'hérédité se trouvait, aux termes de la Novelle précédente, déférée à l'héritier *ab intestat*, par la loi ; c'était toujours sous l'obligation formelle d'accomplir fidèlement les volontés du défunt : *Quia res accipientes agent in eis quæ recte voluerunt testatores;* mais, dans ce cas, il faut le répéter, celui auquel était ainsi déférée la succession n'était pas héritier testamentaire ; il était héritier de la loi : *Damus omnibus talibus personis*, ajoute la Novelle ( même § ), *fieri heredes, et aditionis, aut pro* HEREDE GESTIONIS *habere jus, et* TANQUAM HEREDES OMNIA GERERE *et conventos et convenientes.*

Le droit coutumier offrait un système absolument contraire ; là régnait la maxime *le mort saisit le vif*, maxime dont le sens n'est pas celui que paraissent présenter les termes. Le mort ne saisit nullement le vif, puisque l'homme n'a manifesté aucune volonté de le faire ; c'est la loi qui par sa toute-puissance et même contre la volonté du testateur (a), à la différence du droit romain qui préférait toujours cette volonté (b), transfère du moment de sa mort, à ses plus proches héritiers *la saisine de ses biens;*

(a) V. Cujas, sur la loi 3o, ff *Exquib. caus.*
(b) *Quamdiu possit valere testamentum, tandiu legitimus non admittitur.* L. 89, ff *de Reg. jur.*

à cette volonté une irréfragable fixité ; c'est seulement alors que la loi concourant avec elle, imprime à l'acte qui la retrace, le caractère absolu qui doit en assurer les effets.

or, il est impossible que cette *saisine* qui est un pur fait, pour l'accomplissement duquel l'appréhension de la part de l'héritier était régulièrement exigée dans le droit romain (*a*), et qui s'opère de plein droit en vertu de la maxime précédente, ne constitue pas de véritables héritiers. De là ces conséquences forcées écrites dans la plupart des coutumes : 1° *Qu'institution d'héritier n'a lieu, et ne peut être institué étranger au préjudice des vrais héritiers ; car on ne peut faire par testament ou legs, quelque peine qui soit apposée, que l'hériter ne soit saisi des choses que le défunt tenait et exploitait au temps de son trépas* ( Coutume de Poitou, art. 272 et 273, Bretagne, Bourgogne, etc. ); ce que Symmachus, dans une épître à Ausonne (15e) énonçait en ces termes : *Gignuntur non scribuntur heredes ;* 2° que les legs sont de pures dispositions de biens dont on doit demander la délivrance aux héritiers. C'est donc la loi qui se charge elle-même de créer un successeur au défunt.

Mais que de difficultés dans ce système !

Et d'abord, « Cette saisine s'opère, dit M. Toullier ( *Droit civil*, t. IV n° 79 ), dès l'instant de la mort du défunt, par la seule force de la loi, avant même que l'habile à succéder ait fait aucune démarche pour se mettre en possession ou pour manifester sa volonté ; ainsi les enfans, les insensés, ceux qui ignorent le décès du défunt, *n'en sont pas moins saisis de droit, quoiqu'ils ne le soient pas encore de fait* ».

C'est en effet ce que les anciens auteurs appellent *saisina juris*. Mais cette *saisine de droit* est et restera éternellement condamnée par les vrais principes. Le fait ne peut jamais tenir la place du droit ; or, pour que l'héritier possède les biens du défunt, il faut qu'il appréhende nécessairement ces biens (*b*) ; et voilà pourquoi, dans le droit romain, l'héritier institué, bien que son droit remontât incontestablement au moment du décès, et qu'il fût censé recueillir les biens de la succession à cette époque, n'en était pas moins tenu de les appréhender de fait ( Voët, *ad Pandect. de acquir. vel omitt. hered.*, n° 18) (*c*) ; jusque-là la succession était réputée jacente, *personam defuncti sustinebat*. M. Toullier argumente, pour justifier cette saisine, d'une opinion de Pothier, dont voici les termes ( *Possession* n° 55 ) : « La volonté de retenir la chose se suppose toujours, tant qu'il ne paraît pas une volonté contraire bien marquée ».Or, cette opinion de Pothier n'est autre chose que le résumé de deux lois romaines, qu'il rapporte, et dont le sens est, que pour avoir abandonné momentanément la posses-

(*a*) *Cùm heredes instituti sumus, adita hereditate, omnia quidem jura ad nos transeunt :* POSSESSIO TAMEN NISI NATURALITER COMPREHENSA AD NOS NON PERTINET. ( L. 23 ff. de *Acquir. vel omitt. possess.* )

(*b*) C'est même ce qui donne le vrai sens du mot *civilissima* employé par Balde pour caractériser cette possession ; et faire entendre qu'elle ne s'appuie nullement sur les principes. Elle doit, en effet, toute son existence au pur droit civil. ( Tiraqueau, *Déclar.* 7.)

(*c*) L. 23, ff de *acquir. vel omitt. possess.* rapportée (*suprà* ).

6° Le testament, même complet sous tous ces rapports, n'est encore qu'une vaine manifestation de l'homme (1). « Ni la raison

sion de certains héritages, on n'est pas censé pour cela avoir perdu leur possession : *Saltus hybernos œstivosque*, dit Paul auteur de l'une de ces lois (L. 3, § 11, ff *de acquir. poss.*), *animo possidemus*, QUAMVIS EOS CERTIS TEMPORIBUS RELINQUAMUS. Mais qu'est-ce que cela a de commun avec la possession perdue par la mort du possesseur ?

2° Donnez à ce bénéfice de la loi municipale son effet le plus étendu ; l'héritier du sang a du moment de la mort *la saisine légale* de tous les biens du défunt. Admettez que cette saisine ait la force d'entraîner avec elle le droit de propriété, détermination nouvelle qui ne peut sortir que par une induction éloignée de la volonté de la loi ; en conclurez-vous que l'héritier soit, en vertu *de la saisine*, passible des dettes et charges de la succession ? S'est-il lié vis-à-vis des créanciers de la succession ? Est-il intervenu entre eux et lui quelque contrat ou quasi-contrat ? Sur quoi ferez-vous reposer la nécessité de sa part de ne voir dans la saisine qu'il tient de la loi qu'une saisine conditionnelle, restreinte, c'est-à-dire, dont l'effet se borne aux biens libres de la succession, après le paiement des dettes et des charges ? Accorderez-vous à cet héritier le bénéfice d'abstention ou d'inventaire ? Sur tout cela l'ancienne jurisprudence n'offrait que les plus vagues résolutions, parce qu'elle était totalement dépourvue de principes régulateurs. Lebrun (*des Successions*, liv. 3, chap. 1, n° 36) rapporte les anciennes controverses auxquelles a donné lieu la question de savoir : *si la saisine pouvait être rétorquée contre l'héritier.* D'Argentrée (coutume de Bretagne, n° 509, Gloss. 3, n° 3) ne doute pas que l'héritier ne soit tenu des dettes et charges de la succession ; mais il se détermine plutôt par un pur sentiment d'équité que par la force de principes qui lui manquaient entièrement. Il est juste, selon lui, que, puisque l'héritier peut, par suite de la saisine, contraindre les débiteurs de la succession au paiement, il puisse à son tour être contraint par les créanciers : *Nam acceptatione hereditatis ipso jure adipiscitur possessionem, qua tam passivè uti cogendus est cùm creditoribus aut agentibus expedit, quam cùm activè uti libet ; nec enim id agendo facere sinendus est quod in casu contrario admittere non vult.* Cette dernière opinion avait généralement prévalu.

3° Le droit de transmission n'offrait pas moins de difficultés. Pour que la transmission obtînt toute son efficacité, il fallait que l'héritier devînt propriétaire ; il fallait donc définir et asseoir avant tout le droit de propriété sur la tête de l'héritier ; or, les caractères généraux de ce droit ne pouvaient réellement sortir que *de la saisine* qui n'offrait elle-même pour

_____

(1) Néanmoins, il ne sera pas entièrement sans effet : « La révocation faite dans un testament postérieur, porte l'art. 1037 du Code civil, aura tout son effet, quoique ce nouvel acte reste sans exécution, par l'incapacité de l'héritier institué ou du légataire, ou par leur refus de recueillir ». V. aussi les lois 20, 34, ff *de Legat.* 1°, et *Instit.* lib. 2°, tit. 27, § 2.

ni la nature, dit Bynkersoëck (*Observ.*, *jur. rom.*, *cap.* 2), ne nous disent que la propriété soit éternel le dans nos mains et que

résultat que la possession. Aussi, voyez l'emb a rras de Dumoulin et de d'Argentrée pour asseoir une solution qui ne heurte pas trop ouvertement les principes : « La première transmission, dit Dumoulin (*des Fiefs*, § 33, Gloss. 1, n° 102) (*a*), n'est pas feinte; elle est *vraie et efficace* ; par l'effet de la maxime *le mort saisit le vif*, ce n'est pas une *possession feinte* qui est transmise, mais bien une *possession vraie*, emportant en soi le droit de propriété au profit du plus proche héritier, même à son insu, qu'il soit mineur, insensé, etc., ainsi que je l'ai écrit au § 132 (*b*); or, voici ce qu'il écrivait en cet endroit : « La propriété passe-t-elle ( à l'héritier ) immédiatem ent après la mort du défunt ? Je le pense ; parce que dans ce cas, le testament est un codicille. Il y a plus : les héritiers *sont saisis*, et ils le sont dans ce but d'équité ( c'est-à-dire dans le but de faire valoir le testament comme codicille ). « An operatur quod « statim transit dominium à morte ; puto quod sic, quia sunt potius codi-« cilli ; imò quia saisiti (heredes) *et quia ad hunc finem æquitatis sunt* « *saisiti* ». Il ne faut pas s'arrêter à ces vaines disputes de l'école, dit d'Argentrée ( Art. 509, gloss. 3, n° 1 ) de savoir, si la possession est *civile* ou *artificielle*; si elle exige quelque acte réel, si une telle possession peut résulter du statut. Elle est vraie, réelle, actuelle, produisant tous les effets sans exception que peut produire la possession réelle ; et notamment celle qui résulte des interdits ; il n'y a guère que ceux qui n'ont jamais connu ni les affaires ni le palais qui puissent en douter (*c*). Et il ne faut pas s'arrêter davantage à cette objection que la propriété empêche la saisine de l'héritier ; qu'avant tout et pour être soumis à une action, il doit être d'abord saisi (*d*).

On voit que ces deux auteurs affirment plutôt un fait qu'ils ne démontrent rigoureusement un droit ; et la raison en est que cette démonstration n'était pas dans la nature des choses

4° Mais cette saisine dont M. Toullier a cru voir des traces dans *la suite*

(*a*) Voici l'espèce : Un homme décède laissant un frère et un neveu d'un autre frère décédé. Le frère décède à son tour sans avoir accepté ni répudié la succession. On demande si le neveu, acceptant les deux successions, devra deux droits de reliefs ? Dumoulin répond que non, parceque, de la part du neveu qui accepte, il n'y a eu qu'une transmission de deux successions réellement et non fictivement réunies.

(*b*) *Quoniam per consuetudinem quod mortuus saisit vivum non continuatur nec transfertur ficta, sed vera possessio, et dominium ipso jure in proximum heredem, etiam ignorantem, etiam infantem vel furiosum, ut scripsi in,* § 132.

(*c*) *Omittendæ nugæ scolasticorum cùm inquirunt, an ea possessio civilis est, an artificialis, an aliquem actum realem exigat, an id per statutum fieri possit.... Sed vera, realis, actualis est hæc possessio ad omnes omninò effectus valens, quo ulla omninò realis, posset producere, ipsumque illud imprimis, quoad ex ea omnia omninò interdicta..... De quo nemo dubitat, nisi qui forum et tribunalia non videre.*

(*d*) *Nec dominii exceptio admittenda est ad impediendam saisinam, ut loquuntur, heredis, qui ante omnia et priusquam sustinere ullam actionem cogatur, saisitus esse debet.*

nous puissions la transmettre à nos héritiers. La terre a été ori-
ginairement donnée à tous les hommes; c'est à l'industrie de cha-

du droit romain (*ibid.*, n° 79, not. 4), tandis qu'elle lui est diamétralement contraire, puisque, d'une part, *la suite* reposait sur un tout autre principe que *la saisine*, le père et le fils dans le droit romain étant censés
ne former qu'une seule et même personne; que, d'autre part, elle anéan-
tit la base fondamentale du testament, l'institution de l'héritier, et réduit
par-là cet acte à une pure disposition de biens, la saisine amenait, dis-je,
les doutes les plus graves sur la nature même du testament.

Lorsque le citoyen romain avait institué un héritier, toutes les autres
dispositions de son testament n'étaient plus qu'une conséquence naturelle
de cette première manifestation; l'exécution des fidéicommis, l'acquittement des legs, des charges de la succession, étaient une condition inhérente à la qualité même d'héritier. Mais lorsque par un effet supérieur,
inévitable de la loi générale, les biens du défunt passent à son plus proche héritier, le testateur ne dispose plus de ses propres biens; il dispose
des biens d'autrui, car l'effet de la saisine a nécessairement précédé celui du testament; or, sur quel fondement faire reposer la validité d'une
pareille disposition? La saisine ayant entraîné forcément le droit de propriété sur la tête de l'héritier, le testateur n'est-il pas privé par-là de
l'objet propre sur lequel pouvaient s'exercer ses dernières volontés? Son
testament ne renfermera donc plus que des dispositions illusoires auxquelles la loi ne saurait attacher sa sanction. Sans doute, on peut élever
des doutes même sur la question de savoir, si la puissance du testateur
peut aller jusqu'à se créer un successeur pour l'époque où il n'existera
plus, mais sans examiner cette question étrangère à mon sujet actuel (*a*), ad-
mirez ces deux idées simples du droit romain qui préviennent plus d'un doute,
et paraissent avoir souvent servi de guide aux rédacteurs du Code civil:

1° Par-là même que le fils continue la personne du père, il n'y a pas de succession possible entre eux; dès lors, tous les rapports relatifs aux biens, aux
legs, aux dettes, aux charges, aux créances, etc., ne se présentent plus
que comme des rapports secondaires, quant à la personne, objet principal de la loi, et qui reste toujours fictivement la même (*b*).

2° Par-là même que le testateur s'est donné un successeur civil, en
instituant un héritier, faculté que la loi générale a sanctionnée une fois,
et qui est une imitation de la suite (*sup.*, p. 40, note § 3), tous les rapports
dont je viens de parler découlent sans peine de ce principe général, et
dès lors, non-seulement l'acquittement des legs, des charges, des det-

_____

(*a*) Je ne discute ici aucune opinion sur ces points; je dis, néanmoins, qu'en principe,
et indépendamment de toute fiction politique ou législative, la volonté de l'homme est
préférable à la volonté de la loi, comme l'avaient reconnu les Romains (V. la fin de
cette note).

(*b*) Pothier (*Pandect.*, t. III, p. 674 (note) voit là une pure fiction de droit: *Est
autem hæc successio quædam persona juris fictitia quæ in universum jus defuncti
succedit: in quam omne jus transit quod defuncti personæ inerat, si ea excipias
quæ naturaliter morte intereunt.*

cun qu'elle a été abandonnée. A la mort d'un individu que lui
échappe-t-il? Une possession nue dans laquelle se pressent d'au-

tes, etc., de la succession, sont comme une condition inhérente à la qualité
de l'héritier qui a accepté, mais encore le testateur *dispose de sa propre
chose ;* car, l'acceptation de l'héritier renferme nécessairement l'obligation
implicite de ne recueillir que ce qui restera de la succession, après le
paiement des dettes et des charges, même de ne recueillir que le titre *nud
juris nomen*, si toutes les valeurs successives se trouvent absorbées ; et
c'est toujours, dans cette hypothèse, le testateur qui est censé payer ses
dettes, acquitter ses dons et ses legs, par la personne de l'héritier institué. De là, la définition du legs : *legatum est donatio testamento relicta*
(L. 36, ff *de Legat*, 1º), *ab herede præstanda* (§ 1, *Instit. eod*).

5º Enfin, les conséquences rigoureuses de la maxime, *le mort saisit le
vif*, n'étaient pas même observées dans la plupart des pays de coutume ;
et on en revenait toujours aux idées judicieuses du testament, pris dans
sa véritable acception.

Ainsi, s'agissait-il de savoir, si les légataires universels pouvaient être
personnellement tenus, comme l'héritier, des dettes de la succession ?
S'ils étaient admissibles comme lui à jouir du bénéfice d'inventaire, s'ils
ne devaient pas du moins faire un inventaire des objets composant leurs
legs pour n'être pas tenus au delà de ce qu'ils amendaient ? Ecoutez le
logicien Ricard (*Traité des Donations*, t. II, chap. II, nº 1518). « Il y
a grande différence entre l'héritier et le donataire universel ; et il ne faut
pas s'étonner si l'héritier qui veut accepter la succession sous bénéfice,
ne faisant pas faire inventaire, perd le privilége de ce bénéfice, et demeure indistinctement obligé aux dettes, parce que la qualité d'héritier
en soi le rend sujet à cette obligation ; et s'il veut jouir de la grâce du bénéfice, il est nécessaire qu'il accomplisse toutes les conditions sous lesquelles elle lui est accordée. Ce qui ne peut pas s'appliquer au donataire,
parce qu'il n'est pas tenu de droit d'acquitter les dettes indéfiniment, et
sa qualité ne convient pas à cette obligation absolue : tellement que ces
deux qualités (d'héritier et de légataire) n'étant pas susceptibles de comparaison, vu que le premier ne jouit de cette immunité que par privilége
au lieu qu'elle appartient au second de plein droit, il s'ensuit que la
peine prononcée contre l'un, ne doit pas être étendue à l'autre, parce que
les peines sont de droit étroit, et ne se prorogent jamais d'un cas à l'autre, particulièrement lorsqu'il y a raison de différence, comme dans l'espèce dont il s'agit, en laquelle l'héritier par bénéfice, à faute de faire
inventaire, est tenu en son propre et privé nom, parce que les choses re-
tournent facilement à leur principe, dans lequel l'héritier se trouve chargé
de plein droit de cette obligation ; ce qu'on ne peut pas dire du donataire,
qui de soi n'est obligé aux dettes que jusqu'à concurrence des effets compris en la donation ». Et il renvoyait, par une application rigoureuse de
sa doctrine, les créanciers de la succession à se pourvoir contre le légataire, à l'égal d'un simple possesseur de biens, jusqu'à concurrence du
montant de son legs.

Toutes ces solutions étaient exactes ; le légataire universel ne représen-

tres individus qui en jouissaient déjà, soit avant lui soit en commun avec lui, ou qui vont en jouir pour la première fois. Cependant

tant point le défunt, n'étant qu'un simple successeur ou donataire de ses biens dont la délivrance lui était faite par l'héritier, qui en avait seul *la saisine*, il était conforme aux règles de la logique aussi bien qu'à celles du droit, qu'il ne fût tenu vis-à-vis des créanciers que jusqu'à concurrence de ces mêmes biens; et néanmoins ces principes, quelle que fût leur justesse, n'étaient pas généralement suivis. Le successeur des biens du défunt, l'exécuteur de ses volontés suprêmes, paraissait toujours dans la réalité, représenter le défunt lui-même et remplir toutes les conditions de l'héritier. Aussi l'avocat Lemaître ne concevait pas qu'un légataire universel qui s'était mis en possession de son legs, sans faire un inventaire régulier, ne fût pas personnellement tenu vis-à-vis des créanciers de la succession; et contre tous les principes il décidait que l'omission d'un pareil inventaire dont ni la loi, ni la qualité de légataire n'imposait l'obligation à celui-ci, était un indice de fraude suffisant pour soumettre de plein droit le légataire aux actions des créanciers. « Il n'est pas douteux que l'avis de Ricard, dit l'auteur du Répertoire de jurisprudence (v° *Légataire*, § 7, art. 1, n° 14), ne doive faire loi, tant dans les pays de droit écrit, que dans les coutumes auxquelles ce droit sert de supplément. . . . . *Mais il est assez généralement rejeté dans les pays vraiment coutumiers, c'est-à-dire, dans ceux où les lois romaines n'ont point d'autorité proprement dite* ». Quant à la jurisprudence normande elle allait encore plus loin: elle refusait même le bénéfice d'inventaire au légataire universel qui pouvait seulement répudier son legs, à l'expiration du délai qui lui était accordé pour délibérer; la raison de cette jurisprudence était qu'à l'héritier seul appartenait le droit de jouir du bénéfice d'inventaire; or, le légataire n'était pas héritier. Il n'en demeurait pas moins, en cas d'acceptation, tenu personnellement des dettes du défunt (V. Béraut sur l'art. 443 de la coutume de Normandie, et le Répertoire de Jurisprudence, *ibid.*, n° 16).

Le Code civil porte des traces évidentes de toute l'incohérence qui régnait dans les idées en matière de saisine, à l'époque de sa rédaction; mais la plus grande lacune qu'il nous offre, sous se rapport, est de n'avoir défini nulle part les effets de la saisine. Néanmoins, après trente années d'application, le rapprochement judicieux de quelques unes de ces dispositions, éclairées par les éternels principes du droit, nous révélera avec certitude leur véritable but.

Et d'abord, la définition du testament que donne l'art. 895, « Le testament est un acte par lequel le testateur dispose pour le temps où il n'existera plus, de tout ou partie de ses biens, et qu'il peut révoquer », appartient tout entière au droit coutumier. On y chercherait vainement l'héritier comme l'entendent les lois romaines, le successeur du défunt, celui qui le représente activement et passivement, *qui nomen juris sustinet*. L'art. 967 dit bien: « Que toute personne *pourra disposer* par testament, soit sous le titre d'institution d'héritier, soit sous le titre de legs, soit sous toute autre dénomination propre à manifester sa volonté ». Mais un tel état de choses n'étant propre qu'à engendrer des troubles, la plus horrible confusion dans les sociétés humaines, la loi civile

l'expression *disposer* employée par cet article dont l'objet, propre est de déterminer les divers modes de dispositions, doit être naturellement expliquée et restreinte par l'art. 895. Enfin, l'art. 1002 qui a pour but de déterminer d'une manière plus spéciale encore les effets des divers modes de disposition, n'ajoute rien aux notions précédentes sur les testamens. On remarque seulement que ce dernier article assimile deux choses complètement distinctes jusqu'alors, l'institution d'héritier et le legs universel, et il entend que ces deux modes de disposition produisent absolument les mêmes effets; en d'autres termes, il paraît vouloir réduire ces deux modes à de pures dispositions de biens. Il est donc évident que si, procédant toujours d'après les idées du droit coutumier, le Code civil eût posé nettement la maxime, *le mort saisit le vif*, le testament aurait perdu tous les caractères essentiels qu'y attachait le droit romain; mais il n'en est pas ainsi.

L'art. 724 pose à la vérité le principe: « que les héritiers légitimes sont saisis de plein droit des biens, droits et actions du défunt, sous l'obligation d'acquitter toutes les charges de la succession... »; mais l'art. 1006 ajoute : « Que lorsqu'au décès du testateur, il n'y aura pas d'héritiers auxquels une quotité de ses biens soit réservée par la loi, le légataire universel sera saisi de plein droit par la mort du testateur, sans être tenu de demander la délivrance ». Cet article modifie donc, d'une manière évidente l'art. 724 pour le cas où le testateur, ayant disposé par voie de legs universel, ne laissera pas à son décès d'héritier à réserve. Il arrivera donc un cas où la saisine abandonnera l'héritier légitime pour se porter sur l'étranger qu'aura désigné le testateur; et alors, on sent parfaitement que la saisine ne pouvant se diviser dans ses effets, si elle suit la disposition universelle faite à l'étranger, c'est pour astreindre cet étranger à toutes les obligations de l'héritier légitime, c'est pour le mettre au lieu et place du défunt; et dans ce cas, je suis forcé de voir dans le légataire universel, non un légataire dans le sens du droit coutumier, non un simple successeur aux biens, mais bien un véritable héritier, dans le sens légitime de ce mot, un véritable représentant du défunt; d'où je conclus que l'art. 1002 a nécessairement fait dévier, comme il en avait le pouvoir, l'acception naturelle, des mots *institution d'héritier, legs universel*; que, dans un cas, il a voulu qu'ils désignassent l'un et l'autre indifféremment, de simples dispositions de biens, selon le sentiment assez général des auteurs; et, dans l'autre, de véritables institutions d'héritier. D'où je tire la conséquence ultérieure que dans ce dernier cas l'héritier institué, ou le légataire universel représentant réellement le défunt, pourront être tenus *ultra vires* des dettes et charges de la succession, et qu'ils ont incontestablement le droit de recourir au bénéfice d'inventaire pour prévenir ce résultat (a).

C'est ici qu'on voit apparaître la sorte de lutte qui s'établit à l'époque

(a) Répert. de Jurisp., v° *Légataire*, § 7, art. 1er, n° 17, et Chabot, *Comment. success.*, art. 873, n° 23.

4.

a dû intervenir pour créer la permanence dans la possession, c'est-
à-dire, *le droit même de propriété;* et c'est seulement sous l'auto-

de la rédaction du Code civil entre les deux systèmes, dont l'un était
préconisé par les partisans du droit écrit, et l'autre par ceux du droit
coutumier. Mais il faut le dire, les considérations supérieures qui sortaient
naturellement du fond de cette matière abstraite, n'ont pas toujours servi
de guide aux discussions célèbres qui s'engagèrent, soit au sein du
Conseil d'État, soit devant les assemblées politiques de cette époque; et
ce n'est pas sans étonnement que l'on voit des considérations du second
ordre préoccuper habituellement les esprits. C'est ainsi que plusieurs orateurs reproduisent incessamment, et sous diverses formes, ces objections
que combattait avec tant de supériorité M. Portalis (a) : qu'entre l'héritier
légitime et l'héritier testamentaire, le titre du premier, seul, étant certain, il devait être préféré; que le testament pouvait être attaqué pour
cause de nullité, ou comme le fruit du dol, de la captation, etc.; qu'il y
aurait dès lors mille inconvéniens à laisser provisoirement entre les
mains d'un héritier dont le titre pouvait être ainsi renversé, une succession qui disparaîtrait, sans qu'il fût possible de la rétablir; que pour ces
diverses raisons la saisine devait être exclusivement attribuée à l'héritier
légitime. Enfin, quelques esprits considéraient aussi les dispositions testamentaires comme des dérogations au droit commun; or, c'était justement ce qui était en question.

Cependant, le consul Cambacérès jeta une vive lumière dans la discussion. Il s'arrêta à l'idée que les héritiers à réserve portaient une qualité telle que la loi pouvait, en tout état de cause, même en présence
du légataire universel, leur conférer la saisine de plein droit; que dès
lors ce serait à eux que le légataire universel serait tenu de demander la
délivrance de son legs. Mais quelles sont les conséquences de cette résolution qui paraît avoir servi de base à l'art. 1004? L'héritier à réserve
est-il, dans tous les cas, le représentant exclusif du défunt? L'effet de la
saisine à son égard est-il tel, que même lorsqu'il est en concours avec un
légataire universel, tous les avantages comme tous les inconvéniens de
la saisine, demeurent concentrés sur lui? En cas d'accroissement, de
déchéance, ou de caducité des legs particuliers, est-ce lui ou le légataire
universel qui en profite? Les auteurs se sont partagés sur ces diverses
questions. A suivre la lettre de la loi, il est évident que l'héritier à réserve
remplace rigoureusement, et dans toute l'étendue du mot, le défunt. Il
est saisi de plein droit par la mort du testateur, et c'est à lui que le légataire universel est tenu de demander la délivrance des biens compris dans
le testament (Art. 1004 et 1006). Dirait-on que cette saisine est purement
honoraire, qu'elle se borne à la délivrance du legs, et que son unique
avantage consiste à pouvoir contester le titre en vertu duquel l'héritier
doit remettre les biens au légataire? Que la règle : *Quem sequuntur
commodo et eum sequi debent incommoda,* ne permet pas qu'il en soit
autrement? Ce serait s'écarter sans motifs des termes formels de la loi, à

(a) Procès verbal du Conseil d'État, séance du 27 ventôse an XI, t. II, p. 633 et suiv.

rité de cette loi, que l'homme a pu transmettre ses biens et ses droits, soit de son vivant, soit après sa mort ». De là la nécessité

*verbis, hoc est, à propria verborum significatione, sine legitima causa non est recedendum.* L. 1, § 20, ff *de Exercit. act.* Au surplus, l'héritier à réserve ne fait la délivrance du legs que lorsque toutes les charges de la succession sont payées, etc. V. **MM.** Delvincourt, t. 2, p. 345 etsuiv., et Duranton, t. , 28.

Néanmoins, tant est réel l'empire des grands principes du droit! les interprétations les plus judicieuses paraissent s'écarter aujourd'hui de ces rigoureuses conséquences de l'art. 1004 du Code civil. Ainsi, M. Toullier n'hésite pas (*Droit. civ.*, t. v, n° 494), à diviser les effets de la saisine « Le légataire universel ou héritier testamentaire, dit cet auteur, conserve, à l'égard de toutes personnes, autres que les légitimaires, c'est-à-dire les descendans et les ascendans, la qualité et les droits de légataire universel ou d'héritier testamentaire, même contre les autres héritiers du sang, qui, sans sa présence, concourraient avec les légitimaires. Par exemple, le défunt a laissé pour successibles sa mère et ses frères et sœurs, et institué un héritier testamentaire ou un légataire universel de tous ses biens; la mère seule est saisie respectivement à l'héritier testamentaire ou légataire universel. *Il est obligé de lui demander la délivrance;* mais il est saisi vers les frères et sœurs qu'il exclut. Il est saisi vers les légataires particuliers qui doivent s'adresser à lui..... Enfin, il est saisi à l'égard des créanciers de la succession qui ont contre lui une action directe et personnelle comme représentant le défunt, outre l'action hypothécaire, comme possesseur des biens ». (Voir aussi M. Grenier, *Donat.*, t. I, p. 313.)

M. Duranton, t. VII, n° 14, p. 34, paraît bien s'en tenir scrupuleusement au texte de la loi, et, pour cette raison, il décide que l'héritier à réserve, étant seul saisi, le légataire universel ne l'est nullement; qu'il ne représente point le défunt, qu'il succède plutôt aux biens qu'à la personne; et il tire de là la conséquence qu'il n'est point tenu de recourir au bénéfice d'inventaire; mais il termine bientôt par ces paroles remarquables: « Nous lui conseillerons néanmoins, et même au légataire simplement à titre universel, de prendre la précaution du bénéfice d'inventaire, ne fût-ce que pour éviter des contestations mal fondées sur ce qui est l'objet de la question (*a*) ».

_____

(*a*) M. Delvincourt (t. II p. 349) ne pouvant parvenir à concilier l'art. 1009 avec l'art. 926 du Code civil, lorsque l'héritier à réserve se trouve en concours avec un légataire universel, pour effectuer le paiement de legs particuliers qui absorbent la totalité de la succession, et regrettant les dispositions de l'ancien droit sur ce point, finit par dire: « Que dans ce cas il n'y a pas de légataire universel; que c'est tout simplement l'héritier *sine parte* des Romains, qui ne doit avoir que ce qui reste, après le paiement de tous ceux dont les parts sont désignées ». Ce n'est pas cela qu'il fallait dire: il y a un légataire universel; ce légataire universel remplace le défunt activement et passivement, tient la place de l'héritier': *In universum jus defuncti succedit, heredis loco habetur* (L. 128, ff *de Reg. jur*). Il est aussi l'exécuteur suprême de ses volontés; alors les embarras cessent et les solutions découlent sans peine d'un principe certain.

de l'adition et par-là même de la tradition, pour réaliser les effets du testament.

Quel est le véritable esprit de l'art. 1004, et dans quel but a-t-il été conçu ? Les conférences nous en disent assez pour nous révéler l'un et l'autre (a) : « Le citoyen Jollivet se borne à deux observations ; d'abord, dit-il, il est indispensable de constater le montant de l'hérédité, afin d'établir les réserves. Cependant, si l'héritier institué était d'abord saisi, il lui serait possible d'obscurcir l'état des choses et de rendre illusoires les dispositions de la loi relatives aux réserves. Ensuite, les testamens olographes sont rédigés par le testateur seul. Il devient donc possible de les supposer : or, dans les grandes villes, les faussaires sont assez audacieux pour user de cette facilité, afin de spolier la succession au moyen de la saisine que leur donnerait leur faux titre ». Le consul Cambacérès dit qu'il ne se dissimule pas la force de l'objection prise des dispositions relatives aux réserves ; *mais elle n'a d'importance que dans le cas où il existe un héritier qui a droit à une légitime.* Dans le cas contraire, elle s'évanouit. Il est un degré de parenté dans lequel le testateur peut disposer de la totalité de sa fortune : la loi, qui lui donne cette faculté, veut certainement aussi que ses droits passent immédiatement, *et par le seul effet de sa volonté*, à l'héritier qu'il institue. Comment pourrait-on soumettre le testament à un héritier que la loi n'appelle qu'à défaut de testament ? On dit, le testament peut être nul, et cependant l'individu saisi en vertu de ce faux titre, dilapidera la succession. On peut tourner cette objection contre l'héritier du sang ».

Tel est donc le but réel de la loi : C'est de prévenir dans l'intérêt de l'héritier à réserve seulement, les fraudes et les dangers qui pourraient résulter d'une saisine immédiate de la part du légataire universel ; mais la loi a-t-elle entendu faire de l'héritier à réserve le représentant de la personne du défunt, celui contre lequel doivent être dirigées les actions des légataires, des créanciers de la succession, alors qu'il existe en concours avec lui, un légataire universel du choix du défunt, qui seul est censé possesseur de toute pensée, comme il est seul investi de sa confiance entière ? Et, comment en serait-il ainsi ! Dès que la loi reconnaît la légitimité des dispositions du défunt, pour tout ce qui excède la quotité non disponible, elle reconnaît aussi par-là qu'il a pu désigner son successeur ; que celui qu'il a désigné est la seule personne qui puisse exécuter pleinement ses volontés, le représenter activement et passivement après sa mort. Il répugne à la saine raison autant qu'aux principes de la matière, qu'un parent que le défunt a passé sous silence, qu'il a en quelque sorte repoussé puisqu'il lui a préféré un étranger ( ce qui porterait tous les caractères d'une exhérédation tacite dans le Droit romain ), fût celui que la loi a désigné pour continuer la personne du défunt et faire exécuter ses volontés ; et cette décision de la Novelle 1re, chap. 1, § 4 : « Qu'il serait contraire à la justice d'admettre que celui que le père a formellement repoussé, de toute participation à sa fortune, pût néanmoins y être admis après sa mort.

(a) Procès verbal, t. II. p. 636.

Cependant les premiers modes d'aliénation des biens nommés *Mancipi* chez les Romains, étant accomplis par la mancipation,

*Eum enim qui ab ipso testatore propria substantia pulsus est, quomodo erit justum vocare ad res, quarum eum ille per exheredationem factam in eum, expressim fieri participem noluit »*, reçoit ici une application directe. C'est avec raison que l'étranger est préféré à l'exhérédé, ajoute Godefroi dans une note sur ce texte; car si vous voulez respecter la volonté du défunt, *n'admettez pas l'exhérédé contre cette même volonté. Justè exheredatis liberis extraneus etiam præfertur, et meritô : nam si vis tueri voluntatem, exheredati non sunt admittendi contra defuncti voluntatem.*

Il faut donc borner à ce qui a été dit plus haut, l'effet de la saisine de la part de l'héritier à réserve, lorsqu'il existe un légataire universel (*a*), et reconnaître que, dans la réalité, c'est le légataire universel qui a la *saisine utile* de la succession, puisqu'il en a la jouissance, même du moment du décès, lorsqu'il a fait sa demande en délivrance dans l'année ( Art. 1005 ); que lui seul continue la personne du défunt, le représente activement et passivement, forme avec lui, *una et eadem persona;* qu'il est par conséquent seul, et à l'exclusion de l'héritier à réserve, tenu *ultra vires* des dettes et charges de la succession, sauf l'usage du bénéfice d'inventaire ; qu'à cet égard, les principes du Droit romain ont justement prévalu ; et qu'au lieu de voir en lui un simple successeur aux biens, qui n'était dans l'ancienne jurisprudence passible des actions des créanciers, que pour éviter le circuit d'actions qui résultait de la qualité et du titre d'héritier du sang seul saisi, il en est directement passible aujourd'hui, en vertu de sa seule qualité, et parce que tous les droits du défunt ont en définitive passé sur sa tête ; que la réserve de l'héritier, n'étant dans la réalité, et à l'instar de l'ancienne légitime, qu'une portion due de la succession, *ab intestat, portio portionis ab intestato debitæ;* et la saisine que la loi attribue à cet héritier, n'ayant d'autre objet que d'empêcher les fraudes qui pourraient porter atteinte à ses droits, toute action dirigée contre lui de la part des créanciers ou des légataires, sera utilement dirigée récursoirement contre le légataire universel, seule partie obligée à leur égard ; qu'on ne saurait donner l'absurde pour fondement à la loi ; or, ce serait là le résultat auquel amènerait une fausse application de la maxime : *le mort saisit le vif*, puisqu'on serait forcé de voir deux successeurs dont les qualités se repoussent, l'héritier à réserve et le légataire universel, confondus dans une seule et même personne, à la mort du testateur, pour le représenter activement et passivement, être même tenus concurremment *ultra vires*, s'ils ont négligé de prendre la qualité

___

(*a*) Et qui consite à prévenir les fraudes auxquelles peut se trouver facilement exposé cet héritier que la loi préfère à l'étranger ; il y a plus : ce motif, qui me paraît puisé dans le véritable esprit des dispositions du Code civil sur cette matière, a été étendu par la jurisprudence, même au simple héritier légitime. V. entre autres deux arrêts, l'un de la Cour royale d'Amiens, du 7 mai 1806 ( Sirey, t. VII, 2, p. 1057 ); l'autre de la Cour royale d'Orléans, du 10 juin 1818 ( Sirey, t. XVIII, 2, p. 351 ).

*entre les seuls citoyens romains* (Ulpian, *Frag.* 19, 3; Cicer. *Topic.* 10), et alors qu'un juste titre ou la tradition en avait

d'héritiers bénéficiaires; que l'opinion de quelques auteurs (*a*) : que le légataire universel en concours avec l'héritier à réserve, n'est dans la réalité qu'un légataire *à titre universel*, est une pure hypothèse repoussée par le texte formel de la loi, par l'esprit et les termes de la discussion qui eut lieu au conseil d'État, et plus encore par toutes les conséquences naturelles attachées à la qualité de légataire universel, conséquences que la loi ne dénie nulle part; que le sens raisonnable à donner à l'art. 1009 est que le légataire universel ayant droit à une quotité fixe des biens, à l'exclusion des héritiers, autres que les héritiers à réserve, il est juste qu'il contribue au paiement des dettes, en proportion de ce qu'il amende; mais qu'il n'en sera ainsi que tout autant qu'il restera quelque chose dans la succession, et qu'il y aura lieu à former une réserve; alors la proportion, dont il s'agit, pourra s'établir, quelque inférieure que se trouve la valeur réduite de la succession. Que quant aux actions des créanciers de dettes divisibles, elles seront régulièrement dirigées à la fois contre le légitimaire et contre le légataire universel, puisque leurs portions sont deux corrélatifs soumis aux mêmes charges, jusqu'à ce que la succession se trouvant réduite à zéro, elles cessent d'exister l'une et l'autre. Que si les dettes et charges de la succession excèdent son actif, alors le légataire universel, qui n'a pas fait usage du bénéfice d'inventaire, se trouvera seul tenu comme représentant le défunt, *ultra vires*, de ces dettes et charges.

J'ajoute, qu'un esprit attentif pourrait même trouver toutes ces conséquences dans une interprétation judicieuse des art. 1003, 1005 et 1006 combinés; et cette interprétation s'appuierait naturellement de la maxime : *Interpretatio per quam reducimur ad jus antiquum sive commune, vel quæ adaptatur regulis juris, sumenda est* (*Cephal. Consil.*, 345, n° 21).

Enfin, en s'élevant à des considérations d'un autre ordre, il faut dire :

Que c'est peut-être au retour vers des notions plus exactes sur la nature même de la propriété et sur ses modes de transmission, que nous devons cette tendance actuelle des esprits pour les lois romaines en cette matière.

La propriété est plutôt l'ouvrage de l'homme que celui de la loi; il est donc conforme à sa nature, que la loi proroge l'exercice de ce droit, une fois acquis, même au delà du tombeau. Il est de la sagesse et de l'essence de la loi sans doute de régler l'usage de ce droit dans l'intérêt général; et voilà pourquoi, dans le droit romain, elle venait au secours des enfans passés sous silence, non pour exercer le droit de propriété au lieu et place du père de famille, mais pour réparer en quelque sorte une erreur de jugement qui avait entraîné de sa part un abus de ce droit, pour suppléer à une tendresse qui supposait des devoirs qu'il était toujours contraire aux bienséances et à l'ordre public de ne pas accomplir. De là la plainte d'inofficiosité contre les testamens et contre les donations : *Hoc*

_____

(*a*) MM. Chabot, sur l'art. 774; Duranton, *ubi suprà*; Delvincourt, t. II, p. 350.

conféré la propriété; ou imagina, pour conserver toujours aux biens composant l'hérédité et transmis par testament, le carac-

*colore de inofficioso agitur,* dit la loi 2, ff *de inoff. Testam. quasi non* SANÆ MENTIS FUERINT, *ut testamentum ordinarent (a).* Mais il n'est pas dans la nature de la loi d'attribuer le droit de propriété à personne contre le vœu du père de famille, non-seulement parce qu'il répugne à son essence de mépriser des volontés légitimes qui peuvent, selon les hypothèses les plus plausibles de la matière, porter le caractère de l'exercice même d'un droit (b); mais encore parce que la loi est régulièrement sans mission, comme elle est sans règle, pour la distribution de la propriété; et si elle détermine la transmission des successions dans de certains cas, c'est moins parce qu'elle use d'une faculté puisée dans sa propre nature, que parce qu'il importe à l'ordre public que les propriétés ne restent pas sans maître (c); et que, dans cette vue, la loi, se fondant sur de certaines conjectures tirées des liens du sang, des mariages, des contrats, ou même de l'intérêt public, détermine ces transmissisons; et c'est d'après ces considérations qu'il faut expliquer les dispositions de la Novelle 1re, chap. 1er, et de l'art. 723 du Code civil.

En résumé, je considère dans notre droit actuel, le testament renfermant une institution d'héritier, un legs universel, ou toute autre disposition générale équivalente, comme l'expression exacte du principe par lequel le testament existait chez les Romains, sauf les subtilités de leurs lois, quant à la formalité interne de l'institution d'héritier. L'homme succède à l'homme; les dispositions relatives aux biens ne sont plus dès lors que les conséquences civiles de ce fait; or, la maxime, *le mort saisit le vif,* n'atteignant qu'incomplètement ce résultat; et par les raisons que j'ai amplement développées, la volonté du testateur régulièrement manifestée, devant toujours être préférée pour la désignation de son successeur, les effets de cette maxime doivent être bornés aux cas nettement exprimés par la loi; on doit même puiser dans son esprit la nature et les limites de ces effets (d). En conséquence, on doit dire : qu'en cas de concours entre l'héritier à réserve et le légataire universel, la saisine dont l'art. 1004 investit le premier, n'a qu'un seul objet, la conservation de ses droits; que, dans ce but, toutes les présomptions se réunissent, pour le constituer momentanément le légitime détenteur des biens de la succession; mais que les effets utiles de cette saisine, cessent par l'exécution li-

---

(a) La loi 2 Cod. *de inoff. Donat.* a le même fondement. QUOD IMMODERATE GESTUM EST, dit la loi 7 au même titre, en parlant de la donation excessive d'une mère de famille, *revocabitur.*

(b) *Testamentum ortum trahit,* dit Cicéron ( lib. 3 *de Finib.,* sect. 19, *in fine* ), à *naturali propensione, scilicet affectione erga aliquos.* Aristote (*Politic.,* lib. 5), exprime la même pensée. Or, quelle est la véritable mission de la loi si ce n'est de consacrer dans l'Etat les émanations directes de la nature ou de la raison? *Quod ex re ipsa rationa bile est,* dit la loi unique au Code ( *de Latin. liber. toll.* ) *in jus perfectum deducitur.* V. une Dissertation curieuse de Strick sur ce sujet. *Dissert. for. consc.,* cap. 4, n° 9.

(c) *Peregrinus de fidcicomm.,* art. 40, n° 6.

(d) V. *infrà,* les développemens que je donne à cette règle.

tère de biens *Mancipi*, c'est-à-dire, de biens dont les seuls citoyens romains pouvaient avoir la propriété, la forme du testament *per œs et libram* qui n'était autre chose que la *mancipation*
anticipée, ou l'aliénation du citoyen, avec la condition indispensable de la tradition, aux termes de la loi (Vinnius, *Comment.
instit. lib.* 2, *tit* 10; Heinecc, *Antiquit. lib.* 2, *tit.* 1, § 19).

7° Enfin, les diverses questions relatives aux effets de la maxime :
*Media tempora non nocent,* en matière testamentaire, se lient,
à la nature propre du testament, à l'époque réelle à laquelle il
acquiert toute son efficacité.

———

ART. 1. — Appréciation de quelques lois romaines sur les conditions géné-
raales des testamens ; et spécialement de celles qui sont relatives à la capacité du testateur, soit au temps du testament,
soit au temps du décès.

———

## SOMMAIRE.

1. — *Sens propre des lois* 4, ff qui Testam. facere poss.,
   *et* 49, § 1, ff de Hered. instit. *Quant à l'ordre
   d'après lequel doivent être envisagées les conditions de validité du testament.*

2. — *Doutes qui peuvent s'élever sur la nécessité de la
   capacité du testateur, au temps du testament.*

bre ou ordonnée du testament. Dès lors, apparaît le légataire universel,
comme le seul et unique réprésentant du défunt, recueillant tous les bé-
néfices actuels ou éventuels attachés à sa qualité, comme aussi soumis à
toutes les charges qui en dépendent et que la loi a reconnues, pouvant ne
recueillir qu'un vain titre, *juris nomen,* ou même qu'un titre onéreux.

La conséquence naturelle de tout ce qui précède est que, donnant une
analyse méthodique du testament, j'aurais dû ne pas traiter de la disponibilité, du mode de disposer, des legs et autres dispositions intérieures,
qui ne sont pas de l'essence même du testament. Mais j'ai considéré que
le grand objet de cet acte, étant surtout la disposition des biens; que la
création de l'héritier, du successeur civil du défunt, étant plutôt un principe de raison, destiné à fonder les volontés du testateur, à en détër-
miner avec plus de certitude tous les effets, ce qui justifie la priorité que
je lui ai donnée dans la définition du testament, je pouvais, dans un but
d'utilité générale et pratique, conserver l'ordre précédent.

3. — *Ces doutes se résolvent par la définition précise du testament.*

4. — *Conséquences de cette définition.*

5. — *Distinction entre la perte de l'usage ou de l'exercice des droits civils, et la perte des droits civils eux-mêmes.*

6. — *Application des principes précédens au droit français.*

7. — *Confirmation de ces principes par la jurisprudence.*

8. — *Application de la distinction précédente entre les formalités extrinsèques ou intrinsèques du testament, et ses conditions extérieures ou ses dispositions intérieures; elle est confirmée par la jurisprudence.*

9. — *La loi 51, ff de Legat. 2°, nous offre un résumé précis, mais complet de cette doctrine.*

10. — *Conclusion. C'est la loi du temps du décès qui règle définitivement la disponibilité, comme aussi la qualité des personnes ou des choses auxquelles elle s'applique.*

———

1. A l'aide de ces notions, il nous sera facile de pénétrer exactement le sens de quelques lois romaines qui embrassent toutes les conditions du testament, et dont les auteurs ne me paraissent pas avoir suffisamment indiqué toute la portée.

« Si quæramus, dit Gaïus, L. 4. ff *qui Testam. facer. poss.*
« an valeat testamentum, imprimis animadvertere debemus, an
« is, qui fecerit testamentum, habuerit testamenti factionem :
« deindè, si habuerit, requiremus, an secundum regulas juris
« civilis, testatus sit ».

« Exigit prætor, ajoute la loi 1re, § 8, ff *de Bonor. poss.*
« *contr. tabl.*, utis cujus bonorum possessio datur, jus testamenti
« faciendi habuerit; et cùm facit testamentum; et cùm moritur».

« In extraneis heredibus, dit la loi 49, § 1, ff *de Hered. instit.*,
« illa observantur, ut sit cum eis testamenti factio; sive ipsi
« heredes instituantur, sive hi, qui in potestate eorum sunt: et
« id duobus temporibus inspicitur: testamenti facti, ut constiterit
« institutio: et mortis testatoris, ut effectum habeat: hoc am-

« plius, et cùm adibit hereditatem, esse debet cum eo testa-
« menti factio, sive purè, sive sub conditione heres institus
« sit: nam jus heredis eo vel maximè tempore inspiciendum est,
« quo adquirit hereditatem: medio autem tempore inter factum
« testamentum et mortem testatoris, vel conditionem institu-
« tionis existentem, mutatio juris heredi non nocet: quia (ut
« dixi) tria tempora inspicimus ».

« Enfin, le § 4, *Instit. de hered. qualit. et different.*, ajoute:
« Testamentum autem factum non solum in habere videtur, qui
« testamentum facere potest: sed etiam qui ex alieno testamento
« vel ipse capere potest, vel alii acquirere, licet non possit fa-
« cere testamentum. Et ideò furiosus, et mutus, et posthumus,
« et infans et filius familias, et servus alienus, testamenti factio-
« nem habere dicuntur. Licet enim testamentum facere non
« possint; attamen ex testamento vel sibi, vel alii acquirere
« possunt ».

La première de ces lois procède dans l'ordre suivant: 1° L'examen de la puissance ou de la capacité du testateur; 2° l'examen
des formes et des conditions prescrites par les lois, pour la
perfection du testament. Cette division analytique paraîtrait la
plus exacte sans doute, et c'est ainsi que l'avait comprise Denis
Godefroy, dans une note sur cette loi: *in quacumque juris ma-
teria*, dit ce jurisconsulte, *primò quærendum est de personis,
et sic de causá efficiente, posteà de forma*. Cependant Justinien,
dans ses Institutes en a jugé autrement. *Regulæ istæ*, dit Vinnius,
(lib. 2, tit 10, *in principio*) *pertinent vel ad modum testandi,
vel ad res quas testamento, ut valeat, complecti necesse est. Atque
hæc omnia à Justiniano ordine tractantur: Verùm orditur ille
imperator, à testandi modo; de personis testantium agit secundo
loco*, tit. 12; 3° *De rebus quorum insertio ad vim testamenti necessaria*, tit. 13 et 14. On doit ajouter, pour compléter ce tableau, 4° *De rebus ipsis de quibus disposuit testator*. J'ai préféré, pour les raisons que j'ai déjà indiquées, l'ordre suivi par
Justinien.

Ce qu'il importe le plus de remarquer, dans la troisième de
ces lois, c'est la condition expresse de la capacité de l'héritier,
à l'époque de l'addition. *Nam jus heredis*, dit-elle, *eo vel maximè
tempore inspiciendum est, quo adquirit hereditatem*. On vient d'en
voir la raison: bien que l'ancienne formule du testament *per æs et
libram* eût été abrogée ou abandonnée depuis long-temps, néan-

moins, la condition fondamentale que la transmission des successions ne s'opérait qu'entre citoyens romains jouissant de
tous les droits civils, capables par conséquent de la tradition,
subsistait toujours. Jusque-là le testament était sans effet. Quant
à la capacité de l'héritier institué à l'époque du testament, elle
n'avait qu'un but, celui de rendre utile l'institution *ut constiterit
institutio*. Mais il importe d'entrer ici dans quelques développemens, car il ne faut pas redouter d'approfondir même les subtilités du droit romain, lorsque de cet examen peuvent résulter
de nouvelles lumières sur l'exacte application des principes
généraux.

2. Que la capacité du testateur soit rigoureusement exigée,
à l'époque de la confection du testament, c'est ce qu'indique
assez la nature même de cet acte ; puisque la loi civile consacre
le testament, elle doit nécessairement consacrer aussi tous ses
élémens indispensables, par conséquent celui qui lui donne tout
à la fois son existence et son caractère ; or, il ne saurait prendre
ce caractère que par une volonté libre et souveraine ; c'est une
des conditions imposées à cet acte par la raison aussi bien que
par la loi civile.

Cependant ne peut-on pas se demander, si, dans la réalité,
il importe beaucoup de s'attacher sans retour à l'époque de la
confection du testament, pour décider de la capacité du testateur ? Cet acte n'obtient, comme on vient de le voir, ses effets
définitifs, qu'à la mort du testateur ; or, celui-ci peut avoir acquis ou recouvré sa capacité avant cette époque ; ne paraîtrait-il pas
dès lors plus naturel de ne considérer son testament que comme
l'expression d'une volonté certaine sans doute tant qu'il ne l'a pas
révoqué, mais qui, ne recevant que de la mort son immuable
fixité, n'offre jusque-là, aucune forme à laquelle la loi puisse
attacher ses prescriptions ; et qu'importe, dans ce cas, une incapacité dont la loi ne saurait tenir compte. et qui aura pu cesser
au moment où son action s'appliquera régulièrement à cet acte
de dernière volonté ?

Ces idées ont jeté Domat dans une étrange perplexité. Selon
lui (1), il serait conforme à l'esprit du droit romain de dire:
à *Que tout testament renferme la condition que le testateur perse-*
« *vèrera dans la même volonté jusqu'à sa mort* ». C'est s'évertuer

_____

(1) Lois civiles, liv. 1er, t. 1, sect. 2, n° 51.

à chercher au loin ce qui me paraît visiblement sortir de la nature des choses.

Et d'abord, le droit romain n'offre nulle part les traces d'une pareille condition. Il n'est guère conforme à la raison, en effet, d'admettre que la disposition actuelle de l'homme renferme essentiellement en elle un principe contraire à son existence (1), si le testament n'acquiert son efficacité, son irrévocable fixité qu'à la mort du testateur, c'est moins par un effet de la volonté propre de celui qui dispose, que par un effet de la loi qui seule a pu embrasser et déterminer avec autorité les caractères certains du testament, et dès lors supposer dans des vues de sagesse, mais étrangères à la volonté du disposant, la condition dont il vient d'être parlé.

3. Mais il est beaucoup plus rationnel de dire avec Huber (*Pand.*, lib. 34, tit. 7, *de Reg. caton.*) que le temps de la confection du testament et celui de la mort du testateur, s'unissent à cette dernière époque pour donner l'être au testament ; qu'étant de la nature de cet acte simple et indivisible, d'admettre deux termes

_____

(1) Il y a plus : On peut nettement induire le contraire de quelques textes de ce droit. La loi 32 , ff *de Donat. inter vir. et uxor.*, parlant du cas où l'époux donateur a témoigné vouloir révoquer sa donation avant de mourir, accorde à l'héritier du donateur, lorsque la volonté de celui-ci a été clairement manifestée, le droit de faire prononcer cette révocation. Mais s'il y a du doute, *le juge*, dit la loi, *doit plutôt pencher pour le maintien de la donation. Ubi semel donatorem pœnituit, etiam heredi revocandi potestatem tribuimus, si appareat defunctum evidenter revocasse voluntatem : quod si in obscuro sit,* PROCLIVIOR ESSE DEBET JUDEX AD COMPROBANDAM DONATIONEM (*a*). On sait, en outre, que l'attention, le recueillement profond, en quelque sorte, qu'exigeait la confection du testament de la part de son auteur, ne permettait pas que l'on divertît à d'autres actes pendant qu'il s'accomplissait ; il devait être fait *uno contextu,* et les actes étrangers étaient considérés comme non avenus. *Sancimus,* dit la loi 28 au Code *de Testam. ordin.*, *in tempore quo testamentum conditur, ea, quæ minimè necessaria sunt, nullo procedere modo.* QUIPPE CAUSA SUBTILISSIMA PROPOSITA, *Ea quæ superflua sunt minime debent intercedere.*

De là le principe posé par le président Faber (*b*) : Que tout testament emporte en soi la présomption qu'il ne sera pas détruit par un autre : *Omne testamentum fieri debet eo animo et voto quasi futurum postremum.*

_____

(*a*) Or, la donation entre époux, quoique nulle dans cette qualité valait comme donation pour cause de mort. L. 32, ff *de Donat. inter vir et uxor.*
(*b*) *Cod. lib.* 6 , titre 7 , *definit.* 5.

distincts, dont l'un sert de confirmation à l'autre, il est évident
que le dernier terme rétroagit et sans intermédiaire, jusqu'au
premier pour concourir avec lui à la formation du testament qui
reçoit dès lors sa perfection entière. Il faut donc admettre avant
tout l'existence du premier terme, c'est-à-dire de la capacité du testateur à l'époque de la confection du testament, sans quoi cesserait *la cause efficiente* de cet acte, et dès lors aussi la possi-
bilité de lui appliquer les effets complémentaires et définitifs que
lui imprime le décès du testateur ; mais il faut ajouter que
ce terme ne sera réellement connu qu'au décès du testateur,
puisqu'il n'existera que par lui. « Tempus mortis est ipsum illud,
« quo testamentum vires capit, adeòque præsens est tempus,
« nec usquam pro incerto habetur aut haberi potest : sed im-
« mediatè connectitur cum testamenti factione, cujus tempore
« si non valuerit legatum aut heredis institutio, non potest quo-
« que tempore mortis valere, quoniam, ut diximus, hoc cum
« illo sine medio cohæret ; » ce qui donne aussi pour conséquence
ultérieure que l'époque de la confection est l'époque réelle du
testament. De là ces solutions exactes du droit romain :

4. Que le testament fait par le fils de famille, l'impubère, le furieux, l'esclave, et à plus forte raison par celui qui est privé
des droits civils n'est, dans aucun cas, susceptible de confirmation, et reste nul, alors même que ces individus frappés d'incapacité à l'époque du testament, seraient décédés dans la
pleine et entière jouissance de leurs droits civils (1) ; et ce n'est
pas par la force de la règle catonienne (2), comme l'a cru
mal à propos Vinnius (*Comment.*, *Instit.*, *quib.*, *non est permiss.*, *fac.*, *test.*, *ppio*, et § 1). Trompé par ces mots des Institutes : « Si quis alius filius familias facerit testamentum INUTILE
« EST, » tandis que la nullité de ces testamens est formellement prononcée par les lois 18, 19, ff *qui Testam.*, *fac.*, *poss.*
et 1, § 8, ff *de Bonor. poss. secum. tab.*, mais bien par une application directe de la maxime : que ce qui est nul dans son principe ne saurait être validé par le laps du temps, *quod ab initio
vitiosum est tractu temporis convalescere non potest.* L. 29, ff
*de Reg. jur.*; et c'est la nature même du testament, le concours

(1) L. 19, ff *Qui testam.; fac. poss.* L. 1, § 8, ff *de Bonor. poss. sec.
tab. Instit. quib. non est permiss. fac. testam. ppio et § 1.*
(2) Je développe plus loin p. 72, le véritable sens de cette règle que l'on
confond trop souvent avec la loi : *quod ab initio vitiosum est*, etc.

successif et simultané des deux termes dont j'ai parlé, qui entraînent cette solution.

Mais, d'un autre côté, le testament valable dans son principe,
conservera toujours sa validité, sauf deux conditions virtuellement comprises dans la faculté même que le testateur tient de la
loi. La première, qu'il persévèrera dans sa volonté jusqu'à sa
mort (1); car un testament postérieur régulier révoque de plein
droit le testament précédent ; *posteriore quoque testamento quod
jure perfectum est, superius rumpitur* ( *Instit. quib. mod. testam.
infir.*, § 2 ). La seconde, qu'à cette même époque, il ne sera pas
privé de ses droits civils (2).

5. Et remarquez, à cet égard, la différence que les lois établissent entre la perte de l'usage ou de l'exercice des droits civils et la
perte des droits civils eux-mêmes. L'interdiction, la fureur ou d'autres raisons de santé, qui s'opposeraient à la confection actuelle du
testament, ne sauraient avoir pour effet, lorsqu'elles surviennent
plus tard, d'anéantir un testament antérieur valable : « Si quis au-
« tem testamentum fecerit, dit la loi 1ere, § 9, ff *de Bonor. poss. se-
« cund. tab;* deindè amiserit testamenti factionem, vel furore, vel
« quod ei bonis interdictum est, potest ejus peti bonorum pos-
« sessio, quia jure testamentum ejus valet ». Les §§ 1er 2 et 3,
*Instit. quib. est permiss. fac. test.*, expriment la même disposition.
La perte des droits civils, au contraire, résultant des divers
changemens d'état déterminés par la loi, entraîne la nullité du
testament : « alio autem modo jure facta testamenta infirmen-
« tur, veluti cùm is, qui fecit testamentum capite deminutus
« sit » ( *Instit. quib. mod. testam. infirm.* ). Quelle peut être la
raison de cette différence ? Je ne m'en tiens pas à celle que
j'ai donnée ( *suprà*, p. 11 ) d'après Donellus, quelque conforme qu'elle soit avec celle que donne Dumoulin *in dinum.
reg.* 1, n° 26; j'ajoute, que le testament étant de pur droit civil,
et supposant nécessairement, d'après les principes déjà développés, la capacité civile dans la personne qui dispose, soit à l'é-

(1) L. 4, ff *de Adim legat.* Remarquez que mon assertion diffère de celle
de Domat ( *suprà* ), en ce qu'il considère la condition comme inhérente à
la disposition même, par conséquent comme l'une des pensées du testateur,
tandis que je la fais dériver de la loi.

(2) *Exigit præter, ut is, cujus bonorum possessio datur, utroque tempore jus testamenti faciendi habuerit, et cùm facit testamentum, et
cùm meritur. L.* 1, § 8, ff *de Bonor. possess. secund. tabb.*

poque de la confection, soit à l'époque de la mort du testateur,
la loi ne pouvait sans absurdité, consacrer le testament d'un individu qui n'aurait pas eu la puissance de le faire ou qui l'aurait
perdue avant de mourir. Il n'en est pas de même de l'interdit,
du furieux, etc., même de l'individu qui, par l'effet d'une condamnation judiciaire se trouve placé en état d'interdiction légale
( Cod. pén., Art. 23 ) (1) ; ils conservent leurs droits civils ; à
leur égard sans doute subsiste aussi la règle, que le testateur
doit être en possession de ses droits civils, à l'époque de la
confection du testament, comme à l'époque de la mort ; mais
lorsque le testateur décède en possession de ses droits civils,
bien qu'il en ait perdu l'exercice, son testament est censé avoir
acquis sa perfection en ce qui le concerne, du moment même
où s'est manifestée la dernière cause qui a suspendu en lui
l'exercice de ces droits ; et ne pouvant pas dire de cette cause
qu'elle est une de celles qui entraînent la résolution de l'acte antérieur qualifié testament, puisqu'elle ne porte aucune atteinte
à l'état civil du testateur, cet acte subsiste pleinement, avec
toutes ses qualités, comme avec tous ses effets, en vertu et
par une application directe de la loi 85, ff *de Reg. jur.*
« Non est novum ut quæ semel utiliter constituta sunt, du-
« rent, licet ille casus extiterit à quo consistere non possunt »
( V. *suprà*, p. 10, n° 4 et suiv. ).

6. Tous ces principes reçoivent leur rigoureuse application
dans le droit français. La plus grande liberté d'esprit est consi-

---

(1) Il faut en dire autant du condamné à une peine emportant mort civile,
qui recouvre ses droits civils par un nouveau jugement, conformément à
l'art. 30 du Code civil, ou en vertu de lettres de grâces ; son testament
aurait ses effets, quant aux biens acquis depuis la mort civile encourue ;
du condamné par contumace à une peine emportant mort civile, si le
condamné se représente dans les cinq ans et est acquitté ; car, pendant
cet intervalle, il n'est que *privé de l'exercice de ses droits civils*
( Art. 28 C. civ. ), ou s'il meurt dans le même intervalle, car alors il est
censé mort *integri status* (Art. 30 C. civ. ). Mais à la différence de celui
qui, par l'effet de sa condamnation, se trouve placé en état d'interdiction
légale, et peut régulièrement tester, le but de l'interdiction légale n'étant
pas de le priver de l'exercice de ses droits civils, mais bien de lui ôter
l'administration de ses biens (arrêt de la Cour royale de Rouen, du 28 déc.
1822. Sirey, t. XXXIII, 2, p. 179) ; le condamné à une peine emportant
mort civile dans les deux derniers cas, est radicalement atteint de l'incapacité de tester, puisqu'il est positivement privé de *l'exercice des droits
civils* (V. les articles ci-dessus).

dérée par ce droit comme le signe certain de la capacité du testateur. L'art. 901 du Code civil qui veut, que pour faire une donation entre vifs ou un testament, on soit sain d'esprit, avait paru d'abord se concilier difficilement avec l'art. 504 portant : « Qu'après la mort d'un individu les actes par lui faits ne pourront être attaqués pour cause de démence, qu'autant que son interdiction aurait été prononcée ou provoquée avant son décès ; à moins que la preuve de la démence ne résulte de l'acte même qui est attaqué ».

Mais la jurisprudence n'a pas tardé à éclairer cette partie du droit ; et une foule d'arrêts de la Cour de cassation ou des Cours royales, dictés par les vrais principes, ont décidé, que les art. 502 et 503 du Code civil étaient spécialement applicables aux contrats ordinaires, et nullement aux donations entre vifs et aux testamens dont la règle propre était l'art. 901 du même Code (1). D'autres ont sagement jugé que l'art. 901 devait être entendu dans un sens exclusif non-seulement de la démence autorisant l'interdiction, mais encore de la faiblesse d'esprit donnant lieu à la nomination d'un conseil judiciaire (2) ; enfin, d'autres ont prononcé la nullité de testamens faits *ab irato*, comme l'œuvre d'individus ne jouissant pas, pendant la colère, d'une liberté suffisante d'esprit (3) ; il en est même qui ont prononcé la nullité de testamens faits par des individus en proie à une passion qui pouvait troubler leur raison (4).

7. Il est évident que dans tous ces cas la nullité est radicale ; que, d'une part, le retour du testateur à un état complet de raison, ne saurait donner la vie à un acte qui n'a jamais été susceptible de la recevoir ; et c'est dans les termes mêmes de la loi aussi bien que dans son esprit ( Art. 901 ) qu'il faut chercher la raison de cette décision ; que, d'autre part, la violation des prohibitions expresses de la loi entraîne une nullité fondamentale qui ne saurait jamais se couvrir.

(1) Cassat. 17 mars 1813 ; Sirey, t. XIII, 1, p. 393 ; Cassat. 26 mars 1822 ; Sirey, t. XXII, 1, p. 349, etc.

(2) Cassat. 17 mars 1813 ; Sirey, t. XIII, 1, p. 393 ; Cassat. 19 déc. 1814 ; Sirey, t. XV, 1, p. 105.

(3) Cour royale de Paris, 28 frim. an XIV ; Sirey, t. VI, 2, p. 1601 ; Aix, 18 janv. 1808 ; Sirey, t. X, 2, p. 521 ; Limoges, 31 août 1810, Sirey, t. XI, 2, p. 461 ; Lyon, 25 juin 1816 ; Sirey, t. XVII, 2, p. 133.

(4) Liége, 12 fév. 1812 ; *Journal du Palais*, t. XXXV, p. 121.

Conformément à ces principes la Cour de cassation a jugé le 30 août 1820 (1), que le mineur âgé de plus de seize ans, qui ne peut, aux termes de l'art. 904, disposer que par testament et jusqu'à concurrence seulement de la moitié des biens dont la loi permet au majeur de disposer, n'avait pu disposer valablement que de cette moitié, *bien qu'il fût décédé en état de majorité*, et que dès lors sa disposition eût pu embrasser toute sa fortune; « *ce mineur restant*, porte l'arrêt, *d'après les principes du droit, dans l'incapacité absolue de disposer de l'autre moitié* ». D'après les mêmes principes, la Cour royale de Paris a jugé, le 16 novembre 1820, que l'époux mineur âgé de seize ans ne pouvant disposer au profit de son conjoint que par testament, aux termes du même art. 904, s'il a fait une donation des biens qu'il laissera à son décès, cette disposition, quoique semblable au fond à une disposition testamentaire, et par conséquent susceptible d'être réduite à moitié, même d'être révoquée (Art. 1096), n'en reste pas moins frappée de nullité d'après la loi, et il importe peu qu'il décède en état de majorité.

8. Ici s'applique naturellement la distinction que j'ai posée plus haut (p. 38, 39, etc., et note 2); s'agit-il des formalités extrinsèques ou intrinsèques du testament, de ses parties substantielles? C'est aux lois existant à l'époque où l'acte a pris naissance à en déterminer la nature et les effets. Ainsi le veut la raison qui n'admet, comme la loi, l'existence d'un acte, qu'avec ses qualités constitutives et essentielles, sauf l'abrogation expresse ou virtuelle des lois antérieures (V. *sup.*, p. 15, n° 5 et suiv.). Mais s'agit-il de ses conditions extérieures, par exemple, de la disponibilité, du mode et de la quotité d'après lesquels elle s'exercera, ou même des dispositions intérieures du testament, comme des legs, des conditions et autres volontés régulièrement manifestées du testateur? C'est la loi existant à l'époque du décès et non celle du temps de l'acte, qui doit servir de règle. Et quelle peut en être la raison? C'est que, comme je l'ai établi précédemment (p. 62, n° 3), le testament ne recevant son efficacité qu'à la mort du testateur, bien que cette époque s'unisse rétroactivement à celle de la confection pour lui donner l'être et même sa date, néanmoins, c'est la loi en vigueur à l'époque du décès qui seule peut concourir avec le testament pour en assurer les effets, puis-

(1) Sirey, t. xx, 1, p. 442 (aff. Tricand de la Goutte).

5.

que c'est cette loi seule qui en définitive reconnaît et consacre la puissance du testateur.

On doit donc dire que si c'est la loi du temps du testament qui en détermine les caractères essentiels, c'est la loi du temps du décès qui en détermine exclusivement et irrévocablement les effets; et de même que la loi du temps du décès ne saurait consacrer les effets d'un testament nul dans son principe, de même cette loi seule peut consacrer ceux d'un testament valable à cette même époque. Or, la disponibilité, le mode et les proportions d'après lesquels elle s'exerce, ne sont que des moyens réguliers de manifester et de développer les effets du testament.

Les arrêts de la Cour de cassation du 30 août 1820 et de la Cour royale de Paris du 10 nov. même année (*sup.*, p. 67, n° 7), ont donc appliqué les vrais principes lorsqu'ils ont prononcé l'un, que le mineur âgé de seize ans lié par une incapacité partielle à l'époque de la confection de son testament, n'était pas censé délivré de cette incapacité, parce qu'il était décédé en état de majorité, alors qu'il n'avait pas refait son testament; l'autre, que le même mineur lié pareillement par une forme spéciale de disposer et déterminée par l'art. 904 du Code civil, qui avait employé une forme de disposer, permise seulement au majeur, ne pouvait être considéré comme affranchi de la forme spéciale qui lui était imposée par la loi, bien qu'il fût décédé majeur, et capable par suite de celle qu'il avait réellement employée.

Mais réciproquement, l'arrêt de la Cour de cassation du 28 germ. an XI (aff. Crugeot) (1), a consacré dans un autre sens les vrais principes, en décidant que les règles de disponibilité déterminées par les anciennes coutumes relativement aux testamens valablement faits sous leur empire, avaient cessé d'exister et étaient remplacées par celles que prescrivaient les lois nouvelles. « Attendu, porte l'arrêt, que le sort de ses dispositions testamentaires ( du sieur Crugeot) à l'égard de sa femme, a dû se régler, non par la loi en vigueur au moment du testament, mais par les art. 13 et 14 de la loi du 17 niv., promulguée au temps du décès du testateur, ainsi qu'il est établi par les vrais principes et par l'art. 35 de la loi du 9 fruct. an II ».

9. Enfin pour couronner ces observations, je dois ajouter

(1) Sirey, t. III, 2, p. 447.

que la loi 51 ff, *de Legat* 2°, nous offre un résumé précis et complet de cette judicieuse doctrine : si quelqu'un, porte cette loi, a fait un testament ainsi conçu : « Je donne à un tel le maximum de ce qu'il peut recevoir aux termes de la loi », il faut décider que son legs doit s'entendre de ce qui lui sera laissé à l'époque où il pourra recevoir ( c'est-à-dire à l'époque du décès du testateur); que s'il s'est exprimé ainsi : « Je veux que mon héritier donne le maximum de ce que la loi me permet de donner » , *la décision sera la même.* « Si ita quis testamento suo cavisset : « illi quantum plurimum per legem accipere potest dari volo : « utique tunc, cùm quando capere potuerit, videtur ei relic- « tum. Sed et si dixerit, quam maximam partem dare possum, « damnas esto heres meus ei dare, idem erit dicendum ».

10. A l'aide de toutes ces distinctions il est facile d'expliquer pourquoi la loi du temps du décès agrandissant ou rétrécissant le cercle de la disponibilité ou des personnes et des objets auxquels elle s'appliquent, c'est en définitive aux règles et aux proportions déterminées par cette loi que se trouvent soumises les dispositions antérieures calculées sous l'empire d'une loi qui les fixait d'une manière différente.

Art. 2. — De la capacité testamentaire de l'héritier ou du légataire.

## SOMMAIRE.

1. — *Différences essentielles entre la capacité testamentaire du testateur, et la capacité testamentaire de l'héritier ou du légataire.*
2. — *Examen de la règle catonienne, tant dans le Droit romain, que dans le Droit français.*
3. — *Explication de quelques lois que l'on confond habituellement avec la règle catonienne; et d'abord, de la loi 29, ff de Reg. jus., dont le sens propre est : que toute affaire, tout acte, tirant sa substance, son essence, soit de la forme, soit*

*de la présence actuelle de l'objet, de l'affaire ou
de l'acte, soit de l'état et de la capacité des personnes, soit d'une volonté une fois exprimée, ne
pourra plus, en l'absence de cette condition fondamentale, recevoir la vie. Applications diverses.*

4. — *Mais si l'affaire ou l'acte n'a pas dû recevoir de sa
forme, de son objet, de la capacité des par-
ties, etc., sa substance propre, ce qui la constitue
essentiellement; si la prohibition de la loi n'est
que temporaire, etc., alors la règle n'est plus applicable; et ce qui n'avait pas reçu d'abord une existence régulière, peut la recevoir plus tard. Applications.*

5. — *Sens propre de la loi 201, ff de Reg. jur.*

6. — *De la loi 210, ff Eod. tit.*

7. — *Appréciation exacte de la règle catonienne.*

8. — *Erreurs dans lesquelles ont été entraînés les auteurs
par les fausses interpétations de cette règle.*

9. — *Examen rapide de l'ancienne et célèbre question de
savoir, si la règle catonienne s'applique tout à la
fois aux institutions et aux legs purs et simples,
ou seulement aux legs. Réfutation d'une opinion
du président Faber à ce sujet.*

10. — *Application spéciale de la règle catonienne au Droit
français.*

11. — *Conclusion générale.*

12. *La capacité du légataire n'est pas nécessaire, lors de
l'acceptation du legs.*

———

1. On vient de voir que la capacité testamentaire de celui qui
dispose doit exister à deux époques : à l'époque de la confection
du testament, et à celle de sa mort; que cependant de graves
différences dans les raisons fondamentales de ces conditions, en
amènent aussi dans les résultats.

Ainsi, le testateur doit avoir d'une manière absolue, sans exception ni restriction, la puissance de créer le testament; et cet

acte, une fois consommé ne peut plus cesser d'exister que par
l'expression d'une volonté contraire de sa part ( sauf les distinctions précédentes, *suprà*, § 1 et art. 1er), régulièrement manifestée, ou par la perte des droits civils, base constante et essentielle de tout testament.

Mais la capacité testamentaire de l'héritier ou du légataire à
l'époque du testament, ne repose pas sur les mêmes principes.
L'héritier n'est pas le créateur du testament, il n'en est que
l'objet ; cependant par-là même qu'il en est l'objet il concourt
aussi à sa confection, et il doit par suite être capable des droits
civils ; car, en résultat, le testament est un mode d'acquérir la
propriété dérivé du droit civil ( *Instit. lib.* 2, *tit.* 10, § 1 ) ;
et de là, les anciennes formes testamentaires du droit romain *per*
*mancipationem, per œs et libram*, qui supposaient comme condition première la qualité de citoyen dans la personne de l'héritier
( V. Binkersoëck, observ., lib. 2, cap. 2 ). On sait en outre,
que la qualité d'héritier entraîne avec elle toutes les obligations
civiles : *Heres succedit in omne jus quod defunctus habuit.....*
*heredes onera hereditaria agnoscere placuit*, L. 2, *Cod. de hered.*
*act. Hereditas quin obliget nos œri alieno etiamsi non sit sol-*
*vendo, plusquàm manifestum est*, L. 8, ff *de Acquir. vel omitt.*
*hered.;* et voilà pourquoi la loi 49, § 1, ff *de Hered. instit.* met
tant d'importance à ce que cette capacité soit constante à l'époque
de l'acceptation de l'hérédité, car c'est alors que se réalisent et
se développent tous les effets de la qualité d'héritier ; *nam jus here-*
*dis eo vel maximè tempore inspiciendum est, quo acquirit heredi-*
*tatem;* or, comme le testateur accomplit en faisant son testament,
un acte de souveraineté domestique qui suppose la plus grande
liberté d'esprit et de volonté, il en résulte que la simple suspension de l'exercice des droits civils, lui ravit à l'instant l'usage
de cette faculté, tandis que l'héritier ou le légataire, dans la
même hypothèse, conserve toujours celle que la loi lui accorde,
de recueillir les effets du testament.

La raison toute seule suffirait donc pour nous convaincre que
si le testament a pu, du vivant du testateur, recevoir l'être,
sous les formes de la loi qui le protège, il ne l'a pu qu'avec les
conditions indispensables à son existence ; et, l'une de ces conditions étant nécessairement la capacité de la personne à laquelle
s'applique actuellement l'objet de la disposition, il est évident
qu'il n'y aura pas de testament du vivant du testateur tant que

n'existera pas cette personne, qu'elle sera incertaine, ou qu'elle
ne remplira pas les conditions de capacité voulues par la loi, sauf
néanmoins le cas où l'institution ou le legs n'est fait que pour
être recueilli quand l'héritier ou le légataire en sera capable
( L. 62, ff *de Hered. instit.* ) V. *infrà.*, art. 3.

Ce principe si rigoureux aux yeux de la raison, était appuyé
dans le droit romain d'un autre principe propre à ce droit,
qui n'est plus à notre usage sans doute, mais qu'il importe de
bien connaître, parce qu'on en fait résulter tous les jours encore
de nombreuses conséquences dans l'application.

L'institution de l'héritier était, comme on sait, une formalité
interne et substantielle du testament; comment donc éviter que
l'un de ses principaux élémens, la capacité de l'héritier, n'existât pas, comme condition expresse à l'époque du testament?
C'était même dans la vue d'assurer cette forme sacramentelle
qu'elle paraît avoir été conçue : *Et id* (*testam. factio*) *duobus temporibus inspicitur*, dit la loi 49, § 1, ff *de Hered. instit.*, *testamenti facti*, UT CONSTITERIT INSTITUTIO ; *et mortis testatoris*, UT
EFFECTUM HABEAT. La loi 59, § 4, ff *de Hered. instit.* tend aussi
à établir la nécessité de la capacité de l'héritier au moment du
testament ; et elle l'étend au légataire. *Si heres institutus scribendi
testamenti tempore civis romanus fuit, deindè ei aquâ et igni
interdictum est, heres fit. Si intrà illud tempus quo testator decessit, redierit : aut si sub conditione heres institutus est quo tempore conditio extitit : idem est in legatis.*

2. Mais quelle est, indépendamment de la subtilité relative à
la forme de l'institution, la valeur réelle de cette condition
dans le droit romain ; quelle est sa valeur dans le droit
français ?

Ceci nous conduit naturellement à l'examen de la célèbre
règle catonienne, règle sur laquelle on a tant écrit, et sur laquelle on est encore si peu fixé.

Voici ses termes : elle est tirée des ouvrages de Celse :

*Quod si testamenti facti tempore decessit testator, inutile foret :
id legatum, quandocumque decesserit non valere* (L. 1, ff *de
Reg. caton.* ).

On peut la traduire ainsi : « Un legs qui serait inutile si le
testateur mourait au moment même où il fait son testament,
ne saurait valoir, en quelque temps que meure le testateur ».
La loi ajoute : *Quæ definitio in quibusdam falsa est.*

Quel est le sens raisonnable de cette règle; quelles sont ses exceptions?

Proposons-nous quelques questions; par-là peut-être atteindrons-nous un résultat probable et suffisant.

Et d'abord, peut-on dire qu'elle s'applique au cas où le testateur n'ayant pas la capacité testamentaire au moment où il dispose, l'obtient ou la recouvre plus tard? Supposez un individu mort civilement qui fait son testament et recouvre ensuite l'état civil; un mineur qui dispose dans cette forme et meurt en état de majorité sans avoir refait sa disposition : leur testament est-il nul en vertu de la règle catonienne? Donellus, Vinnius et Voët n'en font pas un doute; mais j'ose affirmer que ces auteurs ont adopté légèrement cette opinion, qu'ils ne fortifient d'ailleurs d'aucune preuve.

3. En premier lieu, ils ont tous les trois le tort grave de confondre cette règle avec les lois 29, 201 et 210, ff *de Reg. jur.* dont l'origine, l'objet et le sens sont complètement distincts de ceux de la règle catonienne, quelle que soit l'analogie des matières; or, c'est surtout ici qu'est vrai ce principe de Jacques Godefroi (1), que toute règle doit être soigneusement appropriée à son objet, sans quoi elle va au delà et ne remplit plus son but. « Cùm primis attendendum est, subjectum seu res quæ subji- « cienda est regulæ; ne alioquin extra subjectum seu materiam « regulæ subjectam trahatur. . . . . . . et tunc perdit officium « suum ». Et ce principe ne saurait mieux s'appliquer, ajoute le même auteur, qu'à la règle catonienne : *Nullum appositum magis exemplum huc apponas, quam ex regula catoniana.*

Que porte la loi 29, ff *de Reg. jur. ?* « Que ce qui est nul dans son principe ne saurait être validé par le laps du temps : *Quod initio vitiosum est, non potest tractu temporis convalescere.* Or, à ne consulter que la forme extérieure de cette loi, comment affirmer que ces mots : *quod initio vitiosum est*, soient l'équivalent de ceux-ci qui commencent la règle catonienne : *Quod si testamenti facti tempore decessit testator inutile foret. . . . .?* On ne saurait éviter de faire une distinction.

Ce qui est *vicieux* dans l'esprit de la première règle est radicalement nul; ce qui est *inutile* dans l'esprit de la seconde, n'est pas nul en soi, mais bien sans valeur par l'effet d'une circons-

(1) *Opera minora*, p. 734.

tance ou d'une cause particulière qui tire toute sa force de la
volonté de la loi : par exemple, le testament d'un fou est radicalement nul ; il n'a jamais existé, il n'a même jamais pu exister.
Il n'en est pas de même du testament dans lequel le testateur
lègue à un individu la propre chose de cet individu ou une chose
qui n'est pas actuellement dans le commerce ; le legs est inutile
ou sans valeur sans doute, au moment même de la disposition,
l'objet n'étant pas disponible pour le testateur ; mais il peut être
valable à l'époque du décès, par l'effet d'aliénation ou de toute
autre événement qui aura fait entrer cet objet dans la disponibilité du testateur. On sait d'ailleurs, que dans le droit romain on pouvait faire de sa propre chose l'objet d'un legs ou
d'une stipulation, pourvu qu'à l'échéance de la condition exprimée, elle eût cessé d'appartenir au disposant; L. 41, § 1, ff *de
legat.*, 1° L. 13, ff, *de reb. cred.*, L. 98, ff, *de verb. oblig.* Ajoutons, que l'on chercherait vainement dans tout le corps de droit
la moindre trace d'une parité ou même d'une similitude entre
ces deux formes de langage : *Quod vitiosum est*, et *quod inutile
est ;* qu'au contraire, la distinction la plus prononcée entre elles,
résulte des termes mêmes de la loi 1, § 1, *de Reg. caton. Quid
enim*, porte ce texte, *si quis ita legaverit*, SI POST KALENDAS
MORTUUS FUERO, TITIO DATO ? *An cavillamur? Nam hoc modo,
si statim mortuus fuerit*, NON ESSE DATUM LEGATUM, *verius est*,
QUAM INUTILITER DATUM. Or, quelle différence peut-on concevoir, entre un legs qui n'existe pas, *legatum non datum*, et un
legs frappé de nullité ? Il n'y en a réellement aucune. Cependant, un tel legs n'est pas *le legs inutile*, d'après ce texte. On
doit en dire autant du legs conditionnel : *quod à conditione sus-
penditur*, dit Huber, *ad Pandect. de Reg. caton.*, *cùm sit in-
certum*, EX INITIO ÆSTIMARI NON POTEST; ce qui revient à *la
non existence actuelle* du legs ; et voilà pourquoi la règle catonienne n'est pas applicable aux legs conditionnels.

Il faut donc reconnaître dès ce moment que cette confusion,
de la part des auteurs cités, est le résultat d'une extrême inat-
tention, sinon un véritable abus de l'interprétation. Mais re-
portons-nous aux origines ; car, comme le dit très bien
Forsterus (*interpres.*), Justinien en promulgant son corps de
lois, ne nous a pas interdit d'en étudier l'esprit dans les sources
mêmes d'où les textes ont été empruntés. Cette loi est tirée d'un
ouvrage de Paul sur les tutelles ; son objet propre était donc les

actes relatifs à la tutelle. Si l'autorisation du tuteur n'intervenait pas à l'instant même où se traitait l'affaire, *statim in ipso
negotio*, comme le dit la loi 9, § 6, ff *de Auctor tutor*, c'était
vainement qu'on l'employait plus tard ; l'affaire restait dans son
état de nullité radicale. Or, cette règle n'avait pas pour objet de
remplacer ou de modifier en aucune façon la règle catonienne,
règle plus ancienne puisqu'elle remontait à Marcus Porcius
Caton, fils aîné de Caton le censeur, et qui conservait toujours
son application spéciale aux testamens et aux legs. Cependant
la justesse du précepte qu'elle énonce pouvait la rendre applicable aussi aux testamens, aux contrats, aux actions, etc. ;
mais alors elle présentait le sens suivant : Toute affaire, tout
acte, tirant sa substance, son essence, soit de la forme, soit
de la présence actuelle de l'objet de l'affaire ou de l'acte, soit
de l'état et de la capacité des personnes, soit d'une volonté une
fois exprimée, sera soumis à cette règle ; c'est-à-dire, qu'en
l'absence actuelle de cette condition essentielle et efficiente de
l'affaire ou de l'acte ; ni l'un ni l'autre ne saurait exister ; qu'il
y a dès lors vice dans leur origine, et que le temps est incapable de réparer ce vice ; que c'est donc réellement le cas de
dire : *Quod initio vitiosum est*, *tractu temporis* CONVALESCERE
NON POTEST.

Donnons des exemples :

L'autorisation du tuteur, dans le Droit romain, était une
formalité substantielle de l'acte ou de l'affaire qui intéressait le
mineur ; en cas d'omission de cette formalité, l'affaire ou l'acte
était censé n'avoir jamais existé (1) ; aucun événement postérieur n'était donc propre à faire vivre ce qui n'avait jamais été
susceptible de vivre. Pareillement, dans notre droit, la donation
entre vifs doit être passée devant notaires, et il en doit rester
minute *sous peine de nullité* ( Art. 951); l'art. 1159 ajoute même:
« Que le donateur ne peut réparer par aucun acte confirmatif
les vices d'une donation entre vifs, nulle en la forme ; il faut
qu'elle soit refaite en la forme légale ». Il est donc évident
qu'une donation entre vifs, qui manquerait de la forme substantielle que la loi impose comme condition expresse à son exis-

(1) *Tutor*, dit la loi 9, ff § 5, *de Auctor. et consens. tutor.*, *statim
in ipso negotio præsens debet auctor fieri : post tempus verò, aut per
epistolam interposita ejus auctoritas*, NIHIL AGIT.

tence, ne serait pas une donation entre vifs, et qu'aucun événement postérieur ne saurait lui donner ce caractère.

Il résulte des art. 1108 et 1128 du Code civil, qui reproduisent à cet égard les principes du Droit romain, que la chose qui fait l'objet de la convention doit, comme condition essentielle de la convention, être dans le commerce. Toute convention qui porterait sur un objet placé hors du commerce, par exemple, un édifice, un lieu publics, etc., serait donc radicalement nulle, alors même que la stipulation aurait prévu le cas où l'objet rentrerait plus tard dans le commerce. Pourquoi cela ? Parce que la convention n'a jamais existé; elle a été nulle dès le principe, l'objet sur lequel elle portait n'étant pas actuellement dans le commerce. *Nec in pendenti erit stipulatio*, porte le § 2, liv. 3, tit. 20, des Institutes : *Ob id quod publica in privatam deduci, et ex libero servus fieri potest, et commercium adipisci stipulater potest :* SED PROTINUS INUTILIS EST (1). Et c'est d'une telle convention que l'on pourra justement dire : *Quod initio vitiosom est, tractu temporis convalescere non potest;* car elle a manqué, dès l'origine, de l'une de ses conditions essentielles ou vitales. Il faut appliquer la même règle au cas où il s'agirait de la condition relative à la capacité de l'un des contractans, puisqu'aux termes de l'art. 1108, cette capacité est encore *essentielle* à la validité de la convention.

Il résulte directement de l'art. 903 du Code civil, que le mineur, âgé de moins de seize ans, est régulièrement incapable de disposer par testament, et par induction de l'art. 901, que le testament d'un homme, qui ne serait pas sain d'esprit, n'aurait aucune valeur. Ces deux dispositions, quoique rendues dans des formes différentes, entraînent néanmoins le même résultat; savoir : la nullité radicale du testament (2); et il ne serait pas susceptible d'être validé par la suite, par la raison qu'il a manqué dès l'origine de l'un des principes essentiels à son existence, la capacité du testateur, etc.; on peut donc dire encore, avec toute vérité d'un tel acte : *Quod initio vitiosum est, tractu temporis convalescere non potest.* ( V. suprà, n° 3 ).

4. Mais si l'affaire ou l'acte n'a pas actuellement reçu ni dû re-

---

(1) J'ai déjà fait remarquer que les Institutes emploient le mot *inutile* pour exprimer la *nullité*; mais les Pandectes n'offrent pas d'exemple d'un pareil emploi abusif.

(2) L. 2, 17, 19, ff *qui Testam. facer. poss.*

cevoir de sa forme , de son objet , ou de la capacité des parties ,
sa substance propre , ce qui le constitue essentiellement ; si la
prohibition de la loi n'est que temporaire , et ne porte pas actuellement sur le fond et la substance même de l'affaire ou de
l'acte ; enfin , si ces conditions substantielles et définitives peuvent , selon la nature de l'affaire , intervenir plus tard , alors
la règle cesse , car on ne pourra pas dire avec vérité de l'acte
ou de l'affaire , *vitiosum est initio.* C'est ainsi que les exemples
suivans , cités par Domat ( liv. 1<sup>er</sup>, tit. 1, sect. 2 ) , comme servant à prouver la fausseté de cette règle de Paul, serviront au
contraire , entendue comme elle doit l'être , à en prouver toute
la justesse ; car , ne se présentant plus que comme ses exceptions naturelles , ils en démontreront toute l'exactitude pour
les cas non ecxeptés, en vertu du principe : *Exceptio firmat
regulam in casibus non exceptis.* Ainsi , au lieu de dire *qu'elle est
fausse* en matière de donations entre époux, par la raison que
ces donations prohibées du vivant des époux (1) sont néanmoins confirmées à la mort du donateur, s'il ne les révoque
pas (2) , il faut dire que la prohibition de la loi , dans ce cas ,
n'est que temporaire ; que selon son véritable esprit , la forme
de la donation entre vifs n'est pas *substantielle* ; que la donation ,
indépendamment de sa forme, subsiste toujours jusqu'à la mort du
donateur, et que, n'étant pas révoquée par lui à cette époque ,
elle se convertit naturellement en donation testamentaire pour
avoir effet dans cette qualité ; et c'est ce que fait pleinement
entendre le jurisconsulte lui-même , lorsqu'il dit : qu'une pareille disposition donnera lieu à la falcidie, comme s'il s'agissait d'une disposition testamentaire : *Cui* ( falcidiæ ) *locum fore
opinor , quasi testamento sit confirmatum quod donatum est*
( L. 32 , § 1 , ff *de Donat. inter. vir. et uxor , in fine* ). 
Ainsi encore, au lieu de dire qu'elle est fausse dans le cas où
le sénateur , qui épouse une affranchie, contre le vœu de la loi ,
vient à perdre sa dignité ; attendu qu'elle devient son épouse
aussitôt qu'il perd cette dignité (3) , et qu'il n'est donc pas vrai
de dire que ce qui est nul dès son principe, ne puisse être
validé par la suite ; il faut répondre, au contraire , que la prohi-

(1) L. 1. ff *de Donat. inter. et uxor.*
(2) L. 32, § 1 , ff *de Donat. inter vir et uxor.*
(3) L. 17 , ff *de Ritu nupt.*

bition, dans ce cas, n'est que temporaire, et que ce serait sans exactitude qu'on entendrait le mot *visiosum* employé dans la règle de Paul, de la nullité résultant d'une telle prohibition.

Un débiteur donne en gage à son créancier la chose d'autrui ; il acquiert par la suite la propriété de cette chose : rien ne s'oppose à ce que le créancier exerce toutes les actions qui résultent de son droit; qu'il fasse même vendre la chose, sur la tête du débiteur, en cas de non paiement, bien qu'elle fût dans l'origine chose d'un tiers ; et il importe peu, dans notre droit, que le créancier sût, lors de l'engagement, que la chose donnée en gage n'appartenait pas au débiteur (1) ; le vice de cette origine disparaît par le fait qui transmet la propriété à ce dernier; la prohibition n'était donc que temporaire. Mais *quid*, si c'est le tiers qui a hérité du débiteur ? La solution restera la même (2). Le vice qui infecte l'engagement primitif peut être réparé. Quel était l'obstacle à la validité de cet engagement ? C'est que la chose donnée en gage n'était pas la propriété du débiteur. Mais du moment où cet obstacle est levé, rien ne s'oppose à ce que le contrat reçoive son entière exécution, comme contrat valable dès l'origine.

Il serait facile de multiplier les exemples tendant à établir et à confirmer cette règle qui reçoit son exacte application dans le Droit français.

5. Quel est le sens de la règle 201 ff *de Reg. jur?* En voici les termes :

*Omnia quæ ex testamento proficiscuntur ità status eventum capiunt, si initium quoque* SINE VITIO *cœperint.....* Tout ce qui peut être considéré comme prenant sa source dans le testament, n'obtient son effet par la suite, que tout autant que la source n'est pas viciée.

Déroge-t-elle à la règle catonienne, exprime-t-elle le même sens ? Il est évident pour moi qu'elle a un tout autre objet : elle embrasse généralement les causes comme les résultats du testament; ainsi, l'hérédité, les legs, les fiédicommis, les tutelles, seront valablement conférés, si le testament, cause première de tous ces résultats, est valable lui-même ; par conséquent si sa cause efficiente, c'est-à-dire, la capacité du testateur ainsi

_____

(1) Le Droit romain n'accordait dans ce cas que l'action utile. L. 41, ff *de Pignor act.*, et 1ʳᵉ *de Pignor.*

(2) L. 22, ff *de Pignor. et Hyp.*

que les autres conditions tracées par les lois pour la validité de l'institution, ont été remplies; et je vois sous ce rapport, une certaine conformité entre cette règle et la loi 29 (*suprà*, p. 73) appliquée aux testamens; l'une et l'autre voulant que la partie substantielle du testament, ce qui en constitue l'essence, soit complet dès l'origine, et exempt de reproche aux yeux de la loi; seulement, la règle que Paul appliquait spécialement aux tutelles, et que la jurisprudence avait ensuite étendue à toutes sortes d'actes; Javolenus l'appliquait d'une manière spéciale aux testamens.

6. Enfin, Ruffin, contemporain de Paul, est l'auteur d'une autre loi, L. 210, ff *de Reg. jur.*, ainsi conçue : *Quæ ab initio inutilis fuit institutio, ex post facto convalescere non potest :* « Une institution inutile dès son principe, ne saurait valoir par la suite ». Cette loi ne s'exprime pas comme les deux précédentes; elle n'emploie pas le mot *vitiosum* ou *vitium*, mais bien le mot *inutilis* qu'emploie aussi la règle catonienne. C'est qu'en effet ces deux règles se rapprochent sous quelques rapports, et que celle-ci paraîtrait bien descendre de la règle catonienne comme le pense Jacques Godefroi (*suprà*). Cependant à la différence de cette dernière règle dont l'objet propre est de régulariser la disposition actuelle du testateur, en rendant complète l'expression de sa volonté; l'autre a pour but d'exprimer dans un sens plus large et qui par suite embrasse même les causes d'inutilité de l'institution, indépendantes de la volonté du testateur, comme par exemple, les vices de forme, que cette inutilité, une fois constante, ne pourra être réparée; et de là vient que cette règle est applicable même aux institutions conditionnelles, tandis que la règle catonienne ne saurait leur être appliquée.

7. Maintenant que faut-il penser? Que les compilateurs du Digeste ont entassé quatre règles, sans choix comme sans méthode, sur une même matière, pour exprimer à peu près le même objet? Qu'ils ont pris la peine de consacrer un titre tout entier au développement de la règle catonienne; qu'ils ont extrait ensuite, des livres de trois jurisconsultes postérieures de plusieurs siècles à Caton, trois règles qui ne diraient pas autre chose que la règle catonienne? C'est ce que je ne saurais admettre. J'aime mieux abandonner sur ce point les commentateurs et chercher dans le fond même des textes, dans leur forme

extérieure et dans l'application la plus judicieuse qu'il soit permis d'en faire, la raison propre et le vœu réel de chacune de ces
règles.

Reprenant donc l'examen de la règle catonienne, je dis qu'elle
a son objet propre, et que cet objet une fois bien déterminé,
on ne saurait lui en prêter un autre, ni la confondre avec les
règles précédentes, attendu qu'elle est spéciale pour le droit
qu'elle régit : *ex jure quod est regula fieri opportet.* L. 1, ff *de
Reg. jur.* Or, lorsqu'elle s'exprime ainsi : *quod si testamenti
facti tempore decessit testator, inutile foret : id legatum, quandocumque decesserit non valere;* elle ne présente pas à l'esprit
l'hypothèse précise de la nullité radicale du testament pour vice
de forme, d'institution ou de capacité du testateur, car alors
ces mots : *id legatum quandocumque decesserit*, ne paraîtraient
pas adaptés à la pensée; mais elle met en opposition l'époque
de la confection du testament avec celle de la mort du testateur,
et elle décide que la disposition qui d'après les règles ordinaires,
la nature et l'ensemble analytique du testament, pourrait paraître valable à l'époque du décès du testateur, bien qu'elle ne le
fût pas si le testateur était mort immédiatement après avoir fait son
testament, attendu l'inutilité actuelle de la disposition, ne sera
pas néanmoins valable et restera dans son état d'inutilité; *ce
qui* revient à ce principe exprimé par le § 32, *Instit. de Legat.*
« Que la disposition inutile dès l'origine, ne deviendra pas valable parce que le testateur aura prolongé son existence : *Quia
quod inutile foret legatum, si statim post factum testamentum decessit testator, hoc non debet ideò valere, quia diutius testator
vixerit;* » or, on ne saurait raisonnablement affirmer que ce texte
ait pour objet un testament infecté dès l'origine d'un vice ra-
dical.

Tel est donc le sens exact de la règle catonienne. Cherchons-
en des justifications dans les textes mêmes du droit; car j'aime
mieux justifier Paul, Ulpien ou Papinien par leurs propres applications que par les rêveries des commentateurs.

Je n'en connais que trois qui fassent une application expresse
de la règle catonienne : La loi 41, § 1, ff *de Legat.* 1, s'exprime
ainsi : « Tractari tamen poterit, si quando marmora vel co-
« lumnæ fuerint separatæ ab ædibus, au legatum convalescat ?
« Et si quidem ab initio non constitit legatum, ex post facto
« non convalesce : quemadmodum nec res mea legata mihi, si

« post testamentum factum fuerit alienata : quia vires ab iuitio
« legatum non habuit. Sed si sub conditione legetur ; poterit
« legatum valere : *si existentis conditionis tempore mea non sit,*
« *vel ædibus juncta non sit :* secundum eos qui et emi rem meam
« sub conditione, et promitti mihi stipulanti et legari aiunt.
« Purum igitur legatum catoniana regula impediet, conditionale
« non : quia ad conditionalia catoniana non pertinet ». Ce texte est
clair, il prévoit deux hypothèses : Dans la première, le testateur a
légué purement et simplement, des ornemens en marbre ou des
colonnes qui font partie d'un édifice ; il peut arriver que par
suite de la démolition de l'édifice, ces objets légués se trouvant
détachés, du vivant même du testateur, soient valablement légués ; mais la loi décide qu'il n'en sera pas ainsi : *si quidem ab
initio non constitit legatum, ex post facto non convalescet.* Elle
en dit autant du cas où le testateur lègue au légataire sa propre
chose ; le legs ne sera pas valable, bien que la chose léguée soit
aliénée depuis le testament ; *quia vires ab initio legatum non habuit;* et ce sera par application de la règle catonienne. Que si le
legs est conditionel, la règle catonienne n'est plus applicable. *Ad
conditionalia catoniona non pertinet.* Ce sont d'ailleurs les termes positifs de la loi 4, ff *de Reg. Caton.*

La loi 86, ff *de Condition. et Demonst.*, pose le cas suivant :
« La liberté ayant été léguée sous condition à un esclave auquel on a en outre fait un legs pur et simple, on demande si le
(second) legs est valable ? On ne saurait faire ici une application exacte de la règle catonienne ; car même, en supposant la
mort du testateur immédiatement après avoir fait son testament,
le legs ne serait pas entièrement inutile, la condition attachée
au legs de la liberté pouvant être réalisée avant l'adition de l'hérédité. Mais il en serait autrement si l'esclave était en même temps
héritier nécessaire ; dans ce cas, le legs serait de plein droit
complètement inutile, parce qu'il aurait alors accepté la liberté
sous condition. « Cùm verò libertas sub conditione, legatum
« autem præsenti die datum est : in hoc quæstio est, an consti-
« terit legatum ? Etenim nec catonianæ sententiæ locum in
« proposito esse, quia etsi statim testator decessisset, non
« tamen omni modo inutile esset legatum, cùm posset conditio
« libertatis ante aditam hereditatem impleri, et legatum manu
« misso deberi : nisi forté necessarius heres extitisset : tunc
« enim omni modo inutile erit legatum jure ipso : quia sub,

II.                                              6

« conditione acceperit libertatem ». Le § 10, Instit. *de Legat.*, exprime la même pensée.

Enfin, la loi 13, ff *de Opt. leg.*, porte : « Si J'ai (à titre de legs), le choix d'un esclave, et que le testateur ait légué quelque chose à Stichus sans lui donner la liberté, ce dernier legs commencera à exister, lorsque tous les esclaves se trouveront réduits à un seul, c'est-à-dire à Stichus ; dans ce cas le legs, devenu legs pur et simple, sera utilement fait. La règle catonienne ne s'oppose nullement à cette décision, lorsque l'héritier institué est volontaire ; car, alors même que le testateur mourrait aussitôt après la disposition, la réduction des esclaves à un, peut avoir lieu avant l'adition de l'hérédité. Il en serait différemment si l'héritier institué était héritier nécessaire. Dans ce cas, la règle catonienne s'opposerait à la validité du second legs. « Si optio servi data mihi fuerit et « Sticho aliquid testator sine libertate legasset, tunc sequens « legatum consistit, cùm tota familia ad unum, id est Stichum, « reciderit : ut quasi purè legato, utiliter sit legatum. Nec ad- « versatur catoniana, si voluntarius heres institutus sit : quia « potest ante aditam hereditatem, etiamsi statim decesserit, « familia minui. Quod si necessarius heres institutus sit, se- « quens legatum propter catonianam inutile est ».

Ces applications, les seules que nous offrent les textes, se bornent donc, comme on voit, à trois hypothèses : la première, celle où l'objet de la disposition n'est pas dans le commerce au moment du testament, bien qu'elle y rentre par la suite ; la seconde, celle où l'objet de la disposition appartient au légataire au moment du testament, mais a cessé de lui appartenir avant la mort du testateur ; enfin, la troisième s'entend de l'incapacité du légataire seulement, au moment de la disposition, bien que cette incapacité ait cessé par la suite. Nous devons donc, si nous voulons ne pas nous écarter de la précision de ces applications, et les lois de la matière nous en font un devoir puisqu'il s'agit d'un droit exceptionnel, et par conséquent rigoureux, nous devons, dis-je, considérer comme réellement étrangères à la règle catonienne les hypothèses relatives à l'incapacité du testateur au moment de la disposition, à l'inobservation des solennités ou formalités substantielles du testament ; et nous avons vu qu'en effet, ces matières sont directement soumises à d'autres règles, parce qu'elles tiennent à d'autres principes.

8. Il nous sera facile maintenant de comprendre l'erreur de Pothier (*Pandect.* Justin., t. III, p. 700), qui fait découler de la loi 29, ff. *de Reg. jur.*, les trois règles dont je viens de parler, y compris la règle catonienne : *Fluit ex regula generali, quod initio vitiosum est*, etc., ET EX EA FLUUNT SEQUENTES, etc., tandis que l'objet de la règle catonienne, plus ancienne de trois siècles que l'autre, était complètement étranger à celui de cette dernière règle conçue d'abord pour les tutelles, et appliquée plus tard à d'autres matières. Comment D'Antoine, dans ses *Règles de Droit*, considère, par la plus étrangère des méprises, la loi 29, ff *de Reg. jur. Quod initio vitiosum, etc.*, comme l'abrégé de la règle catonienne, tandis qu'elle a un objet bien plus étendu, et que si on veut lui faire régir absolument la matière propre à la règle catonienne, ce n'est que par extension, et même par un abus de l'application des textes ; comment Domat (*Lois civiles*, L. 1, tit. 1, sect. 2, n° 31), par une supposition singulière, dont le résultat serait de refuser à la règle catonienne même son application naturelle, raisonnant du cas où l'héritier incapable au moment du testament, mais institué à condition qu'il sera capable au moment du décès, à celui où cette condition n'est pas exprimée, pense que l'on doit toujours la sous-entendre dans l'institution ; comment enfin, M. Merlin (Répert. de Jurisp., v° *Conventions matrimoniales*, § 1, p. 171 et suiv.), justement étonné, avec Voët, qu'il cite, des applications extensives et abusives qu'on a faites trop souvent de la règle catonienne aux contrats, termine en disant : « qu'il n'y a rien de précis, rien de déterminé positivement, même dans les lois romaines, sur l'application de la règle catonienne aux dispositions contractuelles ».

Mais je vais plus loin : et je soutiens que l'on doit s'étonner que Cujas (*Quest. Papin.*, lib. 15, sur la loi 3 *de Reg. cat.*), et M. Merlin après lui (*ibid.*), aient argumenté de la règle catonienne pour établir qu'il n'y a pas lieu à appliquer cette règle au cas où une fille qui se marie sans le consentement de son père, se constitue une dot, ou la reçoit d'un tiers, lorsque le père donne son consentement par la suite au mariage, *attendu que dans ce cas, la stipulation de dot est conditionnelle, et que*

6.

*la règle catonienne ne s'applique pas aux stipulations condition-*
*nelles*, ce qui implique évidemment de leur part le raisonnement contraire, pour le cas où la stipulation serait pure et
simple..... *Omninò videtur esse necessaria stipulatio nova*, dit
Cujas, sur la loi 68, ff *de Jure dot.*, *quia scilicet regula cato-*
*niana hoc dictat.....* *Verius tamen est eam stipulationem con-*
*valescere, quia conditionalis fuit stipulatio, non pura; et cato-*
*niana regula pertinet tantùm ad stipulationes puras, non ad*
*conditionales.*

Je dis que la règle catonienne n'a rien à faire ici : que les
principes généraux suffisent pour expliquer et justifier la décision dont il s'agit : « Toute constitution de dot, dit Papinien
( L. 68, ff *de Jur. dot.* ), est faite sous la condition tacite que le
mariage s'ensuivra : *Omnis dotis promissio futuri matrimonii*
*tacitam conditionem accipiat;* la loi 21, ff. *hoc. Tit.*, retrace
le même principe; or, comme la condition tacite a la même
énergie que la condition expresse, *eadem vis est taciti ac*
*expressi* ( V. Dumoulin, *de Summâ trinitatite Cod.* ), que l'effet
de la condition est de suspendre la stipulation jusqu'à ce qu'elle
se réalise, d'où résulte le principe *conditionalia ex post facto*
*confirmantur* ( L. 8, ff *de Reb. cred.* ), il est évident que la
stipulation de dot conserve toujours son caractère de stipulation
conditionnelle; que le consentement postérieur du père a bien
pu valider le mariage, sans changer pour cela le caractère de
cette stipulation; mais que la condition ne se réalisant que par le
consentement, c'est seulement alors que la stipulation obtiendra
son effet. On peut ajouter même, ce qui est conforme aux principes, que si, indépendamment de ce consentement, la nullité
du mariage venait à être prononcée, la condition n'aurait pas
encore failli, et qu'un second ou subséquent mariage valable
donnerait à la stipulation primitive tout son effet. Or, qu'est-ce
que tout cela a de commun avec la règle catonienne, relative
au cas singulier où une volonté inutile au moment où elle est
manifestée dans un testament, pourrait devenir très valide par
la suite, sans la prohibition formelle consacrée par cette règle?
Et où trouve-t-on dans le Droit romain les moindres traces
d'une analogie probable, quant à ces volontés inutiles comme
non susceptibles d'un effet actuel, entre les dispositions testamentaires et les contrats? C'est donc, il faut le dire, et le poser comme un principe certain trop souvent méconnu, c'est la

règle de Paul : *Quod ab initio vitiosum est tractu temporis convalescere non potest, etc.*, qui, prise dans son sens analytique et naturel, reçoit sa véritable application, dans tous les cas qui ne ne se trouvent pas expressément soumis à la règle catonienne ou aux deux autres lois dont je viens de préciser le sens, ou même à l'application des principes généraux.

9. Quant à l'ancienne et célèbre controverse sur la question de savoir, si la règle catonienne s'applique tout à la fois aux institutions et aux legs purs et simples, ou seulement aux legs, je n'en dirai qu'un mot, attendu le peu d'intérêt qu'offre aujourd'hui cette question.

La loi 4, ff *de Reg. caton.*, porte : *Catoniana regula non pertinet ad hereditates, neque ad ea legata, quorum dies non mortis tempore, sed post aditam cedit hereditatem;* et la loi 5 (*eod*) ajoute *placet, catonis regulam ad conditionales institutiones non pertinere.* A s'en rapporter à la forme extérieure de ces textes, ils offriraient une contradiction. Le premier paraît exclure de la règle catonienne, d'abord les hérédités, ensuite les legs qui ne commencent à courir qu'après l'adition de l'hérédité; le second n'exclut de la règle que les institutions conditionelles ; d'où résulterait, par argument *à contrario*, que les institutions pures et simples s'y trouvaient soumises. Le président Faber (*Conjec.* 19) soutient qu'on ne doit entendre ces textes que des legs et nullement des hérédités; cette opinion a été adoptée entre autres par Hilliger (1) et Averani (2). Cependant ne pouvant parvenir à expliquer d'après ce sens, le mot *conditionales* du second texte, ce savant interprète le retranche. C'est se jeter témérairement dans la critique conjecturale. Je préfère en tout, l'opinion contraire qui est celle de Cujas, Baudoin, Donellus, Gordonius, etc., et qui paraît généralement adoptée. La règle catonienne s'appliquera donc aux institutions comme aux legs purs et simples. Mais je ne me déterminerai pas uniquement par le motif donné par Donellus, que dans l'ancien droit, le mot *legatum* s'entendait des institutions aussi bien que des legs, comme paraît l'établir la loi 120, ff *de Verb. signif.* dont voici les termes : *Verbis legis 12 tabbularum, his, uti legassit suæ rei, ita jus esto, latissima potestas tributa videtur, et heredis insti-*

(1) *Comment. in Donell. ad Reg. caton.*
(2) *Interp. jur.* lib. 4, cap. 25.

*tuendi, et legata, et libertates dandi, tutelas quoque constituendi.*
A cette raison, qui ne s'applique pas d'une manière assez précise
à la difficulté, j'ajoute la réfutation du plus fort argument donné
par le président Faber à l'appui de son opinion : selon lui, la
grande différence qui existe entre l'institution et le legs consiste en ce que l'institution tire d'elle-même sa propre force,
tandis que le legs reçoit la sienne de l'institution; or, la règle
qui régit l'institution n'est pas la règle catonienne, mais bien
celle de Paul, *quod initio vitiosum est tractu temporis convalescere non potest,* laquelle s'applique même aux institutions conditionnelles; le legs, au contraire, étant toujours valable pourvu
que l'institution dont il reçoit la vie le soit aussi, et ne com-
mençant à exister qu'au moment de la mort, la règle catonienne, motivée selon lui sur la nécessité de faire rentrer dans
les coffres de l'état les sommes qui en étaient sorties par suite
des guerres civiles, eut pour but d'introduire dans la législation
un plus grand nombre de causes de caducité des legs, en sorte
qu'indépendamment des causes de nullité de l'institution qui n'é-
taient pas l'objet de la règle catonienne, cette règle voulut que
la capacité du légataire fût constante à l'époque même de la
confection du testament; que si cette capacité n'existait pas,
le legs était caduc et l'incapacité ne pouvait se réparer. Cette
interprétation ne me paraît pas fondée : à la vérité, je ne trouve
dans aucun texte l'application directe ni même indirecte de la
règle catonienne aux institutions d'héritier; mais, ne consultant
que ma raison, et les textes que je viens de rapporter, je pense
qu'elle a été créée pour le développement et l'amélioration des
principes; que son but propre a été de régulariser la disposition
actuelle du testateur, indépendamment de son effet à venir; que
la distinction du président Faber entre l'institution qui remonte nécessairement au testament, et le legs qui reçoit son
existence de l'institution et ne commence qu'à la mort du testateur, est plus subtile que solide, attendu que dans le véritable
sens des lois romaines, le legs n'est pas moins une disposition
actuelle du testateur que l'institution, et que la validité actuelle
de l'un n'est pas moins rigoureusement nécessaire que celle de
l'autre; que le legs ne dépend de l'institution, que comme la
conséquence dépend de son principe; qu'il est à l'institution ce
que les auteurs appellent *co-œtaneus,* c'est-à-dire son contem-

porain (V. *sup.*, p. 39, note 2). J'ajoute, qu'en l'absence d'un texte précis sur ce point, il répugne à la morale de la loi d'admettre que le principe relatif à la validité des legs, tel que l'établit le président Faber lui-même, fût altéré; qu'un legs dont la force et la validité ne commencent qu'au décès du testateur, dût, contre sa nature, remplir ses conditions de validité à l'époque du testament, uniquement pour des raisons fiscales. Je pense donc que l'on doit traduire ainsi la loi 3 ff *de Reg. caton,* « La règle catonienne ne concerne ni les hérédités ni les legs qui commencent à courir non à la mort du testateur, mais après l'adition d'hérédité; » que dès lors, le sens de la loi 4 (*eod. tit.*), est que les institutions conditionnelles sont exceptées de la règle catonienne, ce que la raison avoue facilement, puisque la condition tenant la disposition en suspens jusqu'à ce qu'elle se réalise, la disposition est considérée jusque-là comme n'existant pas. *Placet, catonis regulam ad conditionales institutionales non pertinere.*

Enfin, pour ne rien laisser ignorer de tout ce qui tient essentiellement à l'application de la règle catonienne, je dois ajouter que la plupart des auteurs, entre autres Cujas, Donellus, etc., expliquent la loi 5 (*eod. tit.*), *Regula catoniana ad novas leges non pertinet;* en ce sens, que cette règle ne soit pas applicable aux lois rendues postérieurement à la loi des Douze tables, par exemple, aux lois Pappia Poppea, etc.; et quelle en est la raison? C'est ce qu'aucun d'eux s'est gardé de nous dire. Voët argumente des lois 1, 2 et 3, ff *de Hered. petit.*, et même d'un fragment d'Ulpien, tit. 24, § 31. Mais que nous apprennent ces textes? Que les lois rendues depuis la loi des Douze tables formaient ce qu'on appelait le droit nouveau, tandis que les lois des Douze tables formaient le droit ancien ou antérieur. D'où sort maintenant la raison en vertu de laquelle la règle catonienne ne s'appliquerait pas au droit nouveau? c'est ce qu'il serait difficile de sentir. Heineccius (*ad leg. Pap. Popp.*) s'efforce d'en donner une qui ne répond nullement à l'importance de la matière.

10. Quel est le sens, la valeur de la règle catonienne dans le Droit français?

A quelle époque la capacité de l'héritier ou du légataire est-elle requise?

Que la capacité de l'héritier institué et du légataire au mo-

ment de la confection du testament , fût exigée dans l'ancienne
partie du territoire français régie par le droit romain , c'est ce
qu'attestent entre autres Duval ( *Instit. du Droit français*, liv. 2,
chap. 15 , et Furgole sur l'art. 49 de l'ordon. de 1735); et ce n'est
pas par un attachement servile à la règle catonienne , comme l'a
pensé M. Merlin (Répertoire de jurisprudence, t. XVII, v° *Testament*, p 644 ), mais bien parce que telle était la condition de
l'institution , *ut constiterit institutio*, dit la loi 49 , § 1 , ff *de
Hered. instit.* ; et que le legs n'est, comme je l'ai établi précédemment, que la conséquence même de l'institution. La règle
catonienne n'était donc qu'une confirmation des véritables principes du droit romain en cette matière. Mais à mesure que nos
mœurs se sont éloignées des subtilités de ce droit, qu'on a mis
plus d'indépendance dans l'examen philosophique du testament ,
on a pu poser aussi de nouveaux principes relativement à la
capacité de l'héritier ou du légataire. Déjà les lois romaines elles-
mêmes avaient fait sortir de la puissance du testateur la faculté
d'apposer une condition à l'institution , soit que cette condition
fût expresse, soit qu'elle résultât de la forme même de la disposition. Ainsi, on peut instituer un héritier ou donner un legs ,
dit la loi 62 , ff *de Hered. instit.* pour le temps où l'héritier ou
le légataire aura la capacité de recevoir : « In tempus capiendæ
hereditatis institui heredem posse, benevolentiæ est, veluti :
LUCIUS TITIUS, CUM CAPERE POTUERIT HERES ESTO. Idem et in
legato ». La loi 5, § 1 , ff *De legat.* 2 dit pareillement : « Si ita
« quis testamento suo cavisset : illi, quantum plurimum per
« leges accipere potest, dari volo : utique tunc , cùm quando
« capere potuerit , videtur ei relictum ; » et de là Brunneman
(*in Pandect.*, lib. 35 , L. 51) conclut très justement, qu'on peut
disposer en faveur d'un incapable, lorsqu'on reporte l'effet de la
disposition au temps où l'incapacité aura cessé : *incapaci etiam
relinqui potest, quando in id tempus confertur, quo capere potest* (1). Or, de là au principe que l'institution ou les legs purs et
simples renferment implicitement la condition que l'héritier ou
le légataire sera capable de recevoir à l'époque où se réalisera
l'institution ou le legs, c'est-à-dire au décès du testateur ; et que

(1) Mais voy. 189 *in fine infrà* , p. 3.

dès lors, la capacité à l'époque du testament, est sans intérêt,
Il n'y avait plus qu'un pas. On voit même que l'ordonnance
de 1735, art. 49, avait fait ce pas pour un cas unique, celui de
l'institution faite au profit d'une personne non encore née ou
conçue au temps du testament, mais née ou conçue à l'époque
de la mort du testateur. Cette exception, qui faisait cesser une
ancienne divergence d'opinion sur la matière, était fondée sur
la condition tacite : *si la personne vient à naître*, l'art. 906 du
Code civ. exprime absolument la même disposition : « Pour être
capable de recevoir par testament, il suffit d'être conçu à l'époque du décès du testateur ».

Enfin, l'analyse exacte du testament amenait directement,
ainsi qu'on l'a vu, à cette opinion. Le caractère bien compris
de cet acte donne en effet pour résultat certain, que le testateur a conservé jusqu'au dernier soupir une puissance et
une liberté égales à celles dont il jouissait lorsqu'il a fait son
testament ; que jusque-là il ne s'est dépouillé de rien, et
n'a jamais lié ni pu lier sa volonté. Ce n'est donc, dans la
vérité, qu'à ce dernier moment que sa volonté soit ancienne
soit récente, reçoit sa perfection et son effet, et que le testament existe. « La personne d'un légataire n'est considérable
pour la perfection d'un testament, dit Ricard ( *des Donations*,
t. II, chap. 3, sect. 18), que lors de l'échéance du legs.....
la prévoyance du testateur n'ayant lieu que pour l'avenir et
pour le temps auquel il a voulu que sa volonté eût effet ; de
sorte que, quand le légataire serait incapable au temps que le
testament a été fait, on doit présumer que le testateur a prévu
que le légataire pouvait acquérir sa capacité dans le temps qui
devait s'écouler jusqu'à l'exécution du testament, tous ses soins
et sa volonté dans cet ouvrage, n'étant attachés qu'à la considération du temps futur, et non pas de celui auquel il agit : et
ainsi ne voulant donner qu'après sa mort, et non pas au temps
auquel il fait son testament, le legs, à proprement parler, n'a
son commencement, ou du moins sa perfection à l'égard du
légataire, que quand il a son effet. *Non enim videntur data
quæ eo tempore quo dantur, accipientis non fiunt*. L. 127, ff *de
Reg. jur.* ».

Ces principes ont prévalu dans notre droit actuel ; la raison
s'en tire surtout de ce que l'institution n'ayant pas conservé le

caractère qu'elle avait dans le Droit romain (art. 1002, 1003, etc.
Cod. civ., et Loi du 30 vent. an XII, art. 7 ), n'étant plus
qu'un mode de disposer purement équivalent à celui du legs,
il n'y avait pas d'intérêt à donner au testament, lors de sa confection, la forme accomplie qui résultait de l'institution dans
le droit romain ; il faut donc reconnaître que la règle catonienne
est aujourd'hui sans application pour le cas de l'incapacité de
l'héritier ou du légataire au moment du testament; et il faudrait,
d'après les mêmes raisons, en dire autant du cas où le testateur,
n'aurait pas la disponibilité de l'objet compris dans sa disposition, lors du testament, mais l'obtiendrait ou la recouvrerait
plus tard. Au reste, on trouvera plus loin diverses solutions
analogues et fondées sur le même principe ( art. 5,).

11. La conclusion de tout ce qui précède est que si la capacité de l'héritier ou du légataire n'est pas exigée dans notre
droit, à l'époque du testament, elle est du moins indispensable à
l'époque du décès du testateur, puisque c'est celle à laquelle se
réalisent tous les effets du testament, et j'en ai donné les raisons
(*sup.* p. 67, n° 8) ; mais voy. *infrà*, p. 104, pour les dispositions
conditionnelles.

12. La capacité du légataire est-elle nécessaire lors de l'acception du legs?

Voët l'avait pensé ; voici ses paroles ( *ad Pandect.*, lib. 30,
31, 32, n° 10) : *In herede capacitas requiritur tempore aditionis,*
*ac uti heres adeundo re ipsa acquirit universum jus defuncti, ita*
*legatarius agnitione legatum verè consequitur, sicut in legatario*
*eadem agnitionis quæ in herede.* Mais c'est là une erreur évidente : le legs pur et simple, dans le Droit romain, à la différence de l'hérédité qui ne passait à l'héritier que par l'effet de
l'acceptation, se transmettait immédiatement après la mort du
testament, au légataire, et même à son insu : *Si dies adposita*
*legato non est*, porte la loi 21, ff *Quando dies legat. præsens debe-*
*tur, aut confestim ad eum pertinet, cui datum est. Adjecta, quamvis*
*longâ sit, si certa est, dies quidem legati statim cedit, sed*
*ante diem peti non potest. Si purum legatum est*, dit la loi 5,
§ 1, ff *Eod. tit. ex die mortis dies ejus cedit.* La loi 7, au même
titre, ajoute : *Heredis aditio moram legati quidem petitioni facit,*
*cessioni diei non facit.* Le légataire est donc saisi du moment de
la mort du testateur ; qu'importe dès lors l'incapacité qui lui serait survenue plus tard ?

ART. 3. Du droit de transmission.

## SOMMAIRE.

1. — *Définition de ce droit. Examen d'une opinion de Domat sur la nature de la transmission dans le Droit romain.*

2. — *Rectification de cette opinion et analyse exacte des Lois romaines relatives, 1° à la transmission de l'hérédité ;*

3. — *2° A la transmission du legs ; conclusion.*

4. — *Confirmation de la théorie précédente tirée des textes.*

5. — *Conclusion générale.*

6. — *De la transmission dans le Droit français ; ses sources sont dans le droit public.*

7. — *La transmission, dans le Droit coutumier, avait un caractère différent de la transmission dans le Droit romain, parce qu'elle dérivait d'un autre ordre d'idées politiques. Néanmoins, le Droit romain a souvent mêlé ses décisions à celles du Droit coutumier en cette matière ; pourquoi ?*

8. — *Application spéciale de l'observation qui précède, à la transmission testamentaire.*

9. — *Résultat bizarre de la combinaison des dispositions du Droit romain avec celles du Droit coutumier, quant à l'application de la maxime, le mort saisit le vif.*

10. — *Le Code civil n'est pas expositif d'un système net et précis sur cette matière ; seules inductions que l'on puisse légitimement tirer de ses dispositions.*

1. Au reste, c'est ici le lieu de réunir quelques notions sur le droit important de transmission ; elles s'appliqueront également au Droit romain et au Droit français.

En principe, on peut dire qu'il consiste dans la faculté de transmettre à nos héritiers un droit qui fait partie de notre patrimoine. Domat (liv. 3, tit. 1er, sect. 10 ) a été fort embarrassé pour expliquer la différence qui existe dans le Droit romain, entre la transmission de l'hérédité et la transmission du legs. La transmission de l'hérédité n'avait jamais lieu, comme on sait: *Nisi agnitâ et aditâ hereditate* (1). Le legs pur et simple, au contraire, était transmis, même à l'insu du légataire, du moment de la mort du testateur. On vient de lire les textes qui consacrent ces principes. « Cette différence, dit Domat, entre la condition des légataires et celle des héritiers, pour ce qui regarde le droit de transmission, avait été établie pour éviter un inconvénient qui serait arrivé, si le droit du légataire ne lui eût pas été acquis du moment de la mort du testateur ». Or, voici quel est cet inconvénient : « Comme dans le Droit romain la validité des legs dépendait de l'adition d'hérédité, de sorte que si l'héritier y renonçait, les legs demeuraient nuls, il aurait pu arriver que si le droit n'eût été acquis au légataire que par l'adition qui dépendait de l'héritier, et que l'héritier pouvait différer, le légataire qui serait mort dans l'intervalle, entre la mort du testateur et l'adition d'hérédité, aurait perdu son droit, et n'en aurait rien transmis à ses héritiers. C'était pour prévenir cet inconvénient qu'on avait réglé, à l'égard des légataires, que le droit aux legs leur serait acquis au moment de la mort du testateur, afin qu'ils eussent le droit de transmission à leurs héritiers, ainsi c'était une grâce qu'on leur faisait, de distinguer leur condition de celle des héritiers, pour ce qui regarde la transmission ».

2. Pour raisonner avec certitude sur le Droit romain, il ne faut jamais perdre de vue les principes généraux d'où découlent, comme conséquences plus ou moins éloignées, les diverses solutions dont se compose ce droit. La différence qui frappe Domat entre l'héritier et le légataire, quant à la transmission, tient essentiellement à la différence même de leur qualité et de a nature de leurs droits. Voici d'abord l'ordre analytique d'après lequel doivent être envisagées les transmissions d'hérédités. Il faut, 1º que l'hérédité soit déférée en vertu d'un tes-

---

(1) L. *unica*, § 5, *C. de Cod. toll.*, et L. 7, *Cod. de Jur. delib.*

tament régulier (1). Attendu que tout doit procéder avec une
pleine et entière connaissance de cause (2), il faut, 2° que
celui auquel est déférée l'hérédité, soit instruit du fait qui la
lui défère (3); 5° qu'il soit capable de toutes les suites de l'acceptation de l'hérédité (4); 4° qu'elle soit physiquement appréhendée (5); 5° dès lors, une rétroaction a lieu, du moment de
l'adition de l'hérédité au moment de la mort, pour réputer l'héritier, successeur immédiat du défunt (6). C'est ainsi que dans le
droit romain, le vivant succède au mort en vertu du testament (7).

Mais, selon les principes de ce droit, il ne suffit pas que l'hérédité soit déférée; il faut encore qu'elle reste ainsi déférée
jusqu'au moment de l'acceptation; car ce n'est que par l'acceptation que l'héritier entre réellement et pleinement au lieu et
place du défunt. Que s'il vient à mourir avant cet événement
décisif, l'hérédité cesse par son fait de lui être déférée, et il ne
transmet rien à ses héritiers. Quoi, dira-t-on! ne transmet-il pas
du moins l'aptitude, l'habileté qu'il avait à appréhender l'hérédité? non. Les lois romaines se refusaient à voir un droit acquis
et actuel, transmisible, dans la simple aptitude qu'avait l'héritier à
exercer son droit. Ce n'était, selon elles, qu'une pure faculté
attachée à sa personne, qui s'éteignait avec elle, et n'était pas
de nature à passer à ses héritiers. Il fallait pour qu'un tel droit
se réalisât définitivement en lui, un fait qui lui fût propre, et
que l'on pût considérer comme la preuve certaine de sa volonté
d'en faire usage. C'est sur ce principe subtil qu'est évidemment
fondée la loi 19 au Code, *de Jur. delib.* qui accorde à l'héritier
délibérant (8), pour savoir s'il acceptera ou répudiera la suc-

(1) § *Ult. Instit. qui mod. Testam. infirm.* L. *hac Consultissima,*
§ *ex imperfecto, C. de Testam.*
(2) *In totum omnia, quæ animi destinatione agenda sunt, non nisi
verâ et certâ scientiâ* perfici possunt. L. 76; ff *de Divers. reg. jur.*
(3) § *item extraneus*, Instit. *de Hered. qualit. et different.*
(4) L. 8, ff *de Acquir. vel omitt. hered.* L. ult. Cod. *de Hered. act.*
(5) L. 23, ff *de Acquir. vel omitt. possess.*
(6) L. 54, ff *de Acquir. vel omitt. hered.* L. 37 et 138 de *Divers.
reg. jur.*
(7) Je ne parle pas de la *suite* ni de ses effets. V. *suprà* (p. 39, note ).
(8) Et il était censé délibérer par cela seul qu'il n'avait pas renoncé:
*Si quis vel ex testamento, vel ab intestato vocatus, deliberationem*

cession, la faculté de transmettre ce droit de délibérer à ses héritiers, *prædictum* ARBITRIUM *in successionem suam transmittat*, pourvu qu'il n'ait pas laissé expirer une année sans se prononcer. Ce droit de délibérer en effet, implique la volonté d'accepter la succession, si elle est avantageuse ; or, c'est là un fait personnel à l'héritier, et voilà pourquoi il sert de fondement à la transmission. *Quod hac ratione constitutum accipiendum est*, dit Donellus, ( *Comm. ad Pandect. lib.* 7, *cap.* 4, *n° 14* ), *quasi scilicet heredes, cùm sciunt sibi delatam hereditatem, neque adeunt, existimentur deliberare de hereditate, et id jus deliberandi, atque ex eo jus adeundi, si expediat, sibi sumere. Quod sumptum*, *et* VELUT SUUM FACTUM, *non mirum, si ad heredes suos transferunt*. Et voilà pourquoi encore la prescription de cinq ans établie contre la demande en séparation des patrimoines de la part des créanciers du défunt, ne commençait à courir que du jour de l'adition de l'hérédité ; jusque-là la confusion des patrimoines n'était pas censée exister, attendu qu'il n'y avait pas eu transmission de l'hérédité. *Quod dicitur*, porte la loi 1, § 13 , ff *de Separat. Post multum temporis separationes impetrari non posse, ità erit accipiendum ut ultrà quinquennium post aditionem numerandum, separatio non postuletur.*

5. La transmission du legs n'est pas fondée sur les mêmes principes.

Pour bien entendre les règles relatives à cette transmission, on ne doit jamais oublier, comme je l'ai établi précédemment ( *suprà*, p. 39, not. 2 ), que le testament donne un successeur au défunt ; que les legs ne sont plus dès lors que les conséquences de ce fait ; que l'héritier, en acquittant les legs, n'est qu'un simple exécuteur des volontés du défunt, ce qu'indique la définition même du legs, *donatio à defuncto relicta, ab herède prœstanda.* Mais comme la condition de l'héritier diffère essentiellement de celle du légataire, attendu que le legs par sa nature est un bienfait, toujours exempt de charges, tandis que l'hérédité peut en entraîner ; *Nam legatum acquisitum*, dit la loi 32, ff *mandat. nunquam illi* ( *legatario* ) *damno esse potuit, hereditas interdùm damnosa est*; comme le legs, témoignage perpétuel de gratitude ou de bienfaisance, commence nécessai-

---

*meruerit : vel si hoc quidem non fecerit, non tamen successioni renunciaverit*, *ut* EX HAC CAUSA DE LIBERARE VIDEATUR.

rément à exister au décès du testateur, puisque, par sa nature, il suppose toujours une hérédité suffisante pour le former, qu'il peut même absorber l'hérédité tout entière (1); que peu importe la résolution de l'héritier, puisque son acceptation rétroagira toujours à cette époque (2), et qu'il trouvera dans ses obligations celle d'acquitter le legs; or, nous disons qu'il est de la nature du legs d'être acquitté à l'époque du décès du testateur, à moins que le testateur n'ait manifesté une volonté contraire; que s'il renonce, la transmission de l'hérédité à celui qui se trouve immédiatement appelé, soit par la volonté du défunt, soit par la volonté de la loi, soumet aussi rétroactivement le nouvel appelé aux mêmes obligation que le premier; il en résulte, que rien ne s'oppose à ce que le droit du légataire ne lui soit acquis, même à son insu, du moment de la mort du testateur, et qu'il n'ait par suite la faculté de le transmettre à ses héritiers; l'héritier, au contraire, succédant aux charges comme aux droits du défunt, ne pouvant entrer pleinement en son lieu et place que par l'effet d'un contrat : *Is qui miscuit se hereditati*, dit la loi 4, ff *quib. ex caus. in poss.* CONTRAHERE *videtur : More nostræ civitatis*, dit la loi 8, ff *de Acquir. hered. neque pupillus neque pupilla, sine tutoris auctoritate, obligari possunt : hereditas autem quin obliget nos æri alieno, etiamsi non sit solvendo, plusquam manifestum est. Creditores hereditarios*; porte la loi dernière au Code *de Hered. act. adversus legatarios non habere personalem actionem convenit : quippè cum evidentissimè lex* 12 *tabbularum heredes huic rei faciat obnoxios*; la nature des choses indiquant assez, d'ailleurs, qu'il ne saurait remplacer le défunt, sans qu'il ne s'opère une sorte de novation vis-à-vis des créanciers; il est évident que ce n'est qu'en pleine connaissance de cause qu'il peut assumer sur lui toutes les suites d'une telle résolution; et voilà pourquoi, tant qu'il n'a pas accepté la succession, rien ne lui est encore parvenu de cette succession, et pourquoi il ne saurait la transmettre à ses héritiers. C'est donc dans sa qualité même et dans la nécessité de ne le reconnaître soumis aux charges inconnues de la succession, que par un fait émané de lui, qu'il faut chercher la raison qui s'oppose à la trans-

(1) Les quartes Falcidie et Trébellianique ont été introduites par succession de temps, *æquitatis causâ*, mais le principe subsistait toujours.
(2) *Heres, quandoque adeundo hereditatem, jam tunc à morte successisse defuncto intelligitur*, L. 54, ff *de Acquir. vel omitt. hered.*

mission d'une succession qui lui est échue et sur laquelle il ne s'est pas encore prononcé. C'est ainsi, comme on voit, que toutes les solutions du droit romain sur cette matière, se trouvant liées entre elles, rien n'est livré au caprice ou à l'arbitraire, comme l'a pensé Domat, et que les principes de ce droit une fois posés, on ne saurait atteindre d'autres résultats que ceux que nous retracent les diverses solutions qui les expriment.

4. Voici des confirmations expresses de cette théorie :

Si quelqu'un, dit la loi 44, § 1, ff *de Legat*, 1°, ignorant qu'une chose lui est léguée de son côté, et qu'ayant ensuite appris qu'elle lui était léguée, il a déclaré vouloir la considérer comme sa propriété, le legs sera valable : car, dès que le légataire n'a pas répudié le legs, il est censé en avoir eu la propriété du moment même de l'adition de l'hérédité ; que s'il le répudie, cette propriété est censée être toujours restée à l'héritier : *Si quis rem sibi legatam ignorans adhuc legaverit, postea cognoverit et voluerit ad se pertinere : legatum valebit : quia, ubi legatarius non repudiavit, retro ipsius fuisse videtur, ex quo hereditas adita est : Si vero repudiaverit, retro videtur res repudiata fuisse heredis.*

Certaines choses, dit la loi 15, ff *de Reb dub.*, offrent quelquefois des doutes qui s'éclaircissent plus tard par l'événement. Par exemple, une chose est léguée ; pendant le temps que le légataire délibère pour savoir s'il acceptera le legs, l'héritier fait la tradition de la chose à un autre : si le légataire accepte ensuite le legs, la tradition (faite par l'héritier) sera évidemment nulle; elle sera valable au contraire, s'il le répudie. *Quœdam sunt, in quibus res dubia est, sed ex post facto retroducitur, et apparet quid actum est : ut ecce, si res legata fuerit, et deliberante legatario eam rem heres alii tradiderit : nam si quidem voluerit legatarius habere legatum, traditio nulla est. Si vèro repudiaverit, valet.* Et pourquoi cela ? Parce qu'aux termes de la loi 8, ff *de Reb. cred.*, que le legs soit accepté ou répudié, toutes les traditions faites par l'héritier doivent en définitive, pour recevoir leur appréciation, être rapportées à l'époque de l'adition de l'hérédité. *Nam julianus ait, et traditiones ab herede factas ad id tempus redigi, quo hereditas adita fuerit, cùm repudiatum sit legatum aut acquisitum.* Ce qui donne pour conséquence que le legs une fois répudié, la chose léguée est censée n'avoir jamais appartenu au légataire, mais être toujours restée la propriété de l'héritier. Et il ne faut pas croire que la loi 64, ff *de Furt.* contrarie ces principes : elle semble bien dire que la propriété de la chose léguée passe directement, et sans intermédiaire de l'héritier, du testateur au légataire ; interprétation qu'adopte M. Merlin, qui va même jusqu'à assimiler dans ce cas, mais par une erreur évidente, le légataire à l'héritier *sien* ( Répert., v° *Légataire*, § 3, n° 3 ); et il se fonde sur ces paroles du texte : *Quia ea quæ legantur, recta via ab eo qui legavit, ad eum cui legata sunt, transeunt.* Mais les meilleurs interprètes pensent qu'il s'agit ici de la transmission feinte. Tels est entre autres, Brunneman (*ad hanc leg.*), lequel après avoir opposé cette loi à la loi 86, § 2, **ff** *de Legat,* 1°, qui parle de la transmission vraie se prononce aussitôt pour l'interprétation des docteurs qui pensent que celle-ci doit s'entendre de la transmission feinte : *Sed contrarium híc respondetur quod legatum recta via ab eo qui legavit, ad eum cui legatum est, transeat, idèoque doctores hanc legem* DE FICTA TRANSITIONE *intelligunt, et lex* 86 *vèro* DE VERA. Tel est aussi le sentiment de Donellus ( *Comm. ad Pandect.*, lib. 8, cap. 18), et de Denis Godefroi, dans une note sur la loi 44, § 1, **ff** *de Legat* 1°, dont voici les termes : *Legatum legatarii censetur fuisse à morte testatoris,* FICTÈ; *à die aditæ hereditatis* VERÈ ( 1 ). Et voilà

_____

(1) Voici l'espèce de la loi 64, **ff** *de Furtis* : Un esclave avait été légué à Seius. Cet esclave commet un vol envers Titius, héritier, mais avant l'acceptation de l'hérédité. Si Titius accepte ensuite, et que Seius accepte à son tour, l'esclave légué, Titius, dit la loi, aura une action contre Seius, légataire, à raison du vol de l'esclave. Pourquoi cela ? Parce qu'au moment où l'esclave a commis le vol, il n'appartenait pas à l'héritier. Et il ne faut pas s'arrêter à l'objection que l'esclave, pouvant être considéré comme ayant appartenu dès l'origine, à l'héritier ( à cause du principe de la transmission ), aucune action ne saurait être attribuée à l'héritier ( puisqu'elle se dirigerait contre lui-même ), attendu, ajoute la loi, que l'esclave n'a pas même appartenu à l'héritier après l'acceptation de l'hérédité. Les choses léguées passant directement de la personne qui lègue au légataire. « A Titio herede homo Seio legatus, ante aditam hereditatem Titio « furtum facit : si adita hereditate Seius legatum ad se pertinere voluerit, furti ejus servi nomine aget cum eo Titius ; quia neque tunc, « cùm faceret furtum, ejus fuit. Et ut maximè quis existimet, si servus « esse cœperit ejus, cui furtum fecerat, tolli furti actionem, ut nec si « alienatus sit, agi possit eo nomine : ne post aditam quidem hereditatem « Titii factus est : quia ea, quæ legantur, recta via ab eo, qui legavit, « ad eum, cui legata sunt, transeunt ».

Mais qui ne voit là une véritable exception au principe de la transmission tel que je l'ai exposé ci-dessus? En définitive, l'esclave légué appartient au légataire qui l'accepte : vouloir que l'héritier volé par l'es-

pourquoi encore, dans la rigueur des principes, l'héritier fidéicommissaire ou substitué n'est pas un véritable héritier. L'héritier institué qui restitue l'hérédité au tiers substitué, exécute la
volonté du défunt et demeure héritier. *Restituta autem hereditate,*
dit le § 3, *Instit. de fideicom. heredit.*, *is quidem, qui restituit,
nihilominus heres permanet.* Mais il en est autrement, quant aux
effets, l. 1, ff *Senatum-consultum Trebellianum* (1).

5. On ne saurait donc méconnaître dans toutes ces solutions
ou interprétations, ces principes dominant constamment dans le
droit romain ; que l'héritier, exécuteur suprême des volontés
du défunt, est toujours l'intermédiaire entre lui et le légataire ;
que c'est de ses mains que celui-ci tient la propriété du legs ; que
cependant, le legs étant par sa nature un bienfait qui n'entraîne
aucune charge proprement dite, cette propriété peut, sans inconvéniens, être considérée comme acquise au légataire, du jour
de la mort du testateur, tandis que le caractère de l'héritier, les
charges éventuellement attachées à l'hérédité, réclament l'application d'autres principes. Mais de là peut-on, doit-on conclure
avec Voët que la capacité du légataire est nécessaire à l'époque
de l'acceptation du legs? je ne le pense pas. La transmission du
legs, du testateur au légataire, quoique feinte selon les docteurs,
n'en est pas moins constante ; là distinction réelle des lois à cet
égard ne consistant que dans l'intervention nécessaire, quoique
rétroactive, de l'héritier, pour exécuter les volontés du défunt,
remplir le but intérieur du testament et donner à la transmission toute son efficacité.

6. La transmission ne doit pas être envisagée de la même manière dans le droit français.

Et d'abord, ne perdons jamais de vue que les dispositions po-

clave ne puisse intenter une action au légataire, par la raison qu'au moment du vol il est censé appartenir à l'héritier qui est tenu d'en faire
régulièrement la délivrance au légataire, serait sacrifier à une vaine
subtilité la justice et la raison. Papinien ( auteur de la loi ), écar-
tant la subtilité, et voulant prononcer selon la justice et l'équité,
décide que le legs est transmis directement du testateur au légataire.
Néanmoins, pour mettre d'accord les principes avec cette solution, les
interprètes ont reconnu qu'il y avait, dans ce cas, tradition feinte. La
loi 80, ff *de Legat.*, 1° et quelques autres rapportées par Socinus, sont
unanimement considérées aussi comme des exceptions au principe général
sur la transmission.
(1) V. Donnell., *Comment.*, lib. 6, cap. 23, n° 12.

sitives de la législation, quelque concrètes et absolues qu'elles paraissent dans leur forme, sont néanmoins toujours le produit plus ou moins immédiat d'un principe supérieur d'ordre ou de bien public, auquel la civilisation elle-même se trouve intéressée. Le droit de transmission des biens, par suite de décès, tel qu'il est exprimé dans la loi, ses règles, ses applications, tiendront donc essentiellement aux règles supérieures, expresses ou implicites, adoptées par la législation générale, pour les transmissions de cette nature, c'est-à-dire, au principe fondamental, à l'autorité et à la force propre du testament, considéré comme moyen social de régulariser et d'assurer la transmission des biens. Or, toute disposition de cette nature repose nécessairement sur le concours de la volonté de l'homme et de celle de la loi; mais à quel degré ces deux élémens se trouvent-ils mêlés, pour en déduire ensuite avec certitude les seules conséquences que la législation puisse avouer? C'est ce qu'il appartient au jurisconsulte philosophe de découvrir; il lui appartiendra aussi par là de tracer les règles à l'aide desquelles il sera facile de maintenir dans une perpétuelle harmonie la jurisprudence et la législation.

Les lois romaines ayant investi le père de famille du droit exorbitant de se créer un successeur, ne se sont guère occupées dans les applications qu'elles font de ce principe, que d'en assurer les développemens. C'est ainsi qu'elles sont constamment empreintes de la nécessité de rechercher la volonté du testateur et de la faire religieusement respecter (1). Le père de famille meurt-il *ab intestat?* Ce n'est pas la loi proprement qui transmet les biens; elle suppose que, puisqu'il n'en a pas disposé en faveur d'un étranger, sa volonté a été de les transmettre tacitement à ses héritiers légitimes. L. 8, § 1, ff *de Jur. codic.*

Un des précieux avantages de ce système indépendamment du principe d'après lequel la propriété n'est jamais l'œuvre de la loi, mais bien celle de l'homme ( *suprà*, note, p. 56), que celle-ci dès lors ne peut régler les transmissions, en l'absence de la volonté de l'homme, qu'à l'aide de certaines présomptions ou inductions, qui ont en général pour base cette même volonté, consistait, en ce que le défunt trouvait dans un successeur volontaire, le continuateur civil de sa personne, l'exécuteur de

_____

(1) Novelle 1, chap. 1. Instit. *de Leg. Falcid. principio;* L. 5, ff *Testam. quemadm. aper.*

7.

ses volontés. La loi se bornait à protéger cet état de choses, parce qu'il était le mieux entendu pour la transmission naturelle et facile de la propriété après le décès du père de famille, et la sécurité des transactions civiles dont il avait été la cause ou l'objet (1), et voilà pourquoi cette transmission était encore réputée la transmission de la loi : « Lege obvenire hereditatem, non « impropriè quis dixerit et eam, quæ ex testamento defertur : « quia lege 12 tabularum testamentariæ hereditates confirman- « tur. L. 130, ff *de Verb. signif.*

7. Le droit coutumier avait admis un tout autre principe :

Déniant d'une part au testateur le droit de se créer un successeur, réduisant par-là son testament à une pure disposition de biens, inefficace par elle-même, puisque ni l'homme ni la loi n'avaient mission de la faire exécuter (*sup.*, même note, p. 46 et suiv.); de l'autre, considérant les biens comme propriétés éminentes de la famille plutôt que de l'individu, il déclara que, *le mort saisirait le vif son plus proche héritier habile à lui succéder.* Le résultat de cette disposition que les auteurs sont convenus d'appeler une fiction (2), parce qu'en effet elle se refuse, comme on l'a vu, à aucune analyse avouée par la raison, était non-seulement de donner à l'héritier la saisine légale et immédiate de tous les biens du défunt, mais encore de le rendre passible, *velit nolit*, et quoiqu'en dise Lebrun (*Successions*, liv. 3, chap 1er, n° 37), de toutes les dettes, de toutes les charges de la succession, ce qui avait même porté Delaurière à penser (Cout. de Paris) qu'avant la réforme de la coutume de Paris, les principes du droit romain sur l'héritier *sien et nécessaire* étaient admis parmi nous. Mais à côté de cette maxime, s'en éleva une autre, *n'est héritier qui ne veut*, qui eut pour but de corriger ce que la première offrait d'inique; c'est ainsi que l'arbitraire venait au secours de l'arbitraire. Cependant, il fallut essayer de régulariser ces dispositions générales d'une loi dont les motifs étaient visiblement empruntés à un ordre politique différent de celui sur lequel reposaient les décisions du droit romain. C'est alors qu'on admit les principes suivans : 1° que l'héritier *sien* ou *nécessaire* n'existait pas dans notre droit; 2° que dès lors, tant que l'héritier présomptif ou légitime n'avait pas fait connaître sa volonté

(1) V. *suprà* ( même note *in fine* ).

(2) Pothier, *Coutum. d'Orléans*, tit. 17, art. 301 ; Nouveau Denisart, v° *Héritier*, etc.

d'accepter ou de répudier la succession , il était toujours protégé par la maxime , *n'est héritier qui ne veut*, et n'était jamais réputé héritier pur et simple ; 3° que par son acceptation formelle, ou un acte d'héritier équivalent, il était censé investi activement et passivement de la succession, du jour du décès de son auteur ; 4° que s'il renonçait à la succession , par un effet rétroactif qui sortait des termes mêmes de la loi , il était censé n'avoir jamais été héritier, et la succession était réputée avoir passé immédiate-diatement sur la tête de l'héritier plus proche après lui, appelé à succéder ; 5° que néanmoins , en cas de silence prolongé de sa part sur sa résolution , les créanciers de la succession pouvaient le contraindre à prendre qualité, dans des délais et après l'emploi de formes déterminées. Mais cette disposition était réellement étrangère au droit coutumier, elle fut empruntée aux lois romaines, qui , en cette matière, comme en beaucoup d'autres, vinrent souvent mêler la supériorité de leurs décisions aux maximes arbitraires, obscures ou incomplètes du droit coutumier ; et les ordonnances de nos rois, notamment celle de 1667, donnèrent ensuite à ces décisions, en les revêtant de la forme légale , tout le dégré d'utilité dont elles étaient susceptibles. Remarquez enfin que, dans ce dernier cas, la condamnation obtenue par un créancier contre l'héritier présomptif, n'avait d'effet que dans l'intérêt de ce créancier ; elle était vis-à-vis des autres créanciers, *res inter alios acta;* l'héritier restait toujours héritier présomptif à leur égard, sauf à eux à le poursuivre ; c'est ce qu'exprime notamment la coutume de Nivernais , chap. 34 , art. 27 : « Quand aucun est réputé héritier , par contumace , telle déclaration sert seulement au poursuivant d'icelle. »

8. Dans cet état de choses, le testament, pure disposition de biens, n'était exécutoire de la part de l'héritier, qu'à titre de recommandation et d'honneur pour la mémoire du défunt, puisque la propriété de ses biens était passée par la force de la loi et indépendamment de son vœu, sur la tête de l'héritier légitime, immédiatement après son décès.

Ici s'offre un des plus monstrueux résultats que j'aie rencontrés dans la législation : et ce résultat sortit du conflit qui s'éleva entre le droit romain et le droit coutumier en matière de transmission.

La maxime *le mort saisit le vif* s'appliquait-elle aux testamens ? Rien ne conduisait à cette pensée. L'on entend bien que le parent *mort saisisse* le parent *vif;* leurs rapports sont connus et fixés par la nature aussi bien que par la loi. Mais il ne saurait en être ainsi du testateur à l'étranger. Leurs rapports ne sont ni fixés, ni connus; il y a plus : cette maxime avait été conçue, comme on l'a vu plus haut, dans un autre dessein et en vertu d'un tout autre ordre politique, que celui qui pouvait autoriser la transmission des biens par testament; néanmoins, l'importance du système adopté par les Romains en matière de transmission testamentaire d'une part, de l'autre les embarras qui allaient naître en foule des subtilités au travers desquelles les lois romaines consacraient la propriété des biens du testateur sur la tête de l'héritier testamentaire et qu'il aurait fallu faire revivre, firent adopter généralement, dans les provinces régies par le droit écrit, la maxime *le mort saisit le vif* appliquée aux testamens, Et ce fut à l'aide de cette maxime que l'on vit renaître en France le véritable héritier des Romains, le successeur, le représentant de la personne du défunt, et toutes les suites inséparables de ce système (1).

9. De là ces conséquences bizarres, que dans les pays de coutume où la maxime « *le mort saisit le vif* » recevait son application naturelle, on ne connaissait d'héritiers que ceux de la loi; l'héritier testamentaire ou le légataire universel étant un simple successeur aux biens; et en cela du moins, le droit coutumier était conséquent avec lui-même; tandis que dans les pays de droit écrit, la maxime dont je parle tendait précisément à faire revivre ce que dans le droit coutumier elle

(1) Par la Coutume générale de France, dit Despeisses (t. II, part. 3', sect. 1, n° 3), *le mort saisit le vif,* c'est-à-dire l'héritier est en possession de tous les biens du défunt, sans aucune prise de possession ni feinte, ni actuelle.... Et ainsi a été jugé au parlement de Toulouse contre la loi *cum Hæredes*, 23 *principio*, ff *de Acquir. vel omit. possess.*, et autres semblables qui sont abrogées en France,....... Et cette Coutume a lieu, non-seulement en faveur de l'héritier, *ab intestat,*...... mais aussi de l'*héritier testamentaire*......, *bien qu'il agisse contre le successeur ab intestat,* comme il a été jugé au parlement de Paris, le 4 août 1584....., et par divers autres arrêts.....*, contre l'avis de Tiraqueau.....* Pareillement, elle a lieu bien que l'héritier ne soit institué qu'en une portion de l'hérédité..... ou en certaine chose particulière...... semblablement elle a lieu même en faveur de l'héritier qui n'a pris l'hérédité que par bénéfice d'inventaire ». Papon, L. 21, tit. 6, art. 2 ; Pothier, *des Successions,* chap. 3, sect. 2 ; Argout, *Instit. au Droit français,* liv. 2, chap. 19, etc. ; Serres, *Institutes,* p. 306, attestent *la même jurisprudence.*

avait pour objet de faire cesser, c'est-à-dire, la toute-puissance du testateur, les effets généraux et souverains du testament tels qu'ils sont décrits dans les lois romaines.

Au reste, dans un cas comme dans l'autre, la transmission s'effectuait en vertu de *la saisine*, dès le moment du décès; mais dans les deux cas aussi, l'héritier légitime ou testamentaire était protégé par la maxime, *n'est héritier qui ne veut*.

10. Le Code civil n'est pas expositif d'un système net et précis sur cette matière, comme j'ai déjà eu occasion de le faire remarquer (*sup.*, note, p. 5o); les travaux préparatoires de ce Code, les discussions publiques qui ont eu lieu dans le sein du Conseil d'État, sont loin d'être suffisans; et ce n'est qu'avec les plus grands efforts que l'on parvient à se former quelques idées probables sur l'esprit général, d'après lequel on peut supposer que ses rédacteurs ont voulu asseoir cette branche de la législation nouvelle (V. *suprà*, *ibid*). La jurisprudence n'offre d'ailleurs encore aucun secours réel pour arriver à une exacte connaissance de cet esprit.

Néanmoins, on peut considérer, comme inductions naturelles et certaines de ses dispositions, 1° que la transmission s'opère de plein droit, à l'époque du décès, au profit de l'héritier légitime, en vertu de la saisine (Art. 724); 2° qu'en présence d'un testament contenant une disposition universelle au profit d'un étranger, la saisine ayant son effet sur la tête de cet étranger dès la mort du testateur (Art. 1006), la transmission, comme conséquence de cette saisine, s'opère immédiatement en sa faveur; 3° que, dans le même cas, s'il existe des héritiers à réserve, la saisine s'opère immédiatement, sans doute sur leur tête (Art. 1004); mais cette saisine n'ayant d'autre objet que de garantir les droits de ces héritiers contre les atteintes de la fraude, d'entourer les dispositions du testateur, des preuves les plus irréfragables de leur certitude et de leur sincérité (V. *sup.*, note, p. 54), la transmission s'opérera, même dans ce cas, au profit de l'étranger, immédiatement après la mort du testateur; que peu importe la demande en délivrance à laquelle est tenu le légataire universel, en vertu de l'art. 1004, ou la demande d'envoi en possession à laquelle il est également tenu dans le cas prévu par l'art. 1006, attendu que le but propre de ces articles, n'est pas de dénier au légataire universel ce que j'ai appelé précédemment *la saisine utile*, saisine qui résulte virtuellement des dispositions de la loi et qui entraîne la transmission, mais bien de maintenir dans une entière sécurité, les droits des héritiers, les présomptions de la loi étant en leur faveur (1), et toute sa sollicitude devant dès lors, se porter, avant tout, sur la régularité et la puissance du titre qui les dépouille; que la sanction pénale prévue par l'art. 1005, se borne à une privation de jouissance; qu'enfin, c'est évidemment dans ce sens que doit être entendue, même à l'égard du légataire universel, la disposition précise de l'art. 1014 portant : « Que tout legs pur et simple, donnera au légataire, du jour du décès du testateur, un droit à la chose léguée, droit transmissible à ses héritiers ou ayant-cause. » D'où résulte cette autre conséquence, que chez nous, la transmission du legs s'opère en même temps que celle de la succession, puisque celle-ci, bien qu'elle entraîne à l'égard du légataire universel, toutes les suites de la succession, telles qu'elles avaient lieu sous l'ancien droit, n'a plus que la forme d'un legs (2).

Mais à côté de ces principes sur la transmission, et que je considère comme le résultat de la saisine expresse ou effective, il faut placer la disposition du Code qui remplace l'ancienne maxime, *n'est héritier qui ne veut*, pour en induire que nous ne connaissons pas plus aujourd'hui que sous l'ancien droit, *d'héritier nécessaire* : « Nul n'est tenu d'accepter la succession qui lui est échue, » porte l'art. 775.

On pourra donc conclure de tout ce qui précède, qu'en matière de transmission, nous avons préféré aux subtilités du droit romain, les maximes arbitraires du droit coutumier.

———

ART. 4. — Des Dispositions conditionnelles.

———

## SOMMAIRE.

1. — *Quel temps doit-on considérer pour déterminer la capacité de l'héritier ou du légataire ?*
2. — *Doit-on avoir égard à la capacité de l'héritier institué conditionnellement ou du légataire au même titre,*

———

(1) C'est constamment dans ce sens que la jurisprudence a interprété et développé ces dispositions de la loi.
(2) Mais voyez ma note, *suprà*, p. 50 et suiv.

*à l'époque du décès du testateur ? Examen appro-
fondi de quelques textes relatifs à cette question.*

3. — *Raisons pour l'affirmative.*

4. — *Examen de l'opinion de Pothier et de M. Toullier sur
cette question.*

5. — *L'opinion de Vinnius, Serres, etc., doit être préférée ;
pourquoi.*

6. — *Réfutation de l'opinion de Furgole et de M. Toullier,
qu'on ne saurait, sans déroger au Droit romain,
étendre la disposition de l'art. 49 de l'ordon. de 1735
( aux termes duquel, pour être capable de recevoir
une disposition conditionnelle, il faut exister à la
mort du testateur ), à d'autres cas ; que par conséquent, les autres incapacités civiles de l'institué ou
du légataire conditionnellement, sont indifférentes.*

7. — *Au reste, s'il existait encore des doutes sur cette question, ils sont levés par l'art. 7 de la loi du 30 vent.
an XII , abrogatoire des lois antérieures contraires
au Code civil.*

8. — *Conclusion.*

———

1. *Quid*, des institutions conditionnelles ou des legs conditionnels?

Quels, sont les temps que l'on doit considérer pour déterminer la capacité de l'héritier ou du légataire? Voici ce que porte
la loi 49, § 1er, ff *de Hered. inst.* déjà citée.

Deux temps sont à considérer (pour la capacité de l'héritier);
celui de la confection du testament, pour que l'institution existe;
celui de la mort du testateur pour qu'elle ait son effet. Il faut
en outre que l'héritier ait la capacité à l'époque de l'adition de
l'hérédité, que l'institution soit pure et simple ou qu'elle soit
sous condition. « Et id duobus temporibus inspicitur: testa-
« menti facti, ut constiterit institutio; et mortis testatoris ut
« effectum habeat: hoc amplius et cùm adibit hereditatem, esse
« debet cum eo testamenti factio, SIVE PURÈ SIVE SUB CONDI-
TIONE HERES INSTITUTUS SIT ».

2. La règle catonienne n'étant pas applicable aux institutions
conditionnelles, on pouvait n'avoir aucun égard à la capacité de

l'institué à l'époque du testament; mais en était-il de même de cette capacité à l'époque du décès du testateur? Grave question qui conserve tout son intérêt même dans le droit français et qu'il importe de discuter avec soin.

M. Merlin (Répert., v° *Institution d'héritier*, § 3, n° 1), paraît faire résulter l'affirmative de la loi 59, § 4, ff *de Hered. instit.* ainsi conçue: « Si l'héritier institué était citoyen romain « à l'époque du testament, et qu'il ait été ensuite frappé de l'in- « terdiction de l'eau et du feu, il sera héritier s'il est réhabilité « soit au moment de la mort du testateur, en cas d'institution « pure et simple, soit au moment de l'arrivée de la condition, « en cas d'institution conditionnelle ». — « Si heres institu- « tus scribendi testamenti tempore civis romanus fuit, deindè « ei aqua et igni interdictum est, heres fit, si intra illud tempus « quo testator decessit redierit, aut, si sub conditione heres « institutus est, quo tempore conditio exstitit ». Mais doit-on entendre ce texte en ce sens que la capacité de l'héritier au temps de la mort du testateur ne doive nullement entrer en considéra-tion dans les institutions conditionnelles, et qu'il suffise de sa capacité à une seule époque, celle de l'arrivée de la condition? On va voir qu'il est bien difficile qu'il en soit ainsi:

Et d'abord, la loi 104, ff *de Condit., et Demonst.*, que les auteurs rapprochent ordinairement de la loi 59, § 4, ff *de Hered. instit.*, comme pour en donner le sens, est loin d'exclure la capacité de l'héritier à l'époque de la mort du testateur. Elle s'exprime ainsi: « Celui qui depuis l'ouverture du testament est « déporté, puis réintégré dans ses droits civils, peut demander « le fidéicommis conditionnel, dont la condition est échue après « qu'il a recouvré ses droits civils ». — « Eum qui post aper- « tum testamentum deportatus et restitutus est, fideicom- « missum petere posse, cujus conditio postèa exstitit, quam « civitatem romanam recipiat ». La condition s'est réalisée, suivant ce texte, après que l'institué a eu recouvré ses droits civils, et il est fondé à demander le fidéicommis; mais il n'avait perdu ses droits civils qu'après l'ouverture du testament; il en était donc en possession avant cette ouverture, c'est-à-dire, à l'époque de la mort du testateur. On ne saurait donc raisonna-blement conclure des termes de la loi 59, § 4, ci-dessus rap-portée, que la capacité à l'époque du décès de l'héritier institué conditionnellement ou du légataire honoré au même titre, ne doive être prise en aucune considération. Enfin Justinien s'en explique lui-même d'une manière assez claire, lorsqu'il dit (*Instit.*, lib. 2, tit. 19, § 4), qu'il faut avoir égard à trois temps; il est évident qu'il entend parler de l'institution conditionnelle comme de l'institution pure et simple; *et id duobus temporibus inspicitur: testamenti quidem facti tempore ut constiterit institutio : mortis verò testatoris ut effectum habeat. Hoc amplius et cum adit hereditatem, sive purè, sive sub conditione hæres institutus sit.* Or, le temps de la mort est nécessairement compris dans ces trois temps, car les mots du texte, *quia tria tempora inspici debent*, se réfèrent aux trois temps qu'il vient d'énumérer.

Mais voici des principes plus certains.

Il est de la nature de la condition de suspendre l'acte auquel elle est attachée et le droit qui en résulte; en telle sorte que si elle vient à défaillir, rien ne subsiste de la disposition principale; que si elle se réalise, la condition est censée n'avoir jamais existé et la disposition principale est réputée pure et simple (1). La loi 11, § 1, ff *qui Pot. in pign.* porte en termes formels: *Cùm semel conditio exstitit perindè habetur ac si illo tempore quo stipulatio interposita est, sine conditione facta esset.*

Mais dira-t-on, ce texte ne parle que des stipulations; pourquoi en faire l'application aux legs, lorsqu'il est constant en droit, que les legs sont régis par des principes différens, quant aux conditions?

Je réponds que la différence ne consiste pas dans l'effet propre de la condition, mais bien dans la nature même des droits résultant de la disposition principale. Le créancier qui stipule sous une condition suspensive, a, du moment de la stipulation, un droit acquis, résoluble à la vérité si la condition ne se réalise pas, mais transmissible dans l'état où il se trouve à ses héritiers; car, nous transmettons à nos héritiers, même l'espérance d'être créanciers, *ex conditionali stipulatione tantum spes est debitum ivi, eamque ipsam spem in heredem transmittimus, sipriùsquam conditio extet, mors nobis contigerit.* (*Instit. de Verb. Oblig.*, § 4). Le légataire, au contraire, n'est créancier du legs que du moment où se réalise la condition, parce qu'en général, le legs étant fait en vue de la personne honorée, si elle

(1) L. 8, ff *de Pericul. et Commod. rei vend.* L. 11, § 1, ff *qui Pot. in pignor.*

meurt avant l'accomplissement de la condition, le fondement
du legs, sa cause déterminante échappe, et voilà pourquoi ses
héritiers ne sauraient le recueillir (1).

Or, qu'est-ce que cette distinction a de commun avec les effets
propres et immédiats de la condition, qu'il s'agisse de legs ou de
stipulations ? Si le légataire meurt avant l'échéance de la condition, il ne transmet rien à ses héritiers, parce qu'il n'était pas
encore saisi de son droit (2); si le créancier meurt au contraire,
dans le même cas, il transmet à ses héritiers un droit conditionnellement résoluble, parce qu'il en était saisi. Dans un cas comme
dans l'autre, si la condition ne se réalise pas, rien ne subsiste de
la disposition principale ; mais dans un cas comme dans l'autre,
la disposition principale devient disposition pure et simple, si la
condition se réalise, sauf le cas de décès du créancier ou du légataire avant cet événement, parce qu'alors la différence dans la
nature de leurs droits, amène nécessairement une différence dans
les résultats de ces mêmes droits. Mais les effets immédiats et
propres de la condition seront toujours, sauf l'événement du
décès, les mêmes dans les deux cas; c'est-à-dire, que par sa
réalisation, la condition rétroagira au moment de la disposition
principale pour la rendre pure et simple, comme le fait d'où
résulte qu'elle a failli rétroagira pour la faire considérer comme
non avenue, si elle ne se réalise pas. Veut-on voir des preuves
certaines de cette vérité dans le droit romain ? Je ne m'occuperai
que des legs ou des institutions, la rétroactivité de la condition,
quant aux stipulations, n'étant susceptible d'aucun doute.

Si un pupille est institué sous condition, porte la loi 26 ff *de
Cond. instit.*, il pourra accomplir la condition, même sans l'autorisation du tuteur; il en sera de même du cas où un legs lui
serait fait sous condition; parce que la condition, une fois accom-

(1) Néanmoins, on exceptait certains cas dans le Droit romain, par exemple, si la condition était réputée impossible, contraire aux bonnes mœurs,
etc., ff *Quando dies Legat.*, §§ 3, 4, 5 ; alors le legs était réputé pur et
simple.

(2) L'art. 1040 du Code civil consacre ce principe : « Toute disposition
testamentaire, faite sous une condition dépendante d'un événement in-
certain, et telle que, dans l'intention du testateur, cette disposition ne
doive être exécutée qu'autant que l'événement arrivera ou n'arrivera
pas, sera caduque, si l'héritier institué ou le légataire décède avant l'accomplissement de la condition ».

plie, l'hérédité ou le legs sont considérés comme dispositions pures et simples : Si PUPILLUS *sub conditione heres institutus fuerit, conditioni etiàm sine tutoris auctoritate parere potest. Idemque est et si legatum ei sub conditione relictum fuerit : quia conditione expleta, pro eo est, quasi* PURÈ *ei hereditas vel legatum relictum sit.*

Or, la raison toute seule dit qu'une disposition conditionnelle convertie en disposition pure et simple, commence à exister du moment même où elle a pris le caractère de disposition conditionnelle, attendu qu'elle est toujours restée partie principale par rapport à la condition ; que la condition postérieure qui est survenue, en rétroagissant, a nécessairement perdu toute trace d'existence ; et que c'est de ce moment qu'elle a tout son effet comme disposition pure et simple.

Mais voici un texte précis qui confirme directement cette analyse.

Un pupille, porte la loi 5, ff *de Condit. et demonst.*, peut, sans l'autorisation de son tuteur, accomplir les conditions imposées ; et qu'on ne dise pas qu'il peut arriver quelquefois que par l'accomplissement de la condition, le pupille devienne héritier nécessaire ; car, ce n'est pas l'accomplissement de la condition qui donne ce résultat, mais bien *la puissance du droit. Conditionibus pupillus, et sine tutoris auctoritate parere potest. Nec quem moveri, quod expleta conditione necessarius heres aliquando esse potest : Nam hoc jure potestatis fieri, non conditionis expletæ.* Le pupille devenu héritier ou légataire pur et simple par l'accomplissement de la condition, n'est donc réputé héritier ou légataire qu'en vertu de la disposition principale qui lui confère l'hérédité ou le legs ; *hoc jure potestatis fit*, dit la loi, parce qu'aux termes de la loi 26. ff *de Condit. instit.*, l'accomplissement de la condition le rend héritier pur et simple ; mais il peut user du bénéfice d'abstension, aux termes de la loi 2 au Code, *si minor ab hered.*

Néanmoins, on cite la loi 62, ff *de Hered. instit.*, comme contraire à cette opinion ; quant à moi, elle me paraît la confirmer. Voici ses termes : *in tempus capiendæ hereditatis institui heredem posse benevolentiæ est : veluti ; Lucius Titius cùm capere potuerit heres esto. Idem et in legato.*

Que résulte-t-il de ce texte ? que le testateur peut dispenser l'héritier institué ou le légataire de l'obligation d'être capable au moment de sa mort, pourvu qu'il le soit plus tard, et dans ce cas, l'effet de sa disposition se trouve reculé jusqu'à cette dernière

époque. Mais on remarque la forme de cette décision; elle est
considérée comme exorbitante; si la loi la tolère, c'est par égard,
par respect pour la volonté du testateur, *benevolentiæ est*. Que
suit il de là? Que si cette loi doit être entendue autrement que
ne le pensent quelques interprètes, savoir, qu'elle soit exceptionnelle, applicable seulement aux veufs, aux célibataires et aux autres
dont la loi anéantissait ou restreignait la capacité de recevoir,
comme le témoignent les fragmens d'Ulpien, tit. 13, 15, 16. 17;
du moins, faut-il que la volonté du testateur soit expresse à cet
égard, car elle est irrégulière et contraire aux principes du droit.
*Planè*, dit Voët, *Comment. ad Pandect. de Hered. instit. n° 22,
si incapax non purè instituatur*, SED SUB EXPRESSA CONDITIONE,
*si capere spossit, vel cùm capere poterit, institutio sustinetur;
quamvis probabile sit jurisconsultos in ff L. 62, tantum respexisse
ad cœlibes et orbos et alios similes qui olim aut omnino non,
aut non totum, capere poterant.* Il est donc vrai de dire que cette
loi confirme l'opinion précédente, puisqu'elle en forme évidemment l'exception : *Exceptio firmat regulam in casibus non exceptis.*

3. Si l'on veut donc faire l'application des vrais principes de
la matière, il faut dire que la capacité de l'héritier ou du légataire
conditionnel doit exister non-seulement à l'époque de l'arrivée de
la condition, mais encore à l'époque du décès du testateur; et
cela, non pas uniquement par la raison que donne la loi 14, ff *de
Jure codicill., nullius momenti est legatum, quod datum est ei,
qui tempore codicillorum in rebus humanis non est, licet testamenti
fuerit :* ESSE ENIM DEBET CUI DETUR; mais en outre, parce que
la disposition conditionnelle étant devenue disposition pure et
simple, elle doit comme cette dernière, avoir son effet du jour
de la mort du testateur; or, elle ne saurait avoir cet effet que
dans le cas où l'héritier ou le légataire ont leur capacité civile à
cette époque. Entendue d'après ces idées, la loi 49, § 1, ff *de
Hered. instit.*, exprimera le seul sens raisonnable qu'elle soit
susceptible de présenter. (*V. supra*, p. 59).

4. Pothier exprime-t-il une opinion contraire? Voici ce qu'il
donne de plus explicite sur la question (*Traité. des Donat. test.*
ch. 5, § 2) (1): « Lorsque la condition vient à exister, la propriété
de la chose léguée passe de plein droit, sans aucun fait, ni tradition,

_____

(1) Ce traité de Pothier est posthume.

en la personne du légataire. Cela a lieu, quand l'héritier, avant l'échéance de la condition, aurait aliéné à un tiers la chose léguée ; car, n'ayant de cette chose qu'une propriété, qui devait se résoudre et passer en la personne du légataire par l'existence de la condition, il n'a pu la transférer à celui à qui il a aliéné la chose, que telle qu'il l'avait *cùm nemo plus juris ad alium transferre possit quam ipse haberet.* Il doit rétablir les droits de servitude que l'héritage légué avait sur le sien, et qui se sont éteints par la confusion, pendant qu'il a été propriétaire de l'héritage légué ; *et vice versá*, si l'héritage légué était chargé de quelques droits de servitude envers celui de l'héritier, le légataire les doit rétablir ; car, le légataire doit avoir l'héritage, *eodem jure* que l'avait le testateur lors de sa mort. La propriété de la chose léguée passe, à la vérité, au légataire, sans aucun fait ni tradition, du jour de la mort du testateur, lorsque le legs est pur et simple, ou du jour de l'existence de la condition, lorsqu'il est conditionnel ; mais il n'en acquiert la possession que du jour de la tradition et délivrance qui lui en est faite ». M. Toullier ( t. 5, n° 91 et suiv. ) partage les principes de Pothier : « La condition, dit cet auteur ( n° 93, note ), a donc un effet rétroactif quant à la chose léguée et quant aux tierces personnes, quoiqu'elle ne l'ait pas *quant au droit de la personne du légataire;* et si l'on considère le temps de sa condition dans les legs, c'est uniquement pour voir si elle arrive dans un temps où le légataire puisse en profiter pour acquérir le legs ».

Mais que résulte-t-il de cette doctrine? que Pothier et M. Toullier admettent un effet sans cause. Ils admettent que le droit de propriété de l'héritier qui a aliéné à des tiers, dans l'intervalle du décès du testateur à l'arrivée de la condition, était résoluble ; tout ce qu'il a fait sous ce rapport doit être remis à l'arrivée de la condition, au même et semblable état qu'avant les aliénations; que le légataire est tenu aux mêmes obligations que l'héritier, dans le cas où il devrait rétablir des servitudes existant sur l'héritage légué, « Attendu que le légataire doit avoir l'héritage *eodem jure* que l'avait le testateur lors de sa mort »; et cependant la capacité du légataire ne serait requise, d'après eux, et par suite le droit de propriété ne passerait sur la tête du légataire qu'à l'échéance de la condition. Mais qui réputerez-vous propriétaire, depuis la mort du testateur jusqu'à l'échéance de la condition, puisque vous reconnaissez d'un côté, que les aliénations faites par l'héritier sont nulles, que tout doit être rétabli, tant de sa part que de la part du légataire, au même et semblable état qu'à la mort du testateur, et que, de l'autre, vous n'exigez la capacité du légataire qu'à l'échéance de la condition? Il est évident que jusqu'à cette époque, ni l'héritier ni le légataire ne seront dans la réalité propriétaires ; il y aura donc une époque où, contre les notions les plus élémentaires du droit, les effets de la transmission cesseront, et où la propriété sera en suspens....

5. Mais il faut se hâter d'invoquer les vrais principes, et de dire avec Vinnius (1), Serres (2), et les divers textes que j'ai rapportés, que la condition rétroagissant au décès du testateur, rend la disposition pure et simple ; que dès lors la propriété n'a cessé de résider sur la tête du légataire, ce qui entraîne comme conséquences forcées, la nécessité de sa capacité à l'époque de ce décès, la transmission sur sa tête du droit de propriété, et par suite toutes les résolutions d'aliénations dont il vient d'être parlé.

6. M. Toullier admet bien la distinction posée par Furgole ( *Comment.* , art. 49, ordonnance de 1735), que dans les institutions conditionnelles, si la capacité de l'héritier institué ou du légataire n'est pas nécessaire au moment de la mort du testateur, pourvu qu'elle existe à l'échéance de la condition, il faut du moins que l'héritier ou le légataire soit né ou conçu à la mort du testateur, car il faut, aux termes de la loi 14, ff *de Jure codicill.*, comme on l'a vu, que quelqu'un existe à cette époque pour recevoir l'objet de la libéralité : *Esse enim debet cui detur;* et de même que Furgole qui fondait cette exception unique sur l'art. 49 de l'ordonnance de 1735, pensait qu'on ne pourrait, sans déroger au droit romain, étendre cette exception à d'autres cas ; que, par conséquent, toutes les autres incapacités du légataire à l'époque du décès sont indifférentes, M. Toullier pense aussi ( *Ibid.*, n° 92) que l'art. 906 du Code civil ne distinguant pas entre les institutions pures et simples et les institutions conditionnelles, il y a lieu à prononcer, comme sous l'ordonnance, et à adopter l'opinion de Furgole.

Mais on vient de voir comment l'opinion de Furgole peut être justement réfutée. J'ajoute que cette distinction dont le résultat

(1) *Comment. instit.* , lib. 2, tit. 19, *de Hered. qualit. et diff.*, § 4.
(2) P. 307.

serait de faire admettre qu'il suffit que la personne honorée d'une institution ou d'un legs conditionnel, existe ou soit seulement conçue à l'époque du décès du testateur, indépendamment des capacités que la loi exige pour recevoir valablement à cette époque, est arbitraire, contraire au droit civil, aussi bien qu'aux règles du raisonnement. Le droit civil ne connaît pas l'être naturel; il ne connaît que la personne civile, voilà le principe; et ce n'est que par des exceptions écrites dans la loi elle-même que l'on peut régulièrement s'en écarter. Il faudrait donc trouver dans la loi, qu'il suffira à l'individu honoré d'une disposition conditionnelle d'être né ou conçu à l'époque du décès du testateur, indépendamment de toute autre incapacité civile à cette époque, pour la recueillir, s'il est d'ailleurs capable à l'échéance de la condition; or, c'est ce qui ne se trouve ni dans le droit romain, ni dans l'ordonnance de 1735, ni dans le Code civil, parce qu'un tel renversement de principes ne saurait se trouver nulle part. Enfin, ce qui prouve que l'ordonnance n'avait pas pour but de poser une exception dans ce sens, c'est la manière dont Furgole lui-même interprète son article 40. « L'ordonnance ne déroge pas au droit romain, dit cet auteur, elle ne fait que décider une grande difficulté diversement traitée et décidée par les interprètes, si les personnes à naître pouvaient être instituées; et elle confirme l'opinion de ceux qui tenaient la négative, à moins que l'héritier ne soit né ou conçu lors de la mort du testateur; en quoi le législateur a pris un juste milieu entre les deux opinions, sur ce fondement que l'institution d'une personne non encore née ni conçue, renferme cette condition tacite, *si elle vient à naître*; auquel cas, même selon le droit romain, la capacité au temps du testament n'est pas considérée comme nous l'avons prouvé. » L'ordonnance n'avait donc pas pour but les incapacités de la personne honorée à l'époque du décès du testateur; et si elle décide que les personnes à naître peuvent être instituées lorsqu'elles sont nées ou conçues à l'époque de la mort du testateur, c'est incontestablement avec la condition expresse, et qui dérive du droit commun, que ces personnes ne seront d'ailleurs frappées d'aucune incapacité de recueillir à cette même époque.

M. Merlin ne prend pas parti dans la question. Cependant il n'est pas difficile d'entrevoir qu'il donne la préférence aux principes généraux. Après avoir rapporté (1) les termes de l'art. 906

(1) Répert. de Jurisp., v° *Institution d'héritier*, sect. 5, n° 5.

du Code civil ainsi conçus : « ..... Pour être capable de recevoir par testament, il suffit d'être conçu à l'époque du décès du testateur ; » il ajoute : « et comme il est évident que de cette disposition l'on ne peut pas inférer que tous ceux qui sont conçus à l'époque du décès du testateur, sont par cela seul habiles à recevoir par testament, il est évident aussi que tout ce que l'on peut en conclure avec certitude, c'est que, pour déterminer l'incapacité qui résulte de l'inexistence de l'institué ou du légataire, ce n'est pas à l'époque où le testateur a fait son testament, mais seulement à celle où il est décédé, que l'on doit avoir égard. L'art. 906 du Code civil n'en dit donc pas davantage que l'art. 49 de l'ordonnance de 1735; il ne fait donc, comme celui-ci, que décider qu'on peut instituer un enfant à naître, et que son institution est valable, s'il est conçu au moment du décès du testateur. Or, on a vu plus haut, que l'art 49 de l'ordonnance de 1735 ne dérogeait pas aux dispositions des lois romaines concernant les diverses époques où indépendamment de l'existence de l'héritier institué, *la capacité était requise dans sa personne ;* il semble donc qu'il en doive être de même de l'art. 906 du Code civil (1). »

＿ 7. Au reste, s'il était vrai que les lois romaines offrissent quelques doutes encore à cet égard, ce qui me paraît inadmissible d'après les développemens dans lesquels je suis entré pour exposer leur véritable sens, je n'hésite pas à penser avec M. Merlin, que ces doutes n'aient disparu par le fait de l'abrogation des lois romaines, en ce qu'elles avaient de contraire au Code civil, du jour de la promulgation du titre des testamens, aux termes de la loi du 30 ventôse an XII (Art. 7). On peut donc abandonner aujourd'hui telle mauvaise jurisprudence qui aurait pu naître de ces doutes ou même des fausses interprétations de ces lois, pour s'attacher aux véritables principes, soit qu'ils résultent d'interprétations nouvelles, supérieures aux précédentes, soit que l'esprit général du Code civil suggère d'autres doctrines; d'où il faut conclure que, sauf le cas prévu par la loi 62, ff *de Hered. instit.* fondé sur une véritable exception, et qui ne saurait recevoir d'application parmi nous, c'est-à-dire, le cas où le testateur institue un héritier ou nomme un légataire, avec la clause formelle qu'il sera capable au temps de la condition, ce qui paraît entraîner la dispense de la capacité au temps de la mort; dans tout

(1) V: aussi Répert. , v° *Effet rétroactif,* sect. 3, §5, n° 6.

autre cas, l'institution conditionnelle, le legs conditionnel ne
recevra son effet, que tout autant que l'héritier ou le légataire
auront leur capacité à la fois, au temps de la mort du testateur,
et à l'arrivée de la condition.

8. A l'aide de ces rectifications sur la nature et les effets de la
condition attachée aux dispositions testamentaires, il faudra
dire que ces dispositions, bien qu'insérées dans un testament
antérieur au Code civil, mais dont l'auteur sera décédé sous son
empire, devront, quels que fussent les doutes, les incertitudes
de l'ancienne jurisprudence, ou même alors qu'elle serait positivement contraire aux principes développés plus haut, être appréciées d'après les dispositions du Code civil expliquées et interprétées comme il vient d'être dit.

Art. 5. — De la disponibilité, et des objets auxquels peut régulièrement
s'appliquer le testament.

## SOMMAIRE.

8.

5. — *Disponibilité absolue. Principe.*

6. — *Application au cas où la loi du temps du décès fait rentrer dans la disponibilité générale, des objets qui en avaient été retirés par la loi précédente.*

7. — *Applications au cas contraire, où des objets disponibles au temps du testament, ne le sont plus au décès du testateur.*

8. — *Disponibilité relative. Application du principe ci-dessus à la réserve légale.*

9. — *Causes générales de la confusion qui régnait autrefois sur la nature et les effets de la légitime.*

10. — *Première question. L'héritier donataire renonçant peut-il retenir tout à la fois sa réserve et la portion disponible? La jurisprudence des Cours souveraines, même celle de la Cour de cassation, ne sont encore flottantes sur cette question, que parce que se reportant sur les anciennes controverses auxquelles donnait lieu la légitime, on a perdu de vue le système simple du Code civil sur la réserve légale.*

11. — *La question de rétroactivité applicable à l'hypothèse précédente se résout par les principes déjà posés. Ce sera le Code civil qui déterminera la nature et les effets de la réserve légale, alors qu'un testament antérieur, dont l'auteur serait mort sous le Code civil, aurait pris pour règle de ses dispositions, la loi en vigueur au temps de sa disposition.*

12. — *Seconde question. L'héritier donataire par préciput de la portion disponible, peut-il contraindre ses co-héritiers à rapporter fictivement ce qui leur a été donné par avancement d'hoirie? Les Cours souveraines, long-temps incertaines sur cette question, paraissent aujourd'hui fixées sur la nécessité du rapport. C'est reconnaître et consacrer les dispositions réelles du Code civil.*

13. — *La question de rétroactivité se résout par les mêmes principes que celle qui précède.*

14. — *Envisagé sous le rapport de l'interprétation des volontés du défunt et de sa disponibilité, soit à l'époque de la disposition, soit à l'époque de la mort, le testament est soumis à des règles particulières. Développemens.*

15. — *Application du principe précédemment posé, que si c'est la loi existant au temps du testament qui le régit, quant à la capacité du testateur et aux formes substantielles du testament, c'est la loi du temps du décès seule qui en régit les effets, qui régit par conséquent la disponibilité.*

16 — *Conséquences de ce principe.*

———

1. Une conséquence importante des principes que j'ai développés (*sup.*, p. 65, n° 6), est que la disponibilité, le mode, les quotités d'après lesquelles elle s'exerce, les dispositions intérieures du testament, etc., étant soumises, comme simples effets du testament, à la loi du temps du décès, le testament au contraire, la capacité du testateur, dépendant uniquement de la loi existant à l'époque de sa confection, la loi postérieure pourra bien annuler les effets d'un testament antérieur dans lequel auront été observées d'autres règles ou modes de disponibilité, d'autres quotités que celles qu'elle prescrit, attendu, comme je l'ai déjà dit, que les effets du testament tombent naturellement dans son domaine; mais sa puissance régulière ne saurait aller plus loin; le testament lui-même, comme œuvre légale d'un citoyen ayant capacité pour le faire, subsiste toujours à l'abri de la loi qui l'a vu se former, pour conserver tous ceux de ses effets que la loi nouvelle ne lui enlève pas; et ce ne serait que par un véritable écart législatif puisé soit dans des motifs supérieurs de l'ordre politique devant lesquels fléchissent sans doute les intérêts privés, soit dans d'autres considérations, que la loi nouvelle emporterait l'effet rétroactif et exorbitant d'annuler dans toutes ses parties une disposition testamentaire antérieure, universelle, régulière, aux termes de l'ancienne loi, parce que le testateur aurait employé un mode de disponibilité réprouvé par la loi nouvelle.

2. Conformément à ces principes il faut dire : 1° que les lois des 5 brum., 17 niv., 22 vent., 9 fruct. an II, et 18 pluv. an V,

desquelles il résulte, que les dispositions testamentaires universelles excédant la quotité disponible, dont les auteurs auront
survécu à la loi du 22 vent. an II, sans avoir refait de nouvelles
dispositions circonscrites dans les termes du droit nouveau,
*seront nulles pour le tout* (1), tandis qu'elles laissent subsister le
testament qui les contient, qu'elles lui laissent même le singulier
effet d'épuiser la quotité disponible, et d'absorber, selon les cas,
la totalité de la succession, par des legs particuliers (2), renferment tout à la fois, une rétroactivité, et une inconséquence;
une *rétroactivité*, en ce qu'elles annulent pour le tout des dispositions universelles qui coexistant nécessairement avec le testament, comme son mode spécial de disponibilité, à l'époque où
il a été fait, ne peuvent guère avoir d'autres chances d'existence
et de durée que la sienne, et doivent même, pour la plupart des
cas, l'entraîner dans leur anéantissement (3), tandis qu'elles auraient pu subsister en les réduisant aux quotités déterminées par
la loi nouvelle; une *inconséquence*, en ce que la disponibilité
restant toujours la même, néanmoins, selon que la disposition
excédant la quotité disponible se trouvera universelle ou manifestée par des legs particuliers, elle sera annulée pour le tout
ou maintenue. 2° Que la loi du 4 germ. an VIII, tout en éten-
dant le cercle de la disponibilité, lorsque le testateur a employé
le mode des legs particuliers, a maintenu cependant, par les
motifs des lois précédentes, la même irrégularité législative,
quant aux dispositions universelles; puisque, même sous l'empire
de cette loi, il a été jugé que de telles dispositions excédant
la quotité disponible, étaient nulles pour le tout (4). 3° Enfin,
que l'art. 920 du Code civil a pour la première fois fait rentrer
la législation dans ses voies naturelles, en décidant : « que les
« dispositions, soit entre vifs, soit à cause de mort, qui ex-

---

(1) Le motif de cette bizarre disposition est évidemment emprunté de la
loi politique. « Le but des lois de l'an II, dit un arrêt de la Cour d'appel
de Colmar, du 5 avril 1808, était d'établir l'égalité des partages; et
c'était pour y parvenir qu'elles ont prononcé la nullité des dispositions à
cause de mort, à titre universel.

(2) V. le rapport de M. Tronchet à la Cour de cassation, le........,
an IX ( Chabot de l'Allier, *Question transitoire*, t. II, p. 476 ).

(3) Tel serait, par exemple, le cas où le testament ne renfermerait
qu'une institution universelle, pure et simple.

(4) Arrêts de la Cour de cassat., du 18 janv. 1808 ( aff. Rayet ), et du
26 juin 1809 ( aff. Lamothe-Disant ).

« céderont la quotité disponible, *seront réductibles à cette quo-*
« *tité* lors de l'ouverture de la succession ».

3. Mais aussi, il suit des mêmes principes que non-seulement
les institutions universelles faites sous l'ancien droit qui les autorisait, ont conservé toute leur efficacité, lorsque leur auteur
est décédé sous le Code civil qui les autorise également, néanmoins jusqu'à concurrence seulement de la quotité déterminée
par ce Code, quelles que fussent les prohibitions de ce mode
de disposer, prononcées par les lois intermédiaires; et c'est
ce qu'ont jugé notamment la Cour de cass. le 23 nov. 1809
(aff. Rumpler), et la Cour d'appel de Grenoble le 6 juill. 1811
(aff. Thibaudon); mais encore, que de pareilles institutions faites
sous l'empire des lois de l'an II, alors que leur auteur est
décédé sous le Code civil, sont simplement réductibles aux
termes de ce Code, et c'est ce qu'a jugé la Cour d'appel de
Turin le 7 prair. an 13 (aff. Diemoz). J'en donne la raison
(*infrà*, p. 122 et suiv.).

Enfin, que ce n'est pas faire rétroagir le Code civil que de
réunir fictivement à la masse des biens laissés par un individu
décédé sous son empire, des biens donnés antérieurement à sa
promulgation pour opérer la réduction, dans les limites de ce
Code, d'un legs universel par lui fait à ce donataire. Cour de
cass. 26 juill. 1813 (aff. Anest).

4. Mais pour embrasser sous un point de vue général la matière
même ou l'objet propre et intérieur du testament, il faut dire
que cet objet peut être affecté de trois manières différentes :

1° Sous le rapport de la disponibilité absolue, en tant que la
loi générale a laissé ou replacé dans le commerce ou en a soustrait, pour des raisons d'ordre et de bien public, certains objets,
sur lesquels dès lors s'exerce ou cesse de s'exercer la disponibilité testamentaire.

2° Sous le rapport de la disponibilité relative, en tant que la
loi nouvelle la caractérise d'après de nouveaux principes ou dans
d'autres vues et pour d'autres effets que ceux que détermine la
loi précédente.

3° Sous le rapport de l'interprétation et de l'application régulière des dispositions testamentaires.

5. Et d'abord, la disponibilité des objets auxquels peut s'appliquer l'idée de la propriété est essentiellement dépendante de
la loi générale. Ce ne sont que les faits particuliers, consommés

sous les auspices de la loi actuellement en vigueur, et d'après les conditions qu'elle prescrit, qui peuvent fonder des droits acquis, contre lesquels soit impuissante la loi postérieure (*suprà passim*); et il importe peu que la loi générale affecte la disponibilité des choses dans les mains du père de famille, de manière à en altérer ou à en changer la qualité morale et primitive, ou seulement à en déterminer les conditions physiques, autrement que ne les déterminait la loi précédente. Dans l'un et dans l'autre cas, ces effets généraux sont restés en sa puissance; et quelque contraires que soient les déterminations de la loi nouvelle à celle de la loi précédente, elle n'a pas rétroagi.

6. Ainsi, les dispositions testamentaires faites sous l'empire de l'ancien droit, alors que leur auteur est décédé depuis, et qui auraient pour base essentielle les anciennes distinctions féodales, soit quant aux personnes, soit quant aux biens, les réserves coutumières, les distinctions résultant de la nature ou de l'origine des biens, les droits de champart, les dîmes, etc., seraient inévitablement soumises pour leur exécution, aux dispositions de la loi en vigueur à l'époque du décès du testateur, par exemple, selon l'époque de ce décès, les lois intermédiaires ou le Code civil, qui ont également fait rentrer sous l'empire du droit commun les biens et les personnes.

Ainsi les dispositions testamentaires antérieures à la loi du 14 vent. an VII sur les domaines engagés, par exemple, et ayant reçu date certaine sous l'empire de la législation précédente, qui révoquait les aliénations antérieures faites par le domaine, à titre d'engagement ou d'échange, dans les conditions qu'elle déterminait, seraient, si leur auteur était décédé depuis, exécutées conformément à cette loi; c'est-à-dire, qu'en remplissant le vœu exprimé par son article 14, aux termes duquel, « ceux qui auront fait, dans le mois, la déclaration prescrite par l'art. 13, pourront, en faisant devant l'administration des domaines la soumission de payer en numéraire métallique le quart de la valeur des biens par eux détenus, ou dans lesquels ils seront réintégrés, être reconnus propriétaires incommutables desdits biens;» ils auront valablement disposé de ces biens par leur testament, conformément à la loi nouvelle, et sans rétroactivité, attendu que cette loi n'a fait que déterminer les conditions spéciales, à l'aide desquelles certains biens dont la qualité n'était que précaire dans les mains des détenteurs, seraient définitivement rendus

aux transactions civiles ; et j'ajoute qu'il en serait encore de même
dans le cas où le testateur, mort dans le délai utile pour faire les
déclarations et soumissions prescrites par les articles 13 et 14 de
cette loi, ce seraient les héritiers qui auraient rempli cette formalité. Car, la loi ayant conféré au père de famille la pleine
propriété du quart des biens détenus, en remplissant les conditions prescrites ; et la condition, d'après les principes que j'ai
précédemment développés (*suprà*, p. 108), remontant à la disposition qui la renferme pour la ramener à l'état de disposition
pure et simple, il est évident que le père de famille a été saisi
définitivement de la propriété du quart de ces biens, du jour de
la promulgation de la loi ; et que cette propriété a dû, dès lors,
être comprise, comme valeur active, dans sa succession au moment de sa mort ; que par conséquent elle a pu, dès ce moment,
devenir l'objet de ses dispositions à titre gratuit.

Le même raisonnement s'appliquera à la loi du 12 mars 1820
(sur la même matière), dont l'art. 9 prononce, « qu'à l'expiration
de trente années, à compter, de la publication de la loi du 14 vent.
an VII, les domaines provenant de l'État, cédés à titre d'engagement ou d'échange, antérieurement à la loi du 1er déc. 1790,
autres que ceux pour lesquels auraient été faites ou seraient faites
jusqu'à l'expiration desdites trente années, les significations et
réserves réglées aux articles ci-dessus 7 et 8, sont déclarés propriétés incommutables entre les mains des possesseurs actuels,
sans distinction de ceux qui se seraient conformés ou non aux
dispositions des lois des 14 vent. an VII (4 mars 1799), 18 pluv.
an XII (2 fév. 1804), 28 avril 1816 et 15 mai 1818. » La qualité
d'*incommutables* attribuée par cette loi aux propriétés dont il
s'agit, n'est que le mode à l'aide duquel elle délie ces propriétés
de leurs entraves primitives, les rend au commerce, et proclame
ainsi, sans rétroagir, la régularité des dispositions du père de
famille à leur égard.

7. Mais, d'un autre côté, des biens placés actuellement dans la
disponibilité des individus, pourront en sortir plus tard, par un
effet de la loi générale, soit que son motif appartienne à l'ordre
politique, soit qu'il s'appuie simplement sur une cause d'utilité
publique ; et les dispositions testamentaires seront nécessairement
soumises aux effets de la dernière loi. Ainsi, les lois des 26 juil.
1790, dont l'art. 1er porte : « Que le régime féodal et la justice
seigneuriale étant abolis, nul ne pourra dorénavant, à l'un ou

l'autre de ces deux titres, prétendre aucun droit de propriété ni
de voirie, sur les chemins publics, rues et places de villages,
bourgs ou villes. » Celle du 10 juin 1793, qui déclare en principe ( Art. 1, sect. 4 ) : « Que les terres vaines et vagues, les
hermes, montagnes, marais, marécages et autres terrains non
productifs, appartiennent de leur nature à la généralité des habitans ou membres des communes ou section de commune, dans le
territoire desquels ces terrains sont situés. » Celle du 17 juil. 1819,
relative aux délimitations du terrain militaire, à faire pour les
places de guerre ; en un mot, les dispositions de l'art. 545 du
Code civil dans ses applications diverses, feront nécessairement
subir aux dispositions testamentaires respectivement antérieures
à ces lois, alors que leur auteur sera décédé sous leur empire,
les modifications qu'elles apportent à la disponibilité absolue des
objets qu'elles ont en vue.

8. Sous le rapport de la disponibilité relative. Indépendamment des développemens que j'ai donnés (t. 1, p. 348
et suiv.) en ce qui concerne les quotités, et qui doivent être
renfermés dans leur objet, il faut dire que si la loi nouvelle
caractérise d'après d'autres principes et pour d'autres effets que
ceux que déterminait la loi précédente, les réserves légales en
faveur de certains successibles, et par suite la disponibilité elle-
même, elle dérogera évidemment à cette loi, et sans rétroactivité,
non-seulement à l'égard des dispositions testamentaires ayant
reçu une date certaine sous l'empire de l'ancienne loi, mais encore à l'égard des institutions contractuelles ou donations irrévocables consommées sous cette même loi.

9. Par exemple, les plus graves incertitudes régnaient autrefois
sur la nature de la légitime. Était-elle *quota hœreditatis*, était-elle
*quota bonorum ?* On rapportait divers textes du droit romain qui
paraissent exprimer également l'affirmative et la négative ; les coutumes renfermaient des dispositions diamétralement contraires
sur ce point ; et les auteurs argumentaient avec une égale vigueur
dans les deux sens. Le légitimaire avait-il la *saisine* de la légitime ?
Même obscurité, mêmes doutes, mêmes efforts de raisonnement,
sans qu'on parvînt jamais à satisfaire la raison. Le président
Faber le nie formellement : *Possessio illa consuetudinaria sive
edictalis, dicenda est, quœ à defuncto in legitimum successorem
ipso jure translata intelligitur, in filium* NIHIL NISI PETENDÆ LE-

GITIMÆ JUS *habentem* MINIMÈ TRANSFERTUR (1). M. Merlin dont l'autorité est assurément d'un grand poids sur cette matière, avait partagé long-temps l'opinion de Faber; mais il a fini par restreindre son sentiment à la possession; il y avait donc saisine, selon lui, quant à la propriété (2).

De là, et comme conséquence de toutes ces obscurités, les doutes qui s'élevaient sur les questions de savoir : s'il fallait être héritier pour réclamer la légitime; par quelle action on pouvait la réclamer ou former la demande en supplément; si l'héritier renonçant ne pouvait pas du moins la retenir par voie d'exception, etc.; et selon que l'on vivait dans les pays de droit écrit ou dans les pays de coutume, on voyait le même principe respecté ou méconnu, sans savoir de quel côté était l'erreur ou la vérité. Cette incohérence de principes, cette fluctuation d'opinions, était une vraie calamité publique. Il est des matières qui sont essentiellement du domaine de la loi; et je mets au premier rang, sans doute, toutes celles sur lesquelles l'esprit humain s'exerce en pure perte pour l'état social, c'est-à-dire, celles dans lesquelles les notions vraies sont obscurcies en raison des efforts que l'on fait pour les éclairer. Il est du devoir de la loi, dans ce cas, de faire cesser des contentions oiseuses ou funestes, en ralliant à son précepte, expression claire de ce que dicte au commun des hommes le sens intime, la justice universelle plutôt que la science du raisonnement, toutes les volontés, tous les intérêts, toutes les opinions. Telle a été évidemment la mission du Code civil, quelque imparfaites que soient parfois ses formes de rédaction sur une matière qui recevant de lui une régénération complète, devait faire taire, par la netteté et la précision de son langage, toutes les anciennes controverses.

10. 1º L'héritier donataire renonçant, peut-il retenir tout à la fois sa réserve et la portion disponible? Le siége de la difficulté est dans l'interprétation exacte de l'art. 845 dont voici les termes : « L'héritier qui renonce à la succession, peut cependant retenir le don entrevifs, ou réclamer le legs à lui fait, jusqu'à concurrence de la portion disponible. »

Peu de questions, depuis la promulgation du Code civil, ont été le sujet d'autant de controverses, d'une aussi constante diversité de jurisprudence; et il est permis de douter que, même aujour-

(1) *Cod. de inoff. Testam. definit.* 4.
(2) Répert., vº *Légitime*, p. 10 ( note ).

d'hui, l'on soit plus près de la vérité, qu'à l'époque où parut le Code civil; peut-être la raison en est-elle, que se préoccupant de nouveau des anciennes subtilités dont était hérissée cette matière, on a complétement perdu de vue la simplicité du Code.

Mon but n'est pas de m'appesantir sur cette question, pressé que je suis d'arriver à mon objet propre, la rétroactivité. Je me contenterai de dire que le véritable sens des dispositions du Code civil sur cette matière, méthodiquement exprimé par l'arrêt de la Cour de cassation du 18 fév. 1818 (aff. Laroque de Mons (1), est, que la succession du défunt se divise en deux parts, l'une destinée à la portion disponible, l'autre aux réserves; que la loi, dans son système général envisage d'abord les dispositions à titre gratuit du père de famille, comme consécration formelle et directe du droit de propriété dans sa personne; ensuite la portion disponible (V. sup., t. 1, p.356 et suiv. les fondemens que je donne à ce nouveau système). Mais j'ajoute, que la portion indisponible étant déférée par la loi collectivement aux héritiers, à titre de succession diminuée, ainsi que je l'ai établi au même endroit, il faut être héritier pour prétendre à la réserve; que si l'on a renoncé volontairement à la succession, on ne saurait y prétendre, attendu que l'héritier qui renonce, est censé n'avoir jamais été héritier (Art. 785); que, s'il reçoit encore quelque chose de la succession, il ne le tient plus que de la loi; que l'art. 845 ne se présente dès lors que comme une exception à la règle générale; que cette exception doit être judicieusement interprétée et renfermée dans ses vraies limites, et comme disent les docteurs, *terminis habilibus positis*, c'est-à-dire, coordonnée avec les diverses dispositions du Code civil relatives aux effets de la qualité d'héritier, et à l'étendue de la disponibilité du père de famille; qu'entendue dans ce sens, elle signifie que l'héritier renonçant à la succession peut néanmoins retenir toute la portion disponible, lorsque telle est la position des faits, savoir, lorsque l'auteur commun n'ayant pas disposé expressément au profit de tout autre, par préciput et hors part, on peut induire de la donation ou du legs fait au successible, une volonté équipollente à cette disposition expresse; alors, la loi s'empare de cette présomption, comme d'une base certaine, sur laquelle elle fonde sa disposition en faveur du renonçant. Mais cette disposition est tout entière,

_____

(1) Sirey, t. XVIII, 1, p. 98.

comme on le voit, dans la loi; elle n'est nullement dans la volonté du père de famille. Le renonçant est donc étranger à la succession. Cette attribution extraordinaire de la portion disponible, attribution dont l'étranger proprement dit est incapable, parce que la loi ne saurait favoriser l'étranger, n'a pas eu pour but de faire rentrer l'enfant renonçant dans la succession; elle est restée pure disposition légale, appuyée sur l'acte de libéralité du défunt, laquelle n'excède pas toutefois les limites de sa disponibilité; et c'est uniquement à cela que se bornent ses effets. Le rapprochement et l'analyse exacte des art. 917, 1014, 1009 et 1011, confirment pleinement cette interprétation qui est tout le système de la loi.

Ce n'est donc qu'en se reportant sur le caractère vague de l'ancienne légitime (1), sur les incertitudes dont abondait cette ma-

(1) Quel était le principe, la qualité de la légitime? Ceux qui, perdant de vue l'idée fondamentale de la légitime, *la succession*, adoptaient les principes de certains pays de coutume et les fausses interprétations de quelques lois romaines (L. 6, *Cod. de inoff. Testam.*; L. 5, *Cod. de inoff. Donat.; Novelle* 18, cap. 1), obtenaient un effet sans cause. La légitime était, d'après eux, une dette personnelle à l'enfant, une espèce de pension alimentaire; elle n'avait proprement aucun rapport avec la disponibilité des parens, car cette disponibilité n'était point limitée dans leurs mains. Mais la légitime ne pouvait être, ni anéantie, ni grevée par eux, même par des dispositions à titre onéreux. Le légitimaire n'était point tenu de se porter héritier pour la demander; il n'en était point saisi comme de la succession; et, comme conséquence dernière de toutes ces bizarres conséquences, la légitime de l'enfant renonçant ne rentrait pas dans la succession pour accroître à ses cohéritiers; elle était dévolue au donataire universel. Mais quel était donc le principe de cette légitime, être fantastique qui échappait à toute définition? La source de toutes les légitimes, le père de famille, n'y était pour rien. C'était la loi seule; et en effet, quelques docteurs subtils repoussant toutes les analogies tirées des lois romaines sur lesquelles on voulait fonder l'action du légitimaire, avaient imaginé de la faire dériver directement de la loi, *conditio ex lege*. Mais régulièrement parlant, la disposition de la loi n'est jamais indépendante d'une raison, et cette raison est toujours la meilleure puisque c'est celle qui soutient la disposition. Or, où la trouver? L'enfant renonçant à la succession de son père a rompu volontairement les liens qui l'unissaient à lui; il a affranchi par-là sa succession des obligations qui prenaient leur source sans doute dans les devoirs sacrés de la nature, mais que j'ai démontré (*suprà*, t. 1, p. 364) ne fonder réellement des droits acquis à l'enfant qu'à la mort du père ou de la mère; or, par sa renonciation, la succession était devenue le patrimoine exclusif de ses cohéritiers. Comment admettre dès lors que la loi s'appuie d'une base fausse, réprouvée par la justice aussi bien que par la raison, pour attribuer à l'héritier renonçant une portion de la succession qu'il avait répudiée? Cette

tière; ce n'est qu'en perdant de vue le véritable caractère de la
réserve légale, d'après le Code civil, que quelques cours royales
ont pu adopter le système que l'héritier renonçant pouvait retenir tout à la fois et la réserve et le don, jusqu'à concurrence
de la quotité disponible (1).

L'arrêt de la Cour de cassation cité plus haut, remarquable
surtout en ce qu'il trace avec autant de netteté que de justesse
les différences réelles qui existent entre l'ancienne légitime et
la réserve légale, et par-là même tout le système du Code civil
sur cette matière, paraissait enfin avoir fixé toutes les incertitudes, lorsque de nouveaux doutes se sont élevés sur le sens réel
de l'art. 845; et les Cours royales de Grenoble (2), de Montpellier (3) et d'Agen (4) ont présenté une nouvelle interprétation qui
a entraîné la Cour de cassation elle-même (5). Le résultat de
cette interprétation serait d'imputer le don par avancement
d'hoirie fait à l'héritier renonçant, d'abord sur la réserve légale,
subsidiairement ensuite et jusqu'à due concurrence sur la portion disponible; l'un des principaux argumens de la Cour royale
de Montpellier est « que le législateur a prévu dans cet art. (845)
le cas où, sans faire aucune disposition par préciput, le père
de famille aurait fait à l'un de ses enfans un don ou un legs
supérieur à sa portion successive; et il a voulu que cet enfant,
en renonçant à la succession pour ne pas rapporter la libéralité
qui lui aurait été faite, pût retenir cette libéralité, sans toutefois qu'elle pût entamer la réserve légale; mais qu'il n'a parlé,
dans cet objet, de la portion disponible que pour indiquer

libéralité de la loi était donc, il faut le dire, dépourvue de cause. De plus,
il n'est, ni dans le caractère, ni dans la mission de la loi, comme je l'ai
dit (*suprà*, p. 56, note *in fine*), d'attribuer de sa seule autorité, une
libéralité; et c'est en cela que ressort toute la supériorité du système
adopté par le Code civil. V. *infrà*, sect. 6.

(1) V. entre autres, arrêts de la Cour royale de Toulouse, du 7 août 1820
( aff. Chamayou); Sirey, t. XX, 2, p. 296, des 17 août 1821 ( aff. Rives), et
16 juil. 1829 ( aff. Sicard); Paris, 31 juil. 1821 ( aff. Delamare).

(2) Arrêt du 22 janv. 1827 ( aff. Champeau); Sirey, t. XXVII, 2, p. 94.

(3) Arrêt du 17 janv. 1828 (aff. Mourgues); Sirey, t. XXVIII, 2, p. 117.
V. aussi arrêt de la Cour royale de Corse, du 24 juillet 1827; Sirey,
t. XXVIII, 2, p. 51.

(4) 21 août 1826(Sirey, t. XXIX, 2, p. 44) de la même Cour, 6 juin 1829;
Sirey, t. XXIX, 2, p. 312 ).

(5) Arr. du 11 août 1829, Sirey, t. XXIX, 1, 297.

la mesure dans laquelle la rétention devait être faite, et non pour attribuer au donataire ou légataire la portion disponible elle-même, si ce n'est pour le fait de cette portion correspondante à l'excédant de la libéralité sur la portion successive ».

Mais peut-on répondre à cette Cour, d'où faites-vous résulter cette volonté précise du législateur, qu'il n'aurait parlé dans cet article de la portion disponible, que pour indiquer la mesure dans laquelle la rétention devait être faite, et non pour attribuer au donataire ou légataire la portion disponible elle-même, si ce n'est pour le fait de cette portion correspondante à l'excédant de la libéralité sur la portion successive ? Pourquoi, lorsque les mots sont clairs, leur prêter un sens qu'ils ne peuvent recevoir que par des efforts de raisonnement ? *A verbis, hoc est, à propria verborum significatione, sine legitima causâ non est recedendum*, L. 1, § 20, ff *de Exercit. act.* Or, ici les mots sont clairs; « l'héritier qui renonce à la succession peut cependant retenir le don entre vif ou réclamer le legs à lui fait, jusqu'à concurrence de la portion disponible ». Il peut donc retenir toute la portion disponible, et je n'ai nullement besoin d'établir des distinctions entre les élémens divers dont peut se trouver composée la portion disponible à son égard, et sur laquelle peuvent se faire des imputations, car c'est là une œuvre de pure imagination des interprètes, et non le résultat nécessaire de la volonté de la loi. D'une part, l'héritier donataire a pu recevoir, sans le secours d'aucune distinction, tout ce qui pouvait être attribué à un étranger; d'autre part, la disposition de la loi ne doit être prise que dans ses termes propres et d'après son véritable esprit. Or, sur quoi se fonde cette disposition? Évidemment sur la présomption, que le père pouvant disposer au profit de l'un de ses enfans, de toute la portion dont il pouvait disposer au profit d'un étranger, s'il est mort en laissant entre les mains de cet enfant l'objet de sa donation ou en lui faisant un legs, sans disposer autrement par préciput ou hors part, il a clairement déclaré par-là que sa volonté était de l'avantager de tout ou partie de la portion disponible, selon l'importance de la donation ou du legs; et, si la loi, comme je l'ai dit, se fonde sur cette présomption, sur cette attribution implicite du père de famille pour établir sa disposition, pourquoi recourir à des distinctions non-seulement inutiles à l'intelligence du texte, clair par lui-même, et se coordonnant naturellement avec les autres dispositions de la même matière, mais encore tendant à renverser

par sa base le système nouveau sur lequel le Code civil entend
fonder la réserve légale? Et en effet, en attribuant, à titre de
réserve, à l'enfant donataire renonçant, une partie de la portion
non disponible, n'est-ce pas faire revivre indirectement les principes d'après lesquels l'héritier renonçant, conserve des droits
sur la succession, principes formellement condamnés par ce
Code?

C'est par le même raisonnement qu'il faut répondre à cette
autre argumentation de la Cour royale de Grenoble qui partage
les mêmes principes que celle de Montpellier (arrêt du 22 janvier 1827) (*ubi suprà*) : « qu'il est conforme au texte comme à
l'esprit de la loi, de composer la part du donataire renonçant,
1° de sa réserve légale, par la double raison que, d'une part, le
donateur a désigné la réserve en donnant en avancement d'hoirie,
et qu'il est présumé l'avoir plus spécialement destinée à son héritier donataire ; que, de l'autre, en ne donnant pas avec dispense
de rapport, le donateur a suffisamment indiqué que c'est hors la
portion disponible qu'il a voulu que soient pris les biens donnés.
2° S'il y a lieu, d'un supplément sur cette même portion disponible, le tout jusqu'à concurrence d'icelle, c'est-à-dire, de façon
que la réserve légale, plus le supplément, ne dépassent pas la
moitié, le tiers ou le quart de la succession, suivant le nombre
des enfans ».

Mais d'où tirez-vous toutes vos inductions? Le donateur en
donnant par avancement d'hoirie, a-t-il prévu que le donataire
renoncerait à sa succession? Peut-on lui supposer l'absurde pensée
qu'il lui attribuait tout ou partie de la portion disponible précisément pour le cas où il renoncerait à sa succession, alors qu'il
pouvait la lui attribuer directement par l'expression pure et
simple de sa volonté? N'est-il pas écrit dans la loi, que l'héritier
qui renonce est censé n'avoir jamais été héritier? Celui qui n'est
pas héritier, n'est-il pas étranger à la succession? Et si l'héritier
renonçant peut encore retenir le don ou le legs, jusqu'à concurrence de la quotité disponible, n'est-ce pas en vertu d'une disposition distincte, exceptionnelle, émanée de la loi seule, qui
se fondant sur la présomption dont j'ai parlé, savoir la volonté
du père, de gratifier le donataire de toute la portion donnée,
sans distinction entre les élémens qui la composent, détermine
ensuite elle-même les effets de cette disposition, selon que le
donataire acceptera ou répudiera la succession? S'il l'accepte, il

n'est plus qu'un donataire ordinaire par avancement d'hoirie, soumis aux rapports et aux charges communes de la succession ; s'il la répudie, il devient un étranger, appelé néanmoins à recueillir, non comme l'étranger proprement dit, en vertu d'une disposition expresse du donateur, mais comme enfant renonçant sur lequel s'était portée la libéralité du père commun, en vertu de l'art. 845, qui l'autorise à retenir dans ce cas, le don ou le legs à lui fait, jusqu'à concurrence de la quotité disponible. Et il suit évidemment de ces principes, que si le père commun, avait déjà usé de sa faculté de disposer dans les termes de l'art. 919, c'est-à-dire, par préciput ou hors part, en faveur d'un autre enfant, toutes les inductions de la loi cessant, quant aux dons par avancement d'hoirie faits à celui-ci, il n'y aurait plus lieu à faire l'application en sa faveur de l'art. 845 ; car, le père ayant usé d'une manière expresse de sa faculté de disposer, on ne saurait plus recourir à des présomptions pour interpréter ses autres libéralités de manière à fonder l'application de cet article, et lui faire ainsi disposer deux fois, expressément et tacitement, de l'objet de sa disponibilité.

Je ne saurais donc m'empêcher de regretter que la Cour de cassation, abandonnant la sage doctrine qu'elle avait professée par son arrêt du 18 fév. 1818, interprétation saine et large des dispositions du Code civ. en matière de réserve légale et de portion disponible, ait cru devoir par son arrêt du 11 août 1829, céder à quelques argumentations plus subtiles que solides dont le fond est, comme je l'ai dit, le retour inaperçu ou peut-être même involontaire vers les théories confuses de l'ancienne jurisprudence sur la légitime, théories que le Code civil a eu précisément pour objet de détruire à jamais, lorsqu'elle a consacré ce principe : « Que la renonciation à la qualité d'héritier faite par l'enfant doté en avancement d'hoirie, n'est pas un acte déterminé et d'abandon pur et simple ; que si elle ne le prive pas du droit de conserver sa dot, sans être obligé d'en faire le rapport effectif, ce n'est point un obstacle à ce que cette dot ne soit, à l'égard de l'hérédité, rapportable fictivement, *et imputable d'abord sur la par à laquelle sa qualité d'enfant donnerait, à celui qui a été doté, droit dans la réserve légale*, et subsidiairement seulement, sur la quotité dont le père avait la libre disposition. » Je ne saurais concevoir d'imputation sur la réserve légale à l'égard d'héritiers qui ont renoncé ; j'en ai donné amplement les raisons.

II. 9

11. D'après tout ce qui précède, la question de rétroactivité sera facile à résoudre.

Nous supposons une donation irrévocable ou une institution contractuelle faite sous l'empire des anciennes lois, mais dont les effets sont ouverts sous le Code civil. Je ne m'explique pas sur les quotités disponibles, ayant déjà traité la question (*sup,,* t. 1, p. 348, nº 4 et suiv.) : je parle de la nature et des effets soit de la réserve légale soit de la portion disponible, déterminées par la loi nouvelle ; et je dis que cette loi sera applicable même aux dispositions antérieures accomplies sous la loi précédente qui les déterminait d'une manière différente. Ainsi, quels que fussent les anciens principes sur la nature de la légitime, sur les effets de la renonciation de la part du légitimaire donataire, soit quant à la retenue de la légitime par voie d'exception, soit quant à l'accroissement, sur les rapports entre cohéritiers, etc.; la loi nouvelle sous l'empire de laquelle sera décédé le donateur, recevra seule son application. Ainsi, en admettant qu'il soit décédé sous le Code civ., quelque anciennes que soient les donations ou institutions, et bien qu'elles aient pu être faites en vue de leur exécution conformément à la législation existante à l'époque de leur confection, les principes du Code civil sous lequel sera décédé le donateur, recevront seuls leur application ; c'est-à-dire que la succession du donateur se divisera fictivement en deux parts, l'une formant la portion disponible, l'autre les réserves, pour être distribuées ensuite d'après le système créé par le Code civil. Et quelle en est la raison ? C'est que l'ordre des successions, la transmission générale des biens par cette voie, tenant essentiellement au droit public, la loi a toujours pu modifier à son gré, et sans rétroagir, les principes relatifs à ces sortes de transmission ainsi que leurs effets ; que des faits translatifs de propriété seuls accomplis sous la loi précédente, ont pu devenir la source de droits acquis contre lesquels la loi postérieure est absolument sans effet. L'arrêt de la Cour de cassation du 18 fév. 1812 (*suprà*) peut être considéré comme une confirmation directe de ces principes ; car l'acte auquel il s'agissait d'appliquer les dispositions du Code civil remontait au 28 mess. an III, et il renfermait une donation irrévocable ; mais ses effets généraux n'ont été ouverts qu'à la mort du donateur, sous le Code civil.

12. 2º Le système général du Code civil sur cette matière a été méconnu encore sous un autre rapport important, toujours

sans doute par un effet des mêmes préoccupations, et aussi par la
raison que lorsqu'un point élevé de législation, essentiellement
rénovateur, n'a pas été suffisamment aperçu ou senti, la jurisprudence hésite d'abord à lui prêter toute sa portée et finit bientôt
par introduire des interprétations fausses ou hasardées, à côté
de dispositions d'autant plus claires que leur principe était plus
simple.

L'héritier donataire ou légataire par préciput de la portion
disponible, peut-il contraindre ses cohéritiers à rapporter
fictivement ce qui leur a été donné par avancement d'hoirie?
La Cour de cassation s'était étrangement méprise sur cette
question. Elle avait cassé un arrêt de la Cour royale de Pau
du 2 juin 1820. (aff. Saint-Arroman, C. Sabatier). Et sur
quoi se fondait-elle? Voici les termes de son arrêt du 8
déc. 1824 (1): « Vu les art. 894, 857, 921 et 922 du Code civil;
considérant, qu'aux termes de l'art. 894, la donation entre vifs
régulièrement acceptée, dépouille irrévocablement celui qui l'a
faite; qu'ainsi, en principe général et sauf les exceptions expres-
sement établies par la loi, les choses données entre vifs ne font
plus partie de la succession du donateur; qu'il suit de là, 1° que
quels que soient les termes dans lesquels est conçu le testament
du sieur Jourdan, le legs qu'il a fait par préciput à sa fille aînée, la
dame Sabatier, du quart *de tous ses biens*, ne peut comprendre
que le quart des biens dont il était saisi à son décès, et qui com-
posaient réellement sa succession; 2° que la dame Sabatier ne
peut se prévaloir des art. 857 et 922, concernant soit le rapport,
soit la réunion fictive à la succession des biens donnés en avancement d'hoirie, puisque d'une part, le rapport n'est dû que
par l'héritier à son cohéritier, et qu'il n'est pas dû par le légataire,
alors même qu'à cette qualité il réunit celle d'héritier, car la loi
s'exprime en termes généraux qui n'admettent aucune exception
à cet égard; puisque, d'autre part, la réunion fictive ne peut
également avoir lieu *qu'au profit* des héritiers à réserve et sur
leur propre demande, ce dont il n'est nullement question dans
l'espèce; de tout quoi il résulte qu'en ordonnant que, pour déterminer le montant du legs fait à la dame Sabatier, les biens
antérieurement donnés entre vifs par le testateur, seraient réunis
fictivement à ceux dont il était saisi au moment de son décès, la

(1) Sirey, t. **XXV**, 1, p. 13.

9.

Cour royale de Pau a violé l'art. 894 et faussement appliqué les art. 857, 921 et 922 du C. civ. ; par ces motifs casse, etc. »

Mais c'était perdre complètement de vue l'idée simple qui domine toute cette matière; c'était créer deux successions au défunt, et prêter aux articles cités par l'arrêt, un sens qu'ils sont loin de renfermer; car, c'était leur donner une application restrictive savoir, que les héritiers à réserve seuls sont fondés à demander les rapports et les réductions autorisés par ces articles ; que dès lors, de leur volonté seule dépendait la question de savoir, si le père de famille a excédé les bornes de sa disponibilité, alors que le vœu de la loi repousse toute restriction. Et quel est ce vœu? De régler dans son ensemble et de renfermer dans ses vraies limites la disponibilité du père de famille; de diriger, comme je l'ai établi précédemment ( t. 1, p. 364) dans des voies sages et conformes au bien de l'État, l'usage du droit de propriété dans ses mains, de remédier même à l'abus qu'il pourrait en faire à l'égard de ses enfans; dès lors, de lui laisser sans doute, jusqu'au pouvoir d'anéantir sa fortune de son vivant, car il en est resté le maître jusqu'à sa mort, et c'est seulement à cette époque que la loi ouvre un droit acquis aux enfans sur sa succession. Mais elle ne lui permet pas, au même titre, les dispositions gratuites; la loi, dans l'intérêt des familles, intervient pour régler le principe et les effets de ces dispositions, les concilier avec le droit sacré de propriété dans la personne du disposant; et de là, les rapports et les réductions; or, pour remplir exactement ce vœu de la loi, il faut bien s'élever à la hauteur de sa pensée; il faut donc bien connaître exactement en quoi le père de famille s'est conformé à ce vœu, en quoi il s'en est écarté; et comment parvenir à ce but si ce n'est en formant après sa mort, deux parts de toute sa fortune composée même des donations faites de son vivant, puisque, d'après leur nature, elles ne sont jamais censées complètement sorties de sa succession, et en vérifiant ensuite, par l'application des dispositions spéciales de la loi relatives aux libéralités, aux rapports etc., si les limites de disponibilité tracées par la loi ont été respectées ou dépassées ? Et dès lors, qu'importe pour atteindre ce but que la demande tendante à la formation de la masse héréditaire émane des héritiers à réserve ou de l'héritier préciputaire ? Dans les deux cas la loi n'a jamais qu'une pensée; c'est de fixer en même temps, la quotité disponible et la réserve, corrélatifs inséparables, gouvernés par le même principe. La Cour de cassation a définitivement reconnu l'exactitude de ces principes; et après avoir cassé l'arrêt de la Cour royale de Pau, celle d'Agen, appelée à statuer de nouveau, ayant jugé dans le même sens, le 12 juillet 1825, la Cour de cassation, revenant sur sa première opinion, a adopté, par son arrêt du 8 juillet 1826 (1), celle de ces deux Cours, et a rendu ainsi à toute leur pureté primitive les dispositions du Code civil sur cette matière.

13. Ces développemens ayant pour but de faire connaître les effets de la disponibilité et des réserves, interprétées d'après la loi nouvelle, il faudra donc dire, comme dans l'hypotèse précédente, et en vertu des mêmes principes, que ces effets, soumis à la loi nouvelle, seront irrévocablement régis par elle et sans rétroactivité, bien que les actes de libéralité auxquels peuvent s'étendre ces effets, remontent à une époque où la législation les eût réglés différemment.

14. L'objet propre ou intérieur du testament envisagé sous le rapport de l'interprétation des volontés du testateur et de la disponibilité, est soumis à des règles particulières, différentes à beaucoup d'égard de celles du droit romain; et elles tirent leur raison principale de différence de la définition même que j'ai donnée (*suprà*, p. 62, n° 3) du *Testament*.

Sans doute, nous admettons le principe du droit romain, que la disposition testamentaire doit être entendue d'une disposition actuelle, c'est-à-dire, devant recevoir ses effets et son application au temps même du testament, mais c'est, outre la certitude que la disposition est conçue pour un effet actuel, à la double condition, qu'ainsi le comporteront la nature même du testament et les lois relatives à la disponibilité.

Ainsi, la disposition par laquelle le testateur lègue à un tel sa créance sur Pierre, pourra bien s'entendre limitativement de sa créance sur Pierre, à l'époque du testament et non de sa créance postérieure sur le même Pierre, attendu que la forme de cette disposition est assez précise pour ne pas laisser de doutes sur le fait que la volonté du testateur a été de restreindre le legs à créance sur Pierre existante à l'époque où il dispose; mais il n'en serait pas de même si dans la même hypothèse, la disposition était conçue en ces termes : Je donne à un tel tout ce que

(1) Sirey, t. **XXVI**, 1, p. 313.

me doit Pierre. Il est permis de concevoir alors, que le testateur, raisonnant la nature propre de son testament, et sachant que cet acte n'obtiendra définitivement ses effets qu'à sa mort, il a été réellement dans sa volonté, par-là même qu'il n'a pas changé la forme primitive de sa disposition, avant sa mort, qu'elle embrassât la totalité de ses créances sur Pierre, et la loi ne s'oppose pas à ce qu'il en soit ainsi. La même interprétation ne saurait s'appliquer au cas précédent qui est conçu pour un effet actuel et limité; et tel est le sens des lois 7, ff *de Aur. et Argent. legat.*, et *Aurelius*, § *Titius*, ff *de Liberat. legat.*

15. Que si l'objet auquel s'applique la disposition actuelle du testateur est disponible au temps du testament et ne l'est pas au temps du décès, elle devient caduque, comme nous l'avons vu *suprà*. Ainsi, la disposition par laquelle un testateur aurait légué ses rentes féodales, avant la suppression de la féodalité, devenait sans valeur, s'il décédait postérieurement à cette suppression. La loi générale lui avait enlevé la disponibilité de cet objet. Mais serait-il vrai de dire réciproquement que la disposition nulle à l'époque du testament, parce que la disponibilité de l'objet auquel elle s'appliquait n'existait pas, resterait toujours nulle si la loi rendait cet objet à la disponibilité du testateur avant sa mort? Telle serait sans doute la solution rigoureuse du droit romain, en vertu de la règle catonienne (*suprà*, p. 80). Mais nos principes diffèrent de ceux du droit romain sur ce point; et cette différence naît de la nature même mieux appréciée et mieux définie du testament. (V. *suprà*, p. 37, 62, n° 3, *et híc in principio*).

Le testament doit exister à l'époque de sa confection, c'est-à-dire, que la puissance du testateur pour créer cet acte, les formes substantielles sous lesquelles il la manifeste, doivent être certaines à l'époque de sa confection, comme toute cause doit être certaine pour produire ses effets. Mais ces effets eux-mêmes sont encore éventuels; ils peuvent ne jamais se réaliser; ils n'aquièreront une existence irréfragable qu'au décès du testateur; ils sont donc toujours restés jusque-là sous l'empire de la loi générale, et ont pu par suite recevoir d'elle, et sans rétroactivité, toutes les modifications qu'elle a jugé nécessaires au bien général; or, j'ai démontré que la disponibilité des objets auquel s'applique le testament, était l'un de ces effets; il sera donc vrai de dire, qu'indépendamment de toute loi prohibitive, quant à la disponibilité, à l'époque du testament, la loi du temps du décès qui aura fait rentrer ces objets dans la disponibilité du testateur, ou qui de toute autre manière l'aura modifiée, devra seule recevoir son application.

De là les conséquences :

16. 1° Qu'une disposition testamentaire contenant un legs de rentes foncières, antérieure à la loi du 4 août 1789 qui déclare (Art. 6) « rachetables toutes rentes foncières perpétuelles, de quelque nature qu'elles soient, etc ; » n'aura effet, si le testateur est décédé depuis la loi nouvelle, qu'avec cette modification apportée par elle à la nature des rentes foncières.

2° Qu'une disposition pareille antérieure à la loi du 20 août 1792 dont les art. 1 et 2, tit. 2, suppriment sans indemnité toute solidarité stipulée pour le paiement des cens, rentes, prestations, et redevances de toute nature, etc., n'aura effet, dans la même hypothèse, qu'avec cette seconde modification ; et il n'importe que les débiteurs solidaires n'aient pas préalablement rempli les formalités prescrites par les articles 3 et 4 de cette loi (même titre), ces formalités étant purement relatives au rachat des rentes, et la disposition de la loi, fondée sur l'affranchissement des propriétés étant absolue (1); il faut ajouter que cette solution s'étendrait même au cas où la solidarité dériverait simplement du statut. (Arrêt de cass. 6 oct. 1812) (2).

3° Qu'une disposition testamentaire antérieure à la loi du 3 sept. 1807 sur le taux de l'intérêt, et comprenant activement ou passivement des créances produisant intérêt, sera modifiée, quant aux intérêts échus depuis cette loi, par les dispositions qu'elle renferme à ce sujet, c'est-à-dire, que le taux de ces intérêts sera ramené à celui que détermine cette loi, quelle que soit d'ailleurs la cause des créances léguées. Ainsi, elle s'appliquera, par exemple, aux intérêts échus d'une créance dérivant d'un

(1) Quelques doutes sur le véritable but de cette disposition, ont plusieurs fois amené des procès ; mais les Cours royales les ont constamment jugés, et avec raison, dans le sens que j'indique. V. entre autres, Nîmes, 22 janv. 1812 (Sirey, t. XIII, 2, p. 222 ); Bourges, 16 juin 1829 ( Sirey, t. XXIX, 2, 318 ). L'arrêt de la Cour de cassation du 8 déc. 1812 ( aff. Durein ), Sirey, t. XIII, 1, p. 94 ; n'est nullement contraire à cette jurisprudence. Il juge taxativement « que, d'après la jurisprudence universelle du pays où se trouvent enclavées les rentes emphytéotiques, telle qu'elle se trouve attestée par la Cour d'appel ( de Trèves ), la prestation de ces sortes de rentes était indivisible. Il n'y a donc évidemment rien à conclure de cet arrêt pour les autres parties du territoire français.

(2) Sirey, t. XII, 1, p. 402.

contrat ou d'un quasi-contrat (Cassat. 23 mai 1817, aff. Ser.) (1).
La Cour de cassation a jugé précisément dans l'hypothèse d'un
legs de créance antérieur à la loi du 2 sept. 1807 (aff. Lan-
gloys) (2), en maintenant un arrêt de la Cour royale de Lyon, que
les intérêts d'un tel legs devaient être fixés à cinq pour cent, aux
termes de cette loi, même avec abrogation de la disposition de
l'édit de 1749 et des lois subséquentes, relatifs à la retenue,
attendu ces expressions de la loi nouvelle : « L'intérêt légal sera,
en matière civile, de cinq pour cent *sans retenue* ». Il en serait
autrement, sans doute, s'il y avait eu antérieurement stipulation
expresse sur les intérêts (même loi, Art. 5). Le motif donné par
tous ces arrêts est, que la loi dont il s'agit est de la nature de
celles qui saisissent les individus et ont l'effet de régir les contrats ou quasi-contrats antérieurs, du jour de leur promulgation.

4° Enfin, les rentes foncières étant considérées autrefois comme
une charge propre du fond, comme irrachetables de leur nature,
le légataire d'un fonds grevé de telles rentes, devait subir cette
charge, à l'égal d'une servitude ; il faudrait dire aujourd'hui,
qu'un pareil legs, alors que le testament remontant à l'ancienne
législation, le testateur serait décédé depuis la promulgation du
Code civil, donnerait bien au légataire la faculté de racheter
ces rentes, attendu qu'il tiendrait cette faculté du droit commun
qui a eu pour but de rendre à la circulation les biens ainsi grevés.
Mais c'est là tout l'effet que l'on pourrait faire résulter de la loi
du 29 déc. 1790, qui apporte cette grave modification à l'ancienne
législation sur les rentes foncières ; et ce ne serait qu'en rétroagissant que l'on appliquerait à de telles rentes, par exemple,
les dispositions des art. 530, 874 et 1020 du Code civil, desquelles
il résulte que les rentes, de quelque nature qu'elles soient,
n'étant que des meubles, des créances personnelles ; si le légataire du fonds affecté par hypothèque à ces créances, les dégage,
il a son recours contre l'héritier ou le légataire universel, attendu qu'il n'est pas tenu des dettes de la succession (Art. 875).
Ces principes applicables sans doute aux rentes créées depuis les
lois nouvelles, ne sauraient s'appliquer sans rétroactivité aux
anciennes rentes foncières qui ont conservé, même sous le Code
civil, leur caractère et leurs effets primitifs, sauf les modifica-

(1) Sirey, t. XVIII, 1, p. 225.
(2) *Idem*, t. XX, 1, p. 351.

tions dont je viens de parler. C'est en conformité de ces principes que la Cour de cassation a jugé plusieurs fois (1), que le pacte commissoire (ou le droit de résolution) inhérent à la concession primitive du fonds, était toujours resté comme un droit inaltérable dans la personne du bailleur ou de ses successeurs, quels que fussent d'ailleurs les changemens survenus dans la législation. Il faudrait donc décider dans l'hypothèse ci-dessus, que le légataire d'un fonds ainsi grevé n'aurait aucun recours à exercer contre l'héritier ou le légataire universel, attendu que dans ce cas la rente n'est pas une dette, mais bien une affectation spéciale du fonds légué.

———

ART. 6. — Examen de la maxime, *Media tempora non nocent.*

———

## SOMMAIRE.

1. — *Appréciation de cette maxime d'après le Droit romain. Opinion de Vinnius et de Pothier.*
2. — *Ses applications au Droit français.*
3. — Quid, *du cas où la loi postérieure rend au testateur la capacité qu'il avait à l'époque du testament, alors qu'une loi intermédiaire l'en avait privé; et réciproquement,* quid, *du cas où la loi postérieure retire au testateur la capacité que la loi intermédiaire lui avait donné, alors qu'il avait disposé sous une loi qui la lui refusait?*
4. — Quid, *du cas où la loi intermédiaire aurait déclaré nulle toute disposition testamentaire?*
5. — Quid, *du cas où la loi intermédiaire, sans supprimer les testamens existans, déclare nulles et de nul effet, certaines dispositions générales, par exemple, toute disposition universelle ou à titre universel, alors que la loi postérieure consacre de nouveau ces formes de disposition?*

(1) Le 16 juin 1811 (aff. Squiroly), Sirey, t. XI, 1, p. 337; le 11 oct. 1814 (aff. Galonier), Sirey, t. XV, 1, 147; et le 3 déc. 1817 (aff. Champbour), Sirey, t. XVIII, 1, p. 124.

**6.** — *Quid , des dispositions universelles où à titre universel faites sous l'empire des lois de l'an II, ou de la loi du 4 germinal an VIII, qui les annulent pour le tout, mais dont l'effet ne s'est ouvert que sous l'empire du Code civil ?*

**7.** — *La loi postérieure pourrait-elle changer les conditions de capacité du testateur, et consacrer par suite la validité de testamens nuls, aux termes de la loi précédente, pour défaut de capacité ?*

———

1. Enfin les temps intermédiaires ne sauraient nuire : *media tempora non nocent.* Mais cette maxime s'applique au droit français autrement qu'au droit romain. Voici dans quel ordre et d'après quelle progression d'idées les textes nous la présentent dans ce dernier droit : si quelqu'un, dit la loi 1ere, § 8, ff *de Bonor. possess. sec. tabul.*, a eu la capacité de tester, à l'époque du testament et à celle de sa mort, et qu'il ait cessé de l'avoir dans le temps intermédiaire, la possession de biens pourra être demandée. *Si quis utroque tempore testamenti factionem habuerit, medio tempore non habuerit, bonorum possessio secundum tabulas peti poterit.* Les autres textes s'appliquent à la capacité de l'héritier institué : *solemus dicere,* dit la loi 6, § 2, ff *de Hered. instit;* dans le même sens, *media tempora non nocere : ut puta, civis romanus heres scriptus, vivo testatore factus peregrinus, mox civitatem romanam pervenit; media tempora non nocent. Medio tempore,* dit pareillement la loi 29, § 1, *eod. tit. inter factum testamentum et mortem testatoris, mutatio juris heredi non nocet.* La loi 42, ff *de injusto, rupto et irrito testamento,* déclare aussi qu'un testament rompu par la survenance d'un enfant non institué héritier, reprend toute sa force si cet enfant vient à mourir avant le testateur. La loi 50, ff *de Hered. instit.,* ajoute une nouvelle nuance à ce principe constant dans le Droit romain : « Alors même que « l'incapacité intermédiaire de l'héritier institué, porte en sub- « stance cette loi, proviendrait du fait de l'instituant, cette inca- « pacité ne saurait nuire à l'institué ». — « Servum meum heredem « institutum cum libertate si vivus vendidero ei cum quo testa- « menti factio non est, posteaque eum redemero, ex testamento « mihi heres esse poterit. Nec medium tempus quo apud eum fuit,

orsqu'il a fait son testament , rend-elle à ce testament sa validité première , bien qu'une loi intermédiaire ait privé le testateur de sa capacité? Cela ne fait aucun doute : *media tempora non nocent.* C'est même la décision expresse de la loi 1 , § 8 , ff *de Bonor. possess. sec. tab.*, déjà rapportée; et ce principe reçoit chez nous toute son application. Mais réciproquement le testament fait par un incapable ne serait pas valide, alors qu'une loi intermédiaire aurait donné au testateur, la capacité testamentaire qui lui manquait dans l'origine, s'il est décédé sous l'empire d'une loi qui la lui aurait retirée. Quelle est la raison de ce principe? C'est que les lois n'ont régulièrement d'effet que pendant le temps de leur durée; que de même qu'elles ne rétroagissent pas, de même aussi elles ne sauraient enchaîner l'avenir; que dès lors, la loi nouvelle qui restitue ou qui retire au testateur sa capacité première, régit valablement un fait placé dans l'ordre de ses prescriptions, indépendamment de la circonstance qu'une loi antérieure , mais qui a cessé d'exister, en aurait ordonné autrement si le testament se fût ouvert et eût été exécuté sous son empire, parce que jusqu'à son ouverture qui est celle du décès du testateur , tous ses effets sont suspendus, et que, *media tempora non nocent.*

4. En serait-il de même du cas où la loi intermédiaire aurait déclaré nulle toute disposition testamentaire , quelle que soit sa date, ou , en d'autres termes , aurait retiré aux citoyens la faculté de tester ? Je pense que , dans ce cas, une telle disposition, quelque absurde et monstrueuse qu'elle fût, aurait eu pour effet de soustraire à l'empire de la loi nouvelle qui rétablirait la faculté de tester, tous les testamens antérieurs que la loi précédente aurait frappés de nullité; et que dès lors, ces testamens placés sous l'empire d'une loi qui les prohibait, ne sauraient reprendre une existence qu'ils ont perdue par le fait supérieur de cette loi; or, la puissance de la loi peut aller jusqu'à refuser aux individus l'exercice d'une pure faculté (V. *suprà*, t. 1, p. 74 ).

5. Mais, *quid*, si la loi intermédiaire, sans supprimer les testamens existans, se borne à déclarer nulle et de nul effet certaines dispositions générales , par exemple ( comme les lois de l'an 11, ( V. *suprà* 117 , n° 2 ), toute disposition universelle ou à titre universel, même avec effet rétroactif: une loi postérieure (le Code civil, par exemple ), qui consacrera de nouveau ces formes de disposition, aura-t-elle pour effet de valider celle de ces dispositions antérieures *à la loi intermédiaire qui les aura supprimées*, alors que leur effet s'ouvrira par le décès des testateurs, sous

l'empire de la loi nouvelle ; la maxime *media tempora non nocent*, recevra-t-elle, dans ce cas, son application ? Cette question grave a donné lieu dans le temps à de nombreuses controverses ( V. MM. Chabot, Quest. transit., v° *Testam.* et Merlin). Pour se fixer aujourd'hui sur cette difficulté, il faut dire avec M. Merlin ( Rép. de jurisp., v° *Institution d'héritier*, sect. 1ʳᵉ n° 7, ), que, dans ce cas, la maxime *media tempora non nocent* reçoit sa véritable application (1) ; non pas précisément, parce qu'il y a, selon lui, mêmes motifs de décision de part et d'autre, et qu'aux termes de la loi 12, au Digeste *de Legib. Cùm in aliquâ causâ sententia legum manifesta est, is qui juridictioni præ est, ad similia procedere atque itâ jus dicere debet* ; ce qui serait une argumentation trop commode ; mais bien parce que les lois de l'an II ne suppriment pas les testamens existans ; qu'elles se bornent à déclarer nuls certains modes de disposer, tels que les *dispositions universelles* ou *à titre universel*, et cela dans un but politique qui consistait à effacer toute trace d'inégalité dans les partages des biens de famille ; or, pour atteindre ce but, elles ne craignaient pas même de consacrer la rétroactivité, puisqu'elles annulaient pour le tout les dispositions conçues dans la forme dont je parle, qu'elles déniaient par-là au testament, et uniquement à cause du mode employé, des effets qu'elles lui reconnaissaient lorsque le testateur avait manifesté sa volonté sous la forme de legs particuliers, tandis qu'en se conformant aux procédés ordinaires et réguliers de la législation, ces dispositions universelles eussent été simplement réduites, dans les limites de la disponibilité des lois de l'an II (V. *sup.*, p. 117 et suiv.) Or, le Code civil ayant consacré de nouveau ces anciennes formes de disposer, pourquoi ne régirait-il pas celles d'entre elles dont l'existence remonte à une époque antérieure à l'an II, indépendamment des suppressions prononcées par les lois de cette époque, puisque d'une part le motif pour lequel ces lois avaient été introduites n'existe plus, que d'autre part, elles n'avaient pas entendu anéantir les testamens dans lesquels se trouveraient renfermées des dispositions universelles, mais bien les dispositions universelles elles-mêmes ; qu'enfin, leur action, même leur rétroactivité, en ce qui concerne l'anéan-

---

(1) Plusieurs arrêts de la Cour de cassation consacrent cette doctrine. V. entre autres l'arrêt Rumpler, du 23 nov. 1809., et Lamothe-Disant, du 26 juin 1809; l'arrêt Rayet, du 18 janv. 1808, la consacrait aussi, mais implicitement ( *Répertoire*, ibid. ).

tissement total de ces dispositions universelles, dans les cas où elles auraient pu être réduites, ont cessé avec la durée de leur empire? N'est-il pas constant, les meilleurs principes ne disent-ils pas, que puisque les testamens eux-mêmes ont été respectés, ils existent encore pour témoigner de la puissance du testateur et pour recevoir d'elle tous les effets dont ils sont susceptibles dans les limites de la législation nouvelle sous laquelle ils sont ouverts? Or, c'est dans ce sens qu'il sera vrai de dire : *Media tempora non nocent.* Quant à l'argumentation employée par la plupart des arrêts qui ont jugé dans le sens contraire, savoir : que de même que le testateur a pu, par le simple effet de sa volonté, révoquer une disposition précédente de manière à ce qu'il n'en reste plus aucune trace, de même, la loi aussi puissante que lui, a pu anéantir, sans qu'il en subsiste aucune trace, des testamens antérieurs qui blessaient ses vues politiques; elle est vicieuse en ce que l'argumentation du particulier à la loi n'est admise dans aucun cas; que d'ailleurs le fondement de cette argumentation est visiblement erroné, puisque les lois de l'an II, sainement interprétées ( et c'est ce qu'ont définitivement jugé les arrêts de la Cour de cassation), ne permettent plus de douter qu'elles n'eussent pour but unique les dispositions universelles dont j'ai parlé, et non les testamens mêmes qu'elles laissaient subsister. (Chabot, Quest. transit. v° *Testament*, , §....; Répertoire de jurispr, v° *Héritier*, sect. 1, n° 7).

6. Mais que doit-on dire des dispositions universelles ou à titre universel, faites sous l'empire des lois de l'an II ou de la loi du 4 germinal an VIII qui les annulent pour le tout, mais dont l'effet ne s'est ouvert que sous l'empire du Code civil? Il faut répondre que ces dispositions seront simplement réductibles dans les limites déterminées par ce Code et non anéanties, selon le vœu des lois intermédiaires. Le mode de ces dispositions, il est vrai, est réprouvé par la loi du temps où il a été employé; mais le testament lui-même, ainsi que le fond du droit de disposer subsiste et a subsisté dès l'origine; or, nous avons considéré ( *sup.*, p. 67, n° 8) le mode de la disposition ou la forme dans laquelle le testateur manifeste sa volonté, comme l'un des effets du testament; et comme il est reconnu que les effets du testament ne s'ouvrent qu'au décès du testateur; que, dans l'hypothèse, le décès a eu lieu sous le Code civil, il sera vrai de dire que ce sera d'après le Code civil, qui fait revivre ces formes momentanément supprimées, qu'elles devront être appréciées et jugées.

Nous avons vu ( *suprà*, p. 63, n° 4 et suiv. ) que le testament, fait par un incapable, ne deviendrait pas valable parce que le testateur obtiendrait ou recouvrerait plus tard la capacité testamentaire avec laquelle il mourrait; et la raison en est, que ce qui est nul dans son principe ne saurait valoir par le laps du temps, *quod initio vitiosum est, tractu temporis convalescere non potest*. Mais ne serait-il pas au pouvoir de la loi postérieure de changer les conditions de capacité du testateur, et de consacrer par suite la validité de testamens nuls aux termes de la loi précédente, comme ne remplissant pas les conditions de capacité qu'elle prescrivait? C'est en effet ce qu'avait pensé M. Meyer ( *Quest. transit.*, p. 181), en s'appuyant de quelques textes du Droit romain, et même de quelques arrêts qui ne paraissent guère s'appliquer à la question. Mais il faut dire avec M. Merlin que de même que le testament fait par un individu jouissant de sa pleine capacité, aux termes de la loi sous l'empire de laquelle il l'écrit, reste valable, quelque changement qui survienne plus tard dans la législation (V. *sup.*, p. 67 et suiv.), de même un testament nul pour défaut de capacité du testateur, reste nul, bien qu'une loi postérieure vienne lui donner une capacité qu'il n'avait pas. Il faut reconnaître en effet, que l'individu qui use du droit de tester accomplit un acte complet aux yeux et sous l'empire de la loi qui l'y autorise; qu'il importe peu, pour la réalité de cet acte, que ses effets en soient suspendus, qu'il puisse même être révoqué, attendu qu'il n'en tient pas moins de la loi actuelle une existence régulière; qu'il y a sous ce rapport droit acquis au profit du testateur, et, par-là même, droit placé hors des atteintes de la loi postérieure; or, d'après le même raisonnement, il faudra dire qu'un testament nul par défaut de capacité n'existant pas, est par-là même hors d'état de jamais produire aucun effet, et qu'il ne saurait être au pouvoir de la loi postérieure de changer ce résultat.

———

ART. 7. — Quelle loi doit régler le mode d'exécution des testamens.

———

## SOMMAIRE.

1. — *En général, le mode d'exécution des droits acquis appartient à la loi sous l'empire de laquelle a lieu cette exécution.*

2. — *Cependant le mode d'exécution des testamens repose sur une théorie différente ; exemple de cette diffé- rence par rapport à l'exécution des droits acquis en vertu des conventions.*

3. — *Les formes relatives au mode d'exécution des testa- mens sont de droit public , quoique conçues dans un but distinct , celui de la conservation des droits acquis par suite de décès.*

4. — *Analyse d'un arrêt de la Cour d'appel de Turin qui a méconnu ces principes.*

——

1. Par quelle loi doit être régi le mode d'exécution des testa- mens , après la mort des testateurs; est-ce par la loi en vigueur à l'é- que du testament ou par celle existante à l'époque du décès?

En général , le mode d'exécution des droits acquis appartient à la loi sous l'empire de laquelle a lieu cette exécution. La raison s'en déduit facilement, de ce que cette exécution n'étant autre chose que l'emploi de la force publique dans le but de la réalisation de ces droits , c'est à la loi générale qu'il appartient en tout temps de la régler , non-seulement comme conséquence du principe en vertu duquel tous les citoyens ont confié la défense et la pro- tection de leurs droits à l'autorité publique, mais encore parce que la loi nouvelle qui prescrit un nouveau mode d'exécution , est présumée reposer sur des bases supérieures aux bases de la loi précédente, et plus en harmonie avec les besoins généraux ; or , j'ai démontré plusieurs fois que ces considérations doivent habituellement prévaloir dans l'exacte appréciation des lois. La seule limite à apposer à ces principes, est celle des droits acquis. En effet, quelque préférable que soit la loi postérieure, même sous le rapport des intérêts généraux, elle ne saurait jamais aller jusqu'à porter atteinte à ces droits, car ce serait violer directe- ment le principe dont elle reçoit toute sa force, la justice, la sécu- rité des droits de tous.

2. Le mode d'exécution des testamens repose sur une théorie différente ; supposez une convention intervenue entre nous; la loi postérieure relative à son exécution , pourra modifier de deux manières les effets de cette convention : 1° Sans rétroactivité , lorsque sans nous astreindre , à aucune diligence , à aucun soin ,

elle réglera d'une manière générale, la forme ou le mode d'après lequel nous procéderons pour parvenir à la réalisation de nos droits; car les faits à venir sont essentiellement de son domaine. Ainsi une loi nouvelle qui change l'ordre des juridictions, altère leur compétence, fait ressortir de la justice de paix, ou de telle autre juridiction exceptionnelle, ce qui ressortait précédemment de la justice ordinaire, supprime un degré de juridiction, en ajoute un autre, augmente ou diminue le nombre des juges, attribue certains faits à la connaissance du jury, les rend à la juridiction des tribunaux, etc., peut bien tromper notre atente, et nous placer même dans une hypothèse telle qu'elle paroisse nous enlever des garanties; mais en réalité, la loi n'a pas rétroagi; elle a porté son action sur des faits régulièrement placés dans son domaine; les plus fortes présomptions d'améliorations sociales et de garanties réelles, entourent d'ailleurs l'émission de toute loi nouvelle. 2° Avec rétroactivité sous quelques rapports.

Comment que l'on envisage la disposition nouvelle par laquelle je suis soumis, à peine de déchéance, à tel soin, à telle diligence, à l'accomplissement de telle formalité, de tel acte, pour la conservation ou la réalisation de mon droit acquis sous la loi précédente qui n'exigeoit pas ce soin, cet acte, cette formalité; une telle disposition porte, à quelques égards, le caractère de la rétroactivité, car elle change arbitrairement ma position définitivement fixée par la loi précédente, en faisant dépendre l'existence même de mon droit, de l'accomplissement de faits nouveaux qu'il peut n'être pas toujours en mon pouvoir d'accomplir. Néanmoins, la justice ne se refuse pas à ce que l'on fasse une distinction entre la loi qui impose des soins, des diligences, de pures formalités que n'imposaient pas la loi précédente, et celle dont les dispositions nouvelles portent une atteinte formelle au fond des droits acquis; et la jurisprudence n'a vu, en général, que dans cette dernière loi, le caractère certain de la rétroactivité. (V. *suprà*, t. 1, p. 198, chap. 4).

Au reste, il est aussi quelques cas où, pour des raisons supérieures, elle a cru devoir consacrer l'application de la loi nouvelle, même avec rétroactivité formelle, et lésion du fond des droits acquis. (V. pour les développemens de ces propositions, *infrà Conservation et exercice des Droits civils*).

3. Il n'en est pas ainsi du mode d'exécution des testamens : ici

toutes les formes sont de droit public, quoique conçues dans un but distinct, celui de la conservation de droits acquis par suite de décès.

A la mort du testateur on ignore encore quel est celui qui sera définitivement saisi de ces droits. L'acte qui renferme les dernières volontés du testateur peut demeurer sans effet pour vice de formes, pour raison d'incapacités, d'irrégularités ou de vices dans le fond même de la disposition; plusieurs testamens peuvent co-éxister, se soutenir, déroger l'un à l'autre ou se détruire; les héritiers de la loi, des absens, l'État, peuvent être saisis. L'ordre public, l'intérêt réel de tous ceux qui sont éventuellement appelés commandent donc de laisser toujours dans le domaine de la loi le soin de régler le mode par lequel il sera le plus efficacement pourvu aux dangers dont la fraude, l'intrigue, la cupidité, les passions de tout genre, entourent trop souvent les transmissions de biens par décès, et par suite les actes de dernière volonté. Une telle loi qui prescrit un nouveau mode d'exécution, devra donc, d'après son caractère et son objet, être préférée à l'ancienne loi qui en prescrivait un autre; et à la différence du cas précédent où la loi nouvelle peut, pour des raisons d'ordre public, être appliquée plus ou moins rétroactivement, même avec atteinte formelle au fond des droits acquis, la loi qui règle le mode d'exécution des testamens étant en quelque sorte une loi d'ordre public, de police générale, tendant à la conservation momentanée de droits dont les propriétaires sont incertains, n'ayant aucunement trait aux faits passés, ne saurait rétroagir; mais elle s'appliquera immédiatement aux faits réalisés sous son empire.

4. Je ne connais qu'un arrêt qui ait été appelé à faire l'application de ces principes; et il les a méconnus. La Cour d'appel de Turin a jugé, le 30 avril 1806 (1), qu'un légataire universel institué par un testament dit de *nuncupation implicite*, avant la promulgation du Code civil en Piémont, n'était pas tenu, alors que le testateur était décédé sous le Code civil, de faire procéder à l'ouverture du testament et de demander l'envoi en possession, aux termes des art. 1007 et 1008 de ce Code. Et quelles sont les raisons données par cet arrêt? Voici l'espèce : Louis Maccono remit son testament fait par *nuncupation implicite*, au notaire Paoletti, l'autorisant à en faire l'ouverture après son décès. Décès

____

(1) Sirey, t. VI, 2, p. 889.

de Maccono après la promulgation du Code civil en Piémont.
Paoletti procède à l'ouverture du testament, ainsi qu'il y était
autorisé. La dame Réno instituée héritière universelle se met
en possession de la succession, et assigne devant le tribunal civil
d'Ivré, Gattino, en paiement d'une somme de 2,057 fr. qu'il devait
à Maccono. Gattino oppose à la dame Reno la nullité du testament de Maccono. Selon lui, le testament de *nuncupation implicite*,
ne pouvait être rangé que dans la classe des testamens olographes
ou dans celle des testamens mystiques autorisés par le Code
civil; or, dans ces deux cas, l'art. 1007 du même Code voulait
que le testament fût ouvert par le président du tribunal. Cette
formalité n'avait point été observée, puisque c'était le notaire
qui en avait fait l'ouverture; de là sa nullité. La dame Reno répon-
dait que le testament de Maccono était antérieur à la publication
du Code civil, et que dès lors il ne pouvait être régi par lui.
Jugement du tribunal civil d'Ivrée, qui déclare la dame Reno
non recevable dans sa demande. Appel; et, le 30 avril 1806,
arrêt de la Cour d'appel de Turin qui infirme en ces termes :
« La Cour... 1° Considérant que par l'art. 1006 du Code Napoléon, il a été statué en forme de règle générale, que lorsque
au décès d'un testateur il n'y a pas d'héritiers auxquels une
quotité de ses biens est réservée par la loi, le légataire universel est saisi de plein droit, par la mort du testateur, sans
être tenu de demander la délivrance. Que la seule exception
qui soit portée audit article est textuellement comprise dans
l'art 1008, suivant lequel, dans le cas de l'art 1008, si le testament
est olographe ou mystique, le légataire universel sera tenu de se
faire envoyer en possession par une ordonnance du président,
mise au bas d'une requête, à laquelle sera joint l'acte de dépôt
dont est parlé en l'art. 1007; Considérant que le testament dont il
s'agit, n'est ni olographe ni mystique, mais d'une forme tout-à-
fait différente de ces espèces de testamens, savoir de nuncupation implicite. Qu'en conséquence ce n'est point dans celui-ci
le cas de l'exception portée par ledit art. 1008, qui, ainsi que
l'art. 1007, n'ont réglé que les formes à suivre dans les cas y mentionnés, mais bien c'est le cas dans lequel, par la règle générale
établie par l'art. 1006, et qui est relative à toutes les autres
espèces de testamens reconnues par les lois, la demanderesse
doit être censée saisie de plein droit de l'hoirie en question;
Considérant que, c'est envain que, pour empêcher l'application
de la règle générale susdite, le défendeur voudrait insinuer que

le testament dont il s'agit, doit se rattacher nécessairement, soit au testament olographe, soit au testament mystique ; car , 1º les législateurs, constans dans les principes toujours suivis en de semblables matières , et dont on a un exemple en la Novelle 66, chap. 1, nº 4, du Code de Justinien, n'ont point dérogé ni frappé de nullité les testamens faits d'après les formes anciennes ; au contraire, ils ont voulu les conserver intactes, pourvu que les dispositions y contenues fussent conformes aux lois en vigueur à l'époque de la mort des testateurs, comme il a été reconnu par la Cour de cassation, et par cette même Cour en leurs différens arrêts. 2º La validité et la force du testament ainsi posées, il serait absurde de dire qu'un acte qui est valable d'après les formes, jadis en vigueur, et qui a sorti une nature toute particulière à lui d'après ces formes, et d'après les lois alors existantes, ait changé de nature pour cela seulement qu'une loi a établi des formes nouvelles pour les actes à venir, et ait perdu les qualités qui étaient de son essence, pour vêtir des qualités nouvelles entièrement inconnues au moment de sa confection. Qu'en conséquence il est inutile de chercher auxquels des testamens , soit olographe, soit mystique, le testament dont il s'agit se rattache, puisqu'il est toujours constant qu'il est un testament de nuncupation implicite, qu'il a une nature à lui, et qu'il ne peut être compris dans une loi d'exception bornée littéralement aux testamens y mentionnés ; Considérant que c'est encore envain que le défendeur, tout en admettant que le testament dont il s'agit a été fait, reçu et ouvert d'après les règles fixées par les lois qui en ont déterminé la nature et les formes , voudrait que l'intervention du président du tribunal de première instance fût nécessaire à son ouverture, et ce, parce que le Code Napoléon ne donne point aux notaires la faculté d'ouvrir les testamens qui se trouvent clos et scellés. En effet, ce n'est point les dispositions dudit Code, ni d'après les formes y établies pour constater l'authenticité des testamens desquels il a parlé , que le testament en question prend sa force ; elle lui fût donnée , soit par l'usage constant qui avait autorisé ces espèces de testamens, soit par la disposition littérale de l'art. 1er, chap. 2, tit. 22, liv. 5, des Constitutions générales du Piémont, qui les a expressément autorisées, soit enfin, comme nous l'avons dit, par la volonté des législateurs qui n'y ont point dérogé. Si donc il était de l'essence des testamens de nuncupation implicite , que le testateur pût autoriser le notaire de les ouvrir après son décès, sans avoir recours au

juge, comme on n'en peut douter d'après le témoignage uniforme
des praticiens, et comme nous le dit expressément la décision
du sénat du Piémont, du 2 septembre 1740, *in causâ revelli*,
Demora rapporteur, il est évident que l'ouverture du testament
en question, faite par le notaire Paoletti, d'après la faculté qu'il
en avait expressément reçue du testateur, est valable, puisqu'elle
se rattache à la volonté du testateur, et fait partie des formes
usitées, et autorisées en ces espèces de testamens. Il est donc
constant que la prohibition faite par le Code aux notaires et autres d'ouvrir les testamens olographes et mystiques, sans l'intervention du président, n'est point applicable à l'espèce, où, par
une nature toute particulière du testament en question, la preuve
de son authenticité, et le soin de son ouverture pouvaient être
confiés par le testateur lui-même au notaire; Considérant au
surplus, que si l'on devait examiner et fixer la nature du testament
dont il s'agit, d'après les principes reconnus en Piémont au moment de sa confection, il serait de plus en plus évident que la
disposition de l'art. 1006 du Code Napoléon, et non celle des
art. 1007 et 1008 devrait s'appliquer à l'espèce, puisque d'après
l'opinion des jurisconsultes et praticiens les plus accrédités,
c'était à l'espèce des testamens nuncupatifs, soit publics, et
non à l'espèce des testamens écrits, soit mystiques, que le testament de nuncupation implicite se rattachait. Telle est en effet
l'opinion du jurisconsulte Richeri dans l'art. 1002, liv. 2, tit. 17,
chapitre 5 de sa jurisprudence, où il agite cette question. Telle
est l'opinion des jurisconsultes hollandais, par lui cités, en leur
Conseil 192, part. 3, vol. 2; et cette opinion est fondée sur
le texte de la loi 8, au titre *de Hered*, *instit.* du Digeste,
d'après laquelle il était permis au testateur dans les testamens
de nuncupation, de ne point nommer l'héritier, pourvu qu'il
l'eût désigné d'une manière certaine et indubitable, ce qui se
fait par les testamens en nuncupation implicite, au moyen de
la relation à la cédule testamentaire. Qu'en conséquence de ce
que dessus, soit qu'on examine la question d'après la lettre des
articles du Code Napoléon dont il s'agit, soit qu'on l'envisage d'a-
près la nature particulière du testament en question, il est toujours constant que la demanderesse doit être censée saisie légiti-
ment de l'hoirie de Louis Maccono, en vertu du testament par
elle produit aux actes, sans qu'aucune autre immixtion en la
possession de la même hoirie lui soit nécessaire. Dit avoir été
mal jugé, etc. »

Il résulte de cet arrêt deux choses : la première, que le testateur peut se jouer sciemment de la loi qui prescrit de nouvelles formes testamentaires (sauf les exceptions écrites dans le droit positif); et ici je laisse parler les principes généraux (V. *suprà, de la Forme des Testamens*). La seconde, que le testateur a pu, de son autorité privée, déterminer le mode d'exécution de son testament, et sur quoi s'est fondé l'arrêt? Sur ce qu'il était de l'essence des testamens nuncupatifs implicites que le testateur pût autoriser le notaire de les ouvrir après son décès, sans avoir recours au juge; et sur quoi appuie-t-il cette assertion? sur le témoignage uniforme des praticiens, sur une décision du sénat du Piémont. Ainsi une forme spéciale de testament, l'une de ses qualités constitutives et essentielles seront attestées et créées par des praticiens, par un arrêt, et cette qualité essentielle, fondamentale sera, que le testateur puisse déroger à une loi d'ordre public, contre le vœu précis de la loi 55, ff *de Legat* 1º, *Nemo potest in testamento suo cavere, ne leges in suo testamento locum habeant.* C'est évidemment substituer le régime capricieux de la volonté individuelle au régime immuable et salutaire de la volonté de tous; c'est méconnaître la nature propre et l'autorité de la loi dans une matière où sa volonté est tout, où celle du testateur n'est rien; à tel point que Pothier décidait (*Traité des Testamens*, chap. 5, § 2), que le testateur n'avait pas le droit d'ordonner par son testament que les légataires pourraient d'eux-mêmes se mettre en possession de leurs legs, bien que la propriété de ces legs passât sur leur tête, sans aucun fait ni tradition, du jour de la mort du testateur; et quelle était la raison de Pothier? C'est qu'il n'était pas permis aux testateurs de s'affranchir des obligations imposées par les lois (L. 55, ff *de Legat* 1 *suprà*); c'est qu'il n'appartenait pas aux particuliers de faire par eux-mêmes ce qui ne doit être fait que par l'autorité du magistrat, *non est privatis concedendum quod publicè per magistratûs auctoritatem fieri debet.*

Je sais bien que les art. 1007 et 1008 du Code civil n'emportent pas la nullité des testamens olographes ou mystiques pour violation des formes qu'ils tracent relativement à leur ouverture, et que la jurisprudence paraîtrait favoriser cette interprétation; néanmoins je pense qu'indépendamment de toute disposition formelle écrite dans la loi et emportant peine de nullité, la théorie d'après laquelle l'omission de toute formalité essentielle, substantielle, entraîne de plein droit cette nullité, est plus exacte. D'autre part, que l'on relise les arrêts qui sembleraient consacrer cette jurisprudence (1), et l'on y verra qu'il s'agissait toujours de testamens réguliers en la forme et au fond, dont l'ouverture seulement avait eu lieu prématurément et d'une manière irrégulière de la part de l'une ou de plusieurs des parties intéressées, d'ailleurs sans aucun indice de fraude; et dès lors, la justice ne voyant dans l'acte de celui ou de ceux qui avaient ainsi méconnu les dispositions de la loi relatives aux formes solennelles d'ouverture, que l'oubli ou l'abandon de formes uniquement introduites dans leur intérêt, a pu n'appliquer le texte de la loi qu'avec tempérament, *civili modo*, judicieusement et dans le but de la conservation et de l'exécution des volontés du défunt. Ajoutez que ces arrêts ne statuent pas, parce qu'ils n'y étaient pas appelés, sur la violation des formes relatives à l'envoi en possession.

Mais ils eussent autrement jugé sans doute, s'il se fût agi de testament fait sous l'empire de simples usages attestés par des praticiens, ou d'un arrêt de cour judiciaire, alors que le testateur serait mort sous l'empire d'une loi régulière et promulguée, sans avoir refait son testament d'après ses dispositions; si ce testament portait la clause formelle que le notaire auquel il était remis en ferait l'ouverture après son décès, *sans l'intervention d'aucune solennité judiciaire*, ce qui entraînait la conséquence, selon l'arrêt, que l'envoi en possession, devait aussi avoir lieu sans l'intervention de cette autorité, et que dès lors, devaient s'ensuivre tous les graves inconvéniens attachés aux mises de fait en possession, inconvéniens que la loi a eu principalement pour but de prévenir; enfin, s'il n'eussent vu dans ces testamens, non pas la bonne foi dont parle la Novelle 66, du testateur qui ignorait en réalité l'existence de la loi nouvelle, introductive de nouvelles formes testamentaires, ou l'application de l'art. 85 de l'ordonnance de 1735, mais bien la résistance opiniâtre d'un testateur qui non-seulement méprise l'obligation que lui impose la loi nouvelle, quant à la forme, mais encore qui persiste, sous le règne de cette loi, à maintenir dans son testament la

_____

(1) Cour roy. de Riom, 17 mars 1807 (Sirey, t. VII, 2, p. 1227); C. Rouen, 25 janv. 1808 ( Sirey, t. VIII, t 2, p. 72; C. Metz, 10 juill. 1816 ( Sirey, t. XIX, 2, p. 69 ).

clause par laquelle il se rend indépendant de la loi, sur un
point qui intéresse l'ordre public, et cela fondé sur ce qu'aux
termes d'anciens usages, il est de l'essence d'un certain testament que le testateur puisse enchaîner d'avance l'action de la
loi sur des matières d'ordre public? A quoi servent les lois s'il
est permis de se jouer ainsi de leurs dispositions? Au surplus,
V. *infrà*, section 6ᵉ, *des Successions ab intestat*, et sect. 7ᵉ,
*Conservation et Exercices des Droits civils.*

---

## SECTION Vᵉ.

## De la rétroactivité en matière de substitution.

—

### § 1ᵉʳ. — De la substitution directe ou vulgaire.

—

## SOMMAIRE.

1. — *Définition propre du mot substitution. C'est l'insti-
    tution d'un second héritier, à défaut du premier.*
2. — *La substitution fidéicommissaire ne peut être qu'im-
    proprement appelée du mot substitution.*
3. — *Les altérations primitives de ce mot se retrouvent
    dans notre ancienne législation; il faut en cher-
    cher les raisons dans l'ordre des causes politiques.*
4. — *De là les graves confusions de l'ancienne jurispru-
    dence sur la nature du droit de propriété, en ma-
    tière de substitution.*
5. — *Erreurs de ceux qui ont voulu justifier ces confu-
    sions par le Droit romain.*
6. — *Le Code civil a pris (Art. 896) le mot de substitution
    dans le sens des anciennes ordonnances et de la loi
    du 14 nov. 1792. Il dépouille par le même article
    la substitution vulgaire du caractère même de
    substitution.*

7. — *La loi du 14 nov. 1792 avait aboli les substitutions vulgaires et fidéicommissaires ; le Code civil n'a rétabli en principe que les premières, sous une nouvelle dénomination.*

8. — *Les lois intermédiaires qui ont prononcé l'abolition de toutes les substitutions, ont-elles pu influer sur les substitutions vulgaires antérieures à cette abolition, mais qui ne se sont ouvertes que depuis la promulgation de l'art. 889 du Code civil ?*

9. — Quid, *si le testament était simplement olographe, portant une date antérieure à la publication de l'art. 898 du Code civil, mais postérieure à la loi du 14 nov. 1792, alors que le testateur serait décédé depuis le Code civil ?*

———

1. Une chose digne de remarque, c'est la déviation que nos lois et particulièrement le Code civil, ont donnée au sens propre du mot *substitution.*

La substitution, dans l'exacte acception de ce mot, est l'institution d'un second héritier, à défaut du premier ; *Lucius Titus heres esto; si mihi Lucius Titius heres non erit, tum Seius heres mihi esto.* L. 1, § 1, ff. *de Vul. et pupill. Substit.* Elle est donc une institution conditionnelle, c'est-à-dire qu'elle se réalisera, si le premier institué ne remplit pas sa place. Quelques auteurs l'appellent subsidiaire ; mais elle est directe comme la première ; c'est-à-dire qu'elle tient de l'instituant son existence et sa force. Or, c'est là le véritable caractère de la substitution vulgaire.

2. La substitution fidéicommissaire, au contraire, ne peut être appelée qu'improprement du mot *substitution.* Qu'exprime-t-elle en effet ? La remise de l'hérédité à un tiers. Mais ce tiers n'est pas l'héritier, car celui de qui il tient l'hérédité demeure toujours le véritable héritier; c'est même en cette seule qualité qu'il peut remplir fidèlement les intentions du défunt, en remettant l'hérédité au tiers désigné. En outre, la qualité d'héritier ne saurait reposer, pour le tout, sur deux têtes à la fois: *Duo in solidum heredes esse non possunt.* L. *quod contrà,* § 1, ff *de Reg. jur.*

3. Mais notre ancienne législation avait déjà altéré ces acceptions primitives. V. entre autres les ordonnances de Moulins, d'Orléans et de 1747. Et c'est encore dans l'ordre des causes politiques qu'il faut chercher le principe et la raison de ces altérations. « La matière des fidéicommis, porte le préambule de l'ordonnance de 1747, fort simple dans son origine, est devenue beaucoup plus composée depuis que l'on a commencé à étendre les substitutions, non-seulement à plusieurs personnes appelées les unes après les autres, mais à plusieurs degrés, ou à une longue suite de générations. Il s'est formé par-là comme un nouveau genre de succession, où la volonté de l'homme, prenant la place de la loi, a donné lieu d'établir aussi un nouvel ordre de jurisprudence, qui a été reçu d'autant plus favorablement, qu'on l'a regardé comme tendant à la conservation du patrimoine des familles, et à donner aux maisons les plus illustres le moyen d'en soutenir l'éclat ».

4. Dès lors, disparaissaient les notions simples et exactes de la propriété telles que nous les retracent les lois romaines et les éternels principes du droit.

Il s'agissait évidemment de fonder les substitutions graduelles ; or, que devenait le droit de propriété d'après cette conception ? Il perdait ses caractères essentiels ; on ne retrouvait plus de vrais propriétaires dans cette série de successeurs grevés, sur la tête desquels reposaient, pendant leur vie, les biens substitués, et qu'ils devaient rendre après leur mort ; et sur quel principe encore faisait-on reposer cette charge de conserver pendant leur vie, puisqu'ils n'étaient rigoureusement ni propriétaires ni usufruitiers ? Il serait impossible d'en donner une raison plausible.

On présumait que telle était l'intention de l'auteur de la substitution. « Dans notre usage, dit Thevenot Dessaules, n° 919 et suiv., la condition de la mort du grevé n'a besoin d'être annoncée ni expressément, ni même implicitement. Le grevé est présumé n'avoir été chargé de rendre *qu'à sa mort*, à moins qu'il n'y ait dans la substitution quelque terme ou quelque circonstance qui indique le contraire. Notre usage habituel étant de ne substituer que pour le temps du *décès du grevé*, il est juste de croire que le substituant l'a entendu de la sorte si le contraire n'est pas établi. Quelle apparence en effet, dans nos mœurs, que quand un père aura dit : *Je fais mon fils légataire universel, et je substitue mes biens à ses enfans*, il ait entendu obliger ce fils à rendre à ses enfans sur-le-champ, tellement que ce fils n'ait aucune jouissance des biens pendant sa vie? Cela n'est nullement probable, lors même que la substitution est faite par un étranger; et dans ce cas même, la condition *cùm moreretur* doit être présumée d'après notre manière ordinaire de substituer ».

5. Quelques auteurs ont voulu voir dans ces substitutions une disposition modale dont l'effet était de reporter sur la tête des grevés successifs une sorte de propriété modifiée, altérée, de la part de l'instituant, en ce qu'il leur interdisait toute aliénation des objets substitués; et s'appuyant de l'assertion de Voët (1) qui n'hésite pas en effet, à poser en principe que la propriété peut être accompagnée de l'interdiction d'aliéner, on a prétendu trouver des exemples de ces sortes de dispositions dans le droit romain. Je n'entreprendrai pas ici la réfutation *ex professo* de cette opinion; je me contenterai de dire, qu'il est de l'essence du droit de propriété que le propriétaire puisse aliéner (Donellus, *ad Pandect.*, lib. 9, cap. 9, n° 25); que toute prohibition d'aliéne ne imposée par l'auteur de la libéralité peut bien, sans blesser auc. cipe sans doute, attribuer des effets utiles à la personne gra iée, par exemple, l'usufruit, l'usage, ou toute autre détention précaire de la chose donnée; mais que la disposition à laquelle elle sera attachée n'aura jamais pour résultat certain de transférer la propriété; que Voët, dont on invoque l'autorité, par une méprise que je ne puis m'expliquer de la part de ce judicieux jurisconsulte, fonde son opinion sur trois lois romaines qui présentent un sens autre que celui qu'il leur prête: Voici comment il s'exprime : « Il n'est pas contradictoire d'être propriétaire et d'être privé de la faculté d'aliéner; de n'être propriétaire que pour un temps limité, par exemple, pendant la vie, circonstances qui arrivent tous les jours, précisément dans le fidéicommis avec charge de rendre à la mort du grevé ». Or, que disent les lois romaines dont il s'appuye? Je me bornerai à en rapporter une, attendu que toutes les autres sont fondées sur le même principe. « On avait légué de l'argent à Titius, dit la loi 12, ff *de usufruct. ear. rer. quæ*, etc., à la condition, qu'après sa mort, l'argent reviendrait à Mevius. Bien que le legs porte que Titius aura l'usage de cet argent, répondent les empereurs Sévère et Antonin, néanmoins, la propriété en est

_____

(1) Comment. *ad Pandect. de usufruit. et quemadm.*, n° 11, *in fine*.

léguée, et s'il est dit que le légataire en aurait l'usage, c'est pour indiquer qu'il est tenu de rendre l'argent après sa mort ». — « Cùm pecunia erat relicta Titio, ita, ut post mortem legatarii « ad Mœvium rediret, quamquam ad scriptum sit, ut usum ejus « Titius haberet, proprietatem tamen ei legatam : et usûs men- « tionem factam, quia erat restituenda ab eo pecunia post mor - « tem ejus, divi Severus et Antoninus rescripserunt ». Pareille décision est renfermée dans les lois 4, ff *de alim. vel cibar. legat.*, 39, ff *de usu et usufruct. legat.*, rapportées par Voët ; l'on pour-rait encore citer les lois 15, ff *de aur. et arg. legat.*, 38, § 1, ff *de Legat.* 3° etc. Or, sur quel principe reposent toutes ces décisions ? Sur ce que le droit de propriété peut être accom-pagné de la prohibition d'aliéner ? Nullement. Le droit dont il s'agit au fond est un pur droit d'usufruit, de jouissance, ou de toute autre détention temporaire, ou précaire ; mais comme l'objet du legs est une matière fongible ou susceptible de se détériorer par l'usage, on décide que la propriété (attendu la nature des choses) en est léguée, et on astreint même le léga-taire à donner caution pour la restitution à son décès *de chose pareille et d'égale valeur*. Ce principe nous est formellement retracé par la loi 7, ff *de usufruct. ear. rev.* etc.., « Si vini, fru- « menti, olei usus fructus legatus erit, proprietas ad legatarium « transferri debet : et ab eo cautio desideranda est : ut, quando- « que is mortuus aut capite deminutus sit, ejusdem qualitatis res « restituatur : aut, æstimatis rebus, certæ pecuniæ nomine « cavendum est : quod et commodius est. IDEM SCILICET DE CŒTE- « RIS QUOQUE REBUS , QUÆ USU CONTINENTUR, INTELLIGIMUS ».

C'est dans le même sens que j'explique la loi 26 au Code *de legat.* Justinien déclare dans cette loi qu'il veut corriger l'ancien droit d'après lequel, les legs et les fidéicommis temporaires étaient nuls ; il décide en conséquence qu'ils seront valables à l'avenir : *Illud quod de legatis, vel fideicommissis temporalibus, ut potè irritis, à legum conditoribus definitum est, emendare prospeximus : Sancientes etiam talem legatorum, vel fideicom-missorum speciem valere, et firmitatem habere.* Et ce qu'il y a de remarquable, c'est qu'il argumente des donations faites *sub modo*, c'est-à-dire, à temps, et sous une clause résolutoire exprimée ou sous-entendue, donations dès lors valables, puisqu'elles n'entraî-naient pas la prohibition d'aliéner, pour autoriser les legs et fidéicommis temporaires qui reposent sur un tout autre principe, attendu qu'emportant obligation de la part du légataire ou du fidéicommissaire, de restituer le legs ou le fidéicommis aux héritiers du disposant, même de donner caution pour la restitution de la chose léguée dans toute son intégrité, il y avait évidemment prohibition implicite d'aliéner, et la disposition se réduisait alors à un véritable usufruit. « Post completum, videlicet tem- « pus ad heredem iisdem legatis, vel fideicommissis remean- « tibus, necessitatem habente legatario, vel fideicommissario « cautionem in personam heredis exponere, ut ei post transac- « tum tempus res non culpâ ejus deterior facta restituatur ». Il s'en faut donc de beaucoup que ces décisions supposent qu'en principe, le droit de propriété puisse être accompagné de la prohibition d'aliéner.

6. Le Code civil, prenant le mot substitution dans le sens politique adopté par les anciennes ordonnances, et la loi du 14 nov. 1792, déclare, art. 896, que, « les prohibitions sont « prohibées ». Il entend évidemment par-là les substitutions fidéicommissaires; et ce qui ne permet pas d'élever le moindre doute à cet égard, c'est le soin qu'il prend ensuite de définir (Art. 898) la substitution vulgaire, pour la dépouiller du caractère même de substitution : « La disposition par laquelle un tiers « serait appelé à recueillir le don, l'hérédité ou le legs, dans le « cas où le donataire, l'héritier institué ou le légataire, ne le recueillerait pas, ne sera pas regardée comme une substitution, et sera valable ».

7. Quoi qu'il en soit de cette dernière déviation, qui peut être considérée comme un droit nouveau, il faut dire : que la loi du 14 nov. 1792 avait réellement aboli les substitutions vulgaires comme les substitutions fidéicommissaires, et que le Code civil a rétabli les premières sous une nouvelle dénomination.

8. Dans cet état on demande, quel serait le sort de substitutions vulgaires antérieures à la loi du 14 nov. 1792 et qui ne seraient ouvertes que depuis la publication de l'art. 898 du Code civil? Les lois intermédiaires qui ont prononcé l'abolition de toutes les substitutions, ont-elles pu influer sur celles qui n'étaient pas encore ouvertes lors de la promulgation de cet article? Eh, comment en serait-il ainsi! Les lois n'ont d'action que sur les faits qui se réalisent sous leur empire; elles sont impuissantes sur les faits passés comme sur les faits à venir. Or, ou ces substitutions anciennes ont été consignées dans des actes irrévocables,

soit à titre de donations, soit à titre d'institutions contractuelles,
et elles étaient alors formellement autorisées par les lois en
vigueur à cette époque, ou elles étaient insérées dans des testamens ou des codicilles, et ces actes ayant date certaine, n'auront
produit leur effet qu'au décès du testateur, c'est-à-dire, à une
époque où la loi autorisait ce genre de disposition. Il est évident
que, dans l'un comme dans l'autre cas, la législation intermédiaire, quelles qu'aient été ses vicissitudes, leur restera complètement étrangère, et qu'il y aura lieu à appliquer la maxime
*media tempora non nocent.*

9. Mais, *quid*, si le testament était simplement olographe, portant une date antérieure à la publication de l'article 898 du Code
civil, mais postérieure à la loi du 14 nov. 1792, alors que le
testateur serait décédé depuis le Code civil? Sans doute le testament olographe fait foi de sa date; je l'ai amplement démontré
(*suprà*, p. 35, n° 13). Il appartiendrait donc à une époque où
les substitutions étaient prohibées; et ce serait alors le cas d'appliquer la règle *quod initio vitiosum est tractu temporis convalescere non potest.* Mais selon mes principes (*suprà*, p. 23
et 26) la loi sous l'empire de laquelle a lieu le testament est
abrogée de plein droit par la loi postérieure qui change ou altère
la forme précédente; il faudrait donc dire que dans ce cas, le
testateur qui n'a pas refait son testament est présumé avoir
adopté la forme olographe tracée par la nouvelle loi, avec tous
les effets qu'elle y attache.

§ 2. — De la substitution fidéicommissaire.

## SOMMAIRE.

ont jugé que la loi du 14 nov. 1792 n'emportait pas rétroactivité.

3. — *Il faut dire que la loi du 14 nov. 1792 est rétroactive.*

4. — *Les raisons de cette rétroactivité doivent être puisées dans les considérations politiques.*

5. — *L'art. 12 de la loi du 3 vendém. an IV n'a pas abrogé cette rétroactivité.*

6. — *Résumé. L'art. 2 du Code civil lui-même ne l'a pas fait cesser.*

7. — *Examen critique d'un arrêt récent de la Cour de cassation rendu sur l'application de cette même loi du 14 nov. 1792, aux donations avec clause de retour.*

8. — *Examen de la question, sous le rapport du retour légal.*

9. — *Sous le rapport du retour conventionnel.*

10. — *En résumé, il est plus exact d'envisager les clauses* de retour légal *dont il s'agit comme des dispositions générales sur les biens, emportant substitution fidéicommissaire dans le sens de la loi du 14 nov. 1792. Pourquoi ?*

11. — *La nullité dont l'art. 896 du Code civil frappe toute disposition à titre gratuit à laquelle sera apposée une substitution fidéicommissaire, est-elle applicable au cas où la disposition se trouve antérieure à la loi du 23 août 1792, et où son auteur a survécu à la publication de l'art. 896 du Code civil ?*

12. — *Il faut distinguer : ou il y a droit acquis à l'égard de la disposition principale, du jour de l'acte, ou il n'y a pas droit acquis à cette époque ; dans le premier cas, il y aura nullité de la substitution seulement ; dans le second, il y aura nullité pour le tout. Ces principes sont applicables aux institutions contractuelles.*

13. — *Quant aux dispositions testamentaires, quelle que soit leur date, c'est par la loi du temps du décès,*

*époque à laquelle se réalisent les effets de ces dispositions, que sont régies, soit l'institution, soit la substitution.*

14. — *Que faudrait-il penser d'un acte de libéralité antérieur ou postérieur à la loi du 14 nov. 1792, emportant substitution dans les limites mêmes de la loi du 17 mai 1826, et dont l'auteur serait mort sous l'empire de cette loi?*

15. — *Quid, si l'acte de libéralité s'écartait à quelques égards des limites précises tracées par la loi nouvelle?*

16. — *Les observations précédentes sont applicables au cas où l'acte de libéralité ayant été fait sous l'empire de l'art. 896 du Code civil, le testateur serait décédé sous l'empire du même article. Néanmoins on peut induire d'un arrêt de la Cour de cassation qu'il en serait autrement, si le testateur fût mort depuis la publication de la loi du 17 mai 1826.*

———

1. Une question intéressante a été soulevée récemment sur l'interprétation de l'art. 2 de la loi des 25 octobre et 14 novembre 1792 ainsi conçu : « Les substitutions faites avant la publication du présent décret, par quelques actes que ce soit, qui ne seront pas ouvertes à l'époque de ladite publication sont et demeurent abolies et sans effet. »

Cet article emporte-t-il rétroactivité, et à ce titre, a-t-il été abrogé par l'art. 12 de la loi du 3 vendém. an IV, dont voici les termes : « En conséquence de la loi du 9 fructidor dernier, et des articles ci-dessus, la loi du 5 brum. an II, celle du 17 niv. suivant, en ce qui n'y est point dérogé, celle du 7 mars 1793, sur les dispositions en ligne directe, et toutes lois antérieures non abrogées, *relatives aux divers modes de transmission des biens*, auront leur exécution, chacune *à compter du jour de sa publication.* »

2. M. Merlin (*Quest. de Droit*, t. IX, p. 343), pense que cet article est rétroactif et qu'il n'a pas été abrogé par les lois posté-

rieures à celle du 14 nov. 1792. Deux arrêts, l'un de la Cour royale de Toulouse, l'autre de la Cour de cassation, décident au contraire, qu'il n'est pas rétroactif. Retraçons l'espèce sur laquelle sont intervenus ces arrêts ( 1 ).

Par testamens de 1698 et 1710, les biens des maisons de Verdale et de Bournazel avaient été subtitués de mâle en mâle par ordre de primogéniture. Le 10 janvier 1792, décès de Claude de Bournazel dernier possesseur des biens; il laissait deux enfans mâles, Jean et Pierre de Bournazel. Les biens furent recueillis par l'aîné, Jean. Il les détenait encore lorsque fut rendu le décret des 25 octobre - 14 novembre 1792. Jean de Bournazel se considérant, en vertu de cette loi, comme propriétaire incommutable des biens substitués, n'ayant pas d'ailleurs d'enfans, disposa de la totalité par testament, en faveur de sa femme. Il décéda le 2 avril 1808. Sa veuve disposa à son tour de ces biens par testament, en faveur du sieur de Fumel son neveu. Elle décéda le 22 avril 1819. Pierre de Bournazel frère de Jean, appelé aux biens substitués par les anciens testamens, avait fait sans succès, du vivant de la veuve de son frère, quelques tentatives amiables pour rentrer dans ces biens. Après son décès, et en 1823, le sieur A. X. de Bournazel son fils, assigna le sieur de Fumel devant les tribunaux en restitution de ces biens. Il fondait sa demande sur deux moyens : 1º Pierre de Bournazel son père avait *un droit acquis*, quoique conditionnel, aux biens substitués, lorsque parut la loi du 14 novembre 1790; on ne pouvait faire résulter d'aucune des dispositions de cette loi, qu'elle eût entendu le dépouiller de ce droit. 2º Dans tous les cas, s'il était vrai qu'elle dût être considérée comme rétroactive, cette rétroactivité avait été rapportée par les lois des 9 fruct. an III et 3 vendém. an IV. Jugement du tribunal civil et arrêt de la Cour royale de Toulouse, du 21 avril 1825 qui, par divers motifs écartent sa demande. Pourvoi en cassation; et, le 21 mars 1826, arrêt ainsi conçu : « Attendu, en droit, que si la loi du 3 vendém. an IV, par son art. 12, abolit l'effet rétroactif de toutes les lois antérieures relatives à la transmission des biens, cette même loi n'a considéré, comme renfermant un effet rétroactif, que les dispositions, lesquelles enlevaient véritablement aux individus des droits qui leur étaient déjà réellement acquis avant leur pu-

(1) Sirey, t. XXVI , 1 , p. 352 , et t. XXV , 2, p. 274.

blication ; attendu que la validité *intrinsèque et efficace* d'une substitution fidéicommissaire doit être régie par les lois en vigueur à l'époque du testament, du décès du testateur, et notamment *de son ouverture ;* qu'ainsi, avant cette époque de l'ouverture, aucun droit ne peut être considéré comme déjà *réellement acquis* aux appelés à la même substitution. *Substitutio quœ nondum competit , extra nostra bona est.* L. 42, ff *de Acquir. rer. dom.*; attendu que la loi du 14 nov. 1792 n'a aboli que les substitutions qui n'étaient pas encore ouvertes lors de sa publication ; qu'ainsi, elle n'a enlevé aux appelés à ces substitutions, aucun droit qui leur fût déjà réellement acquis avant cette publication, et, par conséquent, elle n'a point été, même sous ce rapport, abrogée par la loi du 3 vendem. an IV ; qu'en effet, depuis le moment de sa publication jusqu'au procès actuel, la loi du 14 nov. 1792 a été constamment *exécutée en ce sens* par les grands corps de l'État dans leurs délibérations, par les tribunaux dans leurs jugemens, et par les particuliers dans leurs transactions ; et attendu qu'il est constant et reconnu, *en fait ,* qu'à l'époque de la publication de la loi du 14 nov. 1792, aucune des substitutions de sa famille n'était encore ouverte en faveur du demandeur en cassation, quoique déjà vivant ; qu'au contraire elles étaient toutes légitimement possédées par *Jean ,* son frère aîné ; que, dans ces circonstances, en décidant que les biens, composant ces substitutions, étaient demeurés libres sur la tête de *Jean ,* frère aîné, leur possesseur légitime, l'arrêt attaqué a fait une juste application de la loi du 14 nov. 1792 ; sans se mettre en contradiction avec celle du 3 vendém. an IV , ni avec aucune autre loi ; rejette, etc. ».

1º Toute la difficulté, comme on voit, consiste à bien déterminer le sens de ces mots de l'art. 2 de la loi du 14 nov. 1792 : « Les substitutions faites avant la publication du présent décret *qui ne seront pas ouvertes à l'époque de ladite publication ,* sont et demeurent abolies et sans effet ».

Une substitution non ouverte, mais fondée sur un titre devenu irrévocable par le décès du testateur, confère-t-elle un droit acquis à l'appelé à la substitution? Dans ce cas, l'art. 2 de la loi du 14 nov. 1792 est évidemment rétroactif. Le droit à la substitution, au contraire, n'est-il acquis au profit de l'appelé que *du jour de son ouverture ;* jusque-là est-il hors de son patrimoine, selon les termes de la loi 42 , ff *de Acquir. rer.*

*dom. Substitutio quæ nondum competit, extra nostra bona est?*
Dans ce cas, l'art. 2 n'est pas rétroactif, et il n'aura pu, à
ce titre, devenir l'objet des lois postérieures à l'an II, abrogatoires de l'effet rétroactif des lois précédentes. Telle paraîtrait
être l'opinion de la Cour de cassation ; mais il est bien difficile
qu'il en soit ainsi.

Quel est le caractère de la substitution fidéicommissaire, et où
commence *le droit acquis* pour l'appelé? La substitution fidéicommissaire est une seconde institution ( L. 43, note, § 2,
ff *de Vulg. et pup. substit.*, Donell., lib. 6, cap. 25, n° 12 );
ses élémens indispensables sont : 1° trois personnes, le substituant, le grevé, l'appelé; 2° la charge de conserver et de
rendre, d'où résultent le trait de temps et l'ordre successif.
Mais qu'on le remarque bien : le second, le troisième, le
quatrième appelé, sont de véritables institués qui tirent tous
leurs droits de l'acte qui les gratifie ; c'est la puissance du testateur ou de l'instituant qui les crée héritiers ; et de là cette
règle du Droit romain, que le fidéicommissaire ou l'appelé doit
jouir de la même capacité de recevoir au temps du décès, que
l'héritier direct : « Ut solus institui potest heres, cum quo tes-
« tamenti factio est ; ita soli huic hereditas per fideicommissum
« relinqui. Solum enim legari potest huic generi civium.
« § *Legari, Instit. de legat.* ; L. 1, ff. *de Legat.* 1° ; L. 2,
« *Cod Comm. de legat.* ».

A la vérité, l'héritier institué au premier degré tient directement l'hérédité des mains du testateur, sous la condition résolutoire de la restituer au premier appelé, lors de son décès,
tandis que l'héritier appelé la reçoit des mains du grevé ; mais
le droit de l'appelé a la même source, la même cause que celui
du grevé, c'est le testament ; il en a aussi la même date. Seulement, il est soumis à la condition spéciale, que le grevé cessera de détenir l'hérédité. *Hoc autem illud*, dit encore Donell.
( *Ibid.*, n° 6), *quod diximus, substitutionem omnem esse institutionem conditionalem : neque hanc tamen quæ fiat sub omni
conditione, sed eam qua instituatur heres sub conditione, si
primus heres remotus fuerit : ut sic hoc remoto, fiat locus ei,
qui in remoti locum substituitur.*

3. Si donc l'héritier appelé, à quelque degré que ce soit,
est héritier du jour du décès du testateur et par la force du
testament, si l'exercice de son droit n'est que subordonné à la

condition que l'héritier premier appelé cessera d'être héritier, il est évident que ce droit existe *du jour* où le testament qui le lui confère aura reçu toute son efficacité par le décès du testateur. Il est évident, en outre, que l'ouverture de la substitution n'est plus que la conséquence même de l'arrivée de cette condition; et ce ne sera que par un véritable effet rétroactif qu'une loi postérieure pourra, déniant des droits conditionnels à la vérité, mais acquis aux appelés du jour du décès du testateur, déclarer que les effets du testament seront annulés en cette partie.

On remarque que je raisonne ici dans les purs termes du droit civil; je prétends qu'aux yeux de la loi civile il y avait droit acquis au profit des substitués, par la force même du testament qui, soutenu par la loi civile seule, avait créé les substitutions, et était devenu titre irrévocable et certain au décès du testateur; je dis qu'il y avait indivisibilité dans les effets de ce testament, toutes les fois que la puissance du testateur avait été contenue dans les limites mêmes de la loi, et que, dans cet état, il n'était pas permis de dire que nul droit ne fût acquis aux appelés avant l'ouverture des substitutions.

Ces principes sont indirectement consacrés, 1° par les lois 1 et 5, § 2, ff *ut Legator.*, qui permettent au substitué de demander caution au grevé; 2° par la loi 6 au même titre, qui déclare que faute par le grevé de fournir caution, le substitué peut se faire envoyer en possession des biens par forme de gage et de nantissement; 3° par la loi 50, ff *ad Trebell.*, dans laquelle l'empereur Adrien accorde à un substitué le droit de demander la restitution anticipée des biens grevés, attendu qu'il n'usait pas de ces biens en bon père de famille. Ces actions conservatoires supposent le droit certain et acquis au substitué, en vertu du testament, d'empêcher que son espérance ne devienne illusoire. Tous ces textes supposent, comme on voit, un droit acquis au substitué du jour du décès du testateur.

Outre que ces principes recevaient leur application dans notre ancienne jurisprudence, les art. 2, 13 et 15, tit. 2 de l'ordonnance de 1747, relatifs aux inventaires et emplois de deniers à faire, selon les cas, de la part du substitué, attestent de plus fort, le droit qu'il avait, même avant l'ouverture de la substitution, de veiller à ce que la disposition qui l'avait créé ne fût pas éludée de la part du grevé, lors de l'arrivée de la condition (1).

· 4. Maintenant, que des considérations politiques, comme l'énonce formellement la cinquante-deuxième réponse de la loi du 22 vent. an II; savoir : « qu'à cette époque on ne vit que la possession pour y consolider la propriété; et que cette loi, qui ne dut son existence qu'à des considérations politiques n'a rien de commun avec celle du 17 niv. »; aient déterminé la disposition de l'art. 2 de la loi du 14 nov. 1792; que le désir de rendre au commerce et à l'industrie des biens dont le sort avait été réglé dans d'autres vues politiques que celles que l'on voulait faire prévaloir à cette époque; que le désir de tarir la source d'une foule de procès auxquels donnaient lieu les substitutions, aient engagé les législateurs de 1792, *à consolider*, comme ils le disaient eux-mêmes, *la propriété à la possession*, et à la rendre par-là incommutable sur la tête des possesseurs actuels; c'est-là, il faut même s'empresser de le reconnaître, le meilleur argument que l'on puisse employer pour établir, que la loi a introduit sciemment, volontairement et parce qu'elle le jugeait nécessaire au bien public, l'effet rétroactif dans ses dispositions; mais par-là même aussi, les raisons tirées du droit civil, restent complètement étrangères aux motifs de cette loi.

5. 2° L'art. 12 de la loi du 3 vendém. an IV, a-t-il abrogé

(1) Quant aux arrêts des 7 pluv. an XIII ( Raille ) et 13 termid. an XIII (Grimald), rapportés par M. Merlin ( *Question de Droit*, t. IX, p. 346 ), comme ayant tranché la question, ils n'ont jugé qu'une seule chose : c'est qu'il y avait *droit acquis* au profit de l'institué du jour du décès de l'instituant, indépendamment de la condition apposée à l'institution, et alors que cette condition qui consistait dans l'élection conférée à un tiers, n'avait pu se réaliser par l'impuissance où les lois intermédiaires avaient mis ce tiers. Le seul arrêt du 23 mai 1808 ( Timbrune Valence ) s'appliquait à une *substitution fidéicommissaire;* et on lit ces paroles remarquables dans l'arrêt : « Attendu que la substitution à laquelle était appelé César Timbrune n'était pas devenue pour lui un titre irrévocable à l'époque où la veuve d'Emmanuel de Valence fut privée du droit d'élire, par l'effet des lois des 5 brum. et 17 niv. de l'an II, *soit parce que le substitué n'est jamais saisi de plein droit*, soit parce que le sort de la substitution dont il s'agissait, dépendait de l'événement d'une condition suspensive de sa nature; soit enfin parce que, avant que cette condition fût accomplie ou eût défailli, déjà était intervenue la loi de 1792, qui avait aboli les substitutions ». Mais le premier motif, donné cumulativement avec d'autres qui ont pu déterminer l'arrêt, ne saurait, dans cet état, fonder une véritable doctrine.

cet article 2 de la loi du 14 nov. 1792? Voici ses termes : « En conséquence de la loi du 9 fruct. an III, et des articles ci-dessus, la loi du 5 brum., celle du 17 niv., en ce qui n'y est point dérogé, celle du 7 mars 1793, sur les dispositions en ligne directe, et toutes les lois antérieures non-abrogées, relatives aux divers modes de transmission des biens, auront leur exécution, chacune à compter du jour de sa publication ».

La difficulté consiste à interpréter judicieusement ces derniers mots : « et toutes les lois antérieures........ *auront leur exécution chacune à compter du jour de sa publication* ». Or, voici l'objection : la loi du 14 nov. 1792 est bien une loi de cette nature; elle est antérieure aux lois de l'an II; elle n'est pas abrogée; elle est relative aux modes de transmission des biens, etc.; donc, son effet rétroactif est rapporté.

Cette conclusion n'est pas exacte : je me borne à dire que de ces termes : « auront leur exécution *chacune à compter du jour de sa publication* », on ne peut faire résulter autre chose sinon que la loi entend uniquement remplacer la disposition rétroactive, partout où elle se rencontrera dans les lois de l'an II et autres lois antérieures non-abrogées, qui faisait remonter l'exécution de la loi au 14 juill. 1789, par celle-ci : QUE LEUR EXÉCUTION DÉSORMAIS *n'aura plus lieu qu'à compter du jour de leur publication;* et que par-là sera généralement rapporté l'effet rétroactif formellement exprimé dans la loi. Mais on ne saurait entendre ces termes en ce sens qu'ils aient pour objet d'abroger, sans la remplacer par une autre, une dispositions complète dont la rétroactivité résulte moins des termes mêmes de la loi, que de la manière dont le législateur a, en général, envisagé les substitutions et réglé leurs effets civils; la loi du 5 vendém. an IV, a eu plutôt pour but de faire cesser les désastreux effets de la rétroactivité, partout où elle était visible, saisissable, dans la loi, que d'atteindre une disposition mêlée peut-être de quelque rétroactivité dans les balances et selon les appréciations rigoureuses du droit civil, mais que par des considérations supérieures tirées de l'ordre public, la loi politique pouvait vouloir maintenir. J'ajoute que la loi du 5 vendém. an IV, attentivement considérée, paraît avoir eu en vue les lois d'un certain ordre, par exemple, celles qui ont été rendues en général sur les successions, antérieurement à l'an II, mais non les lois d'un autre ordre spéciales sur les successions; c'est ainsi que puisqu'elle a cru devoir, par son art. 13, déclarer que la loi du 12 brum. an. 11, qui faisait remonter jusqu'au 14 juill. 1789 les droits de succéder des enfans naturels, n'aurait plus d'effet qu'à compter du jour de sa publication, il faut dire que son but n'a pas été de comprendre dans ses dispositions toutes les lois indistinctement non-abrogées antérieures à l'an 11, et relatives aux transmissions de biens. La loi qui abolit les substitutions, à plus forte raison, ne renfermant pas une rétroactivité expresse, comme celle du 12 brum. an 11, n'est-elle pas l'objet de ses dispositions.

Ajoutez, qu'en rapportant l'effet rétroactif de l'art. 1er de la loi du 17 niv. an 11, la loi du 9 fruct. an 111 laissa nécessairement subsister celui de la loi du 14 nov. 1792 puisqu'elle n'était pas abrogée.

6. Ainsi, en résumé, il faut tenir pour constant que la loi du 14 nov. 1792, subsiste encore aujourd'hui avec ses dispositions rétroactives; que l'art. 2 du Code civil lui est étranger, parce qu'il ne saurait, en matière civile, sans être taxé lui-même de rétroactivité, s'appliquer à des lois qui ne sont pas comprises dans l'abrogation prononcée par l'art. 7 de la loi du 30 vent. an XII; enfin, que toute espèce dans laquelle on pourrait démêler encore une substitution fidéicommissaire non ouverte le 14 nov. 1792, devrait être rigoureusement soumise aux dispositions de cette loi. Mais il n'est pas toujours facile de se fixer sur l'application de ce principe.

7. On vient de voir (aff. Bournazel) que la Cour de cassation s'est refusée à reconnaître les véritables caractères de la rétroactivité dans l'art. 2 de la loi du 14 nov. 1792, par l'idée singulière qu'elle s'est formée des droits acquis en matière de substitution fidéicommissaire; on va voir qu'elle a adopté une théorie non moins susceptible de doutes, sur l'application de cette même loi aux donations avec clause de retour.

Voici la dernière espèce sur laquelle elle a statué en cette matière (1) :

Le 27 avril 1653, contrat de mariage entre la demoiselle Claverie et le sieur Salinis de Douazon, l'un et l'autre domiciliés dans le ressort du parlement de Pau. Les père et mère de la future

(1) Sirey, t. XXVI, 1, 74; elle avait déjà prononcé deux fois dans le même sens, le 11 frim. an XIV (Sirey, t. VI, 1, p. 136), et le 17 janv. 1809 (Sirey, t. IX, 1, 305).

lui constituent une dot de 21,000 liv. payables à termes, avec la charge suivante : que le paiement de ladite dot fait, ledit « sieur Salinis fils sera tenu d'en octroyer quittance authentique, « et d'obliger, pour la restitution d'icelle, *en cas de solution du-* « *dit mariage* SANS ENFANS, les biens qui lui ont été donnés ». Le 23 mars 1669, quittance notariée de cette dot par laquelle le sieur Salinis de Douazon promet en effet, « de la leur rendre « et restituer (aux père et mère de son épouse), conformément « audit contrat de mariage ». En 1808, décès de la demoiselle de Salinis veuve de Mosqueros, dernière descendante de ce mariage, après avoir institué pour son héritier le sieur Duhart. Le sieur de Noguez descendant du sieur Claverie père, réclame la dot en vertu du droit de retour stipulé par le contrat de mariage et la quittance postérieure. Le sieur Duhart répond, que ce droit formait une substitution, et qu'il a dès lors été compris dans l'abolition prononcée par la loi du 14 nov. 1792. Le 22 nov. 1815, jugement du tribunal d'Orthez, qui adoptant ce moyen de défense, rejette la demande du sieur Noguez. Mais sur l'appel, arrêt de la Cour royale de Pau qui réforme ce jugement en ces termes : « Attendu, en fait, que par contrat de mariage, du 27 avril 1652, d'entre Marie de Claverie et Jérôme de Salinis sieur de Douazon, il fut constitué en dot à cette demoiselle, une somme de 21,000 liv., avec stipulation de retour en cas de dissolution du mariage *sans enfans;* qu'une semblable clause s'étendait, d'après la jurisprudence du ci-devant Béarn, aux enfans des enfans, jusqu'au dernier de la ligne, ainsi que cela est attesté par les certificats de la matricule des 25 fév. 1741 et 20 juin 1761; que cette dot ayant été payée le 23 mars 1669, le retour en fut de plus fort stipulé par acte de ce jour; Attendu, en droit, que les effets de cette stipulation ont été conservés par nos lois nouvelles et par une jurisprudence constante, et que, demeurant la différence qui existe entre le droit de retour et les substitutions proprement dites, on ne saurait appliquer aux premières les lois abolitives des secondes; que, dès lors, c'est le cas de réformer le jugement dont s'agit sur ce point, et d'ordonner que cette somme reviendra au sieur de Noguez dont la qualité est reconnue. La Cour déclare avoir été mal jugé, et ordonne la restitution des 21,000 liv. au sieur Noguez, etc. ». Pourvoi en cassation; et, le 20 déc. 1825, arrêt ainsi conçu : « Attendu que le législateur a statué séparément sur le droit de retour et sur les substitutions; que par les lois des 25 août et 14 nov. 1792, il a déclaré les substitutions abolies, tandis que par l'art. 74 de la loi du 17 niv. an II, et l'art. 4 de celle du 23 vent. suivant, il a expressément maintenu le retour conventionnel et légal dans les pays et pour les cas où il avait lieu; que dès lors, tout examen du rapport qu'il pouvait y avoir entre les effets des substitutions et l'exercice du droit de retour est sans objet, etc. ; la Cour rejette ».

La difficulté consiste à bien déterminer le sens des actes législatifs rendus sur la matière. Que porte l'art. 74 de la loi du 17 niv. an II ? Que « les biens donnés par les ascendans à leurs descendans, avec stipulation de retour, ne sont pas compris dans les règles ci-dessus; ils ne font pas partie de la succession du descendant tant qu'il y a lieu au droit de retour ». L'art. 5 de la loi du 23 vent. suivant, ajoute « qu'il n'est rien innové par l'art. 79 du décret du 17 niv., à l'égard des donations antérieures au 5 brum., aux effets du retour légal, dans les pays et pour les cas où ce droit avait lieu ». Mais, d'un autre côté, l'art 53 du décret interprétatif du 22 vent. an II, sur cette question : « A ce que la légitime ou toute autre portion qui en tenait lieu, et que certaines coutumes ne déféraient aux filles en propriété, qu'au cas que la ligne masculine vînt à défaillir, soit aujourd'hui déclarée leur appartenir irrévocablement ». Répond, « qu'elle ne présente qu'une substitution statutaire qui ne peut exister d'après l'abolition de toutes substitutions, prononcée par la loi des 25 oct.-14 nov. 1792, et qu'ainsi la pleine propriété ne peut être aujourd'hui contestée à des légitimaires déjà trop mal partagés ».

Ces actes ne traçant pas d'une manière suffisante, comme il est facile de le voir, la distinction qu'il importe d'établir entre les effets du droit de retour, à l'égard des héritiers du donateur, et les effets de la substitution prohibée, il faut donc se livrer à quelques appréciations sur la nature du droit de retour, d'après les anciens principes, et sur l'esprit des lois nouvelles qui les ont modifiés.

8. Et d'abord en ce qui concerne le retour *purement légal,* la question me paraît nettement décidée par l'art. 53 du décret interprétatif du 22 vent. an II. Cet article voit une *substitution statutaire* dans un pareil retour; et il le déclare compris, à ce titre, dans l'abolition prononcée par la loi du 14 nov. 1792;

ainsi, les effets du retour légal qui sous l'empire de la coutume de Navarre, par exemple, s'appliquaient même aux héritiers du constituant (Art. 7 de la coutume, et certificats de matricule des 25 fév. 1741 et 20 juin 1761), se trouvent compris dans cette prohibition. Et que l'on ne dise pas que l'art. 5 de la loi du 23 vent. an II que l'on vient de lire, en dispose autrement. Cet article s'entend nécessairement des effets du retour légal proprement dit, c'est-à-dire, de celui qui s'appliquant au donateur seul, ne peut pas être considéré comme une *substitution statutaire*; car, il est évident que dès que l'on pourra découvrir dans la disposition coutumière relative au droit de retour, les caractères de la substitution, l'art. 53 de la loi de vent. an II, devra recevoir son application, indépendamment de la disposition générale renfermée dans l'art. 5 de la même loi, laquelle trouve son application naturelle et exclusive au cas véritable du retour légal, et n'a aucunement pour objet d'empêcher l'effet général des prohibitions prononcées par la loi du 14 nov. 1792.

9. Relativement au retour conventionnel, j'avoue que la difficulté est plus grave. Je ne vois aucune disposition de loi explicite à son égard, comme à l'égard du retour légal. L'art 74 de la loi du 17 niv. an II ne résout absolument rien dans sa généralité. Il faut donc se reporter aux anciens principes. Or, il est évident, d'après ces principes, que le donateur qui stipule le droit de retour, stipule pour lui et pour ses héritiers; que ces héritiers et leur auteur ne forment aux yeux de la loi qu'une seule et même personne; et cette théorie de Lebrun ( *des Successions. . . .* ) « que le retour légal n'est donné qu'à la commisération que la loi conçoit pour la personne du père qui perd son fils ou sa fille et à qui il serait injuste de faire perdre encore la donation qu'il a faite. . . . . . . . . ; mais qu'il n'en est pas de même de la réversion conventionnelle; car, comme elle ne dépend d'aucun sentiment d'humanité, ni d'aucun motif de commisération, mais qu'elle est considérée comme tout autre stipulation, elle ne concerne pas moins les héritiers du donateur qui l'a stipulée, que sa personne même »; cette théorie, dis-je, reproduite par M. Daniels dans ses conclusions du 11 frim. an XIV (aff. Lalanne), me paraît incontestable; et la raison donnée par M. Merlin (Quest. de droit, v° *Substitution fidéicommissaire*, §4): « Que loin que les contrats de mariage de 1672 et 1694 eussent dérogé à l'art. 5 du titre des Successions de la coutume de

Navarre, ils l'avaient au contraire, copié et adopté, pour en conserver absolument tous les effets »; me paraît tourner précisément contre son système, puisqu'on voulait soumettre par-là à tous les effets de la stipulation, et par suite aux principes du droit commun, un droit de retour dont la coutume réglait les effets par des principes spéciaux; et dans ce sens on pourrait affirmer que les parties ont réellement voulu conserver à leur stipulation le caractère pur et simple de retour légal.

10. Mais il faut à mon avis, se déterminer par d'autres considérations :

Je pense qu'en droit, comme en toute autre matière, il ne faut donner aux choses que le seul caractère qu'elles soient susceptibles de recevoir de la raison elle-même; or, est-il bien exact, dans le langage des lois, comme aux yeux de la raison, d'appeler du nom *de retour légal* la clause par laquelle le donateur stipule que l'objet de sa donation sera recueilli successivement par le donataire et ses enfans, et qu'à défaut de ces derniers, les biens donnés retourneront au donateur ou à ses descendans? Eh! qui ne voit là une disposition générale sur les biens, dont le principal effet est de reporter la propriété de ces biens d'une ligne éteinte sur une ligne qui ne l'est pas? de gêner ainsi perpétuellement la disposition de ces biens, dans les mains de leurs détempteurs temporaires, de les enlever aux transactions civiles dans des vues particulières, relatives à la grandeur, à l'éclat, à la durée des familles? et qui ne voit là, dès lors, le but politique qu'a voulu atteindre la loi du 14 nov. 1792, en d'autres termes, la substitution fidéicommissaire? Je pense donc, en me rangeant à l'avis de M. Merlin, sans adopter toutes ses raisons, que les arrêts de la Cour de cassation des 11 frim. an XIV, 17 janv. 1809 et 20 déc. 1825, se sont écartés du véritable esprit des lois de la matière, en attribuant surtout à l'art. 74 de la loi du 17 niv. an II, et à l'art. 5 de celle du 23 vent. suivant, l'effet de maintenir sous la forme de retour conventionnel ou légal des dispositions ou des stipulations qui portent tous les caractères de véritables substitutions fidéicommissaires (1), et d'abroger par là dans toutes ses parties,

(1) MM. Toullier, t. v, n° 48 et suiv.; Grenier, t. 1, p. 120, 2e édit., et Rolland de Villargues, *Substitutions prohibées*, nos 82 et suiv., ne font pas un doute que *de tels droits de retour* qui s'étendent aux héritiers du

quoique sans fondement, l'art, 53 du décret interprétatif du 22 vent. an II.

11. La nullité dont l'art. 896 du Code civil frappe toute disposition à titre gratuit à laquelle sera apposée une substitution fidéicommissaire , est-elle applicable au cas où la disposition se trouve antérieure à la loi du 25 août 1792 , et où son auteur a survécu à la publication de l'art. 896 du Code civil?

12. Il faut distinguer : ou il y avait droit acquis à l'égard de la disposition principale , du jour même où l'acte qui la renferme a été passé , et la nullité , dans ce cas , n'atteindra que la substitution , ou il n'y avait pas droit acquis à cette époque , et dès lors , les effets de la libéralité , soit quant à la disposition principale , soit quant à la substitution , seront régis par la loi du temps du décès , et par conséquent annulés pour le tout. C'est conformément à ce principe que la Cour de cassation a prononcé le 20 janv. 1806. Par contrat de mariage , du 21 nov. 1789 , le sieur Luciot avait fait donation à sa future épouse de mille livres de rente annuelle et viagère , pour en jouir , à compter du décès dudit futur époux , qu'il y eût des enfans ou non dudit mariage , et sous la condition expresse qu'elle ne convolerait pas en secondes noces ; en cas de convol , ladite rente demeurait éteinte et amortie , etc. ». Le 18 pluv. an V , décès du sieur Luciot ; sa veuve se remarie , le 11 floréal an VI , au sieur Mésenges. Les héritiers Luciot refusent de payer à la dame Mésenges la rente viagère de mille livres. Jugement du tribunal de première instance de la Seine , et arrêt de la Cour d'appel , qui condamnent les héritiers Luciot à payer la rente à la dame Mésenges; mais la Cour de cassation , sur les conclusions conformes de M. Merlin , a cassé cet arrêt. Voici le motif qu'il importe de recueillir..... « Considérant que l'état de la question n'est pas changé , par la circonstance que le décès de Luciot est arrivé depuis la publication et sous l'empire de la loi du 17 niv. an II , parce que , d'après les termes mêmes de la réponse à la huitième question , insérée dans la loi du 9 fruct. an II , *la validité des dons entre époux est une opération des*

donateur , ne soient de véritables substitutions prohibées. V. aussi les arrêts des Cours royales de Colmar ( 9 mars 1827 ); Sirey, 1827 , 2 , 176 ; Riom ( 9 avril 1829 ): *Journal des Audiences*, vol. 1829, deuxième partie , p. 251.

*conventions et non de la nature ;* qu'ainsi, étant faites par acte public devant notaire, l'effet doit en être régi par les lois qui les régissaient *au moment où elles ont été faites, à la différence des testamens et des codicilles pour lesquels on ne considère que le temps de la mort du testateur ;* principe d'après lequel l'art. 55 de l'ordonnance de 1747, voulait que les contestions nées ou à naître sur la validité ou interprétation des actes portant substitution, fussent jugées suivant les lois et la jurisprudence qui étaient observées auparavant dans les Cours, lorsque la substitution aurait une date antérieure à la publication de l'ordonnance, *si elle était portée par contrat de mariage ou autre acte entre vifs ;* d'où il résulte que l'arrêt attaqué est formellement en opposition avec les lois concernant le rapport de l'effet rétroactif de celles des 5 brum. et 17 niv. an II ».

Il y avait droit acquis, quant à la disposition principale, du jour même où l'acte irrévocable avait été passé.

Ces principes ont été confirmés depuis, notamment par un arrêt de la Cour supérieure de justice de Bruxelles, du 31 mai 1813 ( aff. Rohaert), et par un arrêt de la Cour royale de Pau, du 4 janv. 1826 ( aff. Guiraud ) (1). « Considérant, porte ce dernier arrêt, qu'il faut distinguer la législation de 1792, de celle introduite par l'art. 896 du Code civil, en ce que l'une n'atteignit que la substitution non encore ouverte, et consolida sur la tête du grevé, la propriété de la chose substituée, tandis qu'au contraire l'article cité frappe de nullité la donation elle-même ; et, dans l'espèce, la donation de dix mille livres ayant été irrévocablement acquise à Baguères, du jour de son contrat de mariage, l'époque du décès du donateur ne peut apporter aucun changement à cette donation, et le contrat qui la contient doit au contraire recevoir son exécution en tout ce qui n'a point été modifié par les dernières lois de 1792, ce qui rend l'appel incident évidemment mal fondé. »

Que si l'acte était postérieur à la loi du 25 août 1792, mais antérieur à la publication de l'art. 896 du Code civil, il faudrait prononcer la même décision, attendu qu'il se trouverait alors directement régi par l'art. 1er de la loi du 14 nov. 1792, qui ne prohibe que les substitutions. Ces principes s'appliqueraient sans aucun doute aux institutions contractuelles dont les

_____

(1) Sirey, t. XXVII, 2, p. 68.

effets, comme en sait, sont actuels et irrévocables ( V. *suprà*
t. 1, p. 161 et 356 ).

Mais remarquez que si la libéralité ne porte pas un caractère
actuel d'irrévocabilité, si elle peut être plutôt considérée comme
une donation dont les effets ne doivent se réaliser qu'au temps
du décès du disposant, ce sera la loi de cette dernière époque
qui régira l'ensemble de la disposition. C'est conformément à
ce principe que la Cour d'appel de Bruxelles a annulé le
28 avril 1809 (1), une donation réciproque, accompagnée de
substitution prohibée, dont les auteurs étaient morts en 1808,
bien que l'acte qui la renfermait remontât au 5 frim. an II :
« Attendu, porte l'arrêt, que toutes les dispositions de cet acte
et les effets dont elles doivent être suivies se réfèrent à la mort
de celui des époux qui prédécèdera, et caractérisent par elles-
mêmes l'acte comme donation à cause de mort; d'où il suit
que c'est par la loi en vigueur à l'époque où les effets de l'acte
du 5 frimaire an II, ont été ouverts, et par conséquent, d'après
le Code civil que le mérite du même acte doit être apprécié,
puisque les deux époux sont décédés sons l'empire de ce Code ».

13. Quant aux dispositions testamentaires, codicilles ou autres
actes de libéralité antérieurs ou postérieurs aux lois de 1792,
mais dont les effets se reportent nécessairement au temps du
décès; c'est par la loi en vigueur à cette époque que seront régies, soit l'institution, soit la substitution. Ainsi, la disposition
de cette nature dont l'auteur sera décédé antérieurement à la
publication de l'art. 896 du Code civil, sera régie par la loi
du 14 nov. 1792, qui annule la substitution, mais maintient
l'institution, tandis que celle dont l'auteur sera décédé sous
l'empire du Code civil, sera annulée pour le tout. Quelque
incertaine qu'ait été la jurisprudence, dans le temps, sur l'application de ce principe, une foule d'arrêts l'ont aujourd'hui
irrévocablement fixée dans ce sens. Voy. entre autres les arrêts de la Cour de cassation, du 18 janv. 1808 ( *consultis clas-
sibus*) (aff. Rayet) (2), du 7 nov. 1810 (3), du 26 juin 1811 (4);
de la Cour d'appel d'Agen, du 30 avril 1808, de la Cour d'appel

(1) Sirey, t. X, 2, p. 217.
(2) *Ibid.*, t. VIII, 1, p. 234.
(5) *Ibid.*, Répert., *Subst. fideicom.*, sect. 1, § 14, nº 2.
(4) *Ibid.*, t. II, 1, p. 316.

de Bruxelles, du 26 avril 1808, de la Cour d'appel de Nîmes, du 11 août 1812.

14. Mais que faudrait-il penser d'un acte de libéralité antérieur ou postérieur à la loi du 14 nov. 1792 emportant substitution dans les limites mêmes de la loi du 17 mai 1826, et dont l'auteur serait mort sous l'empire de cette loi? Il faut distinguer entre les actes dont les effets sont actuels, irrévocables au moment même de leur confection, et ceux qui n'obtiennent ces effets qu'au temps du décès. Dans le premier cas, ils seront nécessairement régis par la loi existante au temps de leur confection. Ainsi, un acte de cette nature, célébré avant ou après la loi du 14 nov. 1792, mais antérieurement au Code civil, sera valable quant à l'institution ou à la donation, et nul quant à la substitution, bien que son auteur soit décédé sous l'empire de la loi du 17 mai 1826; et ici s'appliqueront avec toute vérité les motifs donnés par l'arrêt de la Cour de cassation du 20 janv. 1806 ( aff. Luciot, *suprà*, p. 173 ); que si l'acte n'obtient définitivement ses effets qu'au temps du décès, quelle raison s'opposerait à ce que, renfermé dans les termes et les prescriptions de la loi nouvelle qui fait revivre sous quelques rapports les anciennes substitutions, il fût exécuté à l'égal d'une disposition pareille faite sous l'empire même de cette loi? On ne pourrait pas dire que la loi du 14 nov. 1792, les lois de l'an II, ou même l'art. 896 du Code civil, ont atteint aucune de ses dispositions, puisque ces dispositions, simples effets du testament, toujours révocables jusqu'à la mort du testateur restent d'après les principes que j'ai plusieurs fois développés, constamment soumises à la loi du temps du décès; que les lois intermédiaires n'ont pu avoir d'action sur des dispositions qui n'existaient pas encore; qu'elles ont cessé d'être en vigueur lorsque ces dispositions ont reçu leur effet; et qu'à leur *égard*, s'applique avec toute justesse la maxime *media tempora non nocent*.

15. Mais *quid*, si l'acte de libéralité s'écartait à quelques égards des limites précises tracées par la loi nouvelle? Par exemple: selon les termes mêmes de la loi du 17 mai 1826, cette loi ne serait qu'une extension de la quotité disponible; admettez une disposition ancienne qui excède cette quotité, mais sans sortir des limites de cette dernière loi, ou encore une disposition qui, au lieu d'être renfermée dans cette règle, *que la substitution, soit faite, à un ou plusieurs enfans du donateur à la charge de*

*rendre aux.enfans du donataire jusqu'au premier degré seule-*
*ment*, comme le prescrit l'art. 1048 du Code civil, présente
une substitution dans laquelle l'institué, enfant ou étranger,
sera tenu de conserver et de rendre à un ou plusieurs de ses
enfans, et le substitué, ou les substitués, de conserver et de
rendre pareillement jusqu'au second degré inclusivement, conformément à la loi nouvelle. Dans ces cas et autres semblables,
sera-t-on autorisé à ramener la disposition ancienne à la seule
exécution qui soit compatible avec la loi nouvelle, en considérant comme non avenues et non écrites les dispositions qui s'en
écartent (comme si, par exemple, un étranger grevant un
autre étranger, substitue jusqu'au troisième degré, ou les ar-
rière petits-enfans); devra-t-on au contraire considérer la disposition comme nulle pour le tout? Il me semble que les principes répondent qu'une pareille disposition doit recevoir son
exécution en tout ce qui n'est pas contraire à la loi sous l'empire de laquelle elle obtient son effet. Or, qu'importe que le
testateur ait employé un mode de disposition différent de celui
que prescrit la loi sous laquelle il décède? Il suffit que le fond
même de la disposition, soit autorisé par elle (sauf les réductions qu'elle détermine); le mode de la disposition est un
des effets intérieurs du testament; et à moins que la loi ne
dise expressément qu'elle entend faire dépendre la validité de
la disposition du mode même employé par le disposant, comme
l'ont fait les lois de l'an II et du 4 germinal an VIII (*suprà*,
p. 117, nº 2), il faut dire que la loi nouvelle, sous quelque
forme qu'elle se présente, laisse subsister une disposition qui
rentre, ou que l'on peut faire rentrer d'une manière exacte, dans
ses prescriptions.

16. Ces observations sont directement applicables au cas
où l'acte de libéralité serait célébré sous l'empire des dispositions prohibitives de l'art. 896 du Code civil. Si le testateur est
décédé sous l'empire de cet article, sa disposition sera nulle
pour le tout; il en serait autrement s'il fût mort après la publication de la loi du 17 mai 1826. La Cour de cassation a implicitement consacré cette doctrine dans l'espèce suivante (1).

La dame de Suriray avait fait un testament le 18 juin 1820,
dans lequel elle lègue par préciput à Gabriel de Suriray son fils

(1) Sirey, t. XXVIII, 1, p 36.

aîné, le quart de ses biens, « que je fixe, dit-elle, sur la terre
de Suriray, désirant que cette terre lui reste en qualité d'aîné;
et dans le cas où Gabriel décéderait sans enfans, je lui défends
de transmettre l'avantage précipuaire que je lui fais à une famille
étrangère; mais de le remettre à ses frères et sœurs ou à leurs
héritiers légitimes......Si mes autres enfans mettent obstacle
à l'exécution de mon testament, je les prive de tous droits à ma
succession ». Après son décès, les autres enfans de la dame de
Suriray ont attaqué cette disposition, comme entachée de substitution prohibée. Le 31 mai 1824, jugement du tribunal de
Marmande qui annule en effet le testament par ce motif. Arrêt
confirmatif de la Cour royale d'Agen du 26 juill. 1825. Pourvoi en cassation; et le 30 juill. 1827, arrêt de la chambre civile
ainsi conçu : « Attendu que la Cour royale d'Agen, examinant
et appréciant avec soin les diverses clauses du testament de la
dame de Suriray, du 18 juin 1820, a déclaré que ce testament
renfermait la charge expresse de conserver et de rendre à des
tiers; que la testatrice, bien loin de s'être bornée à de simples
prières et d'avoir dégagé l'institution de la substitution qu'elle
cherchait à établir par tous les moyens que lui suggérait sa pensée, avait exprimé sa volonté sur ce point, de manière à la faire
prévaloir sur celle de la loi, en infligeant des peines graves,
portées jusqu'à l'exhérédation entière de ceux de ses enfans qui
ne respecteraient pas ses dispositions; qu'en déclarant, par suite
de cette interprétation du testament dont il s'agissait, qu'il con-
tenait une substitution réprouvée par la disposition de l'art. 896
du Code civil, qui anéantissait également l'institution; en n'admettant pas non plus les effets des clauses pénales renfermées
dans ce testament, comme moyen employé par la dame de Suriray
pour mettre cette substitution à l'abri de toute attaque, et en
déclarant le tout nul, l'arrêt attaqué n'a fait qu'une exacte
application de la loi existante à l'époque de l'ouverture de la
succession; rejette, etc. »

Les derniers termes de cet arrêt ne permettent pas de douter
que la Cour n'eût jugé différemment si le décès de la dame de
Suriray fût arrivé sous l'empire de la loi du 17 mai 1826. Il
est clair, en effet, que la clause de substitution renfermée dans
son testament rentrait parfaitement dans l'extension de disposition autorisée par cette loi, puisqu'elle se bornait en réalité
à déclarer substitués en faveur des frères et sœurs de Gabriel

de Suriray, en cas qu'il n'eût pas d'enfans, les biens donnés en préciput.

—

## SECTION VI^e.

## De l'Effet des lois nouvelles sur les successions *ab intestat*.

—

## SOMMAIRE.

1. — *Deux observations générales applicables au système du Code civil sur les successions.*

2. — *La première consiste en ce que la volonté de l'homme est préférable à la volonté de la loi, pour la transmission des biens par succession, que l'unique mission de la loi se borne à régulariser dans l'intérêt social cette transmission. Justification de cette proposition tirée du Droit romain; elle se fonde principalement sur la puissance du citoyen, et le droit de propriété qui en était comme la conséquence.*

3. — *Quelques modifications qu'aient fait subir à ce principe la législation postérieure et surtout la Novelle 118, lorsqu'elle a adopté pour nouvelle base les présomptions résultant des liens de parenté, néanmoins l'ancien principe subsistait toujours; on le retrouve entre autres dans le respect constant des Romains, pour les dernières volontés des mourans.*

4. — *La fiction relative à la transmission des biens par testament ou par succession, repose sur un tout autre principe dans le droit coutumier.*

5. — *Les fictions précédentes, relatives aux transmissions de biens par succession ont été abandonnées en 1789. Les principes par lesquels on les a remplacées sont empreints de l'esprit général qui dominait toute*

12.

*la législation à cette époque. De là l'incohérence, les difficultés d'application, et le peu de durée des lois rendues sur cette matière.*

6. — *Les rédacteurs du Code civil ont adopté pour base de la fiction nouvelle, les présomptions tirées des liens de famille, de la tendresse des parens. Néanmoins, ils ont, en se rapprochant du Droit romain, restitué à la volonté de l'homme et au droit de propriété toute la prééminence que leur refusait le droit coutumier.*

7. — *La seconde observation consiste en ce que, comme conséquence de tout ce qui précède, la mission propre de la loi étant de consacrer avant tout le droit de propriété et les résolutions du père de famille, d'en protéger l'exécution ; la jurisprudence devra diriger ses interprétations dans ce sens.*

8. — *La maxime le mort saisit le vif elle-même, est subordonnée à ce principe. Ses différences essentielles de la suite, quant à l'application de ce principe.*

9. — *Application des développemens précédens, 1° à la remise faites aux émigrés de leurs biens confisqués, en vertu du sénatus-consulte du 6 flor. an x ; les arrêts régulièrement entendus consacrent cette doctrine ; 2° à la remise des biens confisqués aux condamnés révolutionnairement, et aux religionnaires fugitifs, ou à leurs héritiers ; 3° à l'indemnité attribuée aux émigrés en vertu de la loi du 27 avril 1825.*

10. — *Questions diverses sur cette dernière loi ; elles doivent être résolues par les mêmes principes.*

11. — *Pour déterminer avec exactitude quelle loi doit régir les successions ab intestat, il faut ramener à ses effets inévitables la maxime le mort saisit le vif. Examen du sens et de la force réelle de cette maxime.*

12. — *Sous la coutume de Paris l'héritier acceptant purement et simplement une succession collatérale*

*déjà acceptée sous bénéfice d'inventaire par un autre héritier, avait le droit d'exclure cet héritier. Il en serait de même d'une succession ouverte et acceptée sous bénéfice d'inventaire avant le Code civil, si depuis la publication de ce Code qui n'admet pas le droit de la coutume de Paris, un héritier se présentait pour accepter purement et simplement. Pourquoi?*

13. — *Dans le cas où la succession serait ouverte et acceptée sous le Code civil, pourrait-on dire que les obligations solidaires créées sous l'empire des anciennes coutumes seraient divisibles entre les héritiers aux termes du Code civil? il faut répondre que non; mais c'est par application d'un tout autre principe que celui qui concerne l'ouverture des successions.*

14. — *C'est toujours en vertu de la maxime* le mort saisit le vif, *qu'il faut résoudre par la négative la question de savoir si une succession ouverte avant le Code civil sous l'empire des coutumes de Normandie, d'Artois et de Hainaut, qui chargeaient solidairement tous les héritiers des dettes du défunt, mais qui est acceptée sous le Code civil aux termes duquel les dettes doivent se diviser entre les héritiers, doit être régie par ce Code.*

15. — *L'individu qui succède, en vertu de la loi actuellement existante, par suite d'un décès, a-t-il par-là même un droit acquis sur les successions qui s'ouvriront à l'avenir, dans l'ordre et les conditions de successibilité déterminés par cette loi?*

———

1. J'aurais beaucoup de choses à dire sur la *suite* du droit romain, sur la maxime *le mort saisit le vif*, du droit français; en général, sur les vues de la législation en matière de transmission de succession; car par-là j'assiérais d'autant mieux mes principes sur la rétroactivité. Mais je renvoie à d'autres temps l'examen de ce grave sujet. Je me bornerai pour le moment à retracer deux observations générales, applicables au système

entier du Code civil sur les successions, qui auront pour objet
non de détruire ou d'affaiblir par des interprétations téméraires
les bases fondamentales de cette législation si simple à la fois
et si élevée, mais uniquement de la rappeler à sa pensée origi-
nelle, à ses traits réels et primitifs, en lui donnant les seuls
développemens qu'elle comporte, et en la dégageant surtout,
des doutes, des obscurités nés de la jurisprudence plutôt que de
son texte; car, on ne saurait se dissimuler que la jurisprudence
qui s'est élevée à côté du Code civil, depuis sa promulgation,
n'ait ramené sur plusieurs points des controverses, des incertitudes qui appartenaient proprement à la jurisprudence antérieure, et qu'il avait été dans le projet des auteurs de ce Code
de faire disparaître à jamais.

2. La première de ces observations est que, comme je l'ai établi
( *suprà*, p. 57, note), la volonté de l'homme est préférable à
la volonté de la loi pour la transmission des biens par succession; que la mission réelle de la loi à cet égard, ne consiste
qu'à régulariser, dans le plus grand intérêt social cette transmission; que la fiction législative qui se rapprochera le plus de
ces principes sera incontestablement la meilleure.

La plupart des dispositions du Droit romain sur cette matière, sont une confirmation constante de cette vérité. Ainsi,
toutes les solutions émanées de la *suité* étaient fondées sur la
propriété antérieure, éminente du père de famille; et la loi
n'intervenait que pour proclamer cette base éternelle de l'ordre
civil.... La famille, d'après ce droit, formait moins une collec-
tion de parens unis par les liens du sang et une tendresse réciproque, qu'une société, une espèce de république, dont le
père était le chef suprême pendant sa vie (L. 195, ff *Principio de Verb. sign.* ). Les enfans, dans cette conception, n'étaient
que les parties accessoires de ce chef qui étendait naturellement
sur eux son droit de propriété; qu'il pouvait châtier, exhé-
réder, priver de la vie ( L. 11, ff *de Lib. et Poth. hered.* ); qui
n'agissaient qu'en son nom; et de là le principe, qu'ils n'acqué-
raient que pour lui ( L. 79, ff *de Acquir. vel omitt. hered.* ), et
que le père à son tour, était responsable de leurs actions. De
cette fiction sortaient aussi les conséquences, qu'à la mort du
père, c'était le même individu qui se propageait dans la personne du fils, comme d'un tronc coupé pousse le nouveau
rejeton qui le continue; à tel point qu'on ne les distinguait

l'un de l'autre, qu'en ce que l'un était le père et l'autre le fils, *sola nota hac adjecta*, dit la loi 11 citée plus haut, *per quam distinguitur genitor ab eo qui genitus est;* qu'ils ne pouvaient pas porter un nom différent ( *Ibid.* ); qu'ils ne succédaient pas proprement l'un à l'autre, le père étant censé se succéder à lui-même; et de là le titre *de suus heres* donné au fils, et la raison du principe, qu'à la mort du père, le fils ne faisait que prendre la libre administration de biens dont il avait déjà la propriété (1); que l'une des plus touchantes consolations du père qui mourait, était de laisser un fils après lui, car il revivait en lui-même; que pouvoir instituer son fils héritier, était dit par la loi 1^re *Cod. de his qui sibi adscrib.*, remplir un tendre devoir, *dulci officium fungi*, etc.

Mais qu'on y prenne garde : le fondement de cette fiction aux yeux de ceux qui ont étudié le véritable esprit des lois romaines, repose moins sur une tendresse présumée du père pour ses enfans, que sur un retour constant sur soi-même. C'était le principe certain de la puissance jalouse du citoyen, du droit qu'il avait de disposer en maître, de sa volonté présumée, même irrégulière, sous ce rapport, que les Romains préféraient au vague et à l'arbitraire des sentimens présumés de la nature.

(1) Cependant Bynkersoëck se trompe ( *Observ. Jur. rom.*, cap 1 ), lorsque, s'appuyant de la loi 2, § 2, ff *pro Herede*, il affirme que l'héritier sien était en possession de l'hérédité sans aucun fait de sa part, attendu la possession qu'il en avait déjà du vivant du père. La loi citée n'exprime pas un principe de droit; elle ne fait que rapporter ce qu'elle appelle elle-même une *opinion* de Servius dans une espèce où l'héritier sien se trouvait déjà, par l'effet de la donation du père, en possession de l'objet donné. *Filium quoque donatam rem à patre, pro herede negavit usu capere Servius : scilicet qui* EXISTIMABAT, *naturalem possessionem penès eum fuisse vivo patre.* Mais cette opinion n'est pas exacte : la possession est un fait, et l'héritier sien recueille l'hérédité qui est un droit; or, le fait n'a jamais fait partie du droit. Le véritable principe à cet égard est posé par Scævola dans la loi 1, § 15, ff *si is qui in Testam. lib.* Après avoir établi qu'on ne peut pas commettre le vol de la possession envers l'hérédité, attendu que la possession qui se compose du fait et de l'intention, n'est pas dans l'hérédité, *id circò hereditati furtum non fieri, quia possessionem hereditas non habet;* il ajoute, comme conséquence, que l'héritier n'a pas de possession avant de posséder lui-même en cette qualité; et la raison qu'il en donne est qu'il n'a recueilli que ce qui se trouvait dans l'hérédité; or, la possession ne s'y trouvait pas. *Quia hereditas in eum id tantum transfundit; quod est hereditatis; non autem fuit possessio hereditatis.*

3. Le dernier état de la législation romaine, et surtout la Novelle 118 avaient fait subir sans doute de graves altérations à ce principe. On avait cru devoir s'abandonner au vague des présomptions tirées des liens de parenté, des affections naturelles qu'ils supposent; et de là la nouvelle fiction en vertu de laquelle la législation distribuait aux parens les successions, faisait rentrer les enfans émancipés dans la famille, ouvrait diverses actions pour attaquer les testamens, réduisait la disponibilité des testateurs, ramenait les causes d'exhérédation à un nombre déterminé, établissait le privilége du double lien, mettait enfin entre les mains du préteur une puissance exorbitante sur les attributions de successions, etc.

D'après le système de la *suité*, à défaut d'enfant, c'était l'agnat qui succédait, à défaut d'agnat, le membre de la famille du côté du père, *gentilis*. *Si intestato moritur*, disent les lois des Douzes Tables, *cui suus heres nec escit, agnatus proximus familiam habeto, si agnatus nec escit, gentilis familiam heres nancitor*. Le parent proprement dit, celui sur lequel paraissaient reposer les affections naturelles, n'était pris en aucune considération par la loi; c'était le membre de la famille, de la société dont le chef venait de mourir, qui, en vertu de son droit, et parce qu'il se trouvait placé dans l'unité morale et civile qui constituait le citoyen, prenait l'administration de biens dont il était déjà le maître. La législation postérieure, en altérant sous beaucoup de rapports la *suité* pure, en corrigeant quelques unes de ses rigoureuses conséquences, laissa néanmoins subsister la prééminence de l'autorité paternelle et dominicale en matière de testament, surtout dans le respect profond dont elle porta toujours des traces, pour les dernières volontés des mourans, car elle honorait encore par-là le droit de propriété, base antique et première de la fiction dont j'ai parlé.

4. Sous notre ancien droit coutumier la fiction relative à la transmission des biens par testament ou par succession reposa sur un tout autre principe. La propriété ne joua qu'un rôle secondaire dans la combinaison nouvelle qui sortait de l'ordre politique. Le principal objet de cette fiction eut pour but de fonder et de perpétuer dans l'État des supérioritésdec lasse, des priviléges de famille, des distinctions héréditaires, etc.; or, pour atteindre ce but, il fallut froisser les droits individuels, par une distribution arbitraire, inégale, indépendante de la volonté

de l'homme, des biens de la famille. De là les réserves coutumières, les distinctions entre les diverses natures de biens, soit sous le rapport de leur origine, soit en vertu des dispositions expresses de la loi ; l'affectation propre de ces biens; et de là la législation relative à leur transmission dans ce même but politique. C'est ainsi que, contre son essence, la loi, au lieu de se borner à diriger, dans l'intérêt social, l'exercice du droit de propriété, quant aux transmissions de biens par décès, en faisait elle-même indirectement la distribution, puisque l'affectation spéciale dont elle les chargeait avait pour premier résultat de rendre nul le droit de propriété dans les mains du père de famille.

5. La régénération politique des idées en 1789 ayant amené le renversement de l'ancien état de chose, la fiction législative dont je viens de parler fut complètement abandonnée ; mais par une réaction naturelle à l'esprit humain, surtout lorsqu'il paraît plus occupé du besoin de secouer ses entraves que de régler ses propres progrès, l'idée dominante sous laquelle il s'agitait alors; l'égalité absolue, l'égalité naturelle, fut poussée jusqu'à l'exagération. De là cette foule de dispositions exorbitantes, arbitraires, injustes, qui déshonorent notre législation en matière de transmission de biens par décès; les lois des 5 brum. et 17 niv. an II, avec leur désolante rétroactivité ; la fente et la refente de cette dernière loi, système arbitraire qui est resté pendant si long-temps le tourment du pouvoir législatif aussi bien que des corps judiciaires chargés de l'appliquer, précisément parce que la fiction sur laquelle il reposait était nulle aux yeux de la raison, ou même une simple conséquence de l'exagération dont j'ai parlé. De là, la législation sur les enfans naturels, conception destructive de la famille, puisque la loi ne voyait plus que des individus issus du même père ; en opposition directe avec le bien de l'État, et qui n'a rencontré tant et de si nombreux obstacles dans ses applications, que parce que les mœurs, quelques saines traditions d'ordre social subsistant encore, repoussaient perpétuellement le principe sur lequel reposait cette étrange innovation (1).

(1) Je ne parle pas de quelques autres lois de cette époque rendues, soit sur l'émigration, comme, par exemple, la loi du 9 flor. an III, relative aux présuccessions; soit sur d'autres matières, et qui, sous des prétextes

6. C'est au milieu de tous ces élémens incohérens de la législation nouvelle, plus ou moins condamnés par la raison publique, rapprochés néanmoins par l'époque où ils parurent, des anciennes traditions législatives sur la matière. C'est au sein de préventions vives encore, et que l'état politique du pays était loin de tempérer, que les rédacteurs du Code civil ont dû chercher les fondemens de la nouvelle fiction sur laquelle ils voulaient faire reposer les transmissions de biens par décès; or, il est facile de se rendre compte de leurs vues à cet égard; et si la forme sous laquelle ils les ont consignées dans la loi n'est pas toujours avouée par la régularité des déductions logiques, par la correction, la précision du langage, on les retrouve du moins dans l'esprit général des dispositions de la matière, dans leur ensemble, même dans leur liaison avec les matières analogues répandues dans le Code civil.

Il est évident, d'une part, que la fiction admise dans le dernier état de la législation romaine, et qui repose sur les liens de famille, sur la tendresse présumée des parens, a été adoptée comme base de la transmission de bien par décès; mais, d'autre part, il est constant aussi que les rédacteurs du Code civil ont restitué toute sa prééminence au droit de propriété, qu'ils ont laissé le libre et plein exercice de ce droit au père de famille, qu'ils ont même, en se rapprochant heureusement par-là de l'esprit des lois romaines, posé comme première base de ce genre de transmission, l'accomplissement des volontés du père de famille; que la loi, dans leur pensée, reprenant sa mission réelle, n'a plus été chargée que de modérer, de régler, dans les voies générales du bien public et du véritable intérêt des familles, ces transmissions. M. Chabot me paraît avoir senti cette pensée, quoiqu'il soit loin de la présenter sous ses rapports généraux. Voici comment il s'exprime ( Rapport au Tribunat, séance du 26 germinal an xi, 16 avril 1803 ) : « L'homme doit être le maître de disposer des biens qui lui appartiennent: mais la loi ne peut avoir, ni les mêmes motifs, ni le même droit; et n'ayant pas à donner, *mais seulement à transmettre les biens*,

plus ou moins spécieux tirés de la gravité des circonstances, n'étaient guère que des confiscations ou des spoliations déguisées ; de telles lois, fruits des malheurs du temps, ne sauraient être considérées comme appartenant à un système régulier de législation.

elle ne doit suivre d'autre règle dans cette transmission, que la volonté de l'homme ou le droit de la nature. Lorsque le défunt n'a fait aucune disposition de ses biens, il est censé avoir voulu qu'ils fussent partagés également entre ses héritiers; lorsqu'il n'a disposé que d'une partie, il est censé avoir voulu laisser le reste dans le partage égal; et dans l'un et l'autre cas, sa volonté doit être respectée par la loi. Seulement il faut donner à la loi le droit de modifier les libéralités faites par le défunt, lorsqu'elles sont exorbitantes et contraires à l'ordre social qui réclame, pour le maintien des familles, que, dans certains cas, les héritiers ne soient pas entièrement dépouillés. Mais constamment assujettie, ou à la volonté de l'homme, lorsque cette volonté est restreinte dans de justes bornes, ou aux droits de la nature qu'elle doit respecter, la loi *ne peut ni étendre les libéralités faites par le défunt, ni en faire elle-même.* En un mot, elle doit se borner à *transmettre* ce que l'homme ou la nature a réglé ».

7. La seconde observation que j'ai à présenter, consiste en ce qu'étant plutôt de l'essence de la loi de régulariser dans l'intérêt de la société la transmission des successions, que d'attribuer la propriété, sa mission propre est de consacrer avant tout le droit de propriété dans les mains du père de famille, de rechercher par suite sa volonté exprimée ou présumée, d'en protéger constamment l'exécution; et la jurisprudence devra diriger toutes ses interprétations dans ce sens.

La maxime *le mort saisit le vif* elle-même, dans le seul sens plausible qu'elle présente, est subordonnée à ce principe.

8. On décidait dans le droit romain que le petit-fils conçu et né après la mort de l'aïeul, n'était ni l'héritier de cet aïeul, ni même son parent, *nam quod in consuetudine*, dit la loi 8, ff *de suis et legit., nepotes cognati appellantur etiam eorum, post quorum mortem concepti sunt, non proprie sed per abusionem; id est per relationem, accidit;* et la raison qu'en donnent les Instituts (1), c'est qu'au temps du décès, le petit-fils n'existant pas encore, il n'était uni par aucun lieu de parenté avec son aïeul. *Quia nullo jure cognationis patrem sui patris attigit.* Or, pour hériter il fallait exister, d'après la loi des Douze Tables, *lex*

_____

(1) Lib. 3; tit. 1, § 8.

12 *tabularum*, dit la loi 6, ff *de suis et legitim.*, *eum vocat ad hereditatem*, *qui moriente eo, de cujus bonis quæritur*, IN RERUM NATURA FUERIT. Le droit de succéder dans ce cas, ne pouvant résulter ni de la *suite*, ni de la volonté présumée de l'aïeul, le petit-fils conçu et né après cette mort n'étant pas rigoureusement héritier, comme on vient de le voir, *le vif* ne pouvait donc pas *saisir le mort*, dans le langage de notre droit moderne; et de là la disposition formelle de l'art. 725 du Code civil qui a adopté ce principe : « que pour succéder il faut nécessairement exister à l'instant de l'ouverture de la succession ».

Mais par-là même que la maxime *le mort saisit le vif* est subordonnée à ce principe, c'est-à-dire, que ses applications supposent toujours comme base antérieure, le droit de propriété, se perpétuant naturellement dans un certain ordre, du chef de la famille à tous ses membres, la liberté la plus étendue dans l'exercice de ce droit, par conséquent et avant tout, l'exécution des volontés du père de famille, l'absence de toute qualité ou vocation dans la loi pour l'exercer à sa place, et faire des attributions de biens après sa mort, cette maxime, dis-je, ne pouvait remplacer sous aucun rapport la fiction dérivant de la *suite* ou de la volonté présumée du père de famille. De là les nombreuses difficultés que j'ai signalées (*suprà*, p. 44, note), dans l'usage de cette maxime, et l'intervention nécessaire de la loi pour régler les conditions civiles du défunt, dans une matière étrangère à sa mission réelle.

9. Faisant une application directe de ces développemens, il faut dire, que de même que les lois qui, sans s'égarer dans des conjectures arbitraires ou fausses tirées de causes politiques plus ou moins spécieuses, sur le meilleur mode à établir pour les transmissions de biens par décès, se borneront à diriger avant tout dans les meilleures voies, les volontés du père de famille, prendront ensuite pour règle de transmission ces volontés présumées, seront plus conformes à leur véritable nature et par-là même au bien de l'État, de même, les interprétations qui auront pour but de faire ressortir et par suite de faire exécuter ces volontés, devront être pareillement préférées.

Ainsi, la restitution ordonnée par le sénatus-consulte du 6 flor. an x aux émigrés amnistiés, même après leur mort, de leurs biens confisqués, doit être faite non aux héritiers appelés par les lois en vigueur au temps de l'amnistie, ce qui supposerait que l'État étant devenu propriétaire par l'effet des confiscations, la transmission ultérieure de la propriété aux héritiers émanerait directement de la loi; mais bien rétroactivement, et en vertu de la maxime *le mort saisit le vif*, aux héritiers appelés par les lois existantes au temps du décès, attendu que la mort civile n'étant qu'une fiction, dès que la loi fait cesser la fiction, sans nuire aux droits acquis ( or, des droits ne sont acquis en cette matière, que du jour de l'amnistie), la vérité doit reprendre naturellement son empire; et c'est ainsi que la transmission des biens se rattache à la volonté présumée du défunt. Plusieurs Cours royales, et notamment celle de Caen (aff. Deloncelles ), avaient méconnu ces principes; mais la Cour de cassation les a constamment professés. Voici dans quels termes elle les a consacrés, le 21 déc. 1807, en cassant, dans l'affaire dont je viens de parler, l'arrêt de la Cour d'appel de Caen (1) : « Attendu , 1° que l'avis du conseil d'État du 9 therm. an x, interprétatif du sénatus-consulte ( du 6 flor. même année ), déclare que les émigrés dont le décès a précédé l'amnistie, peuvent encore être amnistiés sur la demande de leurs héritiers ; 2° que par les mots *leurs héritiers*, l'on doit entendre les personnes auxquelles les lois civiles en accordent le titre ; 3° que de là résulte une fiction de droit, d'après laquelle l'émigré amnistié après sa mort, est supposé, relativement à ses héritiers légitimes, être décédé amnistié ; d'où il suit que c'est l'héritier légitime, à l'époque de la mort naturelle de l'émigré qui a dû recueillir sa succession ; d'où il suit encore, par l'effet de la même fiction, et du principe, *le mort saisit le vif*, que si l'héritier légitime de l'émigré qui lui a survécu, décède lui-même avant l'amnistie, l'on doit supposer que ceux des biens, dont le sénatus-consulte ordonne la restitution, ont fait partie des biens délaissés par cet héritier immédiat de l'émigré; 4° qu'en appliquant ces principes à l'espèce, il en résulte que Marie-Thérèse, sœur germaine d'Aimé Deloncelles, décédé le 21 août 1794, doit, par une suite de l'amnistie, être censée avoir recueilli les portions des biens compris dans la succession de son frère, que la loi lui déférait, lors du décès de celui-ci; il en résulte encore que Marie-Thérèse ayant donné à son mari, par l'acte

_____

(1) Sirey, , t. VIII, I, p. 113.

notarié, du 29 mess. an IV, l'usufruit de tous les biens immeubles qu'elle laisserait à son décès, cet usufruit a dû comprendre
les biens que la donatrice est supposée avoir recueillis du chef
de son frère; 5° que l'arrêt attaqué, en jugeant le contraire,
sur le motif que le bénéfice de l'amnistie accordée à l'émigré
après sa mort, ne pourrait profiter qu'à ceux de ses parens qui
se trouvaient les plus proches à l'époque de l'amnistie, a méconnu et violé le véritable esprit du sénatus-consulte inter-
prêté par le Gouvernement, casse, etc. ».

L'arrêt rendu par la même Cour, le 7 août 1820 (aff. Peschery (1)), n'offre rien de contraire à cette doctrine. De quoi
s'agissait-il dans l'espèce? Gaspard Peschery était décédé, le
10 germ. an VIII, en état d'émigration; le 6 flor. an X, sénatus-
consulte qui amnistie les émigrés; le 18 fruct. an XI, amnistie de
Sébastien Peschery, frère du précédent, émigré comme lui;
le 14 prairial an XII, amnistie de Gaspard. Celui-ci se trouvant
décédé dès le mois de germ. an VIII, il s'est agi de savoir à quels
héritiers seraient dévolus ses biens, de ceux que la loi appelait
en l'an VIII, ou de ceux qu'elle appelait en l'an XII, époque
de l'amnistie. Sébastien ou ses ayant-droit soutenaient qu'ils
étaient, en qualité de frère, plus proches au temps de l'amnistie, et qu'ils devaient recueillir; d'autres héritiers plus éloignés prétendaient qu'il fallait se reporter au décès de Gaspard
Peschery, et qu'en vertu de la maxime *le mort saisit le vif*,
c'était à eux qu'était dévolue la succession, attendu la mort
civile de Sébastien, émigré comme son frère, qui le rendait
incapable de recueillir. Dans cette position, la Cour royale de
Colmar et la Cour de cassation, ont pensé qu'en réalité les
deux frères étaient également incapables de transmettre et de
recueillir, puisqu'ils étaient également frappés de mort civile;
que l'acte, qui faisait cesser cette mort fictive, savoir : l'acte
d'amnistie rendu en vertu du sénatus-consulte de flor. an X,
s'appliquait également à l'un et à l'autre, et les réhabilitait au
même titre, dans leurs rapports naturels, c'est-à-dire, dans
leurs faculté ou capacité réciproque de recueillir l'un de l'autre,
et sans nuire aux droits acquis à des tiers, puisqu'encore une
fois, des droits ne pouvait être acquis dans une telle circonstance, qu'en vertu de l'acte qui faisait cesser la mort civile.

(1) Sirey, t. XXI, 1, p. 114.

Or, on ne saurait qu'applaudir à une pareille solution rigoureusement conforme aux principes de la matière, aussi bien
qu'à l'équité.

Déjà, en s'appuyant des mêmes principes, la Cour de cassation
avaient jugé plusieurs fois, que les biens rendus par la loi, soit
aux condamnés révolutionnairement, soit aux religionnaires fugitifs, étaient dévolus à leurs héritiers appelés à recueillir, non
au temps de la restitution, mais à l'époque de leur mort naturelle.
« Attendu, porte son arrêt du 30 avril 1806 (1), que la tache
de mort civile, empreinte sur les religionnaires fugitifs et sur
leurs biens par les lois anciennes, a été entièrement effacée par
les lois de 1790 ; *que les biens par eux délaissés doivent être
considérés comme n'ayant jamais cessé d'être transmissibles dans
leurs familles, d'après les règles communes, et selon les dates
effectives de l'ouverture des successions.*

Les mêmes principes doivent servir à établir ou à réhabiliter
les véritables interprétations de la loi du 27 avril 1825, sur
l'indemnité des émigrés (2).

10. Ainsi, des termes de l'art. 7 de cette loi, portant :
« Seront admis à réclamer l'indemnité, l'ancien propriétaire,
et, à son défaut, les Français qui étaient appelés par la loi
ou par sa volonté à le représenter à l'époque de son décès,
sans qu'on puisse leur opposer aucune incapacité résultant des
lois révolutionnaires. Leurs renonciations ne pourront leur
être opposées que par les héritiers qui, à leur défaut, auraient
accepté la succession ». Il résulte, que la loi respectant le
principe que, par essence, aucune libéralité ne saurait proprement émaner d'elle ; qu'elle n'est appelée qu'à régler les
transmissions de biens entre les citoyens ; que les confiscations ne sont qu'une haute mesure politique dont elle reste
toujours la maîtresse de modérer ou même d'abandonner les
effets, elle rend toute son autorité à la loi générale sur les
transmissions de successions, et consacre rétroactivement, à
l'égard des biens placés sous l'empire de cette mesure, la
maxime, *le mort saisit le vif.* Il y a plus : cette loi, quel que
soit le motif politique qui l'a dictée, ce que je n'ai pas à exa-

(1) Sirey, t. VII, 1, p. 91.
(2) Je ne m'explique pas ici sur la loi du 5 décem. 1814, loi exceptionnelle, anomale, qui ne se rattache à aucun principe certain en législation. J'en ai donné les raisons plus haut, t. I, p. 194, n° 11.

miner ici, est définitivement sortie de la discussion publique
avec un caractère de simplicité, d'unité et de netteté de vues
qui l'a élevée au rang des lois les plus correctes en matière de
transmissions rétroactives de successions.

Ainsi, on demandait quel serait le sort d'un testament fait
par l'émigré, en pays étranger, alors qu'il ne pouvait pas s'at-
tendre à la restitution de ses biens confisqués. Faudra-t-il
donner les biens rendus aux héritiers naturels ou légitimes,
faudra-t-il les donner à l'héritier testamentaire, au légataire?
Comment ne pas admettre que si l'émigré eût prévu la restitution de ses biens, il n'eût pas disposé différemment? Quel
intérêt pouvait inspirer un légataire étranger que des circonstances fortuites ou même la nécessité pouvait avoir rapproché
du défunt, à côté d'héritiers légitimes, souvent malheureux,
et que la loi semblait couvrir de sa protection? Néanmoins, on
a répugné à l'idée de laisser intervenir directement la loi dans
la distribution et le réglement des biens de famille, au mépris
de la volonté du chef de la famille. Et en effet, sur quelle base
solide s'appuyer pour affirmer, non que cette volonté ne s'est pas
réellement et en fait étendue aux biens qui pourraient être rendus
un jour au disposant, mais qu'elle ne pouvait pas même s'étendre jusque-là? La loi détruisant la fiction qui privait l'émigré de
ses droits civils, lui rendant dès lors des biens qui n'avaient
cessé d'être les siens, quelle que soit la forme dans laquelle ils
sont rendus, de quel droit s'occuperait-elle ensuite des effets
de sa volonté individuelle, pour porter, à l'aide de conjectures
plus ou moins hasardées, une atteinte directe à l'exercice de son
droit de propriété? On s'en est donc tenu à cette pensée sage,
et qui est la consécration des meilleurs principes de la matière,
que l'indemnité était censée renfermée dans la libéralité du
testateur, attendu que sa volonté était présumée s'être étendue
jusqu'à elle; que néanmoins, aux termes du droit commun,
les héritiers légitimes pourraient soumettre aux tribunaux les
circonstances sur lesquelles ils croiraient devoir fonder une
préférence pour leurs droits.

C'est par-là que devait cesser encore la question qu'on avait
élevée sur la nature même de l'indemnité. Il est évident, que
sous quelque forme, et dans quelques valeurs qu'eût lieu la
restitution, la nature des biens rendus restait toujours ce qu'elle
avait été dès l'origine des confiscations. La loi n'ayant fait qu'a-

néantir la fiction en vertu de laquelle le droit de propriété avait momentanément cessé sur ces biens, le droit et l'objet auquel il s'appliquait se sont retrouvés nécessairement et identiquement ce qu'ils étaient avant les confiscations (1).

La maxime *le mort saisit le vif* recevant rétroactivement, par un effet de la volonté de la loi, une application directe, pleine et entière dans ce cas, il falloit en outre, reconnaître, comme conséquences nécessaires de cette application, 1° que l'héritier renonçant ne pouvait revenir contre sa renonciation; 2° que l'héritier acceptant, même sous bénéfice d'inventaire, avait qualité suffisante, aux termes du droit commun, pour opposer aux autres héritiers leurs renonciations; 3° que les créanciers étaient non recevables à attaquer les renonciations consommées; mais qu'ils pouvaient aux termes des art. 788 et 1166 du Code civil, exercer les droits de leurs débiteurs, sur l'indemnité, dans le cas où ceux-ci négligeraient de les exercer. Et toutes ces solutions trouvaient leur justification naturelle dans les principes généraux.

Décider que l'héritier renonçant pouvait, par suite des restitutions, revenir sur sa renonciation, que l'héritier bénéficiaire n'ayant couru aucun risque, n'étant qu'un administrateur, n'avait pas qualité suffisante pour opposer la renonciation, etc.; c'eût été dénier son principal effet à la maxime *le mort saisit le vif*, faire dériver directement de la puissance de la loi, contre les principes que j'ai développés, les attributions de succession, et méconnaître, en définitive, le seul, le véritable objet que s'est proposé la loi, savoir, de faire tomber la fiction par laquelle avait été momentanément suspendue l'application de cette maxime.

Enfin, les conséquences ultérieures des mêmes principes sont que les effets de la maxime *le mort saisit le vif,* se reportant rétroactivement au temps du décès du disposant, ce sont les lois en vigueur à cette époque qui devront régler les droits du disposant ainsi que des héritiers, soit sous le rapport de la capacité, soit sous le rapport de la disponibilité ou des quotités disponibles.

(1) Les aliénations consommées au nom de l'État ne détruisent pas ce principe. Elles se soutiennent par une raison particulière, tirée de la force majeure et de la bonne foi des tiers.

II.                                                                         13

11. Après avoir posé ces distinctions générales entre la nature, la puissance propre de la loi, et le caractère, l'étendue réelle du droit de propriété en matière de transmission de succession, nous dirons, qu'en principe, pour déterminer avec exactitude, quelle loi doit régir les successions *ab intestat*, c'est toujours en ramenant à ses effets inévitables la maxime *le mort saisit le vif*, que l'on peut y parvenir; car c'est cette maxime seule qui, dans ses justes applications, fixe l'époque de l'ouverture de la succession. Mais ici se pressent en foule les preuves d'une vérité que j'ai déjà signalée (*suprà*, p. 44, note) savoir: que cette maxime arbitraire laisse et laissera toujours les meilleurs esprits dans le doute sur l'exactitude du sens qu'elle peut recevoir. Ainsi, une succession est ouverte avant le Code civil. Elle reste jacente jusqu'à sa publication, et n'est acceptée que postérieurement. L'héritier acceptant aura-t-il un droit acquis du jour de l'ouverture? Non, répondront Bartole et M. Meyer (*suprà*, t. 1, p. 282); là où le fait de l'homme est nécessaire pour que la loi opère son effet, il n'y a de droit acquis que du moment où ce fait a lieu. Ce ne sera donc que du jour de l'acceptation que le droit de l'héritier sera réellement acquis. Dumoulin de son côté (sur l'art. 22 de l'ancienne coutume de Paris), ne concevait pas qu'aucun droit de relief fût dû, par suite de décès, tant que le fief n'avait pas passé d'une main dans l'autre : *consuetudo*, dit ce jurisconsulte, *loquitur in mutatione plena ex parte utrius que extremi, videlicet quando feudum ab uno recedit et transit seu transfertur in alium;* et si d'autres jurisconsultes tels que Bacquet, Chopin, Auzanet etc., avaient condamné cette doctrine, ce n'était qu'en s'appuyant sur la fiction du droit romain, « que, *l'hérédité jacente représente le défunt* », *hereditas enim non heredis personam, sed defuncti sustinet.* L. 34, ff *de Acquir. rer. domin.* Pour en déduire toutes les conséquences nécessaires à l'établissement du droit de mutation. M. Dalloz (Jurisp. gén., v° *Loi*, sect. 3, art. 2, § 5, n° 4) rapporte les opinions de Lebrun et de Pothier sur la préférence qui est due selon eux à la qualité d'héritier pur et simple comparée à celle d'héritier bénéficiaire; mais après avoir exposé quelques distinctions subtiles de ces auteurs, il termine ainsi : « disons cependant (et c'est ce qui à nos yeux, complique la difficulté et nous fait hésiter à la résoudre) qu'à la différence de l'héritier plus proche, l'héritier pur et simple n'a point ici un

droit absolu, *inhérent à sa personne:* que ce droit est tout subordonné à un fait facultatif. Il est vrai qu'on peut répondre : avant ce fait, l'héritier pur et simple n'est point réellement saisi des biens de la succession ; mais il a le droit, sans l'exercice; il a l'habileté à succéder seul ; il a pu projeter de réaliser un jour sa vocation, en acceptant de telle manière. La coutume l'autorisait à fonder des espérances sur le mode d'acceptation. Cette explication ne dissipe pas pour nous toute espèce de doutes ».

Enfin, à quoi se réduit l'opinion de M. Merlin lui-même (Quest. de droit, v° *Séparations de patrimoines*, § 2) pour établir que chez nous la prescription de l'action en séparation de patrimoines, de la part des créanciers du défunt, ne commence pas du jour de l'adition de l'hérédité, comme le veut la loi 1${}^{re}$, § 1, ff *de Separat.*, mais bien du jour du décès? A comparer, comme étant exactement les mêmes, en vertu de la maxime *le mort saisit le vif,* les héritiers légitimes du droit français et les héritiers siens du droit romain ; or, on a vu (*suprà,* p. 47, note, *et hic principio*), les différences réelles qui distinguent ces deux sortes d'héritiers ; aussi M. Merlin se hâte-t-il de répondre avec Pothier (*Des Successions,* chap. 3, sect. 2), à l'objection que par l'effet de l'autre maxime, *n'est héritier qui ne veut,* le consentement et par suite l'acceptation de l'héritier sont au moins indirectement requis ; que cette règle n'a d'autres sens, sinon que la volonté de l'héritier n'est pas « *néces-saire* pour la saisine légale, mais que la volonté *contraire* l'em-pêche ». Ainsi, voilà une situation héréditaire et toutes les conséquences qui en découlent, telles que la possession réelle, la confusion des actions respectives de la succession et de l'hé-ritier, les obligations et charges de l'hérédité, la prescription, etc., qui ne seront plus fixées que par des inductions, que l'héritier pourra anéantir ou faire vivre plus tard, à son gré et selon son intérêt. Mais il faut se hâter de rendre à la chose ses véritables traits, et dire que c'est la puissance arbitraire de la loi, qui, indépendamment des règles ordinaires, investit du moment du décès, l'héritier légitime plus proche, même à son insu, d'un droit inactif si l'on veut, d'une saisine purement fictive, qui s'analyse en un simple principe de transmission de succession, mais dont l'objet est d'assurer pleinement sur sa tête, la qualité

13.

d'héritier, s'il ne la répudie pas (1); c'est-à-dire, que par sa renonciation ou sa répudiation, il devient étranger sans doute à la succession du jour du décès, comme par son acceptation, il devient depuis la même époque, héritier pur et simple, investi de tous les avantages, soumis à toutes les charges de la succession. Mais jusqu'au moment de sa répudiation, la maxime *le mort saisit le vif* a produit tous ses effets; elle a mis sur la tête de l'héritier une qualité résoluble, sans doute par l'effet de sa volonté, mais dont il doit compte jusque-là, à tous les créanciers ou ayant-droit de la succession. Ainsi, un tel héritier qui ne s'est pas encore expliqué sur sa qualité, est passible d'une action en partage de la part de ses cohéritiers, d'une demande en délivrance de legs de la part des légataires, attendu sa saisine aux termes des art. 724, 1004, etc., du Code civil, d'une action en prestation de la portion préciputaire, même des actions des créanciers de la succession, car toutes ces actions ou demandes dérivent immédiatement de la qualité d'héritier qu'il tient de la règle, *le mort saisit le vif*. Néanmoins il peut se soustraire à ces actions par une renonciation utile, faite de bonne foi et alors qu'il ne s'est pas immiscé dans la succession. Je ne trouve que deux arrêts, qui aient expressément statué sur ces distinctions; et ils sont parfaitement d'accord quoiqu'ils paraissent avoir jugé en sens contraire. La Cour de cassation a décidé le 21 flor. an x (2), qu'un héritier saisi par la mort de son auteur, ne pouvait pas, sous prétexte qu'il n'avait pas encore pris qualité, se refuser, en se fondant sur la maxime, *n'est héritier qui ne veut*, de répondre à une action en supplément de légitime dirigée contre lui par ses cohéritiers; « Attendu, porte l'arrêt, que, si aux termes des lois romaines, l'enfant qui ne s'est pas immiscé dans la succession paternelle, a le droit de répudier cette succession, il ne s'ensuit pas *qu'il ne puisse être recherché comme héritier*, tant qu'il n'a pas fait sa renonciation ». D'un autre côté, la Cour d'appel de Liége a jugé le 4 janvier 1812 (3), que les héritiers

(1) J'ai déjà dit (*sup.*, p. 56 note et 100) que ce renversement de principes, qui consiste à mettre directement la volonté de la loi à la place de la volonté de l'homme, ne trouvait guère d'excuses que dans l'ordre politique sur lequel il paraissait s'appuyer.

(2) Sirey, t. II, 2, p. 419.

(3) Sirey, t. XIII, 2 p. 326.

n'étaient pas tenus de prouver qu'ils avaient renoncé à la succession pour se soustraire aux actions des créanciers ; qu'au contraire, c'était aux créanciers à prouver qu'ils avaient accepté expressément ou tacitement; et cet arrêt a fait une juste application des principes. Car, il a jugé d'une part que la force de la maxime, *le mort saisit le vif*, ne pouvait pas aller jusqu'à lier l'héritier vis-à-vis des créanciers, sans sa participation; d'autre part, que la maxime, *n'est héritier qui ne veut*, recevait son application régulière, tant que l'héritier n'en avait pas abandonné le bénéfice. Ces deux arrêts n'ont donc jugé rien de contraire entre eux; ils ont fait, selon les espèces respectivement soumises, une judicieuse application des deux maximes dont il vient d'être parlé.

Les distinctions précédentes ne sont pas inutiles pour résoudre une question qui était diversement jugée avant l'ordonnance de 1747 en matière de substitution, et qui pourrait bien aujourd'hui se représenter avec toutes ses anciennes difficultés. Il s'agissait de savoir : si un degré se trouvait rempli de la part du substitué ou grevé, uniquement par la force de la maxime, *le mort saisit le vif*, sans acceptation expresse ou tacite de sa part? Les art. 35 et 36 de l'ordonnance de 1747 avaient vidé la difficulté en statuant : que le grevé n'était censé avoir recueilli l'effet de la disposition que lorsqu'il l'avait acceptée expressément par des actes, ou tacitement, en s'immisçant dans la possession des biens substitués. Mais l'art. 55 de la même ordonnance, décidant en termes formels : qu'entre autres, les articles, dont il vient d'être parlé, « *n'auraient aucun effet rétroactif*, donnait évidemment à entendre, que la jurisprudence antérieure, sur ce point, était contraire ; et c'est ce qui est incontestable, quelques efforts que fasse M. Merlin (Quest. de Droit, v° *Substitution*, § 8, p. 89) pour établir que l'édit de 1610 des archiducs Ferdinand et Isabelle, entendait, par ces expressions de son art. 15 : « Que les substitutions *n'auraient effet* que trois fois, *et au profit* de trois personnes, etc. » ; qu'une acceptation formelle ou tacite du fidéicommis, était nécessaire pour remplir le degré. Je dis que la maxime, *le mort saisit le vif*, suffit à elle seule pour donner le sens de ces mots. *L'effet* de la substitution se réalise *au profit* du substitué, par la force naturelle de la maxime, *le mort saisit le vif*. Mais les lois, édits, ordonnances, etc., se trouvant abrogés par la loi du

3o ventôse an XII ( Art. 7 ), comment se prononcerait-on aujourd'hui sur cette question? Je n'hésite pas à penser que les
effets de la maxime, *le mort saisit le vif*, ne dussent prévaloir
sur ceux de la maxime, *n'est héritier qui ne veut*. La première est
la règle, la seconde est l'exception ; tant qu'il n'y a pas lieu à
appliquer celle-ci, c'est la première qui règne. En principe,
la loi ne voit que des héritiers acceptans, parce qu'il est plus
conforme aux bienséances publiques, d'un meilleur ordre social, comme l'avaient pensé les Romains, que les hommes soient
représentés après leur mort. La loi néanmoins a dû venir au
secours de l'héritier, si son intérêt lui impose la nécessité de
répudier la succession ; et alors, elle le protège par l'effet d'une
fiction qui le rend rétroactivement étranger à la succession du
jour du décès, *n'est héritier qui ne veut*. Mais, en matière de
substitution, la présomption favorable à la succession doit être
accueillie, c'est-à-dire que, par la seule force de la maxime,
*le mort saisit le vif*, la succession s'est trouvée implicitement,
définitivement appréhendée et de manière à remplir utilement
le degré.

Ces distinctions posées, essayons de résoudre quelques
questions de rétroactivité.

12. Supposons une succession collatérale ouverte sous la
coutume de Paris, et acceptée sous bénéfice d'inventaire, avant
la publication du Code civil ; un autre parent se présente depuis la publication de ce Code, et demande à l'accepter purement et simplement; aura-t-il le droit d'exclure l'héritier bénéficiaire, conformément à la coutume de Paris, ne devra-t-il
pas être repoussé, d'après le Code civil qui n'admet plus ce
droit? Tout consiste, comme on voit, à apprécier exactement
la force et les effets de la maxime *le mort saisit le vif*, et de la
saisine légale qui en découle. Un jugement du tribunal civil de
la Seine, du 2 août 1810, avait prononcé sur cette question
en ces termes : « Attendu que l'exclusion de l'héritier bénéficiaire est l'effet de l'acceptation, et non celui de la vocation;
d'où il suit qu'elle ne peut avoir lieu, lorsque la loi en vigueur au moment de l'acceptation, ne l'admet pas ».

Ce jugement était le renversement des seules notions vraies
que l'on puisse se former sur la maxime *le mort saisit le vif*.
Quel est le principal effet de cette maxime ? C'est, comme il
vient d'être dit, de saisir l'héritier, indépendamment de toute

volonté, de toute manifestation de sa part, d'un droit inactif à la vérité, mais dont les effets sont absolus, certains, actuellement transmissibles, et que sa volonté seule peut empêcher. Or, l'héritier bénéficiaire, du moment même où il a pris sa qualité, a cessé d'être proprement l'héritier de la loi, et par un effet immédiat de la volonté de cette loi, l'héritier plus éloigné s'est trouvé au même instant saisi du droit qui échappe à l'héritier bénéficiaire, et qui consiste à représenter le défunt du jour de son décès, comme son plus proche héritier, s'il ne répudie pas d'ailleurs sa qualité.

Que devient maintenant l'objection : que le droit d'exclure l'héritier bénéficiare n'était pas un droit *inhérent* dans la personne de l'héritier pur et simple, mais un simple privilége, dont il pouvait user ou ne pas user ; que ne l'ayant pas exercé sous la loi qui l'accordait, l'héritier pur et simple ne peut le faire revivre sous la loi qui le prohibe ? C'est là une pure équivoque : si le droit dont il s'agit n'existait pas encore activement, utilement, dans la personne de l'héritier pur et simple, il existait du moins en principe, comme émation virtuelle de la loi, et conditionnellement pour le cas où l'héritier premier appelé répudierait ou accepterait la succession sous bénéfice d'inventaire. Qu'importe que ce droit ne fût que facultatif dans sa personne ? La maxime, *le mort saisit le vif*, n'a pas pour effet de contraindre l'héritier à accepter, mais de le placer dans l'alternative de rester héritier, ou de répudier sa qualité. Or, elle a consommé tout son effet, du jour de la mort du défunt. On sent en même temps toute la futilité de la distinction entre la saisine *fictive* et la saisine *réelle*, pour affirmer que la première ne confère pas le droit d'exclure l'héritier bénéficiaire, que la seconde seule, résultant de l'acceptation de l'héritier pur et simple, donne ce droit. C'est oublier toutes les définitions données par les auteurs de la ( fameuse ) saisine légale, *saisina juris*, qui découle de la maxime, *le mort saisit le vif* ( V. *suprà*, p. 45, note). Aussi le jugement dont il vient d'être parlé, ayant été déféré à la Cour royale, a été réformé en ces termes, le 15 mai 1811 : « Attendu que la loi qui règle une succession, est la loi existante à l'époque de son ouverture (1) ».

13. Il y a plus : et alors même que la succession serait ouverte

(1) Sirey, XI, part. 2, p. 266.

et acceptée sous le Code civil, il faudrait dire, avec M. Merlin (*Effet rétroac.*, p. 280), que les obligations solidaires créées, sous l'empire de ces anciennes coutumes, ne pourraient pas être divisées entre les héritiers, aux termes du Code civil. Mais ce serait en vertu d'un autre principe dont ne parle pas M. Merlin, et qui n'a rien de commun avec celui qui s'applique à l'ouverture des successions ; c'est que les effets immédiats des contrats sont irrévocablement réglés par la loi du temps où ils ont été passés ( V. *suprà*, t. 1, 274 et 330 ); la Cour de justice supérieure de Bruxelles l'a consacré par un arrêt du 21 avril 1819, en faisant l'application de l'art. 1221, n° 5 du Code civil.

14. Une succession s'est ouverte, avant le Code civil, sous l'empire des coutumes de Normandie, d'Artois et de Hainaut qui chargeaient solidairement tous les héritiers des dettes du défunt ; mais elle est acceptée sous l'empire du Code civil, qui ne fait supporter les dettes du défunt, par chacun des héritiers, qu'à raison de sa portion héréditaire (1); les dettes se diviseront-elles entre les héritiers, conformément au Code civil, ou resteront-elles solidaires, comme le voulaient ces anciennes coutumes ?

C'est encore par une exacte appréciation de la maxime, *le mort saisit le vif*, qu'il faudra résoudre cette question. Or, on vient de le dire, son effet est de saisir légalement, pleinement, l'héritier légitime, de tous les droits, de toutes les actions du défunt, du jour du décès ; cette saisine arbitraire ne deviendra effective, il est vrai, que par la volonté connue de l'héritier ; mais cette volonté une fois connue, opérera rétroactivement son effet, du jour de l'ouverture de la succession ; ce sera donc de ce jour que l'héritier sera censé avoir accepté la succession, et pris l'engagement de payer les créanciers ; or, quelle autre loi que celle qui était en vigueur à l'époque de l'ouverture, puisque c'est celle où l'héritier reçoit la succession de la loi et est censé prendre ses engagemens, déterminerait les effets de son acceptation ? Cette acceptation, quelle que soit sa date postérieure, rétroagissant, comme il vient d'être dit, au jour de l'ouverture, ne conserve donc plus qu'une date apparente, qui n'est pas celle à laquelle il s'est lié vis-à-vis des créanciers de la succession ; et ce serait sans but, comme sans raison, que l'on

(1) Art. 1220.

voudrait en soumettre les effets à la loi sous laquelle elle a matériellement eu lieu. Quant à l'argument par lequel, assimilant les créanciers aux légataires, on voudrait que de même que l'héritier se lie vis-à-vis des légataires par un quasi-contrat, de même il se lie vis-à-vis des créanciers de la succession, (et, le quasi-contrat est toujours réglé par la loi du temps où les faits qui lui ont donné lieu se sont passés), cet argument est sans force parce qu'il manque d'exactitude. Il ne s'est rien passé entre le légataire et le défunt ou l'héritier, dit le § 5, *Instit. de Oblig. quæ ex quas. contr. nasc.*, *neque enim cum herede, neque cum defuncto, ullum negotium legatarius gessisse intelligitur.* Or, n'étant pas régulièrement lié envers eux, il a bien fallu expliquer par quel principe il devait leur acquitter le legs, et on a reconnu que c'était par un quasi-contrat. Il n'en est pas de même des créanciers : ceux-ci avaient contracté avec le défunt qui s'étaient lié envers eux. L'héritier, en acceptant la succession, en se mettant aux lieu et place du défunt, a donc directement pris l'engagement de payer ses créanciers, comme il les aurait payés lui-même.

15. Un individu successible à un certain degré, ou à raison d'une certaine qualité, d'enfant naturel, par exemple, succède à son aïeul, en vertu de la loi existante au temps du décès de cet aïeul. Est-il saisi par-là d'un droit acquis sur les successions qui s'ouvriront à l'avenir, soit au même degré, soit à un tout autre degré déterminé par la même loi? C'est demander, en d'autres termes, si la successibilité, c'est-à-dire l'aptitude des individus à recueillir par voie de succession, dans l'ordre et selon les conditions déterminées par la loi actuelle, leur confère réellement des droits acquis? Or, j'ai démontré plusieurs fois (V. entre autres, t. 1, p. 187, 199-205) que les espérances, les simples expectatives n'étaient pas de nature à conférer des droits acquis; que la successibilité, expectative de cette nature, tant qu'elle ne s'était pas réalisée par un décès arrivé sous l'empire de la loi qui la règle, restait toujours comme principe d'administration publique dans le domaine souverain de la loi, qui pouvait constamment le modifier à son gré, pour le plus grand intérêt social, et sans rétroactivité; qu'en un mot, c'est toujours au fait de la translation effective du droit de propriété d'un individu à l'autre, qu'il faut se référer pour déterminer le moment où se forment des droits irrévocablement

acquis ; or, ici c'est par le décès seul que se réalise cette translation. Néanmoins, il n'est pas toujours facile de faire l'application de ces principes. **V.** *suprà*, t. 1, p. 249, n° 10.

---

### SECTION VII°.

## Conservation et exercice des droits civils.

---

### § 1. Conservation des droits civils.

---

### SOMMAIRE.

1. — *Examen du principe posé par* **M. Merlin** *relativement à la conservation et à l'exercice des droits
acquis.*

2. — *Première distinction relative au cas où la loi nouvelle qui impose de nouvelles formes, de nouvelles diligences, aux individus, ne porte pas sur
le fond même du droit ; la loi générale est toujours censé s'être réservé la faculté de changer
et d'améliorer le mode de conservation et d'exercice des droits individuels.*

3. — *Lorsque la loi nouvelle porte atteinte au fond même
du droit, elle doit appuyer sa disposition rétroactive sur des motifs d'ordre et de bien public révélés par son texte ou l'exposé de ses motifs.
Application de ce principe à la loi du 11 brum.
an VII.*

4. — *Que si la rétroactivité ne résulte ni du texte formel
de la loi, ni de ses motifs, la jurisprudence ne
saurait sous aucun prétexte, l'interpréter dans
un sens lésif pour le fond des droits des parties.*

5. — *Applications des principes précédens, 1° aux intéréts ou arrérages résultans de contrats antérieurs au Code civil* (Art. 2277).

6. — *2° Aux hypothèques antérieures aux dispositions de la loi du 11 brum. relatives à la formalité de l'inscription* (Art. 37).

7. — *3° A la nécessité de l'inscription ou de la transcription de la part du vendeur (sous l'empire des anciennes lois), pour la conservation de son privilége.*

8. — *4° Aux contrats antérieurs à la loi nouvelle à l'égard desquels on n'aurait pas rempli les formalité relatives à la publicité des hypothèques, alors que ces formalités se trouvent abrogées par la nouvelle loi.*

9. — *L'art. 2161 du Code civil, qui accorde au débiteur, dans l'hypothèse qu'il prévoit, une action en réduction des inscriptions, ou en radiation d'une partie, etc., est-il applicable aux anciennes créances hypothécaires, résultant d'actes notariés ou de jugemens, à celles des femmes mariées sur les biens de leurs maris, des mineurs et des interdits sur les biens de leurs tuteurs, du trésor sur ceux des comptables des deniers publics, lesquelles, aux termes de la loi du 11 brum. an VII, étaient générales, et s'appliquaient à tous les immeubles présens et à venir du débiteur, alors qu'elles n'auraient pas été inscrites?*

10. — Quid, *de la disposition de l'art. 2135, portant:* « Que la femme n'a hypothèque pour les sommes dotales qui proviennent de successions à elle échues, de donations à elle faites pendant le mariage, qu'à compter de l'ouverture des successions, ou du jour que les donations ont eu leur effet; qu'elle n'a hypothèque pour l'indemnité des dettes qu'elle a contractées avec son mari, et pour le remploi de ses propres alié-

*nés, qu'à compter du jour de l'obligation ou de la vente »; à l'égard des femmes mariées avant la loi du 11 brum. an VII, et qui n'avaient par pris d'inscription en vertu de cette loi ?*

11. — *La formalité prescrite par l'art. 2111 du Code civil, aux créanciers ou aux légataires, qui demandent la séparation des patrimoines, de prendre des inscriptions sur chacun des biens de la succession, dans les six mois, à compter du jour de son ouverture, est-elle purement conservatoire, ou porte-t-elle sur le fond même du droit du créancier ou du légataire ?*

12. — *La disposition de l'art. 1912 du Code civil portant : « Que le débiteur d'une rente constituée en perpétuel peut-être contraint au rachat, s'il cesse de remplir ses obligations pendant deux ans; » s'applique-t-elle aux rentes constituées sous l'empire de l'ancienne législation ? N'est-elle qu'une pure disposition conservatoire ? Ne porte-t-elle pas atteinte au fond du droit du débiteur ?*

13. — Quid, *par rapport à la rente viagère ? L'art. 1978, qui déclare, non résoluble par défaut de paiement des arrérages, le contrat de rente viagère, s'applique-t-il aux contrats antérieurs, passés sous une loi qui autorise la résolution pour cette cause ?*

14. — *En général, on doit tenir pour constant, que la nature, l'étendue, la durée des droits acquis, et dès lors, leur exercice, sont irrévocablement fixés par le titre ou le fait même qui les constitue. Applications de ce principe, à l'usufruit légué à un établissement public, à une commune, etc.; aux fruits échus à l'usufruitier dans l'année du décès, arrivé sous le Code civil, en vertu d'un titre antérieur à ce Code.*

15. — Quid, *du bail fait par l'usufruitier antérieurement au Code civil, alors qu'il est décédé depuis ? Il faut*

*dire que tout est definitivement réglé par l'ancien
bail, et que les règles, tracées par l'art. 595 du
Code civil, lui sont étrangères.*

16. — *Enfin, on doit considérer comme purement conservatoires les actes interruptifs de prescription.*

—

1. Relativement à la conservation et à l'exercice des droits
acquis, M. Merlin nous donne le principe suivant (Répertoire,
v° *Effet rétroact.*, t. xvi, p. 259) : « Encore que les droits, soit
actuels, soit éventuels ou expectatifs, qui résultent des contrats
soient hors de l'atteinte de la loi postérieure, la loi postérieure
n'en peut pas moins, pour l'avenir, en subordonner l'exercice
à telles formalités, à telles diligences qu'il lui plaît, pourvu
que ces formalités, ces diligences et ces conditions ne dépendent point d'événemens ou de faits étrangers à la volonté des parties auxquelles elle les impose, ou, en d'autres termes, pourvu
que ces parties ne puissent imputer qu'à leur propre incurie
la perte qu'elles éprouvent par l'omission ou l'inaccomplissement de ces formalités, de ces diligences, de ces conditions ».

Mais ce n'est pas là, à mon avis, offrir un moyen général et
certain d'éclairer la matière ; car, comment démêler les cas où
la loi n'ayant qu'à imputer à la seule incurie des parties l'omission ou l'inaccomplissement des nouvelles formes qu'elle prescrit, elle leur fera régulièrement perdre des droits garantis
par la loi précédente ? D'ailleurs, sur quel principe d'équité législative se fonder, même dans ce cas, pour enlever sans rétroactivité, par l'effet des mesures nouvelles qu'elle prescrit, des
droits acquis en vertu de l'ancienne loi ? Si ces droits renfermaient tacitement la clause résolutoire, que l'omission de certains actes, même volontaires de la part des parties, pourraient
les leur faire perdre, étaient-ils des droits irrévocablement acquis ? Et n'est-ce pas leur imposer arbitrairement une diligence,
des conditions, des charges, dans une matière qui ne comporte
plus d'arbitraire ? Mais il faut aller plus loin et reconnaître :

2. Que toute loi, qui crée par son texte de nouvelles formes,
impose de nouvelles diligences, de nouvelles conditions, pour
la conservation ou l'exercice d'anciens droits, est à quelques
égards rétroactive ; seulement la rétroactivité se trouve justifiée,

soit parce que les mesures nouvelles ne touchent pas au fond même du droit des parties, soit parce que, dans tous les cas, des raisons d'ordre et d'intérêt public commandent l'application de ces nouvelles mesures aux droits précédemment acquis ; et de là, les distinctions suivantes :

1° Toutes les fois que les mesures nouvelles n'auront pour but que la conservation pure et simple d'un droit antérieur, qu'il n'apparaîtra pas que ces mesures tiennent au fond même du droit, et que leur accomplissement est entièrement au pouvoir de ceux qu'elles concernent, en telle sorte qu'ils ne puissent s'en prendre qu'à eux-mêmes de l'omission de ces formalités, quelque grave que soit le résultat par lequel on prononce la déchéance d'un droit acquis, par suite d'une omission de formes destinées à le conserver, néanmoins, il faut dire que la déchéance, dans ce cas, est régulièrement encourue. L'autorité publique, en rendant la loi précédente sous l'empire de laquelle sont nés de certains droits, est toujours censée s'être réservé, dans l'intérêt même des individus, la faculté d'améliorer les formes par lesquelles ces droits peuvent être conservés ou exercés, comme aussi de les coordonner aux mesures générales d'ordre et de bien public, dont elle est toujours restée l'arbitre souveraine. Car, en principe, elle peut même exiger des particuliers, sinon le sacrifice de leurs droits, du moins des soins, des diligences dont l'objet est, en premier lieu, l'amélioration de l'état social, en second lieu, la conservation de ces mêmes droits (1). Par exemple, il résulte des art. 37 et 39 de la loi du 11 brum. an VII, que les droits d'hypothèque ou priviléges existans lors de la publication de cette loi, qui n'auront pas été inscrits en exécution et dans les formes de la loi du 9 mess. an III, le seront, pour tout délai, dans les trois mois qui suivront ladite publication ; faute de quoi, lesdites hypothèques n'auront d'effet qu'à compter du jour de leur inscription postérieure, et les priviléges dégénéreront en simples hypothèques, n'ayant rang que du jour de leur inscription. Quel est le principal but de cette disposition ? C'est évidemment la publicité des hypothèques, motif d'ordre public, qui tend surtout à assurer la bonne foi dans les transactions sociales, et à garantir les tiers de toute surprise ; le créancier n'éprouvant d'ailleurs aucun préjudice, quant au fond même

___

(1) V. *suprà*, t. I. p. 199.

de son droit, il aura à s'imputer toute négligence qu'il apporterait dans l'accomplissement de ces nouvelles formes conservatrices prescrites dans un intérêt général.

C'est à la lueur de ce principe que nous expliquerons l'art. 43 de la même loi, du 11 brum. an VII, qui dispose que toute hypothèque générale antérieure, non restreinte par les conventions des parties, et dispensée de la désignation de la nature et de la situation des immeubles, mais dont l'inscription aura déjà été faite ou le sera dans les délais déterminés par cette loi (3 mois, art. 57), conservera son rang sur les biens présens et à venir du débiteur, situés dans l'étendue du bureau où elles auront été requises. Quel est l'objet de cette disposition? C'est la conservation d'un droit antérieur dans l'intégrité de ses formes et de ses qualités constitutives, en vertu de la loi existante à l'époque où il a été acquis, bien qu'elles soient contraires aux formes et aux conditions introduites par la loi nouvelle; et cette conservation est subordonnée à un soin, à une diligence dont l'accomplissement est entièrement au pouvoir du créancier. Qu'arrivera-t-il si cette inscription est prise postérieurement aux délais déterminés par la loi? L'hypothèque, dans ce cas, perdra son rang pour ne prendre que celui que lui donnera l'inscription postérieure faite par le créancier (Art. 57 et 59); c'est la peine imposée à sa négligence. Mais perdra-t-elle sa généralité, le privilége résultant du titre et de la loi précédente, de frapper tous les biens présens et à venir du débiteur, situés dans le même bureau, sans désignation de la nature et de la situation des immeubles? Nullement. Le but de la loi serait dépassé. Elle n'a voulu que prescrire de nouvelles formes conservatoires des hypothèques, dans la vue d'aider un nouveau système hypothécaire qui intéressait essentiellement l'ordre public, et non de porter atteinte au fond même d'un droit acquis sous l'empire des lois antérieures. La Cour royale de Montpellier s'était méprise sur le but de cette disposition dont l'omission lui avait paru devoir entraîner la perte de l'hypothèque; mais la Cour de cassation a cassé son arrêt, le 11 nov. 1812, par les motifs qui précèdent (1).

3. 2° Mais, lorsque ces nouvelles mesures ou formes portent atteinte au fond du droit, la rétroactivité que nous supposons

(1) Sirey, t. XIII, 1, p. 151.

toujours, dans ce cas, résulter du texte formel de la loi, doit trouver sa justification dans des motifs d'ordre et de bien public, révélés soit par la loi elle-même, soit par l'exposé général des causes qui l'ont amenée; car la loi doit toujours déduire franchement les raisons qui l'obligent à s'écarter des règles générales. Par exemple, les art. 22 et 42 de la loi du 11 brum. an VII déterminent « qu'à l'égard des inscriptions sur les tuteurs, curateurs et administrateurs de l'absent, elles seront faites à la diligence du subrogé tuteur ou curateur... Au défaut du subrogé tuteur, les parens ou amis qui auront concouru à la nomination du tuteur ou curateur, chacun individuellement, et *sous leur responsabilité solidaire*, seront tenus de requérir les mêmes inscriptions, ou de veiller à ce qu'elles soient faites, en temps utile, à la diligence de l'un d'eux ». La loi emporte ici, par son texte même, un effet rétroactif évident : lorsque les parens ou amis avaient nommé un tuteur sous l'empire des anciennes lois, ils n'étaient pas responsables solidairement de la négligence du tuteur. Cette solidarité introduite par la loi nouvelle altérait donc l'essence de l'obligation primitive à laquelle s'étaient soumis les parens et amis, et en aggravait les résultats contre eux.

Mais quel était le but des auteurs de la loi du 11 brum. an VII? d'asseoir la publicité des hypothèques sur la base la plus large et la plus salutaire; de soumettre à la nécessité de l'inscription les hypothèques légales, quelle qu'en fût la nature; c'était là le système qu'il importait, même à l'ordre public, d'établir immédiatement. Or, il fallait organiser d'une manière forte et assurée le moyen par lequel serait prise l'inscription des mineurs, des interdits, des absens, des femmes mariées. « Le règlement de la publicité doit être absolu et général, disait le rapporteur de la loi au Conseil des Cinq-cents (séance du 21 mess. an VI), ou il est inutile. Qu'on admette une exception, la certitude du gage est détruite; le principe moral de la publicité ne donne plus de résultat. Dispenser les femmes et les mineurs de l'inscription, c'est encore violer la charte constitutionnelle qui veut que la loi soit la même pour tous ». De là les dispositions des art. 22 et 41.

4. 3° Que, si la rétroactivité ne résulte pas du texte formel de la loi, si des considérations générales tirées de l'ordre et du bien public ne justifient pas d'une manière évidente l'application de la loi nouvelle aux droits antérieurs, la jurisprudence ne

saurait, dans aucun cas ni sous aucun prétexte, porter atteinte au fond des droits acquis sous les lois précédentes.

5. Par exemple, l'art. 2277 du Code civil dispose : « Que les arrérages de rentes perpétuelles et viagères, ceux des pensions alimentaires, les loyers des maisons, et le prix de ferme des biens ruraux ; les intérêts des sommes prêtées, et généralement tout ce qui est payable par année, ou à des termes périodiques plus courts, *se prescrivent par cinq ans* ». Cette disposition s'appliquera-t-elle, même aux intérêts résultant de contrats antérieurs au Code civil, stipulés à une époque où ils n'étaient prescriptibles que par trente ans, et échus depuis le Code civil ? L'affirmative est hors de doute. En effet, la loi nouvelle ne porte aucune atteinte au fond du droit du créancier ; les intérêts demeurent toujours fixés sur le pied de la stipulation primitive ; seulement, ils seront prescriptibles par cinq ans, depuis la promulgation du Code, au lieu de l'être par trente, conformément à la loi précédente. La raison dominante de cette disposition est que la loi considère, comme intéressant éminemment l'ordre public, que d'une simple stipulation privée ne puisse résulter la ruine des débiteurs, ce qu'amènerait infailliblement l'accumulation des arrérages (Motifs). L'objection tirée de ce que la prescription de trente ans a pu entrer en considération dans la stipulation primitive est sans fondement. La prescription étant d'ordre public n'a jamais dû faire partie explicitement ou implicitement des stipulations privées. En partant donc de ce principe, la loi a pu imposer au créancier une obligation plus étroite relativement aux moyens de conservation de sa créance, qu'elle laisse d'ailleurs subsister selon ses formes et ses qualités primitives ; et cette disposition s'appliquera également aux arrérages de rentes, fermages ou loyers courus depuis la même époque ( Cassat. 25 avr. 1820 ) (1). Mais elle ne s'appliquerait pas aux intérêts ou arrérages échus antérieurement au Code civil, fussent-ils demandés plus de cinq ans après sa promulgation. Pourquoi cela ? Parce que tous les arrérages accumulés antérieurement au Code civil, se trouvant régis par la loi précédente qui n'en prononçait la prescription que par le laps de trente ans, sont, jusqu'à ce que cette prescription les atteigne, la propriété irrévocable du créancier ; que leur véritable moyen

(1) Sirey, t. xx, 1 p. 407.

II.                                        14

de conservation était placé dans l'ancienne prescription elle-même, et qu'il y aurait rétroactivité au préjudice du créancier, à substituer, quant à ces arrérages ou intérêts échus, la nécessité de soins, de diligences, ou d'actes que ne prescrivait pas la loi précédente, et, par suite, atteinte portée au fond même de son droit. C'est conformément à ces principes qu'ont été rendus trois arrêts de la Cour de cassation, l'un, du 21 déc. 1812 (aff. Cuvelier) (1), le deuxième, du 28 déc. 1813 (aff. Walsar) (2), et le troisième, du 30 janv. 1816 (5).

6. Le système de la publicité des hypothèques si savamment organisé par la loi du 11 brum. an VII, et conservé avec d'importantes améliorations par le Code civil, a entraîné plusieurs dispositions rétroactives qui doivent être appréciées et appliquées d'après les distinctions précédentes.

Par exemple, il était de principe sous l'édit de 1771 que les hypothèques, soutenues par le seul effet de la stipulation, suivaient le sort de l'obligation principale dont elles étaient l'accessoire; qu'elles ne s'éteignaient, par conséquent, comme elle, que par les divers modes déterminés pour l'extinction des obligations. La loi du 9 mess. an III et l'art. 37 de la loi du 11 brum. an VII, qui ont soumis à la nécessité de l'inscription ces hypothèques anciennes, ont évidemment rétroagi. En effet, elles ont fait dépendre en résultat, de l'accomplissement de cette formalité, la validité d'hypothèques parfaites aux termes des lois antérieures, et dès lors, attributives de droits acquis. Mais la gravité du motif tiré de la publicité, l'a emporté dans l'esprit de la loi, sur l'inconvénient réel de blesser des droits individuels; et la jurisprudence a dû se conformer à cet esprit. C'est ainsi qu'un arrêt de la Cour royale de Riom, maintenu par un arrêt de la Cour de cassation du 5 fév. 1828 (aff. Dupic) (4), a jugé, que l'acquéreur, en 1790, d'un immeuble hypothéqué à la fois à sa créance qui en absorbait toute la valeur, et à la créance d'un tiers, mais postérieure à la sienne, avait tellement perdu son hypothèque, faute de l'avoir conservée par une inscription, aux termes des lois nouvelles, que le créancier postérieur qui avait, au contraire,

(1) Sirey, t. XIII, 1, p. 182.
(2) *Ibid.*, t. XIV, 1, p. 92.
(3) *Journal du Palais*, t. II, de 1816, p. 369.
(4) Sirey, t. XXVIII, 1, p. 142.

satisfait à la loi , en prenant une inscription , bien que dans l'o-
rigine il ne vint pas utilement en hypothèque , écartait néanmoins
ce créancier précédent , qui ne pouvait dès lors lui opposer ni
compensation ni confusion , quelque réels que fussent ces moyens
de paiement de sa part , vis-à-vis du vendeur.

7. Le privilége du vendeur est considéré comme une espèce
de droit de copropriété sur l'immeuble vendu , jusqu'au paiement
définitif de son prix. Cela est fondé sur ce principe , que l'acquéreur ne devient réellement maître de la chose achetée que lorsqu'il en a payé le prix. *Quod vendidi , non aliter fit accipientis ,*
*quam si aut pretium nobis solutum sit , aut satis eo nomine fac-*
*tum.* L. 19, ff *de Contrah. empt.*; L. 53 *eod. Instit. de rer. divis.*,
§ 41; et voilà pourquoi il a été jugé , et avec toute raison , par
deux arrêts de la Cour de cassation rendus dans la même affaire
(aff. Sappey), l'un le 5 mars 1816 (1) , l'autre ( sections réunies),
le 1er mai 1817 (2) , que la disposition de l'art. 2151 du Code civil
qui veut que le créancier inscrit pour un capital produisant intérêt , n'ait droit que pour trois années d'intérêt au même rang
d'hypothèque que pour son capital , est inapplicable au privilége
du vendeur , lequel est conservé par l'effet de l'inscription ou de
la transcription , non-seulement pour le capital , mais encore
pour tous les intérêts courus depuis le contrat de vente.

Mais on demande si la nécessité de l'inscription ou de la transcription de la part d'un vendeur (sous l'empire des anciennes lois),
pour la conservation de son privilége, est telle , que leur omission
entraîne définitivement l'extinction de son privilége ? Diverses
Cours royales , entre autres celles de Grenoble (8 fév. 1810) , de
Rouen (24 fév. 1812), même la Cour de cassation (26 fév. 1813),
s'étaient refusées à consacrer un aussi terrible effet de l'omission
d'une simple formalité. Porter ainsi , quoique d'une manière indirecte , atteinte à des droits irrévocablement acquis sous l'empire des lois précédentes ; n'était-ce pas offrir , en cette matière ,
tout l'odieux de la rétroactivité ? Elles avaient donc jugé , que
quelque nombreuses que fussent les transcriptions successives ,
et quels que fussent les droits des créanciers inscrits dans l'intervalle , le vendeur n'en conservait pas moins son privilége ; pourvu
toutefois qu'il eût fait transcrire son contrat à une époque quel-

(1) Sirey, t. XVI , 1, p. 171
(2) *Ibid.*, t. XVII , 1, p. 199.

14.

conque, depuis l'accomplissement de la vente. Mais la Cour de cassation embrassant définitivement toutes les difficultés de cette grave question par son arrêt du 13 déc. 1813 (aff. Aillaud) (1) a jugé (après quatre délibérés) que l'intérêt de la publicité des hypothèques, ne rendoit pas moins obligatoire pour le vendeur que pour le créancier hypothécaire, l'inscription à l'aide de laquelle seule il pouvait conserver son privilége; que cette obligation résultait particulièrement pour lui des art. 2008 du Code civil et 834 du Code de procédure civile; et que l'omission de cette formalité entraînait irrévocablement la perte de son privilége.

8. Alors même que les formalités relatives à la publicité des hypothèques seraient abrogées, comme inutiles, ou qu'un premier système serait remplacé par un autre, les dispositions de la loi nouvelle ne sauraient, sans rétroagir, s'appliquer aux contrats antérieurs, à l'égard desquels n'auraient pas été remplies les formalités prescrites par les lois précédentes. Ainsi, il ne serait pas exact de dire que la promulgation du Code civil qui déclare, art. 1583, « que la vente est parfaite entre les parties, et la propriété est acquise de droit à l'acheteur à l'égard du vendeur, dès qu'on est convenu de la chose et du prix, quoique la chose n'ait pas encore été livrée ni le prix payé », a valu transcription pour tous les contrats antérieurs qui n'avaient pas été soumis à cette formalité, aux termes des art. 26 et 28 de la loi du 11 brum. an VII, et que dès lors, les créanciers hypothécaires du vendeur, dont le titre n'avait pas été transcrit, n'avaient pu prendre valablement inscription sur l'immeuble vendu, depuis la promulgation du Code civil. La Cour de cassation s'était méprise trois fois sur l'exactitude de ce principe (2), et donnant à l'art. 1583 un véritable effet rétroactif, elle avait jugé que ses dispositions s'appliquaient aux contrats de vente consommés sous l'empire des lois précédentes. Voici les termes de son arrêt du 28 juil. 1813, où se trouve développée avec étendue cette doctrine : « Considédérant qu'aux termes de la loi du 11 brum. an VII, une vente non transcrite ne transférait pas la propriété à l'acquéreur au préju-

____

(1) Sirey, XIV, 1, p. 46. Elle avait rendu antérieurement d'autres arrêts dans le même sens. V. Répert., v° *Hypothèque*, sect. 2, § 2, art. 14, n° 2.

(2) Arrêts des 18 mai, 15 oct. 1810, et 28 juillet 1813. V. Répert., v° *Transcription*, § 3, note.

dice des créanciers du vendeur ; mais que ce principe a été abrogé
par le Code Napoléon, qui dispose, d'une manière absolue, sans
distinguer les époques, que la vente est parfaite sans transcription, même à l'égard des créanciers du vendeur ; que cette disposition appliquée aux ventes passées avant le Code Napoléon,
*n'a rien de rétroactif, puisque la transcription est une formalité
étrangère à la substance du contrat*, et que les lois qui établissent ou
suppriment des formalités de ce genre, peuvent, au gré du législateur, s'appliquer, non-seulement aux actes à venir, mais à
ceux qui existent déjà ; que la différence entre les dispositions de
la loi de brum. et celles du Code Napoléon a causé un changement notable dans les droits des parties en cause ; qu'en effet, la
vente faite à la dame Salmatoris, sous l'empire de la loi de brum.
an VII, était, à cette époque et à défaut de transcription, comme
non avenue à l'égard des créanciers de son vendeur ; et c'est par
suite de ce principe que les créanciers pouvaient prendre inscription sur la chose vendue, qui était toujours réputée la propriété
de leur débiteur ; mais que, depuis la publication du Code Napoléon et par l'effet seul de cette loi, la dame Salmatoris étant
devenue propriétaire, comme si son contrat avait été transcrit,
il en résulte que, dès ce moment, le vendeur a été irrévocablement dessaisi de sa propriété, et par suite, que ses créanciers
n'ont pas pu prendre inscription sur un immeuble qui ne lui appartenait plus ; que les principes, déjà adoptés par la Cour dans
des espèces où le créancier réclamait une hypothèque constituée
sous l'empire de la loi de brum. an VII, sont également applicables dans cette cause où il s'agit d'une hypothèque antérieurement acquise ; car, dans un cas comme dans l'autre, la raison de
décider est la même, est indépendante de la date de l'hypothèque ;
et la distinction que les demandeurs imaginent, n'a rien de réel,
d'après les principes du Code Napoléon ; que l'on ne peut écarter l'application de ces principes sous le prétexte que, d'après
l'art. 834 du Code de procédure civile, le créancier hypothécaire
du vendeur peut s'inscrire sur l'immeuble vendu jusqu'au moment
de la transcription du contrat, et même quinze jours après ; car
il est évident que cette disposition innove au Code Napoléon,
qu'elle est textuellement limitée aux ventes *qui seront faites à
l'avenir*, et ne peut, par conséquent, être étendue aux ventes
faites antérieurement ; qu'ainsi, s'il est vrai que la vente passée
depuis le Code de procédure, n'empêche pas le créancier du

vendeur de s'inscrire sur le bien vendu avant la transcription, et quinze jours après, il est également vrai qu'avant la publication de ce Code, et sous l'empire de celui Napoléon, le créancier du vendeur ne pouvait, après la vente même non transcrite, prendre une inscription utile, quelle que fût la date de son hypothèque; rejette, etc. »

Mais cette Cour appréciant mieux enfin le motif tiré de la publicité, a abandonné comme erronée la doctrine précédente; et par trois arrêts, le premier du 19 nov. 1817, le second du 9 fév. 1818, et le troisième du 4 janv. 1820, elle a rendu aux véritables principes toute leur autorité. Voici les termes du dernier de ces arrêts : « Vu les art. 39, 44 et 47 de la loi du 11 brum. an VII, et l'art. 1583 du Code civil; attendu que l'hypothèque du sieur de Magnoncourt est antérieure à la loi du 11 brum. an VII, et que les immeubles affectés à cette hypothèque avaient été vendus antérieurement à la publication du Code civil; que, dès lors, les obligations et les droits du créancier et de l'acquéreur ont dû être réglés d'après les dispositions de la loi du 11 brum.; attendu que, d'après ces dispositions, l'acquéreur d'immeubles grevés d'hypothèques, ne pouvait les purger que par la transcription du titre qui lui en avait transmis la propriété ; que, jusqu'alors, le créancier était admis à faire inscrire son hypothèque, et que la transcription ne purgeait que les hypothèques non encore inscrites ; attendu que le Code civil n'a rien changé à cette législation à l'égard des hypothèques existantes et des acquisitions faites avant sa promulgation, *et que l'art.* 1583 *de ce Code ne dispose que pour l'avenir;* qu'ainsi, en annulant l'inscription hypothécaire du sieur de Magnoncourt sur les biens dont il s'agit, la Cour royale de Besançon a violé les art. 44 et 47 de la loi du 11 brum. an VII, et faussement appliqué l'art. 1583 du Code civil; casse, etc. »

Il faut ajouter un dernier trait au développement de ces principes : s'il est vrai de dire, avec l'arrêt du 26 juil. 1813; que *la transcription est étrangère à la substance du contrat de vente,* il ne l'est pas moins que la transcription avait été prescrite par la loi du 11 brum. an VII, comme formalité irritante de la vente elle-même à l'égard des tiers, et, dès lors, comme équivalente à une formalité substantielle de la vente. « Jusque-là, porte l'art. 26, ils (les actes translatifs de propriété) ne peuvent être opposés aux tiers qui auraient contracté avec le vendeur et

qui se seraient conformés aux dispositions de la présente »;
et l'art. 28 ajoute : « La transcription prescrite par l'art. 26
*transmet à l'acquéreur les droits que le vendeur avait à la pro-*
*priété de l'immeuble,* mais avec les dettes et hypothèques dont
cet immeuble est grevé ». Et qu'importe dès lors que la transcription soit étrangère à la substance du contrat de vente, si,
par des raisons d'ordre public, son omission entraîne la nullité
de la vente à l'égard des tiers; il demeure toujours constant que
l'un des principaux effets du contrat de vente, son efficacité à
l'égard des tiers, et par suite l'un des élémens primitifs de la
vente, est subordonné à l'accomplissement rigoureux de la transcription. Or, en l'absence d'une abrogation formelle de l'obligation de transcrire les contrats de vente antérieurs, on ne saurait faire résulter cette abrogation d'une simple disposition de
la loi nouvelle qui se borne à rappeler en cette matière les principes du droit commun.

9. Avant la loi du 11 brum. an VII, l'hypothèque résultant
des actes notariés et des jugemens, celle des femmes mariées sur
les biens de leurs maris, des mineurs et des interdits sur les
biens de leurs tuteurs, du trésor sur ceux des comptables des
deniers publics, était générale et s'appliquait à tous les immeubles présens et à venir du débiteur. L'art. 2161 du Code civil,
qui donne au débiteur « l'action en réduction des inscriptions,
ou en radiation d'une partie, en ce qui concerne la proportion
convenable, toutes les fois que les inscriptions prises par le
créancier qui, d'après la loi, aurait droit d'en prendre sur les
biens présens ou sur les biens à venir du débiteur, sans limitation
convenue, seront portées sur plus de domaines différens qu'il
n'est nécessaire à la sûreté des créances », s'applique-t-il à ces
anciennes créances non inscrites ? Quel est le but de la disposition de cet article ? Peut-on la considérer comme se coordonnant, dans des vues générales d'ordre public, avec les autres
dispositions du Code sur la publicité des hypothèques, dont elle
ne serait que l'exécution, ou même, qu'elle n'est conçue que
dans un but particulier d'utilité pour les débiteurs, sans qu'elle
porte d'ailleurs atteinte au fond même du droit des créanciers ?
C'est ce qu'avaient pensé deux Cours royales ( Aix, 11 fruct.
an XII (1), et Nîmes, 19 mai 1807) (2). Voici les termes de

(1) Sirey, t. v, 2 p. 423. — (2) *Ibid.*, t. VII, 2, p. 185.

l'arrêt de cette dernière Cour : « Considérant que ce n'est pas
donner un effet rétroactif au Code civil que d'opérer, d'après
lui, la réduction d'une inscription hypothécaire excessive ; qu'il
y aurait effet rétroactif, si la loi portait atteinte à un droit acquis ;
mais qu'en conservant intacts les droits du créancier, quant à la
quotité de la somme à lui due, et en réduisant seulement le gage,
si ce gage reste toujours suffisant pour acquitter cette somme
entière, il n'en peut résulter pour lui aucune perte, et ses droits
sont parfaitement garantis ; que l'hypothèque n'est pas réduite,
mais seulement l'inscription dont il a sans doute dépendu du
législateur de modifier la forme et les effets pour le plus grand
avantage du corps social, sans froisser aucun intérêt particulier ;
que les créanciers, porteurs d'inscriptions antérieures à sa promulgation, ne peuvent donc se refuser de s'y soumettre, et que
la justice s'accorde avec le vœu de la loi pour faire réduire une
inscription excessive qui, sans utilité pour le créancier, entrave
les affaires et peut amener la ruine du débiteur ». Mais quatre
arrêts, le premier de la Cour d'appel d'Agen, du 4 therm.
an XIII (1), le deuxième, de la Cour d'appel de Paris, du 18 juil.
1807 (2), le troisième, de la Cour d'appel de Caen, du 16 fév.
1808 (3), et le quatrième, de la Cour d'appel de Besançon, du
22 juin 1809 (4), jugeant dans un sens contraire, ont posé les
vrais principes à cet égard.

Ils ont considéré que l'hypothèque était un droit réel sur
les immeubles affectés au paiement d'une obligation ; que ces
immeubles étaient dès lors le gage du créancier : que l'hypothèque générale frappait, selon les anciens principes, l'ensemble comme toutes les parties des immeubles affectés, *est tota
in toto, et tota in qualibet parte* ; qu'elle était, par suite, indivisible de sa nature ; que le créancier avait le droit, en cas de
purge de l'immeuble, soit par décret volontaire, soit par lettres
de ratification, soit par transcription et notification, de se faire
payer sur le prix représentatif de l'immeuble, quel qu'il fût,
de son débiteur, soumis à son hypothèque générale ; que la

(1) Sirey, t. v, 2ᵉ part., p. 184 ; *Journal du Palais*, 1ᵉʳ de 1806, p. 9.
(2) *Journal du Palais*, 2ᵉ de 1807, p. 403 ; Sirey, t. vii, 2ᵉ part, p. . . .
(3) Sirey, t. ix, 2ᵉ part., p. 29.
(4) *Journal du Palais*, 3ᵉ de 1810, p. 44 ; Sirey, t. xiii, 2ᵉ part.,
p. 318.

généralité de l'hypothèque, ainsi appliquée à tous les immeubles du débiteur, était une des conditions de la convention que
le créancier avait eue avec lui ; que c'était désormais, à l'égard
de ce dernier, un droit acquis que ne pouvait plus lui ravir,
où même altérer, une loi postérieure ; que l'action en réduction
introduite par le Code civil aurait néanmoins cet effet, puisqu'en réduisant son droit d'hypothèque à une certaine portion
des immeubles du débiteur, elle lui enleverait celui qu'il avait
sur les autres immeubles, et en vertu duquel il pouvait se faire
payer par expropriation, non-seulement à l'échéance de la dette,
mais encore avant le terme, en cas de vente de ces immeubles
pour toute autre cause ; ce qui serait évidemment porter atteinte
à un droit acquis du jour de la convention ; que ce serait dès
lors donner un effet rétroactif à l'art. 2161 du Code civil. Ils
ont considéré, en outre, que la réduction de l'hypothèque
n'était ni une mesure de conservation, ni un mode d'exécution
se coordonnant avec le système de la publicité ; qu'il se coor-
donnait plutôt avec le système de spécialité, établi par plusieurs
autres dispositions de ce Code ; ce qui rendait limitative l'application de ce même Code ; que dès lors il n'existait aucune considération tirée de l'ordre public pour appuyer une interprétation contraire.

10. Sous l'ancienne jurisprudence, la femme avait hypothèque
sur les biens de son mari, non-seulement pour sa dot, mais
encore pour toutes ses autres conventions matrimoniales, reprises et indemnités des dettes contractées par son mari ou
avec lui, du jour de son mariage ou de son contrat de mariage.
L'art. 2135 porte, au contraire : « *que la femme n'a hypothèque
pour les sommes dotales qui proviennent de succession à elles
échues ou de donations à elle faites pendant le mariage, qu'à compter de l'ouverture des successions, ou du jour que les donations ont
eu leur effet ; qu'elle n'a hypothèque pour l'indemnité des dettes
qu'elle a contractées avec son mari, et pour le remploi de ses
propres aliénés, qu'à compter du jour de l'obligation ou de la
vente......* »

Cette disposition s'appliquera-t-elle aux femmes mariées antérieurement à la loi du 11 brum. an VII, et qui n'avaient pas
pris d'inscription en vertu de cette loi ? Et comment s'y appli-
querait-elle ? Quelle que soit la raison d'ordre public qui commande la salutaire mesure de l'inscription de toutes les hypothè-

ques, comment l'appliquer, sans rétroactivité, aux hypothèques anciennes qui avaient déjà produit tout leur effet et conféré des droits acquis à la femme du jour de son mariage, en vertu de la loi qui régissait à cette époque, les stipulations matrimoniales? Il faudra donc décider ici, que la nouvelle mesure, portant sur le fond même du droit d'hypothèque de la femme, et ne prescrivant pas purement et simplement un moyen de conservation de ce droit, l'art. 2135 sera sans application à cet égard, et ne s'entendra que des femmes mariées depuis la publication du Code, non des femmes mariées antérieurement; et c'est ce qu'ont jugé avec toute raison la Cour royale de Metz le 18 juill. 1820 (1), et la Cour royale de Colmar le 14 mai 1821 (2).

11. L'art. 14 de la loi du 11 brum. an VII n'assujettissait pas les créanciers ou légataires du défunt qui voulaient demander la séparation des patrimoines, à la formalité de l'inscription. Il disait seulement : « Sans préjudice du droit qu'ont les créanciers des personnes décédées et les légataires, de demander la distinction et la séparation des patrimoines, conformément aux lois ». L'art. 2111 du Code civil porte au contraire, « que les créanciers et légataires qui demandent la séparation du patrimoine du défunt, conformément à l'art 878 au titre des *Succession*, conservent, à l'égard des créanciers des héritiers ou représentans du défunt, leur privilége sur les immeubles de la succession, *par les inscriptions faites sur chacun de ces biens, dans les six mois à compter de l'ouverture de la succession*». Peut-on considérer cette formalité comme un acte purement conservatoire d'un droit antérieur; ne porte-t-elle aucune atteinte au fond même du droit du créancier; et les motifs d'ordre public sont-ils tels, qu'on doive astreindre à l'accomplissement de cette formalité les créanciers de successions ouvertes antérieurement au Code civil, demandeurs en séparation de patrimoine? La jurisprudence a long-temps flotté incertaine sur cette question : les Cours de Nîmes (3), Toulouse (4), Rouen (5), avaient adopté l'affirmative; elles se fondaient entre autres, 1° sur

(1) Sirey, t. XXI, 2e part., p. 365.
(2) *Ibid.*, t. XXI, 2e part., p. 251.
(3) Arrêt du 28 mars 1806; *Journal du Palais*, 2e de 1806, p. 27; Sirey, t. VII, 2e part., p. 1197.
(4) Arrêt du 12 janv. 1807; Sirey, t. VII, 2e part., p. 280.
(5) Arrêt du 23 août 109; Sirey, t. X, 2e part., p. 89.

ce que le Code civil n'enlevait pas aux créanciers le droit de demander la séparation du patrimoine de leur ancien débiteur, mais n'avait fait que tracer le mode de conserver ce droit ; 2° sur ce que le nouveau système hypothécaire résidant principalement dans la publicité des hypothèques, il était impossible de conserver avec effet une hypothèque sans inscription, etc.; Mais la Cour de cassation a définitivement posé les vrais principes sur cette matière par son arrêt du 8 mai 1811 (1) : « Attendu, porte cet arrêt, 1° que les droits réels, soit conventionnels, soit légaux doivent être constamment régis par les lois sous l'empire desquelles ils ont été irrévocablement acquis, lors même qu'ils ne sont exercés qu'après la publication d'une loi nouvelle ; que s'ils étaient détruits, altérés, ou seulement modifiés en vertu des dispositions d'une loi postérieure, cette loi aurait évidemment un effet rétroactif ; et suivant une maxime fondamentale en législation, qui est consignée dans l'art. 2 du Code Napoléon, les lois ne disposent que pour l'avenir ; que néanmoins le législateur peut déroger à cette maxime dans des circonstances extraordinaires et par des motifs d'intérêt public; mais que là dérogation ne peut être ni suppléée ni induite par voie de raisonnement ; qu'elle doit être expresse, formelle et textuellement écrite dans la loi à laquelle on veut donner un effet rétroactif. 2° Que le droit accordé aux créanciers du défunt, de demander la séparation de son patrimoine d'avec le patrimoine de l'héritier, est un droit *réel*, puisqu'il frappe sur les biens, puisqu'il a pour objet le paiement des dettes auxquelles sont obligés les biens, et qu'il est irrévocablement acquis dès l'instant du décès du débiteur, puisqu'il peut être immédiatement exercé sur la succession, et qu'il est conféré par la loi, sans aucune condition résolutoire indépendante de la volonté du créancier; que, des principes qui viennent d'être établis, il résulte que, dans une succession ouverte sous l'empire de la loi du 11 brum. an VII, les créanciers ont le droit de demander la séparation des patrimoines, même après la publication du Code Napoléon, sans être tenus de faire inscrire leur privilége sur les biens du défunt, puisque l'art. 14 de la loi du 11 brum. an VII, qui autorise cette demande, ne l'a pas soumise à la condition de

(1) Sirey, t. XI, p. 173. Arrêts dans le même sens, C. de Turin ; Sirey, t. X, 2e part., p. 344, 7 mars 1810, C. de cass., 25 mai 1812, et 8 nov. 1815.

l'inscription, et que cette condition n'a été prescrite que par l'art. 2111 du Code Napoléon, et n'a été prescrite que pour l'avenir; qu'en effet, la disposition de l'art. 2111 ne contient aucune expression qui puisse autoriser à l'étendre au passé, et à lui donner un effet rétroactif sur les droits antérieurement acquis; 3° Qu'on voit au contraire dans cet article, que l'inscription doit être faite *dans les six mois à compter de l'ouverture de la succession;* et qu'il en résulte bien évidemment que la disposition ne peut s'appliquer aux successions antérieurement échues puisqu'il n'y aurait pas réellement de délai pour l'inscription à l'égard des successions qui seraient échues plus de six mois avant la publication de la loi qui contient l'art. 2111 du Code, et que le délai de six mois ne serait pas entier à l'égard des successions ouvertes un peu plus tard; qu'enfin s'il eût été dans l'intention du législateur de comprendre dans l'art. 2111 les successions antérieures, et de ne faire courir le délai de six mois, à l'égard de ces successions, *qu'à compter de la publication de la nouvelle loi*, il aurait dû le dire expressément, et qu'il n'est permis ni de suppléer ce qu'il n'a pas dit, ni d'ajouter à la disposition qu'il a faite, et uniquement pour donner à cette disposition un effet rétroactif. 4° Que l'inscription d'un privilége ou d'une hypothèque, n'est pas une simple formalité de procédure, uniquement relative à la *manière* dont le droit du créancier doit être exercé, et qui doive être réglée par la loi existante au moment où le droit s'exerce; que déjà il a été jugé plusieurs fois que c'est une formalité substantielle, et qui tient à l'essence même du droit, puisqu'elle est nécessaire pour le consolider, pour le maintenir, et que son inexécution suffit pour le détruire. 5° Que du système de la publicité des hypothèques, il ne résulte pas nécessairement que les créanciers du défunt soient tenus de faire inscrire leur privilége sur des registres publics, pour être admis à former la demande en séparation des patrimoines, puisque la loi du 11 brum. an VII, qui avait admis le système de la publicité des hypothèques, et même d'une manière plus absolue et dans des termes plus rigoureux que le Code Napoléon, n'avait cependant pas soumis l'exercice de la demande en séparation de patrimoines, à la condition de la formalité de l'inscription; et que d'ailleurs, la loi peut, en adoptant un système, y apporter telles modifications, telles restrictions qu'elle juge convenable. 6° Qu'il ne peut pas y avoir aujourd'hui plus d'in-

convéniens qu'il n'y en aurait eu pendant l'existence de la loi du
11 brum. an VII, à exercer, conformément à cette loi, le droit
de séparation de patrimoines, dans une succession ouverte sous
son empire; et qu'au contraire, il y aurait de très graves inconvéniens à faire dépendre la validité, le maintien et l'exercice
d'un droit déjà acquis, des conditions et des formalités qui seraient introduites par une loi nouvelle. La Cour rejette, etc. »

Enfin, cette même Cour, par son arrêt du 17 déc. 1816, confirmatif par voie de rejet, d'un arrêt de la Cour royale de Nîmes
du 20 janv. 1815 (1), a considéré comme mesure purement
conservatoire l'obligation imposée par une loi de 1790 à tous
les appelés à une substitution graduelle et perpétuelle, de faire
dès à présent, enregistrer et publier leur titre, s'ils veulent
s'en prévaloir. En conséquence elle a jugé que cette loi s'appliquait même aux titres antérieurs, et sans rétroactivité, *puis-
quelle se rapportait à un événement et à un temps à venir.*

12. Mais que faut-il penser de la disposition de l'art. 1912 du
Code civil, portant: « *que le débiteur d'une rente constituée en
perpétuel peut être contraint en rachat, s'il cesse de remplir ses
obligations pendant deux ans?* S'applique-t-elle aux rentes constituées sous l'empire de l'ancienne législation? N'est-elle, dans
la réalité, qu'une pure disposition conservatoire uniquement
introduite dans le but d'assurer d'autant mieux l'exécution des
contrats de constitutions de rente, quelle que soit leur date? Ne
porte-t-elle aucune atteinte au fond même du droit du débiteur?
Peut-on dire que cette faculté de changer ainsi la condition du débiteur d'une ancienne rente est toujours restée dans le domaine de
la loi, et que, dans tous les cas, si l'application rétroactive de cette
disposition ne résulte pas du texte formel de l'art. 1912, elle résulte suffisamment de son esprit et de l'ensemble des dispositions
nouvelles introduites par le Code civil sur la législation des rentes
perpétuelles? La plus grande incertitude s'est encore manifestée
à cet égard, dès l'origine de la publication du Code civil, soit
entre les auteurs, soit parmi les cours judiciaires. Un premier
arrêt de la Cour d'appel de Turin, du 17 déc. 1806 (2), s'est
prononcé pour la négative. Cette Cour a vu dans une telle appli-

(1) Sirey, t. XVII, 1, p. 127.
(2) *Ibid.*, t. VII, 2, p. 39. V. arrêt de la même Cour en sens contraire;
Sirey, 1812, t. II, p. 93, et C. de Bordeaux; Sirey, 1811, p. 441.

cation un véritable effet rétroactif prohibé par l'art. 2 du Code
civil. M. Chabot (Quest. transit., v° *Rente constituée*), s'appuyant
sur les principes naturels qui s'offrent d'abord à l'esprit, a défendu avec toute l'autorité de son talent, les principes émis par
cette Cour (1). Il a combattu la doctrine de ceux qui pensent
que la maxime : *in contractibus tacite veniunt ea quæ sunt moris
et consuetudinis,* ne s'entend pas des lois prohibitives ou impéra-
tives qui statuant dans l'intérêt social, règlent, maîtrisent la liberté individuelle, et n'en dépendent pas. Or, ajoutent-ils, les
dispositions légales qui ne permettaient pas au créancier de contraindre son débiteur au rachat ou au remboursement du capital, daus le cas de non paiement des arrérages étaient prohibitives ; elles ne pouvaient donc devenir la matière de conventions
*expresses* ou *tacites.* » — « De ce qu'une loi est impérative ou
prohibitive, répond M. Chabot, en résulte-t-il que les parties
qui ont contracté sous son empire, n'avaient ni l'intention ni la
volonté de contracter conformément à ses dispositions, et qu'elles
auraient fait d'autres conventions, si elles l'avaient pu ? En résulte-t-il surtout que celle des parties contractantes, à qui la
disposition impérative ou prohibitive, était favorable, n'ait pas
entendu profiter du bénéfice de cette disposition, et que l'autre
partie n'y ait pas consenti, puisqu'elle a contracté *volontairement ?* Est-il bien certain que la partie qui profitait de la faveur
de cette disposition eût voulu s'engager sans cette faveur ? Pourrait-on nier enfin que les parties n'aient contracté sur la foi de la
loi existante, et qu'elles ne se soient soumises volontairement à
ce que cette loi ordonnait ou défendait? Il y a donc évidemment
convention *tacite* de leur part, que leur contrat fût régi par cette
loi, quoiqu'elles n'eussent pas été libres de stipuler une convention contraire; et l'on pourrait même dire qu'il y a eu, de leur
part, une convention *expresse* de soumission à la loi, puisqu'elles
n'en pouvaient faire d'autre, et qu'en souscrivant le contrat, elles
*s'obligeaient nécessairement* à ce que la loi ordonnait, ou prohibait sur cette matière. Il y aurait donc incontestablement effet
rétroactif, comme dans le cas où le contrat aurait été consenti
sous une loi ordinaire, si l'art. 1912 du Code Napoléon, rompait
la condition essentielle de ce contrat. »

(1) M. Proudhon partage l'avis de M. Chabot ( *Cours de Droit*, t. 1,
p. 40, n° 7).

Mais M. Merlin (Répert., v° *Effet rétroact.*, t. 16, p. 260) a
envisagé la question sous un autre point de vue. Selon lui, cette
disposition est une de celles qui sans porter atteinte au fond du
droit, n'ont pour but que d'en subordonner l'exercice à telles
formalités, à telles diligences, à telles conditions dont l'accomplissement dépend uniquement de la volonté des parties, et qui,
dès lors, n'emporte aucune rétroactivité; et ce système a été
nettement adopté par un arrêt de la Cour de cassation du 6 juil.
1812 (Sirey, 12, 1, 281)(1). Quant au raisonnement de M. Chabot il y répond en disant : « que cet auteur, en se fondant uniquement sur le grand principe que les effets des contrats se règlent
par les conventions tacites qui y sont suppléées par la loi du temps
où ils sont passés, a perdu de vue cet autre principe non moins
constant, que le législateur peut, à raison des nouveaux besoins

(1) Voici les termes de cet arrêt : Vu l'art. 1912 du Code Napoléon
portant: « Le débiteur d'une rente constituée en perpétuel peut être contraint au rachat, s'il cesse de remplir des obligations pendant deux ans ».
Attendu, 1° qu'il est de la nature des choses, et qu'une rente foncière
ne puisse être créée que par la tradition d'un fonds, et qu'une rente en
perpétuel, créée à prix d'argent, soit une rente constituée ; que, de
quelques fictions qu'on ait accompagné les rentes de la dernière espèce,
quelles que soient les hypothèques ou les affectations, qu'on leur ait
données sur des fonds, quel que soit le nom qu'on leur ait assigné, toutes
ces choses imaginées pour dissimuler le prêt à intérêt, ne peuvent faire
que ce qui est, ne soit pas; que la fiction doit céder à la vérité dans un
empire où la loi étant générale, les contrats d'une même nature doivent,
pour tous les citoyens, être régis de la même manière. Que, dans le fait,
le contrat du 19 fév. 1794, a créé une rente annuelle, perpétuelle et
rachetable, de 175 liv., monnaie de Piémont, pour le prix de 3,500 liv.,
même monnaie, somme qui a été donnée par l'acquéreur de la rente à
celui qui s'en est constitué débiteur ; que dès lors, c'est une rente constituée de même nature que celles qui sont l'objet de l'art. 1912 du Code ;
Attendu, 2° que l'art. 1912 dispose que le débiteur d'une rente constituée en perpétuel, peut être contraint au rachat s'il cesse de remplir ses
obligations pendant deux ans ; que l'application de cette disposition aux
contrats de rente anciennement constituée n'a aucun effet rétroactif,
quand la demeure du débiteur, de remplir ses obligations, est posté-
*rieure à la promulgation du Code ;* qu'il est toujours dans la puissance
du législateur de régler, *pour l'avenir,* le mode d'exécution des contrats,
et de substituer le mode qui convient au système général qu'il établit, à
des modes particuliers qui ne seraient pas en harmonie avec le système
général : d'où il résulte, qu'en refusant d'ordonner le remboursement du
capital de la rente dont il s'agit, l'arrêt du 6 juin 1810 est contrevenu à
l'art. 1912; la Cour casse, etc. ».

de la société et pour assurer d'autant mieux l'exécution des contrats, imposer au maintien des droits qui sont résultés d'une
convention antérieure, une condition nouvelle dont l'inaccomplissement ne puisse être imputé qu'à la négligence ou à la mauvaise foi de la personne chargée de la remplir. » Enfin, après
nous avoir retracé (*ibid*) l'historique des variations qu'a subies la
jurisprudence sur cette question importante, il rapporte le dernier arrêt de la Cour supérieure de Bruxelles du 8 mai 1820 (1)
qu'il dit renfermer les vrais principes de la matière. En voici le
texte : « Attendu que, dans la règle générale, la loi nouvelle
n'enlève aucun droit acquis irrévocablement, et conséquemment
ne rétroagit pas, dans le véritable sens de l'art. 2 du Code civil,
lorsqu'elle ne fait rien autre chose sinon de déterminer l'effet
qu'aura au futur la négligence éventuelle ou la cessation, de la
part du débiteur, de satisfaire à ses obligations, fussent-elles
même contractées antérieurement à l'émanation de cette loi
nouvelle. Que, spécialement, l'application de l'art. 1912 du
même Code, aux contrats de rente anciennement constituées, n'a
pas l'effet rétroactif prohibé par l'art. 2, quand la demeure du
débiteur de remplir ses obligations est postérieure à la promulgation du Code; qu'il est toujours dans la puissance du législateur de régler, pour l'avenir, les faits futurs, ou l'omission
future des faits qui concernent l'exécution des contrats passés
antérieurement, et de fixer l'effet que ces faits, ou l'omission
d'iceux, doit produire sur l'exécution du contrat de rente; que,
dans l'espèce, cette puissance peut d'autant moins être contestée
au législateur, que ce règlement introduit par la disposition de
l'art. 1912, tend, d'un côté, à coordonner le tout dans un nouveau système général qu'il établit dans l'intérêt général de l'État,
en y adaptant les choses particulières qui, sans cela, ne seraient
pas en harmonie avec le système général; et de l'autre, à assurer d'avantage l'exécution des anciens contrats de rente, par le
paiement exact de ces rentes; attendu que l'art. 1912, conçu en
termes généraux et indéfinis, comprend évidemment, dans sa disposition illimitée, les rentes créées antérieurement à sa publication, comme celles constituées postérieurement; qu'il est d'autant
plus certain que le législateur l'a voulu ainsi, qu'en *denaturant*,
en quelque sorte, dans le nouveau système général, *les contrats*

_____

(1) Répert., v° *Effet rétroact.*, p. 261.

*de rente anciennement constitués*, il a inséré dans le Code civil plusieurs dispositions désavantageuses aux créanciers, qui toutes s'appliquent aux rentes anciennes, comme aux nouvelles, et cela nonobstant que les créanciers pourraient dire, à cet égard, qu'ils n'auraient pas fourni dans le temps leur argent aux débiteurs de ces anciennes rentes, s'ils avaient pu prévoir un pareil changement ; attendu que l'acte de constitution de rente dont il s'agit ne contient aucune clause dont on puisse induire une convention particulière qui dût empêcher l'application de l'art. 1912 à l'espèce. »

Du rapprochement de ces divers documens résultent d'importantes observations.

Par quels principes nous déterminerons-nous pour prononcer que l'art. 1912 s'applique aux rentes anciennes comme aux rentes créées depuis le Code civil? que la rétroactivité n'existe pas dans ce cas, ou que si elle existe, elle est suffisamment autorisée et ne saurait tomber dans la prohibition prononcée par l'art. 2 du C. civil?

Pour décider que la rétroactivité n'existe pas, il faudrait établir deux choses : la première, que la disposition de l'art. 1912 ne porte pas sur le fond même du droit du débiteur, en empirant sa condition ; la sconde, qu'il n'est pas exact, comme l'a prétendu M. Chabot, que la considération tirée de ce que le débiteur ne pouvait jamais être contraint au rachat, n'a pu réellement entrer comme élément dans les stipulations primitives des parties, par la raison que la faculté de contraindre le débiteur au rachat, étant toujours restée, comme pure disposition légale, comme disposition d'ordre public, en dehors des conventions des parties, elle n'avait pu faire la matière de ces mêmes conventions *expresses* ou *tacites*.

Or, la première de ces propositions ne saurait se soutenir. Il est évident pour tout le monde que le fond du droit du débiteur est altéré par le changement survenu dans sa condition : par quelque fiction que l'on explique le contrat de constitution de rente, quelque motif qu'on lui prête, l'aliénation du capital est certaine, définitive ; elle est entrée comme élément constitutif, essentiel, dans la formation du contrat : de là, des droits acquis au profit du débiteur comme au profit du créancier ; et ces droits sont devenus la mesure réciproque de leurs actions : or, au nombre de ces droits ne se trouve pas la faculté de la part du créancier de contraindre le débiteur au rachat ; si celui-ci eût prévu qu'on pouvait le contraindre à ce rachat, pour avoir négligé de remplir ses obligations pendant deux ans, alors que des causes momentanées et indépendantes de sa volonté ont pu causer l'inaccomplissement de ces obligations, il n'aurait pas traité. Quant à la seconde proposition, il faut reconnaître, 1° que la considération dont on parle n'est pas de droit public et telle qu'elle ne puisse pas faire la matière de la convention des parties. J'achète de vous une rente à condition que vous ne pourrez jamais en exiger le capital. En quoi une pareille stipulation intéresserait-elle l'ordre public ? Des stipulations analogues ne sont pas inconnues au droit romain. Ainsi, les lois 33, ff *de Usuris*, et 2 *Cod. de debitor. civit.*, défendaient aux administrateurs des biens des villes de forcer au remboursement les débiteurs qui payaient exactement les intérêts des sommes prêtées, lorsqu'ils offraient d'ailleurs, par leur fortune, des garanties suffisantes (1) ;

2° Qu'elle n'est pas du nombre de celles que j'ai appelées concessions, facultés purement légales, toujours restées dans le domaine de la loi, et qu'elle peut retirer ou modifier à son gré, tant que les parties ne les ont pas ramenées à la condition de *droits acquis* par un fait consommé, ou par l'usage régulier qu'elles en ont fait, comme, par exemple, lorsque le mineur de 15 ans, sous la loi du 20 sept. 1792, a contracté mariage sous l'empire de cette loi et avant la promulgation de l'art. 144 du Code civil, qui a reculé à 18 ans l'âge auquel l'homme peut se marier. Il faudrait donc reconnaître que l'opinion de M. Chabot a pour elle l'exactitude des principes ; que l'obligation de ne pas exiger le remboursement de la rente, expresse ou non, est une des qualités essentielles de la stipulation primitive, et que toute loi postérieure, qui altérerait d'une manière quelconque cette qualité, porterait évidemment atteinte au fond du droit de l'une des parties, et par suite rétroagirait ; que le motif donné par M. Merlin, savoir, « que le législateur peut, à raison des nouveaux besoins de la société et pour assurer d'autant mieux l'exécution des contrats, imposer de nouvelles mesures conservatoires, applicables aux contrats antérieurs, etc. », ne saurait s'entendre des mesures ou des conditions qui portent sur le fond

(1) V. aussi la Novelle 160.

du droit des parties, parce qu'elles blesseraient *un droit acquis;*
qu'à cet égard, et alors même qu'il s'agirait uniquement d'intérêts d'ordre public, il faut dire avec l'arrêt de la Cour de cassation, du 8 mai 1811, ci-dessus rapporté, « que la dérogation ne
peut être ni suppléée ni induite par voie de raisonnement; qu'elle
doit être expresse, formelle, et textuellement écrite dans la loi
à laquelle on veut donner un effet rétroactif ». Or, le texte de
l'art. 1912 n'indique nullement cette rétroactivité. Néanmoins,
je pense que l'opinion de M. Merlin doit être préférée, et voici
mes raisons :

Sans doute, lorsque les dispositions de la loi nouvelle, quoique qualifiées conservatoires, portent sur le fond du droit des
parties, elles sont rétroactives; et, à défaut d'expression formelle dans la loi, elles ne sauraient, comme vient de le dire
l'arrêt de la Cour de cassation, et comme je l'ai établi moi-
même (*suprà*, n° 3), s'appliquer aux conventions précédentes;
et l'arrêt de la Cour supérieure de Bruxelles, du 8 mai 1820 (*sup.*,
p. 224), expose une doctrine évidemment erronée, lorsqu'elle
fait résulter la rétroactivité de l'art. 1912 par voie d'induction
de ce que le législateur, « en dénaturant, en quelque sorte, dans
le nouveau système général, les contrats de rentes anciennement
constituées, il a inséré dans le Code civil plusieurs dispositions
désavantageuses aux créanciers, qui toutes s'appliquent aux
rentes anciennes comme aux nouvelles, et cela nonobstant que
les créanciers pourraient dire, à cet égard, qu'ils n'auraient
pas fourni dans le temps leur argent aux débiteurs de ces anciennes rentes, s'ils avaient pu prévoir un pareil changement. »

On ne saurait se laisser aller ainsi à l'arbitraire de l'interprétation; mais il faut dire que, lorsque le fond même de la matière le comporte, et que la rédaction générale de la loi n'y est
pas contraire, les principes ne se refusent pas à ce que l'interprétation de doctrine puisse, par des voies régulières et sages,
aider l'établissement d'un sens conforme à l'ensemble des nouvelles dispositions rendues sur une matière, et améliorer ainsi
une des branches de la législation. En effet, l'interprétation de
doctrine peut non-seulement réparer une insuffisance de la loi;
mais encore créer la loi elle-même : *Nam quid interest,* dit la
loi 32, *de Legib. suffragio populus voluntatem suam declaret,
an rebus ipsis et factis?* Et l'on sait que la jurisprudence est le
meilleur moyen de constater et de légitimer les faits propres à

15.

constituer un usage certain, et par suite la loi. (L. 38, ff *de Legib.*
Voët, *ad Pandect. de Legib.*, n° 39; *Mascardus de probat.
conclus.* 423). Elle peut donc, à plus forte raison, aider l'établissement d'un sens simplement plausible de la loi. Or, voici
en quoi le fond de la matière comporte l'interprétation dont je
parle : Dans quel but avait été imaginée la clause par laquelle on
interdisait au créancier la faculté d'exiger le remboursement du
capital de la rente ? Dans le but d'accomplir une certaine fiction
d'après laquelle, voulant éviter les prohibitions des lois de l'Église sur le prêt à intérêt, on supposait que l'un des contractans
vendait à l'autre une rente annuelle et perpétuelle, moyennant
un capital convenu que le créancier s'interdisait d'exiger, mais
que le débiteur pouvait toujours rembourser pour s'affranchir de
la rente. Mais l'art. 1909 du Code civil ayant posé en principe,
« que l'on peut stipuler un intérêt moyennant un capital que le
prêteur s'interdit d'exiger ; et que, dans ce cas, le prêt prend
le nom de *constitution de rente* », a fait tomber par-là les anciennes prohibitions, causes de la fiction précédente, et restitué au contrat de constitution de rente le véritable caractère qui
lui appartient. Dès lors se présentent, pour établir et justifier
l'interprétation de M. Merlin, non-seulement les motifs d'ordre
public qu'il donne avec l'arrêt de la Cour supérieure de Bruxelles,
mais encore ce puissant motif de doctrine, qu'il s'agit de ramener
par l'interprétation, aux termes du droit commun, un contrat
qui s'en était écarté; et l'on sait que ce genre d'interprétation
est toujours favorable : *Interpretatio namque quæ nos ad juris
regulas reducit*, dit la loi 27, ff. § 2. *Plausibilis videri debet.
Interpretatio*, dit aussi le jurisconsulte Cephal ( *Consil.* 539,
n° 96) *per quam reducimur ad jus antiquum sive commune, tanquam favorabilis sumenda est.* Ajoutez enfin l'autorité de cette
autre règle qui n'est pas moins certaine: « Que nous devons toujours préférer l'interprétation qui nous rapproche du droit commun, qui nous fait éviter l'exception, et par laquelle toutes les
parties du droit se trouvent unies et concordantes entre elles ».
*Interpretatio illa capienda semper, per quam ad jus commune
reducimur, per quam juris communis correctio vitatur, et per
quam jura juribus concordantur.* Harmenop., *Pist.* 1, 2, *Quæst.* 41.

13. Mais en est-il de même d'une rente viagère ? L'art. 1978,
qui déclare non résoluble pour défaut de paiement des arrérages
le contrat de rente viagère, s'applique-t-il aux contrats anté-

rieurs, passés sous une loi qui autorise la résolution pour cette cause? Grave question, sur laquelle la jurisprudence est loin d'être fixée. Deux arrêts de la Cour royale de Bordeaux, l'un du 10 février 1807 (aff. Duchesne-Beaumanoir), l'autre du 15 déc. 1812 (aff. Seignoret), avaient prononcé la résiliation d'un contrat de rente viagère, constituée pour vente d'immeubles, pour défaut de paiement des arrérages, depuis la promulgation du Code civil, par le motif, que les effets et les droits qui peuvent résulter de tels contrats antérieurs au Code, doivent être régis par les lois et les principes en vigueur, lors de ces contrats (1). Mais la Cour de cassation a condamné deux fois cette doctrine : la première, par son arrêt du 18 déc. 1822 (aff. Scey, marquis de Brun); la seconde, par celui du 17 juil. 1824 (aff. Demarchais contre Delabarthe) (2); il s'agissait dans la première espèce, d'une rente viagère constituée pour prix d'immeubles vendus le 11 flor. an VII; les arrérages n'en ayant jamais été payés, une action fut intentée sous le Code civil en résolution du contrat de constitution, de la part de l'héritier du vendeur; et, le 11 déc. 1819, arrêt de la Cour royale de Besançon qui, partageant les principes de la Cour royale de Bordeaux, prononce la résiliation du contrat du 11 flor. an VII; mais la Cour de cassation, à laquelle fut déféré cet arrêt, le cassa en ces termes : « Attendu que, dans les contrats dont les actes d'exécution doivent être successifs, et se prolonger pendant un espace de temps quelconque, il appartient à la loi de régir ceux de ces actes qui ont lieu sous son empire, et de régler les conséquences que leur omission doit avoir sur les droits respectifs des parties; que ce principe a été reconnu lorsqu'il s'est agi de l'art. 1912 du Code civil, à des contrats de constitution de rente, antérieurs à la publication de ce Code, et que les mêmes motifs doivent le faire admettre à l'égard des contrats à rente viagère; qu'ainsi, c'est d'après les dispositions du Code civil que doit être jugée

_____

(1) La même Cour avait rendu un arrêt semblable le 9 pluv. an XIII ; et cet arrêt, contre lequel on s'était pourvu en cassation, avait été maintenu par un arrêt de rejet de la section des requêtes, du 12 janv. 1807. Mais il importe de remarquer que, dans cette espèce la demande en résiliation pour défaut de paiement des arrérages, avait été formée, avant la publication du Code civil. (Dalloz, Jurisp. gén., v° *Lois*, sect. 3, art. 2, n° 25, note).

(2) Dalloz, *Ibid.*

la cause actuelle; Attendu qu'un chapitre particulier de ce Code est spécialement consacré à régler tout ce qui concerne le contrat de rente viagère; qu'il résulte de l'art. 1978, faisant partie de ce chapitre, que le seul défaut de paiement des arrérages de la rente n'autorise pas celui à qui elle est due à faire résilier le contrat; que la loi ne distingue pas entre un défaut momentané de paiement et un défaut définitif; mais qu'elle déclare, d'une manière absolue, que le défaut de paiement, de quelque cause qu'il provienne, ne peut pas suffire pour faire prononcer cette résiliation; que, lorsque l'art. 1977 dispose qu'elle peut être demandée, si celui qui a constitué la rente ne donne pas les sûretés stipulées pour son exécution, il faut entendre les sûretés convenues et exigées dans le contrat même, telles qu'un bail de caution, une concession d'hypothèque, et autres semblables, parce que la stipulation suppose nécessairement la convention, et n'est que la convention elle-même; Attendu, en fait, qu'aucune sûreté ne fut stipulée dans le contrat du 11 flor. de l'an VII; d'où il suit, qu'en déclarant ce contrat résolu, pour cela seul que la rente dont il s'agit n'avait pas été payée, et qu'il n'existait aucune sûreté, aucun moyen de pouvoir en obtenir le paiement, la Cour a faussement interprété l'art. 1977 du Code civil, et formellement violé l'art. 1978 du même Code, etc.; casse ».

Dans la seconde espèce, la rente avait été constituée pour un capital, sous une loi qui déclarait le contrat résoluble, pour défaut de paiement des arrérages; et la Cour royale de la Guadeloupe avait, par arrêt du 19 mars 1821, adopté les principes des Cours royales de Bordeaux et de Besançon; mais la Cour de cassation, persévérant dans sa jurisprudence, et par les motifs qu'on vient de lire dans l'arrêt précédent, avait cassé celui de la Guadeloupe.

Quelque imposante que soit l'autorité de la Cour de cassation, qu'il nous soit permis d'apprécier ses dernières décisions sur cette matière.

Son arrêt du 18 déc. 1822 débute en ces termes : « Attendu que dans les contrats dont les actes d'exécution doivent être successifs, et se prolonger pendant un espace de temps quelconque, il appartient à la loi de régir ceux de ces actes qui ont lieu sous son empire, et de régler les conséquences que leur omission doit avoir sur les droits respectifs des parties; que ce principe a été reconnu lorsqu'il s'est agi de l'art. 1912 du Code civil, à des contrats de constitution de rente antérieurs à la

publication de ce Code; et que les mêmes motifs doivent le
faire admettre à l'égard des contrats à rente viagère, etc. ».

Je ne saurais m'empêcher de voir, dans l'exposé de ces principes, la consécration la plus formelle de l'effet rétroactif.

1° La rente viagère, constituée sous l'ancien droit, n'est-elle
pas, selon Pothier (*Rente viagère*, n° 216), « de même que le
contrat de rente perpétuelle, une espèce de contrat de vente
par lequel vous me vendrez une rente viagère dont vous vous
constituez débiteur, pour le prix d'une certaine somme d'argent
que vous recevrez de moi ? » Ce contrat n'est-il pas (*ibid*, n° 217)
de même que le contrat ordinaire de vente, du nombre des
contrats intéressés de part et d'autre, et dans lesquels chacune
des parties entend recevoir l'équivalent de ce qu'elle donne ? »
Et, dès lors, n'êtes-vous pas forcé de faire à ce contrat l'application, non pas de l'art. 1184 du Code civil qui lui est postérieur
dans l'espèce, mais bien des anciens principes que cet article ne
fait que résumer (1), et qui réputent la clause résolutoire sous
entendue dans ces sortes de contrats, pour le défaut d'exécution
de la part de l'une des parties ? Le mode d'exécution de ces contrats n'est-il pas tellement acquis le jour du contrat que vous ne
pouvez, sans blesser le fond même de mon droit, altérer ce
mode d'exécution par une loi postérieure ? La vente, fictive
sans doute, mais suffisante aux termes du droit, pour soutenir ce
contrat, et contre laquelle ne s'élèvent pas les raisons que j'ai
précédemment développées contre les ventes fictives auxquelles
on recourait autrefois pour déguiser, sous le nom de constitution de rente, des prêts à intérêts prohibés, n'est-elle pas définitivement réglée avec tous ses effets par les lois sous l'empire
desquelles elle a été consommée ? et n'est-ce pas lui dénier
l'un de ses principaux effets que de refuser d'en prononcer la
résolution, en cas d'inexécution, lorsqu'elle a été évidemment
conclue avec clause résolutoire implicite, pour ce cas ? Enfin, le
principe que la loi nouvelle régit les actes successifs d'exécution
qui ont lieu sous son empire, n'est vrai que tout autant que ces
actes ne portent aucune atteinte au fond du droit des parties, et
qu'une convention factice ne vient pas remplacer la convention réelle ; c'est ce qui se trouve énergiquement exposé dans
l'arrêt même de la Cour de cassation du 8 mai 1811 (*suprà*,
p. 219.

(1) Pothier, *Obligat.*, n° 636, et *Jurisp. des anciens Parlemens.*

2° L'argumentation du débiteur de la rente constituée en retard de payer ses arrérages pendant deux ans, au créancier de la rente viagère, qui est privé de ses arrérages pendant le même espace de temps, n'est pas exacte : dans la première hypothèse, c'est le débiteur de la rente qui souffre de la rétroactivité ; or, indépendamment des motifs d'ordre public qui peuvent, jusqu'à un certain point, justifier la rétroactivité (V. *sup.*, p. 228), le débiteur peut éviter les inconvéniens de cette rétroactivé, par une exactitude constante dans ses paiemens, et cette exactitude est toujours dans l'esprit de la loi. Dans la seconde hypothèse, au contraire, c'est le créancier qui souffre ; et, outre que les principes de son contrat ne sont pas réprouvés par la loi nouvelle, comme ceux de l'ancienne rente constituée, il n'est pas en son pouvoir de se soustraire à l'inexactitude des paiemens de son débiteur ; néanmoins, la garantie qu'il trouvait dans l'ancienne loi et qui consistait dans la résiliation de son contrat, en cas d'inexécution, lui échappe, sans être remplacée par une garantie nouvelle ; il est du reste évident que le droit de saisir et de faire vendre les biens du débiteur, n'est le plus souvent qu'une garantie illusoire, et c'est ce qui ressort notamment de l'espèce sur laquelle a statué la Cour de cassation par son arrêt du 18 déc. 1822 ci-dessus (aff. Secy de Brun). Le même raisonnement s'applique à son arrêt du 17 juil. 1824 (*suprà*).

Au reste, je dois dire que mon but ici est moins de blâmer au fond des arrêts dont la décision embrasse plusieurs questions de natures diverses, et par suite plusieurs points de droit qui forment comme la raison générale de cette décision, que d'exposer mes doutes réels sur la question unique et précise de rétroactivité appliquée aux contrats de rente viagère, antérieurs au Code civil, et dont le défaut d'exécution a lieu postérieurement par le non paiement des arrérages.

14. Mais en général, et en l'absence des causes sur lesquelles sont fondées les exceptions précédentes, il faut dire que la nature, l'étendue, la durée des droits acquis, et dès lors leur exercice, sont irrévocablement fixés par le titre ou le fait même qui les constitue. Ainsi, l'usufruit légué à un établissement public, à une commune, sous l'ancien droit d'après lequel cet usufruit durait cent ans (1), n'éprouverait pas de diminution dans sa durée, par la disposition de l'art. 619 du Code civil, qui réduit à trente

_____

(1) L. 56 , ff *de Usufructu.*

ans cette durée. Il est bien vrai qu'on peut alléguer comme fondement de la disposition nouvelle, des motifs d'ordre public, par exemple, qu'il importe à la conservation et à la bonne tenue des biens, que la jouissance ne soit pas trop long-temps séparée de la nue propriété (discours de l'orateur du gouvernement). Mais ces motifs, quelque graves qu'ils soient, ne sont qu'une vue nouvelle du législateur qui ne saurait avoir pour effet de faire rétroagir la loi ; et il reste toujours vrai de dire que la loi précédente avait consacré à titre de droit acquis aux communes ou établissemens publics le legs, avec toutes ses conditions, par conséquent avec la durée qu'elle déterminait et à l'égard de laquelle elle avait épuisé son action.

Aux termes de l'art. 586 du Code civil, « les fruits civils sont réputés s'acquérir jour par jour, et appartiennent à l'usufruitier, à proportion de la durée de son usufruit. Cette règle s'applique aux prix des baux à ferme, comme aux loyers des maisons et aux autres fruits civils. »

Il faudrait dire, en employant le raisonnement précédent, qu'un usufruitier décédé sous le Code civil, et auquel sont dus des fermages en vertu d'un titre antérieur à ce Code, transmettra à ses héritiers, ceux qui se trouvent échus dans l'année de son décès, conformément à l'ancienne loi, sous l'empire de laquelle son droit s'est ouvert, avec toutes les conditions déterminées par elle, c'est-à-dire, pour la totalité, s'il est décédé après la récolte, et pour aucune partie, s'il est décédé auparavant (1).

15. Mais *quid* du bail fait par l'usufruitier antérieurement au Code civil lorsqu'il est décédé depuis? On sait que sous l'ancienne législation, ce bail était résolu de plein droit par le décès de l'usufruitier (2) ; sous le Code civil, au contraire, « l'usufruitier doit se conformer pour les époques où les baux doivent être renouvelés, et pour leur durée, aux règles établies pour le mari à l'égard des biens de la femme, au titre *du contrat de mariage et des droits respectifs des époux* (art. 595). » Or, ces règles sont entre autres, que de tels baux ne sont obligatoires vis-à-vis de la femme ou de ses héritiers que pour le temps qui reste à courir, soit de la première période de neuf ans si les parties s'y trouvent encore, soit de la seconde, et ainsi de suite, de manière que le fermier n'ait que le droit d'achever la jouissance de la période de neuf ans où il se trouve » (Art. 1429. V. aussi 1430).

(1) L. 58, ff *de Usufr.* ; Pothier ( *Douaire*, n° 160 et 205).
(2) L. 9, § 1, ff *Locat.*

Il faudra répondre avec certitude que tout est définitivement réglé par l'ancien bail; que ce titre est né sous l'empire d'une loi qui en déterminait actuellement tous les effets ; que c'est dans la vue de l'accomplissement de tous ces effets que les parties ont traité, et qu'au nombre de ces effets on doit nécessairement comprendre les stipulations tacites qui sont censées intervenues au contrat. Or, la loi nouvelle ne pourrait, sans rétroactivité, porter atteinte à des droits ainsi formés, d'après les conditions qu'elle a elle-même autorisées. La même décision s'appliquera aux baux faits par le mari des biens de sa femme; car, aux termes de l'ancien droit, ils étaient aussi résiliés à la mort du mari (1); que, si le bail était fait sous l'empire du Code civil, M. Proudhon pense que la décision reste la même (2). Je ne saurais partager cette opinion. Son principal argument est que « rien n'est acquis au fermier que ce que l'usufruitier ou le mari son bailleur a pu lui céder, et ce dernier n'a pu lui transférer plus de droit qu'il n'en avait lui-même. Or, nous avons prouvé, dit ce jurisconsulte, que, dans le double intérêt du propriétaire et de l'usufruitier, la loi nouvelle n'a rien changé à leurs droits respectifs; d'ou il résulte que le bail doit toujours être renfermé dans les limites prescrites à l'usufruitier par la constitution de son usufruit, et auxquelles il a soumis le quasi-contrat formé entre lui et le propriétaire, par son acceptation ». Je pense, au contraire, que les motifs tirés de la loi générale et de l'ordre public reprennent ici tout leur empire. Dans quel but ont été introduites les dispositions des art. 595, 1429, et 1430 ? Évidemment dans l'intérêt de l'agriculture. Il faut que le fermier puisse se livrer avec sécurité à ses travaux, dégagé de toute crainte d'expulsion ou de résiliation inattendue de son bail, et c'est ce qui met dans une corrélation évidente avec ces articles l'art. 1743 lui-même. Or, quel motif s'oppose à ce que ces dispositions reçoivent leur exécution à l'égard d'un bail fait avec l'usufruitier depuis le Code civil? Aucun. L'usufruitier et le fermier connaissent ou sont censés connaître les dispositions de la loi nouvelle sur la durée des baux : ils traitent donc en parfaite connaissance de cause sous les auspices de la loi qui seule doit régir leurs conventions. Quant au titre même de l'usufruitier, il est impossible d'en faire sortir la nécessité de régler, d'après ce titre, les conventions à venir.

(1) L. 25, § 4, ff Solut. matrim. ; Cujas ad hanc Leg.
(2) Cours de Droit, t. I, p. 45.

16. On doit considérer comme conservatoires les actes interruptifs de prescription ; car il s'agit de la conservation d'un droit qui, dans de certaines conditions et après un délai déterminé, peut nous échapper. La loi nouvelle qui détermine d'autres formes interruptives de prescription que la loi précédente, est-elle applicable immédiatement et sans rétroactivité aux prescriptions commencées ? Cela est de toute évidence. Où sont les droits acquis en vertu de la loi précédente qui déterminait des formes interruptives différentes de celles que prescrit la loi nouvelle ? La prescription n'est pas encore acquise ; l'interruption de la part de celui contre lequel on prescrit est une sorte de défense qu'il tient du droit naturel dont la loi générale sous laquelle reposent tous les citoyens peut, en tout temps et selon les vues que lui suggère chaque jour le bien de l'État, changer, améliorer la forme et l'exercice sans blesser aucun droit acquis. C'est donc avec toute exactitude que, faisant application de ce principe, la Cour de cassation a jugé, le 27 avril 1814, qu'une citation en conciliation, donnée sous l'empire de la loi du 24 août 1790, qui ne fixait aucun délai dans lequel dût être donnée postérieurement l'assignation, bien qu'elle en fît une obligation au demandeur, décide que, pour avoir l'effet d'interrompre la prescription, cette citation doit, alors qu'aucun ajournement n'aurait encore été signifié, être suivie d'un ajournement dans le mois, depuis la publication du Code de procédure civile, aux termes de l'art. 57 de ce Code.

---

## § 2. — De l'Exercice des droits civils.

---

### SOMMAIRE.

1. — *La loi ne saurait, par ses nouvelles déterminations, porter atteinte au fond des droits acquis ; mais elle est toujours censé s'être réservé, dans l'intérêt général, la faculté de changer selon les temps, les mœurs et les besoins de la société, le mode de conservation et d'exercice de ces mêmes droits.*

2. — *Conséquences de ce principe. Examen de trois hypothèses : 1° de l'effet de la loi nouvelle sur l'exercice des droits civils indépendans de toute juridiction; 2° sur l'exercice de ceux qui dépendent
de la juridiction volontaire; 3° sur l'exercice de
ceux qui dépendent de la juridiction contentieuse.*

3. — Art. 1er. Première hypothèse. *Application au cas de
succession par l'effet de la loi ou par testament.
L'effet de cette transmission est de me saisir à
l'instant et irrévocablement de tous les droits
qu'elle comprend; et de pouvoir exercer tous les
actes d'aliénation ou précaires qui les concernent.*

4. — *La disposition de l'art 1656 du Code civil, d'après
laquelle : « S'il a été stipulé lors de la vente d'immeubles, que, faute du paiement du prix dans
le terme convenu, la vente serait résolue de
plein droit, l'acquéreur peut néanmoins payer
après l'expiration du délai, tant qu'il n'a pas été
mis en demeure par une sommation; mais, après
une sommation, le juge ne peut pas lui accorder
de délai », s'applique sans rétroactivité à un
contrat de vente antérieur, portant la clause, que
la résiliation stipulée dans un pareil cas, ne serait réputée que comminatoire. La disposition nouvelle ne porte nulle atteinte au fond du droit : elle
ne fait qu'en modifier l'exercice.*

5. — *Il en est de même de la disposition de l'art. 1766
du Code civil, d'après laquelle : « Si le preneur
d'un héritage rural ne le garnit pas des bestiaux
et des ustensiles nécessaires à son exploitation,
le bailleur peut faire résilier le bail. » Elle s'applique sans rétroactivité aux baux précédens, car
elle n'a d'autre but que de modifier, en le perfectionnant, l'exercice d'un droit antérieur, sans
lui porter atteinte au fond.*

6. — *Il en est de même encore des dispositions des art.* 1738

*et* 1774 , *qui font résulter du fait de possession et jouissance , la tacite réconduction ; elles s'appliquent par les mêmes raisons aux baux antérieurs.*

7. — *Mais il n'en serait pas de même de la disposition de l'art.* 1681 *relative à la retenue du fonds , de la part de l'acquéreur en payant le supplément du juste prix ,* sous la retenue du dixième du prix total. *Elle porte atteinte au fond du droit des parties , et ne saurait dès lors être appliquée sans rétroactivité , aux contrats antérieurs.*

8. — Art. 2. Seconde hypothèse. *L'exercice des droits qui dépendent de la juridiction volontaire est essentiellement soumis aux prescriptions de la loi nouvelle ; pourquoi.*

9. — *Application de ce principe à l'acceptation des successions , à leur renonciation , à la renonciation par la femme à la communauté , à l'ouverture des testamens , à l'autorisation du mari à la femme pour plaider , aux formalités relatives à l'émancipation , à l'envoi en possession de la femme normande de la nue propriété de son lot à douaire , aux demandes en partage et en liquidation , etc.*

10. — Art. 3. Troisième hypothèse. *La loi nouvelle , qui règle autrement que la loi précédente les formes juridiques , est-elle applicable aux affaires dont l'instruction était commencée antérieurement à sa promulgation ?*

11. — *Sentimens contraires de MM. Meyer et Merlin sur cette question.*

12. — *Il faut tenir pour principe que la loi nouvelle s'appliquera sans rétroactivité , à tous les faits , à tous les actes qui pourront être considérés comme non consommés , et comme n'ayant pas encore conféré de droits acquis aux parties.*

13. — *Applications diverses de ce principe soit par les actes législatifs , soit par les décisions judiciaires.*

14. — *Le principe posé par M. Merlin, en cette matière, est exact dans sa généralité; mais il comporte une distinction essentielle.*

15. — *Application de cette distinction.*

16. — *Applications nouvelles du principe général, à la durée du pouvoir des arbitres, à la péremption d'instance, à l'inscription de faux, à la reprise d'instance.*

17. — *Application spéciale et développée à l'expertise, soit par rapport aux dispositions du Code civil relatives à la rescision de vente ( Art. 1678 et 1679); soit par rapport aux dispositions du Code de procédure civile ( Art. 1041 ).*

18. — Art. 4. *De la non rétroactivité des lois dans les matières d'ordre public et spécialement celles qui concernent l'instruction des procès criminels et les compétences. En général, l'application de ce principe repose sur la distinction posée par l'arrêté du Gouvernement, du 5 fruct. an IX, entre le fonds et la forme, néanmoins sans repousser la nécessité de reconnaître aux individus des droits acquis, même quant aux formes. Preuves diverses.*

19. — *Exceptions tirées de circonstances extraordinaires; par exemple, de celles qui ont nécessité les lois des 18 pluv. an IX et 23 flor. an X.*

20. — *Application développée des principes ci-dessus, à la législation sur la mise en état de guerre et de siège.*

21. — *Distinctions importantes résultant de la diversité de nature des juridictions.*

22. — *Difficultés qu'éprouve la jurisprudence de se fixer sur ces distinctions, lorsque la loi n'a pas pris soin de les fixer elle-même : ces difficultés sont de de deux sortes; la première, consiste à concilier deux principes : les garanties sociales, les garanties de l'accusé; la seconde, à ne pas confondre les lois exceptionnelles accidentelles, avec les lois exceptionnelles permanentes.*

23. — *En résultat, on ne saurait argumenter de l'une de
     ces espèces de lois à l'autre, pour l'application du
     principe sur la non rétroactivité, quant aux formes
     et à la compétence.*
24. — *Comment doit être entendue la rétroactivité par suite
     de la mise en état de siége.*
25. — *De l'effet de la loi nouvelle sur les jugemens anté-
     rieurs. Assimilation entre les jugemens et les
     contrats.*
26. — *Conséquences et applications diverses résultant de
     cette assimilation.*
27. — *On ne saurait argumenter d'une loi exorbitante qui,
     quel que soit son motif, porterait atteinte à des
     droits acquis en vertu de titres antérieurs, pour
     étendre à d'autres cas ses dispositions qui auraient
     consacré de tels titres. Jurisprudence conforme.*

———

1. Les droits acquis portent, ainsi que je l'ai dit plusieurs
fois, le caractère permanent de la propriété ; et il n'est pas plus
au pouvoir de la loi postérieure de méconnaître ce principe,
qu'il n'est en son pouvoir de consacrer, comme licite, le fait
violent par lequel les individus seraient dépouillés de leurs
biens. Mais la conservation, l'exercice de ces droits ne sont
pas entrés avec les droits eux-mêmes, dans le domaine privé
(V. *suprà*, t. 1, p. 198). La loi a garanti leur existence à tous
ceux qu'elle a appelés à en jouir, mais ses concessions ne sauraient aller jusqu'à renoncer à la faculté qu'elle tient du contrat
social, de changer, dans l'intérêt général, selon les temps, les
mœurs et les besoins de la société, le mode de conservation et
d'exercice de ces mêmes droits. Pourquoi cela ? parce que le
mode de conservation et l'exercice des droits individuels, reste
toujours, comme moyen d'administration générale, dans le
domaine inaliénable de la loi ; et l'unique obligation par laquelle
elle soit liée actuellement aux citoyens, consiste à ne pas porter,
par ses nouvelles mesures sous ce rapport, indirectement atteinte
au fond de droits déjà consacrés par elle ; car la loi, par essence, doit l'exemple de la bonne foi aux citoyens.

2. De là d'importantes conséquences. J'examine trois hypothèses :

1° Quel est l'effet de la loi nouvelle, sur l'exercice des droits civils indépendans de toute juridiction?

2° Quel est son effet sur l'exercice de ceux qui dépendent de la juridiction volontaire?

3° Quel est son effet sur l'exercice de ceux qui dépendent de la juridiction contentieuse?

ART. Ier. — De l'effet de la loi nouvelle sur l'exercice des droits civils indépendans de toute juridiction.

3. L'exercice des droits civils, indépendans de toute juridiction, est une conséquence pure et simple de l'état de l'homme en société, ou si l'on veut, le résultat de la naissance qui place l'homme immédiatement sous l'empire de la loi civile. Par exemple, j'hérite d'un parent par l'effet de la loi, ou d'un étranger en vertu d'un testament: je suis à l'instant saisi d'un droit irrévocablement acquis sur sa succession; et il n'est au pouvoir d'aucune loi de me le ravir. Je puis aussitôt, aliéner, engager précairement tous les objets corporels ou intellectuels, tels que les droits, dépendans de cette succession, par des actes sous seing privé, sans aucune intervention de l'autorité publique; et en cela j'exercerai des droits acquis sous la protection de la loi générale qui consacre l'exercice des actes d'aliénation ou précaires, tels que la vente, le louage, etc., auxquels je me serai livré.

4. Mais supposez une loi postérieure qui, sans altérer le fond de mon droit, en modifie néanmoins l'exercice; par exemple, avant le Code civil, la clause par laquelle on stipulait dans un contrat de vente, que, faute par l'acquéreur de payer son prix au terme convenu, le contrat serait résilié de plein droit, était réputée comminatoire; l'art. 1656 de ce Code porte au contraire, « que s'il a été stipulé lors de la vente d'immeubles, que, faute de paiement du prix dans le terme convenu, la vente serait résolue de plein droit, l'acquéreur peut néanmoins payer après l'expiration du délai, tant qu'il n'a pas été mis en demeure par une sommation; mais, après une sommation, le juge ne peut pas lui accorder de délai ». Cette disposition s'appliquera-t-elle, sans rétroactivité, à un contrat de vente antérieur, renfermant la clause dont il s'agit? L'affirmative est hors de

doute, et elle a été consacrée avec raison par la Cour de cassation, le 16 juin 1818 (aff. Perrin). « Attendu, porte l'arrêt, que s'agissant dans l'espèce, de mise en demeure postérieure à la promulgation du Code civil, la Cour de Nîmes a pu en appliquer les dispositions, le législateur ayant pu régler pour l'avenir, l'exécution des contrats; que, par conséquent, il n'y a aucune fausse application de l'art. 1656 du Code civil ».

Je ne cite la solution judiciaire qui précède que comme servant à établir le vrai sens de la loi nouvelle, son application légitime, afin que les parties, même indépendamment du concours de l'autorité judiciaire, soient averties que cette modification dans l'exercice de leurs droits, n'emporte aucune rétroactivité.

5. Pareillement, dans les pays où n'était pas en vigueur la disposition de l'art. 1766 du Code civil, d'après laquelle, « si le preneur d'un héritage rural ne le garnit pas des bestiaux et des ustensiles nécessaires à son exploitation, le bailleur peut faire résilier le bail » ; cette application a pu se faire sans rétroactivité, du jour de la promulgation du Code civil aux baux précédens; car, une telle disposition n'avait d'autre but que de modifier, en le perfectionnant, l'exercice d'un droit antérieur; or, ce perfectionnement qui est de l'essence même du contrat, et censé virtuellement convenu entre les parties, consiste à ajouter une nouvelle garantie à son exécution; cette garantie est même conçue dans l'intérêt de l'agriculture. La Cour d'appel de Bruxelles a préjugé la question dans ce sens, le 18 mars 1807. (Sirey, t. VII, 2, p. 264).

6. D'un autre côté, la loi nouvelle qui fonde ( Art. 1738-1774) sur le fait de possession et jouissance la tacite réconduction, est applicable sans rétroactivité, même aux baux antérieurs, passés sous l'empire d'une loi qui interdisait la tacite réconduction ( L. du 6 oct. 1791 ). Il s'agit en effet dans ce cas, uniquement de l'exercice et du perfectionnement d'un droit civil; ce droit qui consiste dans l'exécution d'un bail, est fondé, en matière de tacite réconduction, sur le consentement présumé des parties; la loi qui refusait cet effet naturel et de droit commun au consentement présumé, était une loi contraire aux intérêts de l'agriculture autant qu'aux principes du droit; la loi qui réhabilite plus tard ces principes, ne fait donc, en réalité, qu'améliorer, sans rétroactivité, l'exercice d'un droit. Pour

empêcher l'effet de la tacite réconduction, le bailleur sera donc tenu de signifier régulièrement un congé. La Cour d'appel de Caen a prononcé dans ce sens, le 17 mai 1811 (1).

7. Mais l'art. 1781 du Code civil qui porte : « Que dans le cas où l'action en rescision est admise, l'acquéreur a le choix ou de rendre la chose en retirant le prix qu'il en a payé, ou de garder le fonds en payant le supplément du juste prix, *sous la déduction du dixième du prix total*, » ne saurait s'appliquer, sans rétroactivité, à un contrat de vente antérieur; en effet, cette faculté de la part de l'acquéreur de retenir le dixième du prix total, en payant le supplément du juste prix, est un mode nouveau d'exercer son droit qui porte sur le fond même de la convention, puisqu'il altère la condition des parties. L'une d'elles retient, dans le langage même de la loi, une portion du prix au détriment de l'autre. Le motif qui sert de base à cette disposition, savoir : que le rapport des experts ne saurait atteindre une précision rigoureuse; que celui qui a pu consentir à vendre sept douzièmes au-dessous du juste prix, aurait, sans doute, consenti aussi à vendre un dixième au-dessous de ce prix, n'a jamais pu être considéré comme la loi des parties, à l'époque où elles ont contracté. Ces principes son exacts, et ils ont été consacrés par un arrêt de la Cour d'appel d'Aix, du 14 term. an XII (2).

ART 2. — De l'effet de la loi nouvelle sur l'exercice des droits qui dépendent de la juridiction volontaire.

8. La juridiction volontaire embrassant la plupart des actes par lesquels les individus, indépendamment de toute contestation, sont forcés de se mettre en rapport avec l'autorité publique pour la conservation et l'exercice de leurs droits, il est clair que cet exercice, s'analysant en faits successifs d'action ou d'exécution, seront soumis à la loi nouvelle, non-seulement parce que tout fait à venir est essentiellement du domaine de la loi, mais encore parce qu'il importe aux individus, que la loi conserve toujours les moyens d'améliorer leur condition sociale en perfectionnant l'exercice de leurs droits.

9. Ainsi, une succession ouverte sous l'empire des anciennes lois qui prescrivaient l'usage des lettres de bénéfice d'inventaire, pour l'acceptation dans cette forme, n'aurait été régulière-

(1) Sirey, t. XII, 2, p. 32.
(2) Sirey, t. V, 2, p. 76.

ment acceptée, depuis la loi du 11 sept. 1790 qui a aboli l'usage de ces lettres, que dans la forme qu'elle prescrit, si la succession avait été acceptée sous son empire, et que dans la forme tracée par l'art. 793 du Code civil, si elle avait été acceptée depuis la promulgation de ce Code. Ainsi, la renonciation à une succession ouverte sous l'empire des mêmes lois, laquelle pouvait avoir lieu autrefois, soit par acte au greffe, soit par déclaration judiciaire (1), n'aurait plus lieu depuis le Code civil, que par un acte au greffe, sur un registre particulier tenu à cet effet ( Art. 724 ). Il faudrait en dire autant de la renonciation faite par la femme à la communauté (Art. 1457). Ainsi, un testament olographe, dont l'auteur serait décédé antérieurement au Code civil, et qui, s'il eût été ouvert à cette époque, aurait dû être déposé chez un notaire, afin que l'héritier le reconnût ou qu'on en fît la vérification (2), devrait, si l'ouverture en avait lieu sous le Code civil, être soumis aux formalités prescrites par l'art. 1007, c'est-à-dire, être présenté au président du tribunal de première instance pour que procès verbal de présentation en fût dressé, et le dépôt ordonné entre les mains d'un notaire. Ainsi, la femme mariée, qui, avant la publication du Code civil, avait plaidé en première instance et en appel, seule et sans l'autorisation de son mari, n'a pas pu, depuis la publication de ce Code, plaider devant la Cour de cassation, et pour la même affaire, sans l'autorisation et l'assistance de son mari; et c'est ce qu'ont jugé deux arrêts de cette Cour, l'un du 11 germ. an XII (3), l'autre du 20 therm. même année (4).

Pareillement la loi nouvelle s'appliquera sans rétroactivité aux formalités relatives à l'émancipation. C'est ce qu'a jugé un arrêt de la Cour d'appel de Paris, du 9 niv. an XII (5) ( aff. Ballainvilliers ). Enfin, la Cour de cassation a décidé le 8 fév. 1813 ( aff. Robillard ) (6), que la femme normande ne pouvait, depuis le Code civil, obtenir contre le débiteur de son douaire qui ne le payait pas, l'envoi en possession de la nue propriété de son

(1) Pothier, *Introduction* à la coutume d'Orléans, tit. 17, n° 66.
(2) Pothier *Donations testamentaires*, chap. 1, art. 2, § 3; et chap. 5, sect. 3, art. 1er, § 6, sixième alinéa.
(3) Sirey, t. IV, 1, p. 142.
(4) *Ibid.*, t. IV, 1, p. 166.
(5) *Ibid.*, t. IV, 2, p. 72.
(6) *Ibid.*, t. XIII, 1, p. 317.

16.

lot à douaire, encore que ce fût l'usage ancien à l'époque de l'ouverture du douaire. La seule voie à prendre dans ce cas, était l'expropriation forcée, comme s'il s'agissait d'un douaire ouvert postérieurement au Code; et il en doit être de même des demandes en partage, en liquidation, etc. (V. *suprà*, Suites extrinsèques, t. I, p. 335).

Dans tous ces cas, la loi nouvelle agit directement sur des faits à venir placés dès lors sous son empire, et elle améliore, ou est censée améliorer l'exercice de droits antérieurs.

**ART. 3.** — De l'effet de la loi nouvelle sur l'exercice des droits qui dépendent de la juridiction contentieuse.

10. Le but de la procédure est d'arriver par les meilleures méthodes juridiques, à la preuve de l'existence des droits acquis, en matière civile, et de certains faits réprouvés par la loi comme contraires à l'ordre social, en matière criminelle.

Or, il est évident en premier lieu, que ces méthodes atteindront leur résultat avec d'autant plus de promptitude et de sécurité, qu'elles seront mieux appropriées au but pour lequel elles auront été créées; en second lieu, que si la loi peut seule, dans ses vues générales, saisir et déterminer les meilleures formes dont puissent faire usage les citoyens pour parvenir à une exacte jouissance de leurs droits civils; elle est aussi plus indépendante, quant aux formes criminelles, dont l'objet est surtout d'offrir à la société entière, les plus fortes garanties d'ordre public, sans nuire aux droits individuels.

Mais ces formes, quel que soit leur objet, ne sont qu'une série de faits, d'actes, d'applications distinctes ou simultanées de lois diverses, interprétées, et quelquefois modifiées par la jurisprudence ou par l'usage; or, la question est de savoir : si la loi nouvelle abrogative, innovative ou corrective de la loi précédente qui réglait ces formes, est actuellement applicable aux affaires dont l'instruction était commencée antérieurement à sa promulgation?

11. M. Meyer et M. Merlin adoptent sur cette question des principes diamétralement contraires. Le premier pense qu'il y aurait non-seulement rétroactivité, mais même « absurdité à introduire une nouvelle forme, dans des causes déjà pendantes, et à déduire des premiers actes de la cause des conséquences qui ne pouvaient y être contenues, qui même ne pouvaient être

prévues ». Cette assertion atteste seulement que M. Meyer est un fort bon logicien ; mais la science du droit n'est pas une pure métaphysique ; il est même bien des cas où cette science néglige les règles du raisonnement. « Mille exemples dans le droit civil , dit Julien (1) , nous prouvent que dans beaucoup de circonstances , on abandonne, dans des vues d'utilité générale , les véritables principes du raisonnement ». — « Multa autem , « jure civili , contra rationem disputandi , pro utilitate com- « muni recepta esse , innumerabilibus rebus probari potest».

12. Pour ne pas s'écarter d'une discussion solide, et en même temps juridique dans cette matière subtile , il ne faut jamais perdre de vue les droits acquis dont on recherche l'existence ; car , pendant le cours de l'instruction d'une affaire, les parties sont ou contradictoirement, en présence devant les tribunaux, et l'on sait que les parties devant le juge sont censées contracter : *Ut in stipulatione contrahitur*, dit la loi 3 , § 11 , ff *de Pecul. ità judicio contrahi;* ou non contradictoirement, en présence de l'autorité publique; et de ce concours, dans les deux cas, con- cours dont l'effet a été prévu et déterminé par la loi précédente, peuvent résulter, comme faits consommés, des droits acquis qu'il n'est plus au pouvoir de la loi postérieure d'anéantir. Or , c'est à bien démêler ces droits que doit s'appliquer le législateur qui crée la loi , comme le jurisconsulte qui l'interprète.

On devra donc poser comme principe certain que la loi nou- velle s'appliquera sans rétroactivité , non pas à tous les faits, à tous les actes qui , selon M. Meyer , seraient indépendans, et non des conséquences nécessaires de procédures antérieures ; mais bien à tous ceux que l'on peut considérer comme non consommés, et d'où ne résulteraient pas des droits acquis aux parties intéressées.

13. Ce principe a été consacré plusieurs fois; d'abord , par des actes législatifs , ensuite par la jurisprudence.

Ainsi, l'arrêté du Gouvernement du 5 fruct. an IX, décide d'une manière générale : « que tout ce qui touche à l'instruction des affaires, tant qu'elles ne sont pas terminées, se règle d'après les formes nouvelles, sans blesser le principe de non rétroac- tivité , que l'on n'a jamais appliqué qu'au fond du droit ». Le fond du droit est acquis dans l'esprit de cet arrêté, la forme ne l'est pas.

_____

(1) L. 52 , ff *ad leg. Aquil.* , § 2.

Ici s'applique naturellement le grand principe que la matière, appelée en droit *ordinaria litis*, c'est-à-dire, celle qui a pour objet de régler les formes judiciaires, indépendamment du fond des actions, est toujours soumise à la loi existante au moment où ces actions sont intentées, tandis que celle que l'on appelle *decisoria litis*, c'est-à-dire qui touche le fond même des actions, est soumise uniquement à la loi en vigueur à l'époque où ont eu lieu les faits qui donnent naissance à ces actions. Par exemple, s'agit-il d'une preuve par témoins ? La forme dans laquelle on devra y procéder sera celle que prescrit la loi du temps où la preuve se fait. Mais la question de l'admissibilité, ou de l'inadmissibilité de cette preuve ne sera jugée, ou en d'autres termes, l'appréciation des faits qui servent de fondement à l'action ne devra avoir lieu, que d'après la loi en vigueur à l'époque où l'action a pris naissance ; car, c'est celle sous laquelle se sont formés les droits acquis ; cinq arrêts de la Cour de cassation, à la date des 18 nov. 1806 (1), 22 mars 1810 (2), 9 avril et 8 mai 1811 (3), et 24 août 1813 (4), ont statué conformément à ces principes ; et un arrêt de cette Cour, du 8 mai 1311 (5), a même jugé spécialement qu'une société antérieure à la publication du Code civil, et qui n'était pas rédigée par écrit, pouvait être prouvée par témoins à l'aide d'un commencement de preuve par écrit, non pas tel que le définit l'art. 1347 du Code civil, c'est-à-dire, « tout acte par écrit émané de celui contre lequel la demande est formée, ou de celui qui représente, et qui rend vraisemblable le fait allégué ; » alors que cette preuve était demandée sous l'empire de cet article ; mais bien tel qu'il était entendu sous l'ordonnance de 1667 (tit. 3, art. 20), c'est-à-dire, en l'absence d'une définition précise de l'ordonnance, tout acte émané même d'un tiers, tout adminicule propre à amener la conviction dans l'âme du juge ; et la raison qu'en donne l'arrêt, c'est que la preuve d'une convention ne tient pas à la forme de procéder, mais se rattache essentiellement au fond ( V. *suprà*, t. 1, p. 270, *Formes probantes* ).

Ainsi, le conseil d'État interprétant, par son avis du 6 janv. 1807, l'art. 1041 du Code de procédure civile, qui, dans des

(1) Sirey, t. XIII, 1, p. 411.
(2) *Ibib.*, t. X, 1, p. 362.
(3) *Ibid.*, t. XI, 1, p. 184 et 269.
(4) *Ibid.*, t. XIII, 1, p. 466.
(5) *Ibid.*, t. XI, 1, p. 269.

vues purement arbitraires, de convenance, et indépendantes de tout principe, avait décidé, « que ce Code ne serait exécuté qu'à dater du 1er janv. 1807, qu'en conséquence, tous procès qui seraient intentés depuis cette époque seraient instruits conformément à ses dispositions » ; ce qui donnait clairement à entendre que dans tout procès commencé antérieurement à cette époque, on suivrait les anciennes formes, régularise cette disposition en expliquant : « Que l'on ne doit comprendre dans la classe des affaires antérieurement intentées, ni les appels interjetés depuis l'époque du 1er janv. 1807, ni les saisies faites depuis, ni les ordres et contributions, lorsque la réquisition d'ouverture du procès verbal est postérieure, ni les expropriations forcées, lorsque la procédure réglée par la loi du 11 brum. an VII, a été entamée par l'apposition des affiches avant le 1er janv. 1807 ». Et pourquoi cela ? « Parce que ces appels, saisies, contributions et affiches, ajoute cet avis, sont dans le fait le principe d'une nouvelle procédure qui s'introduit à la suite d'une précédente ». C'est comme s'il eût dit, que jusqu'au premier acte par lequel débutait ces nouvelles procédures, tout ce qui avait précédé formait un tout complet et passé, un fait consommé sous l'empire de la loi précédente, d'où résultait un droit acquis auquel il ne dépendait par de la loi postérieure de porter atteinte.

14. Il faudra donc reconnaître avec M. Merlin (*Effet rétroact.*, p. 281), que tout acte consommé, comme, par exemple, un exploit d'assignation valablement signifié, un acte d'appel régulièrement interjeté, une récusation proposée contre un juge et admise, ou toute procédure complète, par exemple, une enquête, une expertise, etc., est devenu un fait irrévocable ; que la loi nouvelle ne saurait anéantir les effets de ces actes ou procédures, consommés sous l'empire de la loi précédente; et la raison en est que de ces actes, de ces procédures, sont nés des droits acquis placés par-là même hors des atteintes de la loi postérieure.

Mais il ne faudrait pas dire d'une manière absolue avec ce jurisconsulte, que, « si la loi nouvelle n'en dispose pas autrement, c'est par elle que doivent être réglées, dans les procédures commencées avant sa publication, tous les actes qui se font postérieurement ». L'application de cette règle est et doit toujours rester subordonnée au grand principe des droits acquis par suite de faits complets et consommés, même en matière d'instructions de procès civils; car, on sait qu'en présence du juge, si l'une des parties obtient acte d'un aveu, d'un consentement, ou même peut s'autoriser, par l'effet du contrat judiciaire, d'une concession expresse ou tacite de son adversaire, il y a droit acquis en sa faveur; et la loi postérieure ne saurait atteindre un pareil résultat. « Il faut, dit M. Chabot (Quest. transit., v° *Rescision*, n° 3), bien entendre que nous ne parlons ici que de simples formes de procéder qui ne touchent en rien, quant au fond, ni aux conventions ni aux droits des parties...; nous croyons même, que, si une opération de procédure avait été commencée, avant la publication de la loi nouvelle, qui en changerait la forme, elle devait être continuée conformément à l'ancienne loi ».

Il faudra donc, pour rectifier la pensée de M. Merlin et compléter celle de M. Chabot, reconnaître, que si la suite d'une procédure commencée est tellement la conséquence immédiate et forcée des actes précédens, qu'il y aurait lésion évidente pour l'une des parties, à la soumettre aux dispositions de la loi nouvelle, quant à l'accomplissement de ces derniers actes; ce serait une atteinte formelle portée au fond de ses droits, et dès lors une rétroactivité réelle que la loi réprouve.

15. En appliquant ces principes on doit dire : que les procédures relatives aux expropriations forcées, aux ordres, aux contributions, aux saisies, etc., dont les diverses périodes sont remplies par des actes, des délais, des formalités, tendant à un but unique, conçus dans une seule et même pensée, et dont la validité est subordonnée souvent à des dispositions irritantes, ne sauraient, en général, lorsqu'elles ont atteint un certain degré, être régies par la loi nouvelle qui prescrirait de nouvelles formes; et c'est conformément à ce principe que la Cour royale de Paris a décidé, le 10 mars 1810 (1), que l'art. 763 du Code de procédure civile, qui n'accorde que dix jours, à compter de la signification à avoué, pour appeler d'un jugement qui a statué sur les contestations incidentes à l'ordre, ne s'applique pas à un jugement, de cette espèce, rendu, à la vérité, depuis la mise en activité de ce Code, mais dont l'instruction a eu lieu conformément aux lois anciennes.

(1) Sirey, t. x, 2, 189 ( aff. Mathis).

**16.** Mais en admettant cette rectification du principe que si la forme dans laquelle on exerce un droit dépend uniquement de la loi sous l'empire de laquelle on l'exerce, le fond même de ce droit reste avec tous ses effets nécessaires, toujours soumis aux prescriptions de la loi ancienne sous laquelle il s'est formé, il faut, rentrant dans l'application générale du principe, dire, d'une part, que la durée des pouvoirs des arbitres restera, indépendamment de toute loi nouvelle qui déterminerait de nouvelles formes pour les arbitrages, réglée, *comme convention tenant au fond*, par les lois anciennes sous l'empire desquelles a été passé le compromis; et c'est ce qu'a nettement jugé la Cour de cassation par son arrêt du 3 août 1825 (1); d'autre part, que toute procédure nouvelle qui n'aura pas, ainsi qu'on vient de le voir, une connexité telle avec les droits antérieurs, qu'on puisse la considérer comme un de leurs effets nécessaires et comme soumise à ce titre à la loi qui les régit, elle dépendra inévitablement de la loi sous l'empire de laquelle elle aura commencé.

Conformément à ce principe l'on devra considérer la demande en péremption d'instance comme une demande nouvelle, dépendant uniquement de la loi sous laquelle elle est intentée; et c'est ce qu'ont reconnu deux arrêts, l'un de la Cour de Bruxelles du ... nov. 1809 (2), l'autre de la Cour de Colmar, du 26 mars 1811 (3). Il faudra en dire autant d'une procédure en inscription de faux commencée depuis la loi nouvelle, bien que par suite d'un appel interjeté antérieurement à cette loi. La Cour royale d'Angers a consacré encore ce principe par un arrêt du 21 janv. 1809 (4).

La demande en reprise d'instance dépend-elle, au même titre, de la loi nouvelle? Il ne faut pas en faire un doute pour le cas où le fait qui donne lieu à la reprise d'instance se réalise sous l'empire de cette loi. Mais si l'affaire était en état de recevoir jugement sous l'ancienne loi, il y aurait droit acquis à cet égard, et l'on ne pourrait pas faire résulter de la loi nouvelle la nécessité de recommencer une procédure ainsi parvenue à son dernier

(1) Sirey, t. XXVI, 1, p. 96.
(2) *Ibid.* XIV, 2, p. 348.
(3) *Ibid.*, t. XIV, 2, p. 349.
(4) *Ibid.*, t. IX, 2, 304.

terme. Je sais qu'un arrêt de la Cour de Bruxelles du 10 juin 1807 (aff. Legrell) a posé en principe : « Que la reprise d'instance était une continuation du procès primitif; » et qu'elle est partie de là pour décider qu'un procès antérieur au 1er janv. 1807, serait continué d'après l'ancien mode d'instruction; mais vu de près cet arrêt ne fait qu'ordonner l'exécution littérale du décret du 16 janv. 1807, qui voulait expressément que tout procès commencé avant le 1er janv. 1807, fût continué d'après les formes anciennes.

17. Enfin, peut-on considérer une expertise comme une procédure nouvelle et doit-elle à ce titre être soumise à la nouvelle loi? N'est-elle pas plutôt une conséquence immédiate et nécessaire des droits antérieurs, dont elle a pour but de manifester l'existence, et n'est-ce pas là une raison suffisante de la soumettre à la loi qui régit ces mêmes droits, le principe et la conséquence ne pouvant pas être régis par des droits différens? Cette question, dans ses applications sous le Code civil en matière de rescision de vente, s'est présentée, avec tout son intérêt et toutes ses difficultés deux fois à la Cour de cassation; et bien que les termes dans lesquels se trouvent conçus les arrêts de cette Cour ( je les rapporte *infrà* ), offrent, sous quelques rapports, matière aux argumentations contraires; il faut reconnaître néanmoins, qu'ils sont toujours une consécration plus ou moins directe du principe, que lorsque la matière ne s'y oppose pas, et que la forme n'est pas tellement liée au fond qu'elle doive nécessairement en être considérée comme partie intégrante, c'est la loi nouvelle qui régira incontestablement la forme d'après laquelle on devra procéder à l'expertise.

L'arrêt de la Cour d'appel de Nîmes, du 14 therm. an XII (1), que l'on cite comme ayant jugé dans un sens contraire, n'a pas même jugé la question; en voici les termes : « Considérant que la loi s'est interdit tout effet rétroactif, et que l'acte, dont la rescision a été demandée, étant antérieur à la promulgation du Code, *ainsi que la demande en rescision et la procédure d'experts*, c'est par les lois existantes à ces époques, et suivant les formes qu'elles prescrivaient, que la procédure d'experts a dû être faite; et que s'y trouvant conforme, il ne peut y avoir lieu à relaxe en l'état, au prétexte de la non conformité au mode

_____

(1) Chabot, Quest. transit., vo *Rescision*, n° 3.

établi par le Code civil ». Qu'a donc jugé cet arrêt ? Qu'une expertise ordonnée, faite et consommée avant la publication du Code civil, était régulièrement faite, et qu'il n'y avait pas lieu à la recommencer ; et il faut ajouter qu'il ne pouvait pas juger autrement sous peine d'excès de pouvoirs, puisqu'il y avait droit acquis aux parties sur ce point. Quant à l'arrêt de la Cour de cassation, du 22 juil. 1806, confirmatif de l'arrêt de la Cour d'appel de Pau, du 1er therm. an XIII, il ne juge rien de contraire, si l'on se rend un compte exact de l'espèce sur laquelle il statue. Au mois de mess. an III, assignation du sieur Etchevery contre la dame de Ségur, veuve Bordenave, en rescision pour cause de lésion d'outre moitié, d'une vente faite en 1766. Après de longues procédures, arrêt de la Cour d'appel de Pau, du 15 fruct. an XI, qui ordonne l'estimation des biens par des experts, qui seront nommés, et opéreront suivant les formes établies en cette matière dans le Béarn, où l'ordonnance de 1677 n'était pas en vigueur. Les experts sont nommés par les deux parties et commencent leurs opérations ; survient la publication du titre de la vente du Code civil ; l'expertise continue, et se termine sans aucune réclamation des parties ; mais alors, la dame de Ségur demande la nullité de cette expertise, attendu qu'elle aurait dû être faite dans la forme prescrite par le Code civil ; qu'en conséquence elle doit être recommencée, et dans cette forme. La Cour : « Attendu que, loin de réclamer contre le mode d'opérer employé dans la procédure dont il s'agit, la dame Ségur y concourut d'une manière active, par la nomination des experts et des savanciers, et, en un mot, par tous les actes qu'elle fit dans tout le cours de ladite procédure : d'où il résulte que l'ayant ainsi acceptée, elle est non recevable à l'arguer de nullité. Attendu que la loi du 15 vent. an XII ( titre de la *Vente*, Cod. civ. ), n'est point applicable aux actions en lésion exercées antérieurement à sa publication ; que ce qui le démontre évidemment, c'est qu'après avoir disposé, aux art. 1674, 1676 et 1677, que le vendeur lésé de plus de sept douzièmes, dans le prix d'un immeuble, a le droit de demander la rescision de la vente ; que cette demande n'est plus recevable après l'expiration de deux années, à compter du jour de la vente ; qu'enfin, la preuve de la lésion ne pourra être admise que par un jugement, dans le cas où les faits articulés seraient assez vraisemblables et assez graves pour faire présumer la lésion : le Code civil porte art. 1678 : *cette preuve ne pourra se faire que par un rapport de trois experts*, etc. ; que ces mots, *cette preuve*, indiquent suffisamment que la loi ne s'occupe là que de la lésion qui est l'objet de sa disposition, c'est-à-dire, de la lésion dont la demande n'est pas formée après deux ans depuis la vente, de la lésion, enfin, dont la preuve a été admise par un jugement, sur des faits vraisemblables et graves ; que ce serait faire rétroagir cette loi, que d'en appliquer les dispositions à l'action dont il s'agit, puisque non-seulement elle était préexistante, mais encore essentiellement étrangère au Code civil, et par sa nature et par sa durée : d'où il suit que le moyen de nullité contre l'expertise, pris de l'inobservation du Code civil, est dénué de fondement (1) ».

Pourvoi contre cet arrêt; et, le 22 juil. 1806, arrêt de la section des requêtes, qui, « Attendu que les dispositions du Code civil sont inapplicables aux actions en lésion *exercées antérieurement*, rejette, etc. ». Cet arrêt décide-t-il en principe qu'une expertise à faire par suite d'une demande en rescision pour cause de lésion formée antérieurement au Code civil, doit, dans tous les cas, si l'affaire n'est pas encore terminée sous ce Code, être faite ou refaite d'après les formes tracées par la loi précédente ? Nullement. Ce serait lui attribuer un sens qu'il ne comporte pas nécessairement ; ce serait prêter aux expressions quelque peu vagues dont il se sert, une généralité que repoussent les vrais principes, ce qui est de plus contraire aux règles ordinaires d'interprétation, lorsque le sens naturel de cet arrêt, qui du reste juge très bien, est qu'il y a procédure consommée, quant à l'expertise, même volontairement de la part du demandeur, et dès lors, droit acquis à la partie adverse, sous l'empire de la loi précédente.

Mais son arrêt, du 23 fév. 1807, qui en maintient un de la Cour d'appel de Montpellier, est expositif de la véritable doctrine en cette matière (2). Voici comment il s'exprime : « Attendu

(1) Sirey, t. VI, 2, p. 14.
(2) Les Cours royales ont généralement jugé dans ce dernier sens. V. entre autres deux arrêts de la Cour d'appel de Turin, des 13 frim. an XIII (Chabot, Quest. transit., v° *Rescision*, n° 3), et 19 avril 1806 (Sirey, t. VII, 2, p. 14); C. de Nîmes, 22 flor. an XII (Sirey, t. IV, 2, p. 632); *Idem.*, 3 pluv. an XIII (Sirey, t. V, 2, p. 495).

ue, dans la rédaction des actes, on doit toujours suivre les formes
rescrites alors en vigueur; qu'ainsi la Cour d'appel a dû, comme
lle l'a fait, ordonner que la nouvelle estimation serait faite dans
ans les formes voulues par les art. 1778 et 1779 du Code civil,
ui alors étaient publiées et obligatoires (1) ».

Que si l'expertise était, comme je le disais tout-à-l'heure,
ellement inhérente au fond même du droit, tellement sa dé-
endance nécessaire, qu'elle ne pût être régie par un droit dif-
érent, ce serait la loi du fond, bien qu'antérieure, qui régi-
ait l'expertise; et la loi nouvelle ne saurait, sans rétroagir, lui
tre appliquée. C'est en conformité de ce principe que la Cour
'appel de Besançon, et ensuite la Cour de cassation, ont jugé,
a première le 19 avril 1809, la seconde le 4 fév. 1812 (Sirey,
. XII, 1, 196), qu'une expertise à faire par suite d'une demande
n cantonnement, formée avant la promulgation du Code de
rocédure civile, devait, bien que cette expertise fût ordonnée,
lepuis la promulgation de ce Code, avoir lieu conformément
l'ordonnance de 1667. « Attendu, porte l'arrêt de la Cour
le cassation, que l'affaire ayant été renvoyée devant les pre-
niers juges, comme n'étant point en état de recevoir jugement,
levant la Cour d'appel, la nomination d'experts, qui n'était
*qu'une dépendance de la demande en cantonnement, devait se*
*aire, suivant les anciens erremens, et conséquemment dans la*
*orme de l'ordonnance de 1667* ». M. Merlin (Répert., v° *Effet*
*étroact.*, p. 283) ne voit là qu'une application pure et simple
le l'art. 1041 du Code de procédure civile; mais, d'une part,
et article se coordonne nécessairement avec l'avis interprétatif
lu conseil d'État du 1er janv. 1807; or, on a vu que cet avis
tablissait une distinction entre certaines procédures qui pou-
aient être considérées comme nouvelles, bien qu'elles fissent
artie d'une instance commencée antérieurement au Code de
rocédure civile, et il les a déclarées soumises à ce Code, lais-
ant subsister pour tous les autres cas, la disposition de son
rt. 1041 qui décide, seulement par induction, que les procès
intentés antérieurement à sa promulgation, seront instruits
conformément aux lois anciennes. Mais le principe sur lequel
se fonde cet avis, explicite à l'égard de quelques procédures,

(1) Sirey, t. VII, 1, 151.

est-il exclusif de toute autre application également réclamée par la raison, les principes du droit ou même la matière? D'autre part, l'art. 1041 est évidemment restrictif des principes généraux, il doit donc rester rigoureusement renfermé dans son objet; et on ne saurait régulièrement en argumenter pour tout autre cas. D'où je conclus, 1° que l'arrêt rendu par la Cour de cassation dans l'espèce précédente, trouve sa justification naturelle, outre la disposition de l'art. 1041, dans la dépendance intime qui existe entre la demande en cantonnement et l'expertise pour y parvenir, comme il y a dépendance intime, à raison des matières, entre les droits d'enregistrement et d'expertise prescrits par l'art. 17 de la loi du 22 frim. an VII; entre certains matières administratives, par exemple, le dessèchement des marais et autres objets d'utilité publique, et l'expertise prescrite par la loi du 16 sept. 1807; 2° qu'alors même qu'il serait constant, ce que ne me paraît nullement témoigner la jurisprudence, que l'art. 1041 du Code de procédure civile, doit être entendu en ce sens que toute expertise, bien qu'elle n'ait pas une connexité nécessaire avec une instance commencée antérieurement à la promulgation du Code de procédure civile, doit avoir lieu conformément aux anciennes lois; il faudrait restreindre, comme je l'ai dit, au Code de procédure civile, la disposition de cet article, et rendre pour tout autre cas, ou pour d'autres lois à intervenir sur de semblables matières, et qui ne s'expliqueraient pas textuellement, toute leur autorité aux principes généraux.

### ART. 4.

18. Le grand principe de la non rétroactivité des lois, cette sauve-garde de la propriété et de la liberté individuelle, n'est pas moins sacré dans les matières de pur ordre public, alors que l'action de la loi paraît plus indépendante des intérêts privés, comme par exemple, les compétences, ou même dans celles auxquelles peuvent se mêler simplement des considérations de bien public, comme les formes en matière criminelle. Le principe général sans doute a été posé, comme on l'a vu (n° 13), par l'arrêté du gouvernement du 5 fruct. an IX : c'est à la distinction entre le fond proprement dit, et la forme qu'il faut essentiellement s'attacher; mais il n'est pas toujours facile

de sentir cette distinction, lorsque la loi n'a pas pris soin elle-même de la fixer par ses dispositions.

Néanmoins, elle paraît aussi fonder ses dispositions expresses à cet égard, sur la nécessité de reconnaître, même quant aux formes, à la compétence et selon le degré de la procédure, des droits acquis aux individus.

C'est ainsi, qu'aux termes de l'art. 7 de la loi du 18 janv. 1792: « Toutes les plaintes ou accusations *suivies d'informations*, antérieures à l'époque de l'installation des tribunaux créés par la loi du 29 sept. 1791, ont dû être jugées non par des jurés, mais par les tribunaux qui s'en trouvaient précédemment saisis et dans les anciennes formes ». La loi du 23 juill. 1810 relative à la mise en activité du Code d'instruction criminelle, n'a pas été rendue dans un esprit différent. L'unique modification grave introduite par cette loi, et qui peut être considérée comme une garantie pour l'accusé aussi bien que pour l'ordre social, consiste en ce que la question de compétence, bien que terminée en apparence par l'arrêt émané du tribunal précédemment saisi, sera de nouveau soumise à la Cour impériale (Art. 4). C'est dans ce même sens que la Cour de cassation a décidé, le 10 mai 1822, qu'un arrêt de renvoi émané de la chambre d'accusation, pouvait seul saisir irrévocablement les Cours d'assises de la connaissance de délits déjà commis, mais dont la connaissance lui était enlevée par une loi postérieure. Il s'agissait d'un délit de la presse, commis sous la loi du 26 mai 1819, qui en attribuait la connaissance aux Cours d'assises, et à l'égard duquel n'avait encore été rendu aucun arrêt de renvoi de la chambre d'accusation, lorsque survint la loi du 25 mars 1822, qui rendait aux tribunaux correctionnels la juridiction sur les délits de cette nature. « Considérant porte l'arrêt (1), sur le moyen de cassation pris de la violation du principe de la non rétroactivité des lois, que dans le silence de la loi relativement à son effet sur le passé, ce principe n'est applicable qu'au fond des droits acquis et à la punition des délits antérieurement commis, mais nullement aux règles d'après lesquelles ces droits et ces délits doivent être poursuivis devant les tribunaux. Que s'il est également de règle que tout procès doit être jugé par le tribunal qui en a été d'abord légalement saisi, aussi long-temps que ce tribunal n'a pas été

(1) Dalloz, Jurisp. gén., v° *Lois*, sect. 3, art. 2, p. 871.

supprimé, et que rien de contraire n'a été ordonné par la loi qui a établi une nouvelle compétence, ladite règle ne peut recevoir d'application à l'espèce actuelle, puisqu'à l'époque de la promulgation de la loi du 25 mars 1822, aucun arrêté de renvoi n'avait encore été rendu par la chambre d'accusation, seul mode reconnu par les lois antérieures de saisir la Cour d'assise, d'où il suit que dans cet état de procédure, le demandeur devait, d'après le changement de compétence introduit par la nouvelle loi du 25 mars 1822, être renvoyé à la police correctionnelle; rejette, etc. ».

Il y a plus : alors qu'une loi exceptionnelle traçant des formes nouvelles d'instruction, attribuerait aux tribunaux qu'elle institue, la connaissance de certains délits commis antérieurement à sa promulgation, et qui ressortaient de la compétence des tribunaux précédens, les formes anciennes n'en devraient pas moins être religieusement observées, comme garanties de justice dans l'intérêt des accusés; c'est encore ce qu'a formellement consacré la Cour de cassation par son arrêt du 24 oct. 1817 (1); La Cour prévôtale du département de l'Hérault se fondant sur les dispositions de l'art. 19 de la loi du 20 déc. 1815, qui substitue les Cours prévôtales aux Cours spéciales, même pour les crimes antérieurs à sa promulgation, avait rendu le 21 janv. 1816, un jugement par lequel elle se déclarait compétente pour juger le nommé Claude Paschal Nourrit; ce jugement de compétence ayant été confirmé purement et simplement par la Cour royale de Montpellier, la Cour prévôtale avait, par arrêt définitif du 1er juill. suivant, condamné Nourrit à dix années de travaux forcés, comme convaincu seulement du crime de provocation à la rebellion. Mais la Cour de cassation saisie du pourvoi en vertu d'un réquisitoire du procureur général, a statué en ces termes : « Vu les art. 566, 567, 568, 569, 570 du Code d'instruction criminelle; vu également l'art. 19 de la loi du 20 déc. 1815; Considérant, que, si les Cours prévôtales, instituées par la loi du 20 déc. 1815, doivent connaître de tous les crimes qui étaient déférés à la connaissance des Cours spéciales, même de ceux de ces crimes qui auraient été commis avant sa promulgation, néanmoins il résulte des dispositions de l'art. 19 de la même loi, et du principe de la non rétroactivité, qu'à l'égard

(1) Sirey, t. XVIII, 1, 119.

des crimes antérieurs, les anciennes formes d'instruction et les garanties qui en résultent pour les accusés, doivent encore être maintenues; qu'il s'ensuit, par une conséquence ultérieure et nécessaire, qu'à l'égard desdits crimes, on doit, quant à l'instruction et au règlement de compétence, observer les dispositions du Code d'instruction criminelle; que, conséquemment, la poursuite desdits crimes doit être faite suivant les formes établies pour les crimes ordinaires; que les prévenus doivent être mis en accusation et renvoyés à la juridiction compétente, par un arrêt de la Cour royale, rendu sur l'appréciation des charges résultées de l'instruction, et que cet arrêt de renvoi doit être soumis à la censure de la Cour de cassation; et attendu, dans l'espèce, que Claude Paschal Nourrit était prévenu d'un crime que l'art. 554 du Code d'instruction criminelle, soumet à la connaissance des Cours spéciales, mais qui avait été commis avant la loi du 20 déc. 1815. Que quoique la connaissance de ce crime fût dévolue à la Cour prévôtale, d'après la dernière disposition de l'art. 19 de la loi du 20 déc. 1815; néanmoins, l'instruction en devait être faite, la mise en accusation prononcée, et la compétence jugée suivant les règles prescrites par ledit Code, pour les crimes qui sont de la compétence des Cours spéciales; qu'en contravention à ces règles de procédure, la Cour prévôtale du département de l'Hérault s'est directement déclarée compétente, par jugement du 21 juin 1816; que la Cour royale de Montpellier, par arrêt du 24 du même mois, et sans entrer dans l'examen des charges de la prévention, a confirmé ledit jugement de compétence; que lesdites Cours prévôtale et royale ont donc violé les formes de procédure et les règles de compétence établies par la loi. D'après ces motifs, etc.; casse et annule; etc. ».

Quant à la loi du 26 germ. an XI qui dispose : « que les demandes formées antérieurement à la publication du titre du Code civil relatif au divorce, continueront d'être instruites, que les divorces seront prononcés et auront leurs effets conformément aux lois qui existaient lors de la demande ». Il ne faut pas y voir, avec M. Merlin, une exception à la règle générale qu'il pose; que toute loi nouvelle statuant uniquement sur les formes, régit nécessairement celles qui ne sont pas encore accomplies à l'époque de sa promulgation, mais bien l'application précise d'un principe que l'on trouve exposé tout entier dans le discours de l'orateur du gouvernement qui a présenté la loi, et dont j'ai déjà parlé ( *suprà* , t. 1, p. 231 ), savoir : que de la demande seule en divorce formée par l'un des époux, résultait en sa faveur un droit acquis, même à l'égard des formes déterminées par l'ancienne loi.

19. Néanmoins, il est des cas où l'intérêt général commande des exceptions; mais ces exceptions doivent être rigoureusement renfermées dans les motifs qui les ont dictées; et elles donnent alors d'autant plus de poids à la règle générale.

C'est ainsi que les lois des 18 pluv. an IX et 23 flor. an X, qui créaient des tribunaux spéciaux pour de certains délits, renfermaient une disposition par laquelle, les affaires simplement commencées, à quelque degré d'instruction qu'elles fussent parvenues, devaient être renvoyées purement et simplement devant ces nouveaux tribunaux, et par-là les accusés se trouvaient privés de la faveur qu'ils tenaient du droit commun d'être jugés par des jurés. Mais voici sur quels besoins généraux, M. Portalis rapporteur de la loi du 19 pluv. an IX, fondait cette disposition exorbitante : « Le spectacle effrayant de l'impunité motive la disposition par laquelle, dans le projet de loi, on rend justiciables du tribunal spécial, toutes les personnes arrêtées ou accusées avant son établissement (1) ». On ne donne point d'effet rétroactif aux peines nouvellement prononcées; mais les lois de compétence et de simple instruction ont toujours régi les faits antérieurs et non jugés, comme les faits à venir (2).

---

(1) « Nous avons cité, disait le même orateur dans son rapport, en preuve des attentats de toute espèce qui motivent le projet de loi que nous présentons, le vœu public qui sollicite vivement une loi répressive. On a l'imprudence de nous interpeller de déclarer *où est consigné ce vœu.* Il l'est dans les discours solennellement et récemment prononcés, à des époques trop mémorables, par les présidens de toutes les autorités constituées; il l'est dans le tableau que tous les administrateurs locaux nous offrent du déplorable état de certains départemens; il l'est dans le témoignage respectable que la plupart des législateurs ici présens ont rendu à la justice des plaintes qui nous parviennent; il l'est dans les réclamations du commerce contre les crimes qui menacent la sûreté des routes; il l'est enfin dans les discours mêmes des orateurs qui se sont le plus fortement élevés contre le projet. Qui veut la fin, veut les moyens. Voulez-vous que le Gouvernement réprime les désordres qui excitent un cri général? Donnez-lui des moyens réprimans ».

(2) M. Legraverend ( t. II, p. 31 ) paraît considérer comme une règle générale que dans le silence de la loi nouvelle qui crée des tribunaux

20. L'application de ces principes a été récemment soumise
à une grave discussion, à l'occasion de la mise en état de siége
de la capitale.

Je n'examinerai pas si la question réelle au fond n'était pas
une question d'opportunité de la mesure ; si le corps social peut
jamais se dépouiller des moyens de salut qu'il tient du droit
naturel de défense, à l'égal des individus ; si la législation sur
la mise en état de siége, quelque incohérente, incomplète,
disparate qu'elle soit, ne se concilie pas toujours nécessairement, dans ses effets essentiels, avec la loi constitutionnelle,
pour la protéger elle-même dans ses développemens ; si, dès
lors, le principe de cette législation n'est pas lui-même supérieur par son objet à la constitution ; si elle n'est pas, comme
je le disais (t. 1, p. 326) à l'occasion de certaines lois, non une
législation exceptionnelle, privilégiée, repoussée par le droit
commun, mais une législation spéciale pour un certain ordre
de matières qui ne sauraient tomber sous l'action de la loi générale, le complément nécessaire de cette loi, et permanente
comme elle ; si les conditions premières de son existence ne
sont pas qu'elle puisse étendre à l'instant son action rapide et
souveraine sur tous les cas qui peuvent offrir un danger réel au
corps social ; si ces principes, admis en même temps que les
formes destinées à les appliquer, il est rationnel qu'un corps
dans l'état pourvu d'attributions spéciales, définies pour un
certain objet, étrangères aux attributions constitutionnelles,
puisse, saisissant l'application de la mesure dont il vient d'être
parlé, dans l'une de ses conséquences, enchaîner l'action supé-

spéciaux, quant à leur compétence sur les faits antérieurs non jugés, ils
sont saisis de plein droit de la connaissance de ces faits. Cette opinion
me paraît trop absolue. Et d'abord, la plupart des lois créatrices de
juridictions exceptionnelles renferment des dispositions expresses sur
la compétence et l'instruction, quant aux délits antérieurs, ce qui tend
à établir la nécessité de cette disposition dans la loi. M. Legraverend
cite lui-même, comme remplissant cette condition, les lois des 18 pluv.
an IX, 19 pluv. an XIII et 23 flor. an X ; il aurait pu citer également la loi
du 20 déc. 1815 qui institue les Cours prévôtales. A la vérité, les lois des
28 germ., 2 et 13 flor. an XI, et le décret du 8 oct. 1810, ont le tort grave de
garder le silence sur ce point. Mais il est aisé de voir que la jurisprudence
a manqué d'uniformité dans l'application de ces lois, quant à leur compétence sur les faits antérieurs ; et il doit nécessairement en être toujours
ainsi en pareil cas. J'en donne les raisons plus loin.

17.

rieure des pouvoirs publics sur la société (1); si les meilleurs principes n'attestent pas que la législation ne peut être corrigée que par la législation, que si les actes du gouvernement agissant dans l'intérêt social, peuvent être entachés d'arbitraire, de violence ou d'injustice, lorsque se rendant indépendant des lois, il substitue sa volonté propre à celle de la loi ; ces mêmes actes, appuyés sur une législation, dont le principe, quelles qu'en soient les formes, est inséparable de toute association politique et survit nécessairement aux constitutions elles-mêmes, commandent instantanément, à l'égal de la loi, une obéissance, pleine, entière et sans contrôle, aux citoyens comme aux tribunaux ; que la responsabilité de ces hautes mesures est placée dans la loi même qui en définit la portée, le but et la durée ; que l'interprétation de doctrine, la seule que la loi ait abandonnée aux corps judiciaires, ne saurait jamais aller sans de graves perturbations dans l'État (2), que l'art. 5 du Code civil a eu directement pour objet de prévenir, jusqu'à contenir, diriger, ou redresser dans leur action, les pouvoirs généraux de la société ; j'arrive à la rétroactivité.

Comment doit être entendue la rétroactivité, par suite de la mise en état de siége ? Ma réponse à cette question se résumera en deux observations qui serviront en même-temps à rectifier quelques unes des opinions émises dans la discussion publique à laquelle a donné lieu la mesure dont il s'agit.

Le principe général que la non rétroactivité des lois, vrai quant au fond des droits acquis, à la pénalité des délits antérieurs, ne l'est pas quant à la forme, à l'instruction, à la compétence, attendu que, si nul ne peut être puni par une loi qui n'existait pas lorsqu'il a commis le fait incriminé, la société conserve toujours le droit, dans son intérêt propre, de modifier,

(1) Voici comment j'entends ma proposition : Toute mesure indispensable au salut de l'État, quelle que soit sa gravité, peut être prise par le Gouvernement, dans l'intervalle des sessions, sous la responsabilité personnelle des ministres, et à la charge d'en rendre compte aux Chambres. Si cette disposition n'est pas textuellement écrite dans nos lois, elle résulte nécessairement de leur esprit. L'art. 9 de la loi du 8 juil. 1791 la renferme expressément, quant à la mise en *état de guerre* des places et postes.

(2) La garantie sociale ne peut exister si la division des pouvoirs n'est pas établie, si leurs limites ne sont pas fixées, et si la responsabilité des fonctionnaires publics n'est pas assurée ( Art. 22 de la Constitution du 5 fruct an III ).

d'améliorer, sans nuire au prévenu, les formes judiciaires (et dès lors la compétence) à l'aide desquelles elle croira mieux parvenir à la manifestation du fait coupable qu'elle veut atteindre; ce principe, dis-je, est susceptible de distinctions importantes.

21. Et d'abord, on n'est frappé de son entière exactitude que dans un seul cas; celui où les attributions des corps judiciaires substitués l'un à l'autre, offrent une certaine analogie entre elles, comme, par exemple, lorsqu'un tribunal ordinaire remplace un autre tribunal ordinaire; ainsi, l'arrêt du 10 mai 1822 rapporté plus haut a régulièrement jugé qu'un délit de la presse commis sous l'empire de la loi du 26 mai 1819 qui attribuait aux Cours d'assises la connaissance des délits de ce genre, devait être poursuivi, instruit et jugé d'après les dispositions de la loi du 25 mars 1822, qui rendait aux tribunaux correctionnels la connaissance de ces délits; la raison ne s'oppose nullement dans ce cas à ce que la loi nouvelle qui change la forme, l'instruction, la compétence, s'applique, sans rétroactivité, même aux délits antérieurs à sa promulgation, la faculté de modifier le système général sur l'instruction des délits étant constamment restée dans le domaine souverain de la loi. Mais il n'en saurait être ainsi des tribunaux exceptionnels, ou dont les attributions ne sont pas analogues; la jurisprudence à cet égard s'est toujours montrée incertaine, et je vais en donner la raison. Ainsi, si d'une part, la Cour de cassation juge, comme on l'a vu plus haut (arrêt du 24 oct. 1817), que la Cour prévôtale du département de l'Hérault, bien que s'appuyant du principe dont il vient d'être parlé, n'avait pu néanmoins se déclarer compétente pour connaître d'un délit antérieur; que, bien même que la connaissance de ce délit lui fût dévolue par la loi du 20 déc. 1815, que cette loi traçât des formes spéciales d'instruction, etc., néanmoins, l'instruction, la compétence, devaient être jugées selon les règles prescrites par le Code d'instruction criminelle; elle décide d'un autre côté (arrêt du 24 juin 1813 (1)) qu'un crime de fausse monnaie pour l'instruction duquel les prévenus avaient été renvoyés devant la Cour d'assises, attendu, disait l'arrêt de renvoi, qu'il n'était pas constant que le crime eût été commis depuis le Code d'instruction criminelle, doit être jugé selon le Code d'instruction criminelle. « Vu l'art. 554, porte l'arrêt,

(1) Sirey, t. XIII, 1, p. 140.

attendu que cette disposition attribue aux Cours spéciales l'instruction et le jugement de fausse monnaie ; qu'il est de principe constant, proclamé particulièrement par les lois des 18 pluv. an ix et 25 flor. an x, sur la création des Cours spéciales, que les lois qui créent des juridictions particulières et des formes spéciales d'instruction et de jugement, entraînent devant ces juridictions et dans ces formes d'instruction et de jugement, toutes les affaires de la nature de celles qui sont l'objet de ces nouvelles attributions, qui n'ont pas encore subi l'épreuve d'un jugement définitif, sauf à suivre, pour l'application de la peine, les dispositions des lois existantes à l'époque des faits de la prévention ou de l'accusation, dans les cas et selon le vœu du décret impérial du 23 juill. 1810; qu'ainsi, l'arrêt de la Cour d'appel du grand duché de Berg, chambre d'accusation, en renvoyant les prévenus devant la Cour d'assises, par le motif qu'il ne pouvait pas être constaté si le crime avait été commis sous l'empire des anciennes lois, ou sous celui du Code pénal actuel, a méconnu les règles de compétence établies par la loi; casse, etc. ».

22. Quelle est la raison de cette différence? Elle tient à plusieurs causes : la principale sans doute, réside, en cas de silence de la loi, dans la difficulté de concilier deux principes également précieux, mais qu'il est toujours plutôt de l'essence de la loi que des Cours judiciaires d'asseoir et de bien définir, savoir, les garanties que réclame la situation du prévenu, d'une part, les garanties sociales de l'autre. C'est donc en recherchant l'esprit de la législation sur la matière, en remontant aux causes qui l'ont amenée, que les corps judiciaires peuvent seulement s'assurer que l'application qu'ils vont faire de la loi nouvelle, est bien celle que s'est proposée le législateur; et dès lors, ils se trouvent placés dans le cas extraordinaire dont j'ai parlé (t. 1, p. 197 et 201) sous l'influence du principe politique qui a dicté la loi, appelés à interpréter directement ce principe, à donner à une loi défectueuse, dont le nom, le caractère, sont plutôt en réalité ceux d'une haute mesure politique, le sens qui lui est propre au jour où on l'applique. Ajoutez qu'habituellement, dans l'ordre de ces appréciations, le tribunal, la nature de l'instruction, la compétence, sont tout; que la pénalité n'est plus qu'une conséquence éloignée et souvent illusoire de ces préalables sur lesquels reposent sans partage tout l'intérêt social comme toutes les garanties du prévenu. De là l'incohérence de la juris-

prudence et la difficulté au fond de faire prévaloir dans tous les cas le grand principe, que l'instruction, la forme des procès, la compétence, en matière criminelle, étant toujours restés dans le domaine de la loi, il n'y a aucune rétroactivité à appliquer la loi nouvelle, quant à ces formes, à cette compétence, aux délits antérieurs.

La seconde cause tient à l'ordre même de ces lois, et à l'esprit qui leur est propre. Il existe deux natures de lois exceptionnelles; 1° les lois exceptionnelles accidentelles, temporaires, qui forment de véritables dérogations au droit commun; qui ne sont pas proprement des lois, bien qu'elles en aient toute l'autorité, attendu que la majesté de la loi ne saurait convenablement s'attacher à un acte transitoire de sa nature, nécessairement empreint, quelque louable qu'en soit le motif, de l'exaltation qui suit habituellement un déploiement extraordinaire de moyens préventifs ou coërcitifs, destinés à atteindre et à réprimer promptement de graves perturbations sociales; mais qui répugnent à la simplicité, à la dignité de la loi, acte plus grave, dont les prévisions, en ce qui concerne la répression des délits, reposent en général, sur l'état habituel et calme de l'homme en société. 2° Les lois exceptionnelles permanentes. Ces lois ne sont pas des dérogations au droit commun; elles en sont, comme je l'ai dit, le complément; elles règlent un ordre de choses que ne saurait atteindre et régler la loi générale; et la société qui serait dépourvue, à quelques égards, de cette législation spéciale, ne serait pas suffisamment protégée, soit dans sa propre existence, soit dans le libre exercice des droits de ses membres contre les atteintes des ennemis de l'ordre social. La législation sur l'état de guerre et la mise en état de siège, est une législation de cette nature, et ce ne serait pas sans de grands dangers que l'on répandrait des nuages sur les principes dont elle s'appuie, et surtout qu'on en dissimulerait aux yeux du peuple la force et la réalité.

23. Il résulte de tout ce qui précède que l'argumentation des lois exceptionnelles accidentelles aux lois exceptionnelles permanentes, en matière criminelle, quant à la non rétroactivité des formes, de l'instruction, de la compétence, tracées par la loi nouvelle, n'est pas exacte; que le motif qui a pu quelquefois, par les raisons que j'ai développées, amener des doutes dans l'esprit des corps judiciaires relativement à l'application des

premières, ne saurait régulièrement exister, quant à l'application des secondes. La Cour de cassation a pu, par exemple, en rendant son arrêt du 24 oct. 1817, (*suprà*, p. 261 ) considérer que la loi du 20 déc. 1815 se bornant à dire, art 19, « que les crimes de la compétence des Cours spéciales commis même antérieurement à la promulgation de la présente loi seront jugés par les Cours prévôtales »; bien qu'elle renfermât un titre tout entier sur l'instruction et le jugement, néanmoins, le principe général sur la non rétroactivité en matière de compétence, à l'égard des délits antérieurs, pouvait être tempéré dans l'intérêt de l'accusé. Le même motif, serait inapplicable à la mise en état de siége, législation permanente qui ne se résume pas en une substitution d'une juridiction à l'autre, pour atteindre un plus prompt résultat dans la répression des délits; mais qui est un état général pour le pays ou la portion du pays soumise à la mesure, commandé par des circonstances supérieures, qui fait cesser l'état ordinaire, embrasse dès lors, dans une concentration d'action calculée pour assurer d'autant mieux l'efficacité et l'énergie de ses développemens, tout ce qu'embrassait l'état ordinaire lui-même; et l'on conçoit alors comment la non rétroactivité de cette législation, quant aux formes, à la compétence, pour le jugement des délits antérieurs, découle, comme simple conséquence, de l'application de cette législation. On ne saurait d'ailleurs, sans abuser du raisonnement, et quelles que soient, à cet égard, les suppositions des esprits, assimiler cette législation à une loi accidentelle, parce que l'emploi n'en aurait lieu qu'accidentellement; les lois ne changent pas de nature à cause de l'emploi qu'on en fait; il suffit que l'action du pouvoir qui en fait usage soit placé sous l'empire de la loi constitutionnelle qui définit sa responsabilité.

24. Ma seconde observation aura pour objet d'expliquer ce qu'on doit entendre par rétroactivité, comme effet de la mise en état de siége.

Les énonciations suivantes m'ont paru passer sans contradiction : l'état de siége commence du moment où se manifeste la cause qui y donne lieu; c'est l'investissement par des troupes ennemies ou des rebelles, l'interception des communications, du dedans au dehors, ou du dehors au dedans; ces causes peuvent éclater avant que le gouvernement en soit instruit; elles n'en constituent pas moins réellement l'état de siége; l'ordonnance qui déclare l'état de siége ne crée donc pas cet état, elle le proclame; dès lors, point de rétroactivité.

Il résulterait de la généralité de ces principes, que le fait prendrait dans la législation la place et la dignité du droit, que tous les citoyens habitans d'une commune ou d'une grande ville soumise inopinément à cette mesure, se trouveraient, sans s'en douter, et jusqu'à la promulgation de l'acte qui la proclame, hors du droit commun, soumis à l'instant au régime spécial de l'état de siége. Ce serait blesser la justice autant que la raison et les principes de la matière. La loi ne saurait recevoir une telle interprétation. Le sens propre de sa disposition est ce qu'elle a voulu; or, qu'a-t-elle voulu? Atteindre efficacement toutes les causes qui ont amené la nécessité de la mise en état de siége, organiser sur-le-champ les plus energiques moyens de défense; or, pour atteindre efficacement ce but, la raison veut, que par une fiction puisée dans le droit même de la défense, la mesure soit censée promulguée à l'égard de ces causes et par-là même à l'égard de leurs auteurs, puisque c'est eux qui l'ont rendu nécessaire, du jour même où ces causes se sont manifestées. Par une conséquence du même principe, la raison veut encore, que les commandans militaires, agissent dans le sens de l'exécution de la mesure, comme si elle était promulguée à leur égard. Mais c'est là tout ce que veut la loi; c'est là le but qu'elle se propose. Il y aurait illusion complète dans la mesure sans cette fiction qui, d'une part, place le coupable sous l'empire de la législation de l'état de siége, au moment même où il accomplit ou tente d'accomplir le fait qui y donne lieu, et qui, de l'autre, investit au même instant les agens préposés à la défense, des moyens extraordinaires que la loi destine à ce genre de défense. L'attente de la promulgation, sous ce double rapport, serait un malheur public; la rétroactivité, s'il faut l'appeler de ce nom, dans ce cas, n'est donc que l'application intelligente et juste de la mise en état de siége.

Mais faut-il dire que tous les effets de cette mesure se réaliseront à l'instant même, à l'égard de tous les citoyens, par le fait seul qui l'a nécessitée? Qu'ils se verront, sans avertissement préalable, soustraits à l'empire du droit commun, placés sous un régime exceptionnel; que, par exemple, avant la promulgation de la mesure, ils seront régulièrement justiciables des tribunaux militaires pour toute sorte de délits, que l'exercice de leurs droits civils subira toutes les restrictions qui dérivent, comme conséquence forcée, de la mise en état de siège? La raison se refuse à cette conclusion. Les citoyens ne peuvent, dans aucun cas, se voir placés sous l'empire du fait, sans un fait propre de leur part, qui provoque et légitime cette situation violente à leur égard; il y aurait rétroactivité évidente dans la solution contraire; la fiction qui place certains individus comme je l'ai dit, sous les effets de la mise en état de siége, du moment même où se manifeste la cause qui donne lieu à la mesure, n'est qu'une fiction qui ne saurait s'étendre au-delà du cas pour lequel elle a été introduite; à côté de cette fiction épuisée dans son application, les principes généraux qui ne sont autre chose que la vérité même, et qui consistent à placer le citoyen sous la dépendance de la loi légalement promulguée, reprennent naturellement leur empire.

Au reste, la fiction dont je viens de parler, qui ne présente pas, comme on le voit, les caractères réels de la rétroactivité, est à plus forte raison étrangère à l'hypothèse d'après laquelle on voudrait faire rentrer dans les effets de la mise en état de siége, des faits antérieurs même aux circonstances qui l'ont nécessité, et dont se trouvaient déjà saisis les tribunaux ordinaires. La rétroactivité serait constante dans ce cas; elle résulterait surtout de ce que les attributions des tribunaux exceptionnels faites pour un certain genre de délits, créées spontanément, à l'occasion de certains faits généraux, s'appliqueraient néanmoins à des délits d'une nature différente, et à la répression desquels, des formes et des peines étaient proposées par la loi ordinaire.

ART. 5. — Quel est l'effet d'une loi nouvelle sur les jugemens antérieurs?

25. Les jugemens antérieurs sont l'expression de droits acquis sous les auspices des lois précédentes, et d'après les formes qu'elles déterminaient; ils sont donc des faits consommés et placés par-là même à l'abri des atteintes de la loi postérieure. Mais il s'agit d'apprécier le principe en vertu duquel ils sont droits acquis, et d'en caractériser les effets.

J'ai dit (t. 1, p. 267) que le contrat explicite ou tacite était l'une des formes juridiques par laquelle se manifestait, de la manière la plus expresse, les droits acquis; et la raison en est qu'ils

reposent sur le consentement des parties qui contractent; or,
le jugement lui-même n'a pas d'autre base que le contrat : *Ut in
stipulatione contrahitur*, dit la loi 3, § 11, ff *de Pecul. ita judicio
contrahi.* Il y a plus : un examen attentif des principes du droit
en cette matière, ne permet pas de douter, que si c'est par
l'effet d'un consentement direct que les parties se présentent devant le juge pour régler leur différend, c'est par l'effet
d'une novation que le jugement confère un droit acquis à
celui qui triomphe dans la contestation. La loi que je cite dit
formellement, à la suite des mots que l'on vient de lire : « Ce
n'est donc pas l'origine du procès ( sa cause ou le titre de l'action ) qu'il faut considérer, mais bien l'obligation, en quelque sorte, qui résulte du jugement ». *Proinde non originem
judicii spectandam, sed ipsam judicati velut obligationem;* et
c'est en développant cette pensée que Denis Godefroi, dans une
note sur la même loi, fait la remarque, « que l'action subrogée
n'est pas toujours de la même nature que l'action qu'elle remplace : » *substituta et subrogata actio non semper ejusdem est na-
turæ, cujus ea actio est cui fit subrogatio.* Mais Brunneman (*ibid.*)
reconnaît nettement la novation : *Collige per litem contestatam
et judicatam novari actionem pristinam;* et voilà pourquoi Voët
( *ad Pand. de re judic.*, n° 30 ), qui regrette de ne pas trouver
ce principe formellement consacré par une loi, n'hésite pas à
dire : que l'action qui résulte du jugement est toujours personnelle, quelle que soit la nature de l'action originaire. . . : *Ad
quam executionem obtinendam comparata fuit ex jure civili actio judicati, si condemnatus sua sponte non pareret judicato;
non modo locum habens, si condemnatio ex actione in personam
secuta sit, sed et si ex actione in rem.*

26. De là de graves conséquences :

1° De la similitude admise par les lois entre les contrats et
les jugemens, il résulte, que de même que les contrats sont irrévocablement régis, quant à leur validité intrinsèque et à leurs
formes probantes, par les lois sous l'empire desquelles ils ont
pris naissance, de même les jugemens reçoivent de la loi sous
laquelle ils sont rendus leur existence définitive, soit quant à la
forme, soit quant au fond; et la loi postérieure ne saurait, sans
une rétroactivité violente, détruire ces résultats. Ainsi, le jugement, passé en force de chose jugée, détermine irrévocablement
les droits des parties, et ces droits deviennent dès lors des droits
acquis placés hors de toute atteinte de la loi postérieure. Ainsi,

la forme dans laquelle il est rendu fait pleine foi des dispositions qu'il contient, car c'est sous la garantie de cette forme qu'elles subsistent; et la loi postérieure qui dénierait un tel effet de la loi précédente, enleverait évidemment un droit acquis aux parties entre lesquelles est intervenu le jugement.

2° De la novation qu'engendre le jugement il résulte que, non-seulement les parties sont tenues d'en exécuter les dispositions, comme si elles reposaient uniquement sur un consentement libre et spontané de leur part, mais encore qu'elles ont tacitement adopté, par le fait seul de la présence de l'autorité publique, dont elles ont sollicité l'intervention, tous les effets que la loi actuelle attache à ce jugement, c'est-à-dire toutes les voies de conservation et d'exécution, de réforme ou d'annulation, en un mot, toutes les exceptions dont il peut être susceptible, et que la loi ouvre aux parties au moment où il est rendu; car ces effets forment, comme conditions inhérentes et implicites du jugement, coexistant avec lui, et se trouvant nécessairement régis par le même droit que lui, des *droits acquis* auxquels la loi postérieure ne saurait porter atteinte.

Ainsi, bien que l'art. 643 du Code de commerce ait étendu aux juridictions commerciales, la disposition de l'art. 156 du Code de procédure civile qui répute non avenus tous jugemens par défaut contre une partie qui n'a pas constitué d'avoué, s'ils n'ont été exécutés dans les six mois de leur obtention; néanmoins cette disposition ne s'appliquera pas aux jugemens de cette nature qui auraient été rendus depuis le Code de procédure civile, mais avant la promulgation du Code de commerce; et c'est ce qu'ont jugé deux arrêts, l'un de la Cour royale de Bordeaux, du 26 janv. 1811 (1), l'autre de la Cour royale de Caen, du 15 déc. 1824 (2). La Cour royale de Colmar avait jugé dans un sens contraire, le 13 nov. 1812; mais son arrêt a été cassé, le 13 nov. 1815 (3).

Ainsi, un jugement rendu par défaut sous l'empire de l'ordonnance de 1667 qui répute contradictoire de tels jugemens lorsqu'ils ne sont pas en dernier ressort ( Art. 3, tit. 35 ), ne sera pas passible de la voie de l'opposition ouverte par le Code de procédure civile, « Attendu, porte l'arrêt de la Cour de cassa-

(1) Sirey, t. xi, 2, p. 263.
(2) *Idem*, t. xxviii, 1, p. 319.
(3) *Journal des Audiences*, t. 1815, p. 545.

tion, du 15 mai 1821, confirmatif d'un arrêt de la Cour d'appel de Paris, du 6 avril 1810, qui avait proclamé ce principe ( aff. de Certamont ), que ce sont les lois du jour où le jugement est rendu qui en fixent la nature, et règlent les voies et les délais pour l'attaquer ».

C'est en appliquant le même principe, savoir : que les délais de l'appel, sont, comme simples effets du jugement, soumis au même droit que lui, que la Cour de cassation a cassé deux arrêts de la Cour royale de Paris, l'un, le 2 juil. 1811 ( aff. de Muller ) (1), l'autre le 1er mars 1820 ( aff. Gonthier-Jobert ) (2), pour avoir jugé dans un sens contraire.

« Attendu, porte le dernier de ces deux arrêts, qu'il est reconnu par l'arrêt dénoncé, 1° que la faculté d'appeler est un droit acquis aux parties, à compter du jour où le jugement a été rendu ; 2° que ce droit subsiste jusqu'à l'expiration des délais fixés par la loi pour son exercice ; 3° qu'il en est de ces délais comme des prescriptions ; qu'il suit de là qu'il y avait lieu d'appliquer à l'appel interjeté par le demandeur les dispositions de l'art. 2281 du Code civil, portant que les prescriptions commencées seront réglées par les lois anciennes ; qu'en jugeant, au contraire, que les délais dans lesquels le demandeur pouvait exercer la faculté d'appeler devaient être réglés par les lois nouvelles, en arrivant à ce résultat par la confusion de la formalité qui doit faire courir le délai avec le délai lui-même et sa durée, en déclarant en conséquence le demandeur non recevable dans l'appel du jugement du 14 mai 1793, quoiqu'il l'eût interjeté dans les délais de l'ordonnance de 1667, la Cour royale a tout à la fois fait une fausse application des art. 443 et 1041 du Code de procédure, et violé expressément tant les art. 12 et 17 du titre 27 de l'ordonnance de 1667, que les art. 2 et 2281 du Code civil ; casse, etc. »

Et remarquez qu'il importerait peu que la loi postérieure établît de nouvelles règles sur la compétence et intéressât ainsi l'ordre des juridictions ; par exemple, qu'elle statuât, comme l'art. 453 du Code de procédure civile ; « que les jugemens, *bien que qualifiés en dernier ressort*, seront néanmoins sujets à l'appel, lorsqu'ils auront été rendus par des juges qui ne pou-

(1) Sirey, t. XII, 1, p. 75.
(2) *Idem.*, t. XX, 1, p. 228 ).

vaient prononcer qu'en première instance. » De tels jugemens rendus avant la loi nouvelle, resteront constamment soumis, quant à la question de savoir s'ils sont sujets à l'appel, aux prescriptions de l'ancienne loi, attendu qu'il s'agit des effets mêmes de ces jugemens ; la Cour de cassation a encore consacré ce principe le 26 janv. 1825 (aff. Ramel) (1). « Attendu, porte son arrêt, que la saisie immobilière, par suite de laquelle a été faite au sieur Dard l'adjudication des immeubles saisis, avait pour base un jugement rendu le 24 déc. 1806, par le tribunal civil de Lyon ; attendu que ce jugement, *qualifié jugement en dernier ressort*, a été rendu sous l'empire des lois ci-dessus citées, et à une époque où le Code de procédure n'existait pas encore, ou, ce qui revient au même, ne pouvait pas recevoir d'exécution avant le 1er janv. 1807, ainsi que le porte l'art. 1041 du même Code ; attendu que de là il suit que ce même jugement n'aurait pu être attaqué que par le recours en cassation, et non par la voie d'appel ; casse, etc. »

C'est par le même principe qu'il faudrait décider la question de savoir : d'après quelle loi la requête civile, la prise à partie, etc., et autres moyens de se pourvoir contre un jugement, seront admis, et pour quelles causes ils le seront. Tous ces moyens, comme autant de conditions d'existence, de validité ou de nullité du jugement, inhérentes à ce jugement, ne sauraient être régis par une loi différente de celle qui régit le jugement lui-même.

C'est encore en vertu de ce principe que la Cour de cassation a maintenu, par son arrêt du 18 therm. an XII (2), un arrêt de la Cour de Liége qui avait décidé : que les jugemens rendus contre les Liégeois, par les tribunaux français, antérieurement à la loi du 9 vendém. an IV, qui réunit le pays de Liége à la France, continueraient à rester soumis à un nouvel examen des juges du pays de Liége, avant de pouvoir être mis à exécution.

Appliquant toujours le même principe, les lois des 8 mai 1791, et 25 therm. an IV, les arrêtés des 3 vendém. an IV, et 17 therm. an X, ont déclaré que les arrêts qui étaient émanés du parlement de Douai, des cours supérieures de la Belgique et du pays de Liége, du sénat de Chambéry, et de celui de Turin, à des

(1) Sirey, t. XXV, 1, p. 172.
(2) Décisions notables des Cours de Bruxelles et de Liége (t. IV, p. 214).

époques où ils pouvaient être attaqués par révision ou proposition d'erreur, continueraient d'être assujettis à cette voie, même après la publication des lois, qui les avaient successivement abolies dans ces pays. Ces lois ou arrêtés, en réservant les divers recours ouverts par les anciennes lois, contre les jugemens rendus sous leur empire, ont respecté des droits acquis, en vertu et par application de ces mêmes lois ; et il est à remarquer que ces recours sont réservés, non-seulement à ceux qui avaient déjà déclaré vouloir en faire usage, mais encore à ceux qui n'avaient pas manifesté leur volonté à cet égard, pourvu qu'ils fussent dans les délais utiles déterminés par les anciennes lois.

5° Mais les formes dans lesquelles seraient jugés ces divers recours contre les jugemens antérieurs, dépendraient de la loi nouvelle, parce que, comme il a été dit ci-dessus, si tout ce qui tient au fond même des droits acquis en vertu de ces jugemens, et que l'on appelle *decisoria litis*, est irrévocablement réglé par la loi sous l'empire de laquelle se sont formés ces droits, il ne saurait en être ainsi de la forme dans laquelle seront exercés les recours ; cette forme appelée *ordinatoria litis*, est toujours restée, comme on l'a vu ( *suprà*, p. 246 ), dans le domaine de la loi ; et c'est d'après ce principe que la Cour de cassation a jugé, le 1er mars 1820 (1), que si le fond du droit d'appeler et les délais pour interjeter appel, sont réglés par la loi du temps où le jugement a été rendu, la forme dans laquelle sera instruit l'appel, dépend uniquement de la loi sous laquelle il est interjeté. La Cour royale de Bordeaux avait consacré le même principe, le 16 janv. 1815 (2).

Il faudra dire pareillement que si la loi nouvelle introduit de nouveaux recours contre les jugemens, ils ne sauraient être appliqués aux jugemens antérieurs. De là, deux arrêts de la Cour de cassation, des 21 fruct. an IX (3), et 2 juin 1808 (4), qui ont décidé que le recours en cassation ne pouvait pas êtrs exercé contre les jugemens souverains rendus dans les États de Genève et dans le Piémont, avant que cette voie y eût été introduite par la publication des lois françaises.

(1) Sirey, t. XX, 1, p. 228.
(2) *Idem.*, t. XV, 2, p. 153.
(3) M. Merlin, Quest. de Droit, v° *Cassation*, § 2.
(4) Répert., v° *Pays réunis*, n° 4.

27. Je ne m'explique pas sur le mérite de certaines lois qui, comme celle du 28 août 1792 en matière féodale, rendent sans effet des jugemens antérieurs. De telles lois ne méritent pas le nom de lois rétroactives ; elles sont un abus de la législation. Un décret du 17 mars 1808 portait : « Qu'aucune lettre de change, aucun billet à ordre, aucune obligation ou promesse, souscrite par un de nos sujets non commerçant au profit d'un juif, ne pourra être exigé, sans que le porteur prouve que la valeur en a été fournie entière et sans fraude. » Il résultait de l'ensemble du décret que cette disposition s'appliquait même aux lettres de change, billets et obligations antérieurs. Mais fallait-il en conclure qu'il s'appliquât également aux jugemens antérieurs rendus en vertu de ces titres ? Cette extension a été constamment repoussée par la jurisprudence (1). Et, en effet, quel que soit le motif qui a dicté le décret dont il s'agit, il n'en est pas moins un acte exorbitant, arbitraire, contraire à la dignité de la loi qui doit poser ses prescriptions comme règles pour la société, et non diriger contre les individus des châtimens ou des déchéances, attendu que n'étant jamais constitués qu'en présomption de fraude ou de délit à son égard, ils ont toujours le droit de réclamer le bénéfice d'un jugement, manifestation régulière de la justice pour tous les citoyens ; or, si l'acte législatif lui-même est condamné comme insolite, violent, destructeur du droit de propriété, comment lui prêter l'odieuse intention d'annuler implicitement des titres consacrés par toutes les solennités d'une décision judiciaire ? Les présomptions de dol ou de fraude sur lesquelles se fonde une telle loi, ne tombent-elles pas après le jugement ?

-----

## SECTION VIIIᵉ.

## Des crimes, délits, ou quasi-délits.

—

### SOMMAIRE.

1. — *En matière criminelle, il n'est pas exact de dire que la position de celui qui se rend coupable d'un*

-----

(1) V. entre autres six arrêts de la Cour de cassation, des 18 et 19 juin, 4 sept. et 18 déc. 1811, et 5 fév. 1812, et un arrêt de la Cour d'appel de Colmar, du 24 déc. 1813.

fait repris par la loi, soit irrévocablement fixée, quant à la peine, par cette même loi.

2. — *Deux considérations générales doivent dominer tous les actes de l'homme en société, dans ses rapports avec la loi pénale. Quelles sont ces considérations.*

3. — *Conséquences des principes précédens. Les faits accomplis sous une loi qui ne les punissait pas, ne seront pas atteints par la loi postérieure qui les punit. Réciproquement des faits accomplis sous une loi qui les punit, cesseront d'être punissables, si la loi postérieure les déclare permis. Les faits répréhensibles, accomplis sous une loi et jugés sous une autre, seront soumis, quant à leur répression, à celle des deux lois qui prononce la peine la plus douce.*

4. — *Que doit-on décider si, dans l'intervalle de la loi en vigueur au temps du délit, à la loi existante au temps du jugement, a été rendue une loi plus douce que ces deux lois, mais qui a été abrogée par la dernière? Examen d'un arrêt de la Cour de cassation qui a jugé que c'était la loi intermédiaire, bien qu'abrogée, qui devait être appliquée.*

5. — *Du principe que la loi pénale ne saurait rétroagir pour atteindre des faits que ne punissait pas la loi précédente, ou pour aggraver les peines qu'elle prononçait, peut-on conclure que les peines de la récidive, dans le même cas, sont inapplicables? Arrêt de la Cour de cassation qui a jugé la négative.*

6. — *Le principe, que la loi nouvelle ne saurait rétroagir pour atteindre des faits non réprimés par la loi précédente, ou pour aggraver les peines qu'elle prononce, n'est pas applicable aux faits successifs, qui ne s'accomplissent pas au même instant, ou dont les résultats plus ou moins prolongés ou éloignés, peuvent les faire considérer comme tenant à l'ordre des faits à venir. Examen d'un arrêt de la Cour de cassation rendu sur cette matière.*

7. — *Quelque certain que soit le principe en vertu duquel
la loi nouvelle qui substitue une peine plus douce
à celle que prononçait la loi précédente doit être
appliquée même aux faits antérieurs ; il est toutefois sans application aux faits antérieurs irrévocablement jugés sous la loi précédente. Raisons
de ce principe.*

8. — *Quant aux actions civiles, nées à l'occasion des
crimes, délits ou quasi-délits, elles restent irrévocablement régies par la loi sous l'empire de
laquelle se sont réalisés ces faits répréhensibles,
quels que soient les changemens introduits par la
loi nouvelle relativement à la répression de ces
faits.*

———

1. « 1º Faire ce que défendent, ne pas faire ce qu'ordonnent
les lois qui ont pour objet le maintien de l'ordre social et la
tranquillité publique, est un délit.

2º Aucun acte, aucune omission, ne peut être réputé délit,
s'il n'y a contravention à une loi promulguée antérieurement.

3º Nul délit ne peut être puni de peines qui n'étaient pas prononcées par la loi avant qu'il fût commis (1) ».

C'est par ces dispositions préliminaires que débute le Code
du 3 brum. an IV, loi bien supérieure par ses formes et ses vues
élevées au Code pénal qui lui a succédé.

Du principe que nul ne peut être puni à raison d'un fait qui
n'était pas punissable lorsqu'il l'a commis, ou qu'il ne peut être
atteint par des peines que n'avait pas prévues la loi en vigueur
à la même époque, semblerait résulter, comme conséquence naturelle, que si la loi existante au temps du fait a qualifié ce fait
de délit, et a déterminé la peine à appliquer à ce délit, tout est
consommé à cet égard ; la position du délinquant est irrévocablement fixée ; il a connu ou dû connaître la loi qui réprimait le
délit dont il s'est rendu coupable, la peine qui lui était réservée ;

_____

(1) L'art. 4 du Code pénal de 1810 se borne à dire : « Nulle contravention, nul délit, nul crime, ne peuvent être punis de peines qui n'étaient
pas prononcées par la loi avant qu'ils fussent commis ».

et quelles que soient les modifications ultérieures introduites par la législation, soit quant à la classification des faits réputés délits, soit quant à l'intensité de la peine, il n'a nulle plainte à faire entendre dès qu'il peut revendiquer dans toutes les hypo‑ thèses l'application des lois en vigueur à l'époque à laquelle il a commis le fait incriminé; car ces lois sont la seule justice qu'il a pu connaître, la seule sur laquelle sa raison a dû le préparer. Mais il n'en est pas ainsi, et cette fiction, toute régulière qu'elle paraît au premier coup d'œil, serait au fond une grande injustice. Deux considérations générales doivent dominer constamment tous les actes de l'homme social dans ses rapports avec la loi pénale.

2. La première, est que la notoriété présumée de la loi, quant à ses dispositions répressives, a moins été établie dans l'intérêt propre des individus, pour leur conférer des droits acquis, que comme principe et garantie d'ordre social, ayant pour objet de fonder, dans tous les cas, l'action publique tendant à la recherche et à la répression des faits contraires à cet ordre.

La seconde, que la société disposant de toutes ses ressources dans cet unique but, ne propose des peines dans la loi que pour atteindre plus efficacement ce but; il est, de plus, évident que la so‑ ciété étant instituée pour le bonheur de tous ses membres, et leur procurer avec sécurité la jouissance des biens de la vie, la méthode qui lui permettrait d'atteindre ce résultat sans l'emploi de moyens coërcitifs, violens, contraires au droit naturel, dégra‑ dans souvent pour la nature humaine, ou dans des proportions adoucies, serait incontestablement plus rationnelle, plus con‑ forme à son but primitif, et dès lors préférable.

3. C'est en vertu de ce principe, et attendu que la loi pénale n'est jamais armée proprement contre les citoyens, que l'on dé‑ cide : 1° que des faits accomplis sous une loi qui ne les qualifiait ni crimes, ni délits, ni contraventions, ne seront pas atteints par la loi pénale postérieure qui les qualifierait ainsi. Ces faits n'étaient pas considérés jusque-là comme répréhensibles, et il répugnerait à la raison autant qu'à la justice, de les placer ré‑ troactivement sous l'action d'une loi qui n'existait pas encore; par exemple, les peines prononcées par le Code civil et le Code pé‑ nal contre l'adultère de la femme, ne sauraient s'appliquer qu'à l'adultère commis depuis la promulgation de ces lois; il en est de même des délits de calomnie, de diffamation, etc., définis et

punis pour la première fois par le Code pénal de 1810 ou les lois des 17 mai 1819 et 25 mars 1822; les dispositions répressives de ces lois seraient inapplicables à des délits de cette nature commis antérieurement à leur promulgation. 2° Que des faits réprimés par la loi sous l'empire de laquelle ils ont eu lieu, cessent d'être punissables, si la loi postérieure appréciant mieux leur caractère et leur moralité les déclare faits permis; car l'émission de cette loi signale une amélioration évidente dans la classification des faits tendant à troubler l'ordre public; or, il est de l'essence d'une telle loi d'étendre l'effet de cette amélioration, même aux faits antérieurs. 3° Que l'individu coupable d'un délit puni par la loi sous l'empire de laquelle il le commet, mais jugé sous l'empire d'une loi qui le punit d'une peine différente, sera soumis à l'application de celle de ces deux lois qui infligera la peine la plus douce; et la raison s'en déduit facilement du principe qui précède. Si c'est la loi du temps du délit qui portait la peine la plus douce, la loi sans doute manquait de garanties suffisantes dans l'intérêt général; mais les individus ne doivent, dans aucun cas, souffrir des vices ou des imperfections de la loi; l'unique vertu du citoyen consiste à obéir à la loi, non à la réformer par des sacrifices qu'elle ne lui impose pas. Le prévenu est donc censé subir les rigueurs de la loi à laquelle il est soumis au jour où il accomplit le fait qu'elle réprime; car c'est la seule peine qu'il ait connue et que la loi proposât comme règle à ses actions. Si c'est la loi du temps du jugement au contraire qui renferme la peine la plus douce, la loi n'a aucun intérêt à l'application de la peine précédente, qui manquait son but, en raison de l'excès de châtiment ou de privation dont elle affligeait gratuitement un citoyen qu'elle doit, par essence, protéger contre tous les maux qui ne sont pas inséparables de sa condition sociale. Ces principes ont reçu plusieurs fois leur application. V. entre autres un avis du conseil d'État du 29 prair. an VIII (1), et les arrêts de la Cour de cassat. des 13 fév. 1814 (2) et 26 juil. 1811 (3).

4. Mais doit-on pousser plus loin leur application, et décider, que si dans l'intervalle de la loi en vigueur au temps du délit, à la loi existant au temps du jugement, a été rendue une loi abrogée par celle-ci, ce sera la loi intermédiaire, si elle renferme

(1) Sirey, t. 1, 2, p. 130.
(2) *Ibid.*, t. XV, 1, p. 59.
(3) *Ibid.*, t. XVII, 1, p. 328.

la peine la plus douce, qui devra recevoir son application?
Un arrêt de la Cour de cassation du 1er oct. 1813 (1) a adopté
l'affirmative; elle a jugé qu'un crime de vol, commis avec violence sous l'empire des anciennes lois des États romains, qui
prononçaient la peine de mort contre de tels délits, devait être
puni des peines portées par le Code pénal du mois de sept. 1791,
bien que le jugement eût été rendu sous le Code pénal de 1810,
parce que le Code de 1791 renfermait la peine la plus douce.
« Attendu, dit l'arrêt, qu'aux termes de l'art. 3 de l'arrêté de la
consulte extraordinaire dans les États romains, du 19 juil. 1809,
publié lors de la mise en activité du Code pénal de 1791, les
anciennes lois du pays, relativement à la peine du crime de vol
de ce genre, ayant été irrévocablement anéanties, Ange Cecotti
n'aurait pu être condamné qu'à la peine des fers à temps, s'il
avait été jugé sous l'empire du Code de 1791; que pour l'exécution de l'art. 6, du décret impérial du 23 juil. 1810, la Cour
spéciale extraordinaire ne pouvait donc remonter jusqu'aux anciennes lois du pays; qu'elle devait s'arrêter au Code de 1791,
en comparant la peine avec celle du Code pénal de 1810, et ne
condamner conséquemment ledit Cecotti qu'à la peine des fers
à temps pendant l'espace déterminé par les art. 1, 2, 3, 4 et 5
de la 2e sect. du tit. 2, de la 2e partie du susdit Code de 1791,
peine moins forte que celle des travaux forcés à perpétuité, par
le Code de 1810; qu'en prononçant la condamnation aux travaux
forcés à perpétuité, par application de l'art. 382 dudit Code
de 1810, et d'après le rapprochement de ce Code des anciennes
lois du pays, la Cour spéciale extraordinaire de Rome a donc
faussement appliqué l'art. 6 du décret impérial du 23 juil. 1810,
et violé l'art. 3 de l'arrêté de la consulte extraordinaire du 19
juil. 1809, ainsi que les art. 1, 2, 3, 4 et 5 de la 2e sect. du
tit. 2, de la 2e partie du Code pénal de 1791, casse, etc. »

Il serait difficile de donner une raison plausible de cette solution qui s'appuie uniquement sur des considérations d'humanité.
Or, il n'appartient qu'à la puissance législative de fonder ses dispositions sur des considérations d'humanité, l'autorité judiciaire
doit se borner à interpréter la loi.

Quel serait le principe vraiment régulateur dans une appréciation de cette nature? La loi sous l'empire de laquelle a été commis le délit a été abrogée par la loi intermédiaire, dit-on; elle

(1) Sirey., t. XIV, 1, p. 16.

a donc perdu toute autorité; et elle n'a pu la recouvrer depuis, que par une disposition expresse qui n'a jamais existé. Le Code de 1810 n'a donc, abrogé à son tour que la loi de 1791 qui avait été substituée dans les états Romains aux anciennes lois du pays. On ne pouvait donc, pour faire l'application de la peine à un délit antérieur, que comparer la loi substituée à la loi en vigueur à l'époque du jugement, et appliquer ensuite celle qui prononçait la peine la plus douce. Mais n'est-ce pas raisonner indépendamment de tout principe? Et quelle eut été la solution si la loi intermédiaire, sans être aussi sévère que la loi du temps du jugement eût été cependant moins douce que celle du temps du délit? On aurait sans doute appliqué cette dernière loi, conformément au décret du 23 juil. 1810, et parce que, comme le disait la Cour de cassation elle-même dans son arrêt du 19 février 1813 (1) : « Il n'y a de peines applicables à un crime ou délit quelconque, que celle qui était déterminée par la loi, lorsque le crime a été commis. La seule exception à cette règle n'a lieu que dans le cas seul où la loi pénale existant au moment du crime ou délit est plus sévère et plus rigoureuse que ne l'est le Code en vigueur au moment où la peine doit être appliquée. » Or, ici la raison de la préférence d'une loi sur l'autre s'explique régulièrement par les principes; si la loi ne saurait exiger des citoyens l'accomplissement d'une règle qu'elle n'a pas encore donnée, elle peut du moins exiger l'accomplissement de celle qu'elle a fait connaître. Mais la disposition intermédiaire dans l'espèce précédente, n'a jamais pu recevoir d'application au délit antérieur; elle n'a laissé aucune trace; l'unique motif qu'elle est plus douce ne saurait fonder son application à un délit qui lui est étranger. Lorsque, dans l'esprit de la loi, la peine du temps du délit et la peine du temps du jugement sont comparées pour autoriser le juge à appliquer la peine la plus douce, c'est que les conditions essentielles aux termes de la comparaison existent. Rigoureusement parlant, la loi existante au temps du délit devrait être appliquée; car c'était elle, qui dans l'exactitude de la justice distributive, atteignait réellement le délit commis; les formes judiciaires, le jugement, ne sont que la manifestation plus ou moins exacte et prompte de la justice émanée de la loi. Si néanmoins on décide que la loi du temps du jugement renfermant une peine plus douce sera pré-

(1) Sirey,, t. XVII, 1, p. 328.

férée, c'est que la loi nouvelle repose sur cette idée que la société se trouvant suffisamment vengée par une répression moindre, elle a pu sans inconvénient pour l'ordre social, abandonner la rigueur des principes; que l'excès de la peine précédente était une violence gratuite, et dès lors une injustice pour les individus; au reste, la loi nouvelle était en pleine vigueur. Mais dans l'espèce actuelle la loi intermédiaire est abrogée; on ne saurait même fictivement supposer qu'elle eût pu atteindre des faits qui lui sont étrangers par la nature des choses aussi bien que par l'ordre des temps; sur quoi donc se fonder pour en évoquer les dispositions ?

Sans doute, on décidait, dans le droit romain, qu'il suffisait à l'enfant conçu par une femme esclave, pour être investi des droits de l'ingénuité, que sa mère eût joui de la liberté, même instantanément, pendant sa grossesse. Cette disposition favorable de la loi était fondée, selon Vinnius, sur la fiction qui réputait né l'enfant simplement conçu, toutes les fois qu'il devait en recueillir un avantage. Mais qu'a de commun une pareille fiction avec la disposition de la loi qui, fondée sur diverses considérations de justice et de bien public, prononce que, de deux peines également destinées à la répression de certains faits, la plus douce doit être préférée ?

5. Je viens d'établir non-seulement que la loi pénale actuelle ne saurait rétroagir pour atteindre des faits antérieurs qui n'étaient pas réprimés par la loi précédente, mais encore qu'elle ne saurait rétroagir pour aggraver, à raison des mêmes faits, la pénalité déterminée par cette loi. En serait-il de même pour l'application des peines de la récidive ?

Par exemple, l'art. 56 du Code pénal de 1810, qui prononce une aggravation de peine dans les cas qu'il détermine, est-il applicable même aux délits antérieurs à la loi nouvelle, et alors que les condamnés auraient subi depuis long-temps les peines prononcées à raison de ces délits? La Cour d'assises de l'Hérault avait prononcé la négative, le 16 mai 1812; mais le procureur général près la Cour d'appel de Montpellier s'étant pourvu contre cet arrêt, la Cour de cassation l'a cassé en ces termes, le 20 juin 1812 (1). « Vu l'art. 410 du Code d'instruction criminelle; vu aussi l'art. 56 du Code pénal; considérant que cette disposition, « quiconque ayant été condamné pour crime », est générale

(1) Sirey, t. XIII; 1; p 66.

et absolue ; qu'elle s'étend conséquemment à toutes condamnations pour crime, dans quelque temps, et par quelques tribunaux qu'elles aient été prononcées; qu'elle s'applique aux condamnations dont la peine a été subie, comme à celle dont la peine ne serait pas encore expirée, ou à laquelle le condamné se serait soustrait; que les tribunaux sortent nécessairement des bornes de leurs attributions, lorsqu'ils se permettent de restreindre à certains cas des lois pénales qui, par leur généralité les embrassent tous ; que l'application d'une plus forte peine ordonnée par l'art. 56 du Code, contre les crimes qui ont été précédés d'un autre crime sur lequel il y a eu condamnation, ne saurait être accusée d'aucune espèce de rétroactivité dans les cas où cette première condamnation serait antérieure au Code pénal, puisque cette aggravation de peine ne porte ni sur la première condamnation, ni sur le premier crime, qu'elle ne frappe que sur le second crime commis sous l'empire de ce Code, et qu'elle est prononcée seulement à raison de la perversité et des habitudes criminelles que suppose la récidive ;..... casse, etc. »

6. Au reste, s'il est vrai de dire qu'en principe, la loi nouvelle ne saurait rétroagir pour atteindre des faits que ne réprimait pas la loi précédente, ou pour aggraver les peines qu'elle prononçait, il importe néanmoins d'apprécier exactement les faits auxquels il s'agit d'appliquer la loi nouvelle, pour affirmer que cette application emporte effectivement rétroactivité; car, si ces faits sont complexes, successifs; s'ils ne sont pas entièrement consommés; s'ils peuvent par des résultats plus ou moins prolongés ou éloignés, tenir aussi à l'ordre des faits à venir ; si ces résultats peuvent exercer une influence plus ou moins active sur l'ordre public, en telle sorte que la société ait un intérêt évident, actuel à les régulariser ou à les faire cesser, la loi nouvelle ne rétroagira pas lorsqu'elle atténuera ou même empêchera complètement ces résultats. Ainsi la loi qui institue les diverses professions ou industries, qui en régularise l'exercice, est toujours censé s'être réservé, dans l'intérêt général, la faculté de modifier cet exercice, de l'améliorer, de l'assujettir même, selon les temps, les besoins ou les progrès de la civilisation, à certaines mesures préventives qui ne sont pas en réalité considérées comme attentatoires à des droits acquis. Par exemple, la loi qui, sous la forme de règlement de police, autorise ou prohibe la vente de certains alimens, en ordonne même la destruc-

tion ; celle qui détermine ou limite dans des vues d'ordre et de bien public le débit ou la vente de certaines marchandises, de certaines productions des arts, est toujours censé s'être réservé le droit de modifier, de restreindre, même d'anéantir sans rétro-activité, le mode précédent, dès qu'elle l'a jugé contraire à l'intérêt général. Un fait consommé, la vente par exemple, dans le cas dont je viens de parler, peut seul arrêter la puissance de la loi.

La Cour de cassation a jugé le 17 janvier 1823 (1), que les lithographies livrées au commerce, c'est-à-dire, publiées, mises en vente et exposées avant la publication des lois des 31 mars 1820 et 25 mars 1822 en vertu des autorisations des lois précédentes, n'étaient pas soumises aux autorisations prescrites par les lois nouvelles. Voici les termes de son arrêt : « Attendu que l'ordonnance du 1er mai 1822 n'a eu pour objet que de ré-gler la forme de l'autorisation prescrite par l'art. 12, de la loi du 25 mars 1822 ; que l'art. de cette loi ne se réfère qu'aux pu-blications, ventes, mises en vente et exposition de dessins et de gravures, faites postérieurement à ladite loi du 25 mars; que les publications mises en vente ou distributions antérieures, sont demeurées soumises au régime des lois sous l'empire des-quelles elles ont été faites ; que, dans l'espèce, les dessins ou gravures lithographiés sur lesquelles la condamnation a porté, avaient été livrés au commerce avant la publication des lois des 31 mars 1820 et 25 mars 1822; que leur exposition mise en vente ou distribution ne pouvait donc être jugées par les dis-positions de la loi nouvelle ; qu'elles ne pouvaient l'être que d'après les lois existantes, lorsqu'elles avaient eu lieu ; que ce-pendant la Cour royale de Paris a déclaré les sieurs Engelmann et Thierry coupables de contravention à l'art. 12 de la loi du 25 mars 1822 ; en quoi cette Cour a donné à cette loi un effet rétroactif qui n'est dans aucune de ses dispositions, et que par conséquent elle a violé le texte et l'esprit de cette loi ; casse, etc. »

Mais la Cour de cassation qui ne voit dans l'ordonnance du 1er mai 1822, qu'un seul objet, celui de régler la forme de l'au-torisation prescrite par l'art. 12 de la loi du 25 mars précédent, et qui ne tient aucun compte de l'art. 2 de cette ordonnance,

(1) Sirey, t. XXIII, 1, p. 93.

ainsi conçu : « A l'égard des dessins gravés ou lithographiés qui ont paru avant la publication de la présente ordonnance, il est accordé un délai d'un mois, pour se pourvoir de la même autorisation ». Eut jugé tout différemment sans doute, si elle eut trouvé cette dernière disposition dans la loi même du 25 mars 1822. Elle eut jugé qu'en principe, la loi ne rétroagit pas lorsqu'elle soumet actuellement à ses dispositions relatives aux autorisations nécessaires pour publier, vendre et distribuer, des objets qui ne sont pas encore livrés à la circulation ; car en principe elle reste, sous le rapport de la police générale de la société, la maîtresse non-seulement de châtier, mais même de prévenir par ses mesures tous les faits qu'elle juge devoir nuire à l'ordre public ; et son action n'est définitivement liée à cet égard, vis-à-vis des individus, que par l'acte qui, consommé sous l'empire de la loi précédente, leur confère actuellement un droit acquis, par exemple dans l'espèce, la mise réelle en circulation ou la vente des dessins gravés ou lithographiés.

7. Enfin, quelque certain que soit le principe d'après lequel la loi nouvelle qui substitue une peine plus douce à celle que prononçait la loi précédente, doit être appliquée du jour qu'elle est promulguée, même aux faits antérieurs, il faut néanmoins le limiter, selon MM. Merlin et Legraverend, aux faits non encore irrévocablement jugés. Il n'y a, d'après le premier de ces jurisconsultes qu'un acte exprès et spécial du souverain qui puisse faire cesser l'effet de ces condamnations définitives ; et il accumule à cette occasion (1) des preuves irrécusables de ce principe, tirées soit de la législation, soit de la jurisprudence. La certitude de ce principe, quelles que soient les argumentations contraires que l'on puisse faire résulter de ce passage de la dissertation citée de M. Blondeau : « Que, si la loi nouvelle adoucit le sort des condamnés, elle doit être exécutée sur-le-champ, parce que, dans ce cas, le législateur a jugé que le surcroît de peine imposé par les lois antérieures, n'était point justifié par des avantages suffisans » ; me paraît reposer sur ces vérités générales : que la loi nouvelle ne peut régulièrement s'appliquer qu'à des faits sur lesquels ne se soit pas épuisée l'action de la loi précédente, car les faits définitivement jugés n'appartiennent plus au régime de la loi ; qu'il est du plus funeste exemple pour la

(1) Répert., v° *Effet rétroact.*, p. 287.

société, de méconnaître législativement l'autorité de la chose jugée, car un tel procédé renferme, quoique indirectement, un mépris souverain pour la loi elle-même; que si la pénalité de la loi nouvelle, plus douce, plus proportionnée au délit jugé, que la pénalité de la loi précédente, n'est en réalité qu'une rectification de cette dernière loi, il est alors du devoir de la loi nouvelle de porter franchement, explicitement, son extension, même aux matières déjà jugées; car il est plus conforme à l'essence de la loi comme au bien public, que la loi se corrige elle-même, que d'abandonner aux procédés toujours incertains, arbitraires et souvent erronés de l'interprétation, la gravité de ce soin.

8. Relativement aux actions civiles qui naissent des crimes, délits ou quasi-délits, il est évident que, quelles que soient les dispositions de la loi nouvelle, quant à la répression même de ces crimes ou délits, ces actions en restent complètement indépendantes; nées à l'occasion de certains faits, quelque qualification qu'ils aient reçue de la loi pénale, ce sont ces faits et toutes les conséquences civiles attachées à ces faits par la loi existante à l'époque où ils se sont réalisés, qui forment la loi invariable des parties; car ces faits sont à l'égal des quasi-contrats, la source d'obligations qui sont devenues à l'instant même des droits acquis pour celui qui en a souffert. (V. suprà, *quasi-contrat*, et art. 1370 et 1382 C. civ. ).

---

## SECTION IX<sup>e</sup>.

# De la rétroactivité en matière de prescription.

---

## SOMMAIRE.

1. — *L'art. 2281 du Code civil s'est écarté des véritables doctrines juridiques.*
2. — *Preuves de l'assertion précédente. La loi nouvelle ne rétroagit jamais, lorsqu'elle change, altère ou modifie les dispositions de la loi précédente sur la prescription. Pourquoi ?*

3. — *La conséquence de la discussion qui précède est que l'art. 2281 doit être interprété restrictivement.*

4. — *Par application de ce second principe il faudra dire que ces mots du même article* seront réglées conformément aux lois anciennes, *doivent s'entendre uniquement de l'espace de temps nécessaire pour acquérir la prescription; non de la prescribilité ou des conditions déterminées pour prescrire.*

5. — *La décision resterait-elle la même dans le cas où il s'agirait de pure prescribilité ? Il faut répondre que non. Mais d'un autre côté, des faits de possession accomplis sous l'empire de l'ancienne loi qui leur reconnaîtrait le pouvoir de fonder la prescription, seraient inutiles sous l'empire de la loi nouvelle qui prohiberait cette prescription.*

6. — *Que faut-il décider relativement à la prescription des servitudes désignées par l'art. 691, commencée antérieurement au Code civil, dans les pays où elles se prescrivaient, soit par trente, soit par quarante ans, sans titre, soit même par la possession immémoriale?*

7. — *Outre la prescribilité, quant aux choses, avant la loi nouvelle, pour autoriser la prescription sous cette loi, il faut encore la prescribilité, quant aux personnes.*

8. — *La disposition de l'art. 2277 du Code civil, qui rend aux communes leur capacité active et passive pour la prescription, doit être appliquée à l'égard de faits de possession réalisés sous son empire, indépendamment des dispositions des anciennes coutumes qui réglaient différemment les délais pour prescrire.*

9. — *Mais il suffit que le principe de la prescription remonte à une époque antérieure à la loi nouvelle, bien qu'elle n'ait commencé à courir utilement que depuis, pour qu'elle reste régie par l'ancienne loi.*

10. — *Incertitude de la jurisprudence. Rapprochement de divers arrêts qui prouvent néanmoins les efforts qu'elle fait pour appuyer ses décisions , sinon sur la présence ou l'absence réelles des droits acquis, du moins sur ce qui peut en offrir les apparences.*

11. — *C'est à une méprise sur le véritable caractère des droits acquis qu'il faut attribuer une foule de décisions qui prévalent aujourd'hui sur un petit nombre de décisions contraires, relativement à la question de savoir : si les billets à ordre qui se prescrivaient par trente ans , sous l'ordonnance de 1673, sont prescrits par cinq ans sous le Code de commerce ( Art. 189 ), lorsque le paiement n'en a pas été demandé pendant ce temps, depuis sa publication ?*

12. — *Réponse à une argumentation en faveur de l'opinion précédente, tirée de ces termes de l'art. 2281 : « Les prescriptions commencées à l'époque de la publication du présent titre, seront réglées conformément aux lois anciennes ».*

13. — *Distinction importante entre les principes relatifs à la non rétroactivité en matière criminelle, et ceux qui doivent diriger l'application de la loi civile , sous ce rapport.*

14 — *Erreur de la jurisprudence adoptée par la Cour de cassation sous l'empire du Code pénal, du 3 brum. an IV. Causes de cette erreur. Exposition des principes qu'il importe de suivre en cette matière.*

15. — *De même que la peine la plus douce prononcée par la loi ancienne ou par la loi nouvelle doit être préférée , de même la prescription la plus courte établie par l'ancienne loi ou par la nouvelle, doit être préférée.*

16. — *Réponse à une argumentation de M. Merlin qui*

*persiste dans l'ancien système de la Cour de cas-*
*sation, et repousse le nouveau système admis par*
*cette Cour.*

—

1. La rétroactivité en matière de prescription a des caractères particuliers sur lesquels la législation aussi bien que la jurisprudence paraissent peu fixées.

Et d'abord, je n'hésite pas à dire, que l'art. 2281 du Code civil s'est écarté des véritables doctrines juridiques ; voici son texte : « Les prescriptions commencées à l'époque de la publication du présent titre seront réglées conformément aux lois anciennes. Néanmoins les prescriptions alors commencées, et pour lesquelles il faudrait encore, suivant les anciennes lois, plus de trente ans, à compter de la même époque ; seront accomplies par ce laps de trente ans. »

Quelle est la raison probable de la première partie de cet article ? Serait-ce ces mots du rapporteur du titre de la prescription du Code civil (1) : « Le droit éventuel résultant d'une prescription commencée ne peut pas dépendre à la fois de deux lois, de la loi ancienne et du nouveau Code. Or, il suffit qu'un droit éventuel soit attaché à la prescription commencée, pour que ce droit doive dépendre de l'ancienne loi et pour que le nouveau Code ne puisse pas régler ce qui lui est antérieur. »

Mais ce qu'on appelle ici *un droit éventuel*, proposition qui manque d'ailleurs d'exactitude, peut-il, dans tous les cas, tenir la place d'un droit acquis ? Je hasarderai plus tard à ce sujet une autre conjecture que m'a suggérée la lecture de quelques arrêts rendus sur sur la matière.

2. Abordant les vrais principes du droit, il faut dire que la loi nouvelle ne rétroagit jamais, lorsqu'elle change, altère ou modifie les dispositions de la loi précédente sur la prescription, quels que soient le sens et l'étendue de ses modificationss. En effet :

1º La prescription s'analyse en faits possessifs ; de là cet axiôme de droit, *tantum præscriptum quantum possessum*, non que la prescription ne puisse s'étendre au delà de l'objet possédé, ce qui serait faux ( L. 2, § 6, ff *pro Emptor.* et Quest. de droit,

(1) M. Bigot de Préameneu.

v° *Fait du souverain*, § 1 )'; mais pour exprimer que la prescription ne saurait s'étendre, par identité de raison, d'un genre à l'autre, attendu que la possession, et par conséquent, la présence invariable de l'objet possédé, est sa base essentielle et primitive. De là encore la disposition de l'art. 2260 du Code civil, que la prescription *est acquise* lorsque le dernier jour du terme est accompli. » La prescription ne se composant donc que de faits possessifs et successifs, comment soustraire à l'effet de la loi nouvelle ceux qui se sont réalisés sous son empire?

2° M. Proudhon ( *Droit civ. français*, t. 1, p. 41), nous dit bien, « que la loi nouvelle ne saurait, sans effet rétroactif, abréger l'exercice d'un droit ouvert, parce que le droit, une fois ouvert, est acquis pour toute son étendue et pour sa durée. » Et il conclut très bien de là, qu'un usufruit légué à un établissement public ou à un corps de communauté, sous l'ancien droit qui donnait à cet usufruit une durée de cent ans, ne saurait être ramené à trente ans en vertu de l'art. 619 du Code civil. Mais on remarque qu'il s'agit ici d'un droit acquis au moment même de son ouverture; et comment est-il acquis à cette époque? Est-ce par une application rigoureuse des principes de la matière? Nullement; c'est en vertu d'une disposition expresse de la loi. On demande, dit la loi 56, ff *de Usufruct.*, sur laquelle est fondée cette décision, si les corps municipaux ont une action comme usufruitiers? Or, ne peut-on pas dire ( c'est l'objection du jurisconsulte), qu'une telle action est perpétuelle? En effet, cet usufruit ne s'éteint, ni par la mort, ni par aucun changement d'état; la propriété se trouve donc illusoire dans ce cas, puisque l'usufruit en reste constamment détaché; néanmoins il faut dire que l'action subsiste; mais alors, dans quelles limites sera renfermée sa durée? *Il a paru convenable de la borner à cent ans, attendu que c'est là la plus longue durée de la vie humaine.* » *An ususfructûs nomine actio municipalibus dari debeat quæsitum est : periculum enim esse videbatur, ne perpetuus fieret; quià neque morte neque facilè capitis deminutione periturus est: quia ratione proprietas inutilis esset futura, semper abscedente usufructu. Sed tamen placuit dandam esse actionem. Unde sequens dubitatio est, quousque tuendi essent in eo usufructu municipes? et placuit centum annis tuendos esse municipes : quia is finis vitæ longævi hominis est.*

La loi décide donc arbitrairement, et par sa toute-puissance ;

que les corps municipaux, auxquels les principes du droit n'assi-
gnaient pas une action précise pour réclamer leur usufruit auront, pas des considérations purement humaines, l'exercice de
cette action pendant cent ans. Dès lors leur droit est acquis du
jour de l'ouverture du legs. En est-il de même de la prescription
qui ne s'acquiert définitivement que lorsque le dernier jour du
terme est accompli (Art. 2260)?

3° La prescription, qu'elle soit acquisitive ou libératoire,
n'est jamais qu'une exception; c'est ce qu'enseignent tous les
principes de la matière (V. Pollet, *des Prescriptions*); et voilà
pourquoi l'art. 2223 du Code civil décide, « que les juges ne
pourront pas suppléer d'office le moyen résultant de la prescription. » Or, une exception n'est un droit acquis que du moment
où elle peut être valablement proposée.

4° Enfin, la prescription ayant directement pour but le bien
public, *bono publico*, dit la loi 1ʳᵉ, ff *de Usurp. et usucap. usuca-
pio introducta est*, étant plutôt, en quelque sorte, une mesure
de police générale dont le véritable objet est de fonder au sein
de la société, les plus fortes garanties de la paix publique; car,
selon Cassiodore, la prescription est un port, hors duquel ne
règnent que des tempêtes, *Hic unus inter humanas procellas por-
tus, quem si homines fervida voluntate præterierunt, in undosis
semper jurgiis errabunt*. Et de là ce beau titre qu'elle reçut au
temps de la loi des Douze tables, de patrone du genre humain,
*humanis generis patronam;* la prescription, dis-je, reste toujours
dans le domaine souverain de la loi qui peut dès lors agir, sans
rétroactivité, sur tous les faits que les conditions déterminées
par la loi précédente pour en former des droits acquis, n'ont pas
soustraits à son empire.

3. La conséquence de tout ce qui précède est, comme je le disais,
que la première partie de l'art. 2281 du Code civil s'est écartée
des véritables principes du droit; et de là la conséquence ultérieure, que cet article devra être habituellement interprété res-
trictement *stricto sensu*, car, tel est le vœu précis des règles générales, *Quod contra rationem juris introductum est, non est
producendum ad consequentias* (L. 14, ff *de Legib.*), ou en supposant des raisons particulières à la loi: *Quæ propter necessitatem
recepta sunt, non debent in argumentum trahi*.

4. En faisant donc une application de cette doctrine il faudra
dire:

1° Que ces mots de la première partie de l'article : *seront ré-glées conformément aux lois anciennes*, doivent s'entendre uniquement de l'espace de temps nécessaire pour acquérir la prescription, et non de la prescribilité ou des conditions déterminées pour la prescription ; et cette interprétation se fortifie elle-même de la disposition restrictive qui termine l'article. « Néanmoins les prescriptions alors commencées, et pour lesquelles il faudrait encore, suivant les anciennes lois, plus de trente ans, à compter de la même époque, seront accomplies par ce laps de trente ans. »

Ainsi, deux arrêts de la Cour de cassation, l'un du 21 déc. 1812 (1), l'autre du 28 déc. 1813 (2), ont régulièrement jugé que la prescription de cinq ans établie en matière de loyers et fermages par l'art. 2277 du Code civil, ne s'appliquait pas aux loyers et fermages échus avant le Code, encore qu'ils n'eussent été réclamés que plus de cinq ans après sa publication ; qu'ils demeuraient soumis aux anciennes prescriptions ; et la même jurisprudence a prévalu à l'égard des intérêts de sommes prêtées échus antérieurement à la promulgation de l'art. 2277 du Code civil (3).

5. 2° Mais la même justesse de décision se rencontrerait-elle dans le cas où il s'agirait de pure prescribilité ? Par exemple, l'art. 36 de la loi du 22 nov. 1790, déclare prescriptible le domaine public qui était imprescriptible sous l'ancien droit ; la possession qu'auraient eue des particuliers de quelques portions de ce domaine, antérieurement à cette loi, pourrait-elle compter pour commencer la prescription qui se compléterait, sous l'empire de la loi nouvelle ? Non, sans doute ; ce ne serait qu'en rétroagissant que la loi nouvelle pourrait exercer, ainsi, son action sur des faits accomplis sous une autre loi ; ( au reste, la disposition de cet article 36 s'applique expressément à l'avenir ). Mais réciproquement ; des faits de possession accomplis sous l'empire de l'ancienne loi qui leur reconnaissait la qualité et le pouvoir de fonder la prescription, seraient complètement inutiles, sous l'empire de la loi nouvelle qui prohiberait cette prescription elle-même ; et il ne faut pas croire qu'il y ait en cela soit rétroactivité de la part de la loi nouvelle, soit violation de

(1) Sirey, t. XIII, 1, p. 182.
(2) *Ibid.*, t. XIV, 1, p. 90.
(3) *Ibid.*, t. XVI, 1, p. 221.

la première partie de l'art. 2281. Il n'y a pas rétroactivité d'une part ; car la loi n'enlève aucun droit acquis, elle déclare seulement, que certains faits auxquels la loi précédente attribuait, après un laps de temps déterminé, la qualité d'opérer l'acquisition ou la perte de certains droits, résultat qu'elle désigne sous le nom de prescription, ont perdu cette qualité ; or, comme ce résultat n'était pas encore arrivé et comme dès lors aucune propriété n'était ni acquise ni perdue par ce moyen, les faits antérieurs demeurent de simples faits auxquels la loi, dans cet état, n'attache absolument aucun effet. D'un autre côté, on doit entendre la première partie de l'art. 2281 en ce sens, que pour recevoir son application, et pour que les lois anciennes servent de règle à la prescription, il faut qu'en principe la prescription subsiste.

6. 3° Prenons l'hypothèse inverse : aux termes de l'art. 691 du Code civil : « Les servitudes continues non apparentes, et les servitudes discontinues, apparentes ou non apparentes, ne peuvent s'établir que par titres ; la possession même immémoriale ne suffit pas pour les établir. » Que deviendra la prescription de ces servitudes commencée antérieurement au Code civil, dans les pays où elles se prescrivaient, soit par trente, soit par quarante ans, sans titre, soit même par la possession immémoriale ? Il faut répondre qu'elle restera sans effet. La loi nouvelle a substitué une autre prescription à l'ancienne qui est abolie ; et en cela elle n'a pas rétroagi. Elle n'est pas revenue sur le passé pour enlever des droits acquis ; elle a fait cesser, si l'on veut, une expectative d'où pouvaient résulter un jour des droits certains ; mais elle a agi dans la sphère naturelle de sa puissance sans rétroagir ; car dans la réalité, en dépouillant certains faits de la qualité propre à fonder un jour la prescription, elle a simplement agi sur des faits à venir, ce qui est essentiellement de son domaine. Au reste, ces résultats sont formellement érigés en loi par l'article lui-même qui se termine ainsi : « Sans cependant qu'on puisse attaquer aujourd'hui les servitudes de cette nature *déjà acquises* par la possession, dans les pays où elles pouvaient s'acquérir de cette manière ».

7. 4° Non-seulement il faut dire que la chose qui n'était pas prescriptible avant la loi nouvelle ne saurait être considérée comme prescrite ou en mesure de l'être, parce que la possession antérieure, conforme à celle que détermine la loi nouvelle, est

remplie, ou parce qu'elle est susceptible de l'être sous son empire ; mais il faut de plus que la prescribilité existe, quant aux personnes ; car telle est, comme je l'ai dit, l'interprétation la plus plausible de l'article 2281. Ainsi, l'arrêt de la Cour de cassation du 10 mars 1828 (1), qui se reportant à la législation antérieure au Code civil pour établir que les communes ont toujours été comprises sous la dénomination *de privilégiées*, afin d'en induire que l'art. 372 de la coutume de Poitou qui « n'admettait la prescription décennale qu'au regard de tous autres que les privilégiés, » avait été violé par la Cour royale de Bordeaux, laquelle considérant les communes, aux termes du droit nouveau ( Art. 2227 ), comme capables activement et passivement de la prescription avait fait l'application directe de l'art. 2265 (2); cet arrêt, dis-je, me paraît s'être ouvertement écarté de cette interprétation naturelle, aussi bien que des principes

---

(1) Sirey, t. XXVIII, 1, p. 129.

(2) Voici l'espèce : Le 10 vendém. an XII ( 3 oct. 1803 ), vente, par la dame de Larochefoucauld, d'une maison, terres, jardins, etc., situés commune de Champagne-Mouton, au sieur Bechmilh-Chatenet. Celui-ci fait applanir, convertir en prairie, et clore de murs, partie des terrains par lui acquis. Le 25 fév. 1822, la commune de Champagne-Mouton assigne le sieur Bechmilh en délaissement du terrain dont elle prétend qu'il *s'est emparé sans droit, depuis quinze ou dix-huit ans*. Bechmilh oppose à cette demande la prescription de dix ans entre présens (Art. 2265 et 2227). Le 15 fév., jugement du tribunal civil de Confolens, lequel considérant qu'avant la publication du Code civil, on ne pouvait opposer aux communes et autres établissemens publics, ni la prescription trentenaire, ni celle de dix et vingt ans, et que la prescription trentenaire, la seule qu'aurait pu invoquer Bechmilh, n'est point acquise à son profit, ordonne néanmoins, avant faire droit au fond, que les habitans articuleront les faits à l'aide desquels ils prétendent prouver qu'ils ont eu anciennement, et avant les entreprises de Bechmilh, la possession du terrain dont il s'agit. Sur l'appel de Bechmilh : arrêt de la Cour royale de Bordeaux, du 12 avril 1824, lequel, évoquant le principal, déclare la prescription de dix ans acquise au profit de Bechmilh, et par suite la commune de Champagne-Mouton non recevable dans sa demande en délaissement du terrain litigieux. Il se fonde entre autres sur ce que « le juste titre ou acte public d'acquisition de Bechmilh n'est pas contesté ; que cet acte lui attribuant le terrain vendu jusques et confrontant à la rivière d'Argent, comprend le fonds en litige, et ainsi constitue Bechmilh en bonne foi dans sa possession ; » que l'art. 2269 du Code civil dit : « Il suffit que la bonne foi ait existé au moment de l'acquisition ; » Que l'art. 2268 porte : « La bonne foi est toujours présumée, et c'est à celui qui allègue la mauvaise foi à la prouver ». « Que la commune de Champagne-Mouton n'avait fait

19.

généraux ; le moindre inconvénient qu'il présente est d'avoir cassé celui de la Cour royale de Bordeaux pour violation de l'art. 372 de la coutume de Poitou évidemment abrogé par l'art. 7 de la loi du 30 vent. an XII.

8. Ramenant les élémens de sa décision à ce qui a véritablement trait au principe dont je parle, il faut dire qu'en admettant, ce qui est fort douteux, que par cela seul qu'un titre d'acquisition antérieur au Code civil existe, on doive en conclure que l'ancienne prescription suivra son cours bien que la prescription établie par la loi nouvelle se trouve accomplie d'après les conditions qu'elle détermine ; qu'il faudra ainsi voir concourir deux législations sur le même objet ; du moins il faut reconnaître qu'il serait contraire à tous les principes de refuser à l'art. 2227 du Code civil qui rend aux communes leur capacité active et passive pour la prescription, sa juste application à l'égard de faits de possession, réalisés sous son empire, et de voir ainsi prolonger les effets des anciennes coutumes sur des matières réglées par le Code civil ; ce serait là, à mon avis, une extension aussi arbitraire que fausse de l'art. 2281.

9. 5° Mais il ne sera pas contraire à notre interprétation de

ni offert cette preuve, etc. ». Pourvoi en cassation ; et, le 10 mars 1828, arrêt ainsi conçu : « Vu l'art. 2281 du Code civil ; vu pareillement l'art. 372 de la Coutume de Poitou, ainsi conçu « ... Attendu que le titre d'acquisition de Bechmilh-Chatenet, du 3 oct. 1803, étant antérieur à la mise en activité du Code civil, dont le titre 20 (de la Prescription) n'a été promulgué que le 25 mars 1804, la prescription décennale invoquée par Bechmilh-Chatenet a dû, suivant l'art. 2265 du même Code, être réglée conformément aux lois anciennes ; que cependant, c'est en appliquant l'art. 2265 du Code civil, que la Cour royale de Bordeaux a, dans l'arrêt attaqué, motivé sa décision ; qu'à la vérité, le défendeur soutient que la Coutume de Poitou (Art. 372) a disposé sur la question, ainsi que l'a fait le Code civil (Art. 2265) ; mais que l'art. 372 de la Coutume de Poitou n'avait admis la prescription décennale qu'au regard de tous autres que les privilégiés ; Attendu que, dans l'espèce, la prescription invoquée par Bechmilh-Chatenet était par lui opposée à la commune de Champagne-Mouton ; que, sous l'empire de la législation antérieure au Code civil, les Communes ont toujours été comprises sous la dénomination de privilégiées ; que pour les faire sortir de cette catégorie, dans laquelle les plaçait le droit commun du royaume, il faudrait y être autorisé par une disposition formelle de la loi, et que la Coutume de Poitou ne contient pas de disposition semblable. D'où il suit que l'arrêt attaqué renferme tout à la fois fausse application du Code civil dans son art. 2265, et violation de l'art. 372 de la Coutume de Poitou ; casse, etc. »

décider qu'il suffit que le principe de la prescription remonte à une époque antérieure à la loi nouvelle, pour qu'elle reste régie par l'ancienne loi, bien que, suspendue par la minorité du créancier, elle n'ait commencé à courir utilement que depuis la loi nouvelle; et c'est ce qu'a formellement jugé; et avec toute raison, la Cour royale de Paris le 25 fév. 1826 (aff. Delamarre (1)).

10. Au reste, au milieu des nombreuses incertitudes de la jurisprudence sur cette matière, on la voit souvent rechercher les meilleures doctrines et appuyer ses décisions, sinon sur la présence ou l'absence réelle de droits acquis, du moins sur ce qui pourrait en offrir les apparences. Ainsi, si deux arrêts de la Cour de cassation, l'un du 28 déc. 1813 (2), l'autre du 30 janv 1815 (3), ont décidé : « Que les intérêts échus avant le Code civil, ne sont pas atteints par la prescription de cinq ans qu'établit l'art. 2277, bien que cinq ans utiles se soient écoulés depuis sa promulgation », parce qu'elle a cru voir, relativement à ces intérêts, des droits acquis antérieurement au Code civil (4); d'un autre côté, deux arrêts, l'un de la Cour royale d'Amiens, du 21 déc. 1824 (5), l'autre de la Cour royale de Limoges, du 30 juin 1825 (6), ont décidé, que la prescription de cinq ans prononcée par l'art. 2277 relativement aux intérêts des sommes prêtées, s'applique même aux intérêts dus en vertu d'un contrat antérieur au Code civil, mais échus depuis, parce que ces Cours ont jugé avec raison, que ces intérêts nés et échus depuis le Code civil étaient naturellement régis par ses dispositions, bien que le titre ou la cause primitive de ces intérêts, remontât à une époque antérieure.

Cette apparence des droits acquis qui a évidemment pris la place de la réalité de ces droits dans la première partie de l'art. 2281, comme on vient de le voir, l'avait également prise dans l'art. 1er, tit. 3, de la loi du 20 août 1792 ainsi conçu : « Les arrérages à écheoir de cens, redevances, même de rentes foncières ci-devant perpétuelles, se prescriront à l'avenir par

(1) Sirey, XXVIII, 2, p. 142.
(2) Ibid., t. XIV, 1, p. 92.
(3) Ibid., XVI, 1, 221.
(4) Avant le Code civil les intérêts des sommes prêtées ne se prescrivaient que par trente ans.
(5) Sirey, t. XXV, 2, p. 340.
(6) Ibid., t. XXVI, 2, 170 et 285.

cinq ans, à compter du jour de la publication du présent décret, s'ils ont été conservés par la reconnaissance du redevable ou par des poursuites judiciaires ». La loi ne s'exprimant que pour l'avenir, il résultait clairement de là que les prescriptions commencées lors de sa promulgation devaient être réglées par les anciennes lois. Or, il faut bien reconnaître que c'est à cette base arbitraire et fausse, mais écrite dans la loi, que se rattachent les diverses solutions erronées ou contraires, rendues par les tribunaux sur cette matière.

C'est ainsi que deux arrêts de la Cour de cassation l'un du 24 prair. an VIII (1), l'autre du 30 nov. 1807 (2), décident non-seulement que les arrérages de rentes échus antérieurement à la loi du 20 août 1792 restent régis, quant à la prescription, *comme droit acquis,* par les anciennes lois, mais encore que la même loi ne pouvait pas avoir pour effet d'obliger les créanciers des droits ainsi acquis, d'en faire la demande dans les cinq ans déterminés à peine de prescription, par l'art. 1er de cette loi. C'est dans le même esprit que fut rendu par cette Cour le fameux arrêt du 25 av. 1820 qui statua qu'un débiteur de rentes foncières ne pouvait être condamné à payer plus de cinq ans d'arrérages, à partir de 1792; qu'en conséquence, bien que l'ancienne loi admit la prescription de trente ans pour ces arrérages et permit dès lors, d'en demander vingt-neuf années échues, on ne pouvait être reçu à compléter ces vingt-neuf années, en réunissant les arrérages courus avant et les arrérages courus depuis la loi du 20 août 1792, lorsque ces derniers se trouvaient prescrits, aux termes de la loi nouvelle. La Cour a pensé que la loi nouvelle devait recevoir son application du jour de sa promulgation, à l'égard des arrérages échus sous son empire, tout en prononçant la condamnation des arrérages échus antérieurement (et qui s'élevaient à vingt-quatre ans) comme formant des droits acquis aux termes de l'ancienne loi. Or, il est évident que dans la réalité, nul droit n'était encore acquis au créancier, puisque les trente années déterminées pour la prescription n'étaient pas encore écoulées.

11. C'est à la même méprise sur le véritable caractère des droits acquis, et par conséquent à la même erreur de principes

_____

(1) Denevers ( an XII, p. 256 ).
(2) Sirey, t. VIII, 1, p. 36.

que nous attribuerons une foule de décisions qui paraissent prévaloir aujourd'hui sur un petit nombre de décisions contraires, rendues sur la question suivante :

Les billets à ordre qui se prescrivaient par trente ans sous l'ordonnance de 1673, sont-ils prescrits par cinq ans, aux termes de l'art. 189 du Code de commerce, si le paiement n'en a pas été demandé pendant ce temps, depuis sa publication ?

Au milieu de la divergence des arrêts rendus sur cette question, l'opinion qui paraît prévaloir, comme je le disais, est que ces billets restent soumis à l'ancienne prescription de trente ans (1). Mais quel est le principal fondement de cette opinion ? C'est toujours la même méprise sur le caractère réel des droits acquis. Indépendamment des arrêts de la Cour de cassation qui l'ont consacrée (2), la Cour royale de Riom l'a également professée plusieurs fois; voici le texte de l'un de ses arrêts (3) qui reproduit absolument, sous le rapport de la doctrine, tous les autres : « Considérant que le billet dont il s'agit a appartenu à la législation ancienne. Que l'ordonnance de 1673, muette sur les billets à ordre, les laisse par cela même sous l'empire du droit commun, qui garantissait en général l'exercice des droits résultans des actes et des obligations des citoyens, pendant la durée de trente ans; que c'est sous la foi de cette législation que Violle et Galvaing ont contracté; qu'il dût en résulter pour Galvaing une sécurité trentenaire, quant à l'exercice de ses droits; qu'il en trouve même une itérative et formelle garantie par la promulgation de l'art. 2281 du Code civil; que s'il était au pouvoir du législateur de renverser cet état de choses, lors de la rédaction du Code de commerce, et de soumettre l'action née des anciens billets à ordre, aux principes nouveaux, à la règle nouvelle qu'il introduisait, il l'eût dit sans doute expressément, si telle eût été son intention, que ne l'ayant point dit, le principe de la non rétroactivité des lois est le guide le plus sûr pour les magistrats » ; or, je le demande, que signifie ce motif, « que le droit commun garantissait en général l'exercice des droit résultans des actes et des obligations des citoyens, pendant

(1) La Cour royale de Paris a jugé deux fois la négative, et une fois l'affirmative.

(2) V. entre autres les arrêts des 12 juin 1822 (Sirey, t. XXII, 1, 319), et 21 juil. 1823 (Sirey, t. XXIV, 1, 354).

(3) Du 22 déc. 1826; Sirey, t. XXII, 2, p. 39.

la durée de trente ans »? Quoi! le droit commun, par ses dispositions sur la prescription, garantissait dans les mains des porteurs de billets à ordre, l'exercice de leurs droits pendant tel ou tel délai? Quoi! la loi s'interdisait la faculté de régulariser en tout temps, à son gré et d'après les besoins généraux, le mode de conservation et l'exercice des droits civils ou commerciaux! J'ai plusieurs fois, d'accord avec tous les auteurs, démontré le contraire ( V. p. 239 *suprà* ), je n'y reviendrai pas, je me bornerai à faire remarquer ici, que nul droit n'étant réellement acquis, quant à ces billets, lorsqu'a paru le Code de commerce, il n'y avait nulle rétroactivité à leur appliquer les dispositions de son art. 189. Le fond des droits des citoyens leur est acquis sans doute, et il est, à ce titre, protégé par le droit commun; la loi nouvelle ne pourrait, sans rétroactivité lui porter atteinte; mais l'exercice de ce droit n'est pas acquis comme lui; et j'ajoute, ce que j'ai déjà dit ailleurs, que la loi elle-même ne saurait renoncer à la faculté qu'elle doit toujours conserver , dans l'intérêt général, d'améliorer, selon les temps, et les circonstances l'exercice des droits des citoyens. Quant aux arrêts de la Cour de cassation, ils se bornent à déclarer qu'il y a *droit acquis* au créancier en vertu de la loi sous l'empire de laquelle le billet a été souscrit. Voici le texte de celui qu'elle a rendu le 21 juill. 1823, et qui reproduit exactement la même doctrine que celui du 12 juin précédent. « Vu les art. 2 et 2281 du Code civil; et attendu que la loi ne peut rétroagir; qu'elle rétroagit toutes les fois qu'elle enlève un droit acquis; que les billets à ordre et mandats dont il s'agit, ont été souscrits sous l'empire de l'ordonnance de 1673, et que sous l'empire de cette ordonnance, les billets à ordre et mandats n'étaient soumis qu'à la prescription de trente ans; que réduire cette prescription à un moindre délai, ce serait enlever au créancier un droit qui lui était garanti par la loi ; que cependant la Cour royale de Douai a déclaré prescrits par le laps de cinq ans, écoulés depuis la mise en vigueur du Code de commerce, les billets à ordre et mandats souscrits sous l'empire de l'ordonnance de 1673, et dont les demandeurs réclamaient le paiement; qu'en le jugeant ainsi, la Cour royale a fait une fausse application de l'art. 189 du Code de commerce et violé ouvertement les art. 2 et 2281 du Code civil; casse, etc. •

12. Mais voic une argumentation d'un autre genre: La première partie de l'art. 2281 du Code civil, dit-on porte, « que

les prescriptions commencées à l'époque de la publication du présent titre seront réglées conformément aux lois anciennes ». Or, les prescriptions des billets à ordre souscrits sous l'empire des anciennes lois, ayant commencé avec ces billets, ne peuvent pas n'être pas réglées par ces mêmes lois.

Je ne rappelerai pas l'objection faite à ce système par deux arrêts de Cours royales (1) qui jugeant dans un sens contraire, posent en principe, que le Code civil régissant des matières purement civiles, on ne saurait appliquer ses dispositions aux matières commerciales; que cela résulte même d'une manière précise de l'art. 1107 du Code civil d'après lequel : « Les règles particulières aux transactions commerciales sont établies par les lois relatives au commerce ». Je ne partage pas cette doctrine et je pense que le Code civil est éminemment la règle de toutes les matières civiles au nombre desquelles je mets incontesta-blement les matières commerciales; que si ces dernières matières sont soumises à quelques égards à des lois d'exception, c'est moins pour des causes tirées de leur propre nature, que pour des raisons d'ordre et de bien public, fondées entre autres sur les besoins et les avantages généraux du commerce.

Mais je dis, d'une part, que la première partie de l'art. 2281, étant par les raisons que j'ai développées, contraire aux princi-pes de la matière, doit être rigoureusement renfermée dans l'in-terprétation par laquelle ces principes reçoivent la moindre at-teinte, car telle est la volonté probable et présumée de l'auteur de la loi; or, étendre une disposition restrictive par essence, puisqu'elle blesse les principes, à une matière qui d'elle-même vit sous un régime exceptionnel, c'est s'écarter gratuitement et sans raison, de la règle que j'ai déjà invoquée : *Quod contra ra-tionem juris introductum est, non est producendum ad consequen-tias.* Je dis d'autre part, que dans le doute, et lorsque les écarts évidens de la loi ne sont pas réellement justifiés par une utilité générale et incontestable de son application à des matières qui ne lui sont pas nécessairement soumises, les meilleurs principes commandent de ramener perpétuellement les interprétations dont elle est susceptible, aux règles du droit commun. *Interpretatio illa capienda semper, per quam ad jus commune reducimur, per quam juris communis correctio vitatur, et per quam jura juribus*

(1) Rouen, 31 déc. 1813 (Sirey, t. XIV, 2, 104); Douai, 19 mai 1821.

*concordantur.* (Harmenop., *Pist.* 1. 2. *quæst.* 41.). Or, pour démontrer qu'aux termes du droit commun il n'y a jamais *droit acquis* aux particuliers par suite d'une prescription qui n'est pas encore accomplie, que l'on ne peut pas dire avec exactitude que la loi qui détermine le délai pendant lequel courra une prescription, confère par-là même un droit acquis au créancier, je m'en réfère aux développemens précédens.

13. Les questions de rétroactivité en matière de prescription de délit et de peines, se résolvent d'après d'autres principes.

Le grand objet des lois criminelles consiste à concilier les plus fortes garanties de la paix publique avec le respect dû à la vie, à la liberté, aux droits des citoyens. C'est à ce résultat qu'aboutissent en définitive les diverses dispositions aussi bien que l'exécution de ces lois; et l'on sent dès lors que l'autorité publique demeurant constamment la maîtresse d'étendre ou de restreindre à son gré et selon ses vues, l'emploi de ces garanties et des moyens coërcitifs qui leur servent de sanction, on ne saurait invoquer dans l'interprétation et l'application des lois criminelles cette théorie des droits acquis, à laquelle nous avons perpétuellement ramené tous les effets de la loi nouvelle en matière civile. En matière criminelle, c'est la société qui forme l'objet principal de la loi, l'individu n'en est que l'objet secondaire; et par là même que l'intérêt social aura été mieux protégé par la loi, l'intérêt individuel aura aussi reçu d'elle une sauvegarde et une protection nouvelles. C'est à ces principes mieux connus aujourd'hui que l'on doit le perfectionnement de la jurisprudence des Cours de justice supérieures et notamment de la Cour de cassation sur cette matière.

Sous l'empire du Code pénal du 3 brumaire an IV, cette Cour avait adopté comme jurisprudence constante, que la prescription des crimes ou délits qui avait commencé sous le Code pénal de 1791, et qui s'était continuée sous celui de l'an IV, devait être réglée, à la fois et proportionnellement par l'une et l'autre de ces lois, pour le temps qui s'était écoulé sous l'empire de chacune d'elles. C'était en prenant pour norme de pures considérations de droit civil sur la prescription, rendre simplement hommage à ce principe, que dès que l'ancienne loi cesse, par l'effet de l'abrogation, d'être en vigueur, il appartient à la loi nouvelle qui l'abroge de régir tous les faits qui se réalisent sous son empire; mais outre l'inconvénient grave que la loi nouvelle rétroa-

git dans ce cas, puisque sa disposition s'applique, dans une proportion quelconque, à un fait antérieur, c'était, comme je le
disais tout à l'heure, perdre de vue l'objet réel de la loi pénale.
Quel est cet objet dans ses applications immédiates? De punir
l'auteur de délits qui troublent la société, non dans la vue précise du châtiment corporel, infamant ou autre infligé au coupable, mais dans des vues générales d'effroi et de répression coor-
données avec les mœurs, les principes dominans dans la société,
même le système politique du pays. Dès lors, il faudra dire avec
les jurisconsultes qui ont émis les idées les plus saines sur cette
matière (1), que si un fait qualifié crime, délit, ou contravention par l'ancienne loi, a perdu cette qualité sous la loi nouvelle, l'auteur de ce fait qui n'aurait point encore été jugé
et condamné définitivement, ne saurait être ni condamné ni
poursuivi depuis; et par une conséquence ultérieure du même
principe, que si les peines infligées par la loi précédente,
sont converties en peines plus douces par la loi nouvelle,
les peines déterminées par cette dernière loi seront appliquées de préférence aux anciennes. Sur quel fondement repose
cette solution? Sur ce que l'objet réel de la loi pénale, étant,
comme je viens de le dire, d'offrir les garanties les plus salu-
taires d'ordre public en même temps que les mieux appropriées à
l'état général de la société, il impliquerait contradiction qu'une
peine fût appliquée à un fait ancien que le législateur a reconnu
depuis n'être pas nuisible à l'ordre social. Car, outre que ses
lumières et sa sagesse naturelle le mettent plus à portée que les
simples citoyens de juger sainement de la qualité morale des
faits, il est de l'essence de son pouvoir de leur imprimer exclusivement le caractère de faits permis ou défendus. Or, non-
seulement la rigueur de l'ancienne loi, actuellement appliquée,
serait sans utilité pour la société, mais encore le législateur
reconnaîtrait et consacrerait l'effet inique et frustratoire d'une
cause qu'il aurait supprimée. Mais d'un autre côté, si la loi nouvelle prononçait une peine plus sévère que la loi ancienne, ce
serait celle-ci qui devrait être appliquée. Ce principe est formellement posé dans l'art. 6 du décret transitoire du 23 juill. 1810.
« Les Cours et tribunaux, porte cet article, doivent appliquer
aux crimes et aux délits, les peines prononcées par les lois pénales existantes au moment où ils ont été commis. » Quel est

_____

(1) MM. Legraverend, Merlin, Blondeau.

son fondement? C'est cette règle antérieure : que de même que nul ne peut être recherché ou puni pour un délit qui n'était pas prévu par la loi sous l'empire de laquelle il a été commis, de même, lorsque le délit se trouve prévu par elle, il ne saurait être puni que de la peine qu'elle prononce. Quant à la disposition subséquente du même article, « néanmoins, si la nature de la peine prononcée par le nouveau Code pénal était moins forte que celle prononcée par le Code actuel, les cours et tribunaux appliqueront les peines du nouveau Code. » C'est une exception au principe précédent, suffisamment justifiée par les motifs développés plus haut (1) ».

15. Mais on remarque que si cet article ne s'exprime pas disertement sur la prescription des délits ou des peines, il est du moins dans son esprit, et dans ses analogies naturelles, qu'il en soit de même à l'égard de cette prescription. La prescription a pour but de délivrer le prévenu du coup et des effets de l'action publique. Tant que cette action pèse sur lui, il vit dans une situation contraire à ses intérêts sociaux, qu'il lui importe de faire cesser ; or, la disposition de la loi qui l'en fait sortir par le seul laps du temps, est incomparablement préférable pour lui à toutes les garanties que peuvent lui offrir la loi criminelle et les formes judiciaires. On devra donc, raisonnant par analogie, dire, que de même que la peine la plus douce prononcée par la loi ancienne ou par la loi nouvelle, doit toujours, dans l'hypothèse précédente, être préférée, de même la prescription la plus courte, qu'elle soit prononcée par l'ancienne ou par la nouvelle loi, doit toujours, dans la même hypothèse, être préférée, les mêmes principes et les mêmes raisons conduisant absolument à la même solution. C'est à ce résultat d'application qu'est arrivée aujourd'hui la Cour de cassation. Voici le texte de celui de ses arrêts qui m'a paru le plus explicite sur la question ; il est du 7 janv. 1813 (2) : « Vu l'art. 637 du Code d'instruction criminelle ; attendu que les Cours et les tribunaux doivent faire jouir les prévenus du bénéfice de la prescription établie par la loi, toutes les fois que le crime ou le délit à eux imputé se trouve prescrit, soit d'après la loi existante à l'époque où il a été commis, soit d'après la loi du temps où elle est invoquée ; et qu'ils doivent appliquer à l'action publique

(1) V. aussi l'avis du conseil d'État du 29 prair. an VIII.
(2) Dalloz, Jurisp. gén., v° *Effet rétr.*, p-875. V. aussi les arrêts des . . 1812 (*ibid*).

résultant du crime ou du délit, celle des deux lois qui est la plus
favorable aux prévenus, par suite de la règle établie par l'art. 6
du décret impérial, du 13 juil. 1810 ; Attendu que, dans l'espè-
pèce, il s'agit de crime commis l'an 1799 ; que, d'après le résultat de l'interlocutoire ordonné par la Cour, le 12 nov. 1812,
il est établi qu'il n'y a eu, sur le fait de l'accusation, aucun acte
d'instruction ou de poursuite, avant le mois de sept. 1811,
c'est-à-dire dix ans et plus après que le crime avait été commis,
ou après que l'action publique était déjà prescrite; que néanmoins la Cour spéciale extraordinaire de Rome a condamné le
demandeur à la peine de mort, et qu'ainsi, elle a violé l'art. 637
du Code d'instruction criminelle, susrelaté, et l'art. 6 du décret
impérial, du 24 juil. 1810 ; casse, etc. ».

16. M. Merlin qui persiste dans l'ancien système adopté par
la Cour de cassation, repousse le nouveau système de la manière suivante, Répert., v° *Prescription* ( section 1, § 3, n° 9):
« La prescription, en matière pénale, atteint l'action privée
aussi bien que l'action publique. Cela posé, qu'un habitant de
Hambourg, dépouillé de toute sa fortune, avant la réunion de
cette ville à l'empire, par un vol simple, qui ne se prescrivait
alors que par vingt ans révolus, ait laissé écouler, avant la
réunion même, trois années sans agir contre le voleur, et que,
rassuré par la loi de son pays, il ait employé tout ce temps
à recueillir ses preuves dans le silence ; faudra-t-il aujourd'hui
le déclarer déchu de son action, parce qu'une loi nouvelle est
tout à coup venue, en l'associant à nos droits politiques et civils, fixer à une révolution de trois ans la prescription des
délits passibles de peines correctionnelles ? Non, cette loi n'a
pu vouloir rétroagir avec une aussi choquante iniquité ; et la
preuve qu'elle ne l'a pas voulu, c'est, encore une fois, qu'elle
s'est exprimée au futur ».

Il est facile de répondre à cette argumentation. Elle est entièrement fondée sur la présomption du délit; et c'est la présomption contraire qui doit être admise. La spoliation de l'habitant
de Hambourg n'est qu'un pur fait; pour que ce fait prenne le
nom et le caractère d'un délit, il faut le rattacher à un individu; or, c'est en faveur de l'individu présumé innocent jusqu'à
sa condamnation, qu'est introduite la prescription.

Cela posé, il s'agit de savoir si l'individu spolié a dû compter
sur les délais de la prescription existante à l'époque de la spoliation, comme sur un droit acquis. Mais tous les principes

disent précisément le contraire. J'ai démontré précédemment
que, par sa nature même, la prescription n'engendrait de droits
acquis que lorsqu'elle était accomplie ; que, jusque-là, elle n'é-
tait qu'une simple expectative; et ce principe reçoit un nouveau
degré de force et d'évidence, lorsqu'il est appliqué aux matières
criminelles. Il importe, en effet, à la société tout entière que
les citoyens ne restent exposés à l'action publique, tendant à
la répression des délits, que le temps jugé nécessaire par le législateur pour qu'elle ait son libre cours, et lui seul est l'arbitre
de ces mesures générales. Or, si le législateur actuel juge plus
conforme à l'intérêt général de renfermer dans des limites plus
étroites que ne l'avait fait le législateur précédent ou le législateur étranger, le laps de temps pendant lequel l'action publique
ayant pour but la répression des délits aura son cours, je ne vois
là que l'exercice naturel de la puissance législative sur un objet
de pur droit public, d'où n'est jamais résulté de droit acquis à
personne. Ainsi donc, dans l'hypothèse précédente, l'individu
spolié n'a pas dû compter sur les délais de la prescription pour
réunir ses preuves ; ce n'est pas pour lui qu'ont été créés ces
délais; que, s'il souffre, sous ce rapport, de la transition d'une
législation à l'autre, c'est un mal individuel qui ne saurait être
imputé à la législation; car, en principe, la législation la plus
récente qui abroge, corrige ou modifie la législation précédente
est toujours présumée la meilleure, par la raison même qu'elle est
présumée avoir fait cesser tous les vices, toutes les imperfections ou tous les abus de la législation qu'elle remplace. Il résulte
de tout ce qui précède qu'il n'y a pas rétroactivité réelle dans le
cas dont il s'agit.

# CHAPITRE V.

## Questions particulière de rétroactivité sur diverses matières.

—

§ 1. — De l'emphytéose et autres contrats analogues.

—

### SOMMAIRE.

1. — *Les lois rendues depuis 1789 sur les contrats, connus
sous le nom de bail à rente foncière, emphytéotique, et autres analogues, sont rétroactives; pourquoi.*

2. — *Cette rétroactivité se vérifie par l'esprit uniforme de ces lois.*

3. — *Mais il ne faut rien conclure de cette rétroactivité pour la doctrine ; il ne faut pas surtout en argumenter pour affirmer qu'en principe, il est de la nature du bail emphytéotique de transférer au preneur le domaine de propriété.*

4. — *Réfutation des auteurs qui ont adopté l'opinion contraire. Définition de ce contrat. Il est pris dans deux sens par Dumoulin. Dans aucun de ces sens, il n'est translatif du véritable droit de propriété. Quel genre d'aliénation il comporte.*

5. — *Différence, d'après le même auteur, entre ce contrat, le bail à cens, et quelques autres contrats analogues ; points de ressemblance.*

6. — *Le bail à rente foncière seul dépouille complètement le bailleur du droit de propriété ; aucun des autres contrats analogues n'entraîne cet effet.*

7. — *Le résultat de tout ce qui précède amène de nouveau à la conclusion que les lois rendues depuis 1789 sur cette matière sont rétroactives. Cette rétroactivité, en ce qui concerne les concessions perpétuelles, se fonde sur des causes politiques. Quelles sont ces causes.*

8. — *Caractères des concessions temporaires, d'après les mêmes lois. Ces concessions étaient-elles translatives, temporairement, du domaine de propriété ? Il faut adopter la négative de cette question.*

9. — *Examen des modifications apportées par la loi du 11 brum. an VII à la législation précédente en cette matière.*

10. — *Examen des modifications apportées par le Code civil sur la même matière ; en quoi elles sont rétroactives.*

11. — *Les baux emphytéotiques, autorisés par la loi du 18-29 déc. 1790, sont-ils compatibles avec le Code civil ? Sont-ils translatifs du plein droit de pro-*

*priété ? La jouissance emphytéotique est-elle sus-*
*ceptible de l'affectation hypothécaire ? Quels sont*
*les effets du Code civil sur les baux emphytéo-*
*tiques temporaires antérieurs ?*

12. — *Il faut adopter l'affirmative sur la première question ;*
*raisons de cette opinion.*

13. — *Il faut dire, sur la seconde question, que les baux*
*emphytéotiques temporaires ne sont pas trans-*
*latifs du plein droit de propriété. Raisons déve-*
*loppées de cette opinion ; autorités diverses.*

14. — *Sur la troisième question : La jouissance emphytéotique*
*n'est pas, dans l'état actuel de la législation, sus-*
*ceptible de l'affectation hypothécaire. Pourquoi.*

15. — *Effets du Code civil sur les baux emphytéotiques*
*temporaires antérieurs.*

—

1. Lorsqu'on jette un coup d'œil sur cette partie de l'ancienne jurisprudence qui avait pour but de soumettre à d'exactes applications les notions du droit de propriété, on est étonné des résultats bizarres, faux, souvent absurdes, auxquels se trouvait conduit l'esprit humain expliquant d'anciens textes détournés de leur sens primitif, essayant d'accommoder la raison à une foule d'usages ou de coutumes formés sans doute en dépit de tout principe, mais qui constituaient la loi vivante du pays, et dont on ne pouvait éluder ni l'esprit ni les applications arbitraires ; et de là évidemment l'insuffisance, l'irrégularité, la rétroactivité fréquente de la législation qui succéda à ce chaos.

Qu'entendait-on proprement en 1789 par cens, bail à rente, bail à vie, bail emphytéotique, à locaterie perpétuelle, à complans, à domaine congéable, superficiaire ? Quel était celui de ces contrats qui transférait réellement, pleinement le domaine de propriété, celui qui ne transférait qu'une simple jouissance, des droits en la chose ou sur la chose ; de quelle nature, en un mot, était, dans tous les cas, la modification apportée au droit de propriété par chacun de ces contrats ? Il est douteux que les meilleurs esprits de cette époque eussent exactement satisfait à ces questions, dans l'impossibilité où ils eussent été de se fixer sur les définitions, le but propre et les effets nécessaires de ces divers droits.

Je me bornerai à signaler, comme conséquences naturelles de cet état de choses, la rétroactivité dont s'est trouvée nécessairement entachée la législation qui l'a fait cesser; car il importe, pour bien des raisons, de révéler la rétroactivité écrite dans la loi; et la première est sans doute, que bien que consacrée par la loi, la rétroactivité n'est jamais un principe dont on puisse s'autoriser, ni argumenter dans l'application, encore moins pour faire subir aucune atteinte aux immuables principes du droit. Je m'occupe directement du bail emphytéotique; j'aurai par-là occasion de m'expliquer sur les contrats analogues.

2. Quel a été son sort dès 1789; qu'est-il devenu sous le Code civil? Les jurisconsultes se sont divisés comme en deux camps sur les appréciations auxquelles donnent lieu ces deux questions.

L'art. 6 de la loi du 4 août 1789 déclare « rachetables toutes les rentes foncières perpétuelles, soit en nature, soit en argent, de quelque espèce qu'elles soient, etc. « L'art. 1er de la loi du 18-29 déc. 1790 renouvelle les mêmes dispositions à l'égard des rentes foncières; il assimile de plus à ces rentes, sous le nom de *redevances foncières*, les *emphythéoses*. Elles sont donc rachetables, ou remboursables au même titre que les rentes foncières. Toutefois, il établit une exception, quant aux baux à rentes et emphytéoses temporaires. Voici dans quels termes : « Il est défendu de ne plus, à l'avenir, créer aucune redevance foncière non remboursable, *sans préjudice des baux à rente ou emphythéoses, et non perpétuels*, qui seront exécutés pour toute leur durée, et pourront être faits à l'avenir pour quatre-vingt-dix-neuf ans et au-dessous, ainsi que les baux à vie, etc. ».

Cependant, une grave difficulté s'éleva lors de la rédaction de cette loi. Fallait-il comprendre dans la catégorie des redevances rachetables les baux à locaterie perpétuelle? Des considérations, que je développerai bientôt, firent cesser tous les doutes : « A la vérité, disait M. Tronchet, en qualité de rapporteur de cette loi au nom du comité des droits féodaux; une locaterie n'annonce qu'une succession de la jouissance des fruits; mais *un droit perpétuel de jouissance* est incompatible avec l'idée d'un simple bail à loyer. Un usufruit perpétuel est une idée sauvage et peu conciliable avec les idées communes ». En conséquence, l'art. 2 de cette loi porta : « Que les rentes ou redevances foncières, établies par les contrats connus en certains pays sous le titre *de locaterie perpétuelle*, sont comprises dans les dispositions et prohibitions de l'article précédent ». Enfin, l'art. 5, titre 5, ajouta, « que le possesseur qui voudra *acheter la rente foncière* ou *emphytéotique*, sera tenu, outre le capital de la rente, de racheter les droits casuels dus aux mutations ».

Des considérations semblables parurent dominer lors de la rédaction de la loi du 15 sept.-16 octobre 1791 relative au mode et au taux du rachat des droits seigneuriaux, grevant les biens possédés à titre de bail emphytéotique ou à rente foncière non perpétuels ; et elles dictèrent les mêmes raisonnemens. M. Tronchet, rapporteur de cette seconde loi au nom du comité féodal, répéta à diverses reprises dans son rapport, que le preneur à bail à rente temporaire était investi d'une propriété pleine et entière, *résoluble*, *réversible* à l'époque de l'expiration de son bail. A la vérité, il ne s'expliqua pas aussi catégoriquement à l'égard de l'emphytéose temporaire ; néanmoins, la loi du 15-16 oct. 1791 porta en toute lettre ( Art. 1er ) : « Il sera libre, soit au preneur, possesseur actuel du fonds *à titre de bail emphytéotique ou à rente, non perpétuel, soit au bailleur, propriétaire de la rente*, ET AYANT DROIT A LA PROPRIÉTÉ RÉVERSIBLE, de racheter les droits ci-devant seigneuriaux, fixés ou casuels, dont ledit fonds se trouve chargé, et dont lesdits bailleurs et preneurs sont respectivement tenus, en se conformant, pour chacun d'eux, aux règles ci-après ».

5. Que conclure de tout cela ? Faut-il dire, avec M. Merlin (1), qu'il résulte nécessairement de ces diverses lois, et des rapports qui les ont précédées, « que c'est dans les mains de l'emphytéote que réside le domaine de propriété, la véritable qualité de propriétaire » ; que ces lois, ces rapports, servent comme de preuve de l'exactitude de ce principe ? Mais comment en serait-il ainsi ! Est-ce qu'il est au pouvoir du législateur de changer la nature des choses, d'altérer les définitions, d'enlever aux principes leur réalité ? La raison politique, comme je le dirai bientôt, a bien pu l'engager à confondre dans la même disposition toutes

(1) Quest. de droit, v° *Emphytéose*, § 5.

les redevances , qui indépendamment de leur plus ou moins
grande dissemblance entre elles , lui paraissaient entrer , comme
élémens nécessaires , quoique à des degrés divers , dans l'ordre
de choses qu'il voulait renverser. Il a bien pu de sa pleine autorité , considérer comme véritable propriétaire le preneur , si
telles étaient les nécessités de sa pensée politique. Mais les causes de ces redevances anéanties n'ont pas cessé de conserver aux
yeux de la doctrine leur caractère propre ; et c'est par l'examen
analytique et approfondi de ce caractère que nous parviendrons
à déterminer l'effet réel de la loi qui les a confondus.

4. Quel est le caractère propre du bail emphytéotique ? En-
traîne-t-il le droit de propriété sur la tête de l'emphytéote ?
M. Merlin ( *ibid* ), d'accord en cela avec quelques auteurs ,
adopte l'affirmative. Outre l'argumentation qu'il fait résulter
comme on vient de le voir , des lois des 18–29 décembre 1790 ,
et 15-16 octobre 1791 , il s'appuye d'une opinion de Pothier
d'après laquelle (*Traité de la Propriété* , nº 3 ): « Le domaine direct qu'ont les seigneurs de fief ou de censive sur les héritages
qui sont tenus d'eux en fief ou en censive, est le domaine ancien,
originaire et primitif de l'héritage dont on a détaché le domaine
utile pour l'aliénation qui en a été faite , lequel, en conséquence,
n'est plus qu'un domaine de supériorité, et n'est autre chose que
le droit qu'ont les seigneurs de se faire reconnaître comme seigneurs par les propriétaires et possesseurs des héritages tenus
d'eux, et d'exiger certains devoirs et redevances récognitifs de
leur seigneurie ».

Mais cette argumentation n'est pas plus exacte que la précédente. On ne saurait argumenter selon Everhard ( Topic. *ab
emphyt. ad. Cens* ) et Dumoulin (*Coutume de Paris*, § 73, nº 40)
du cens à l'emphytéose. Le domaine ancien, originaire et primitif dans le premier cas , est un domaine féodal ou seigneurial,
souvent honorifique, qui se régit par des principes différens de
ceux qui régissent l'emphytéose. *Ex prædictis*, dit le dernier de
ces auteurs ( *loc. cit.* ) *non valere argumentum de emphyteusi ad
censum*, NEC È DIVERSO, *nec ab altero eorum ad simplicem
concessionem ad reditum, sed disparatorum separata est ratio.
Quod nota quia passim in jure doctores confundendo terminos
inadvertenter errant, et aliis occasionem dant graviter errandi.*

Il faut donc poser la vraie définition de ce contrat et dire
qu'il admet deux sens distincts. Selon le premier qui nous ré-

20.

vèle en même temps son étimologie (1), il signifie une concession temporaire dans le but d'améliorer le fonds concédé et
de le rendre au bailleur à la fin de la concession, c'est-à-dire,
lorsqu'il sera en état de pleine culture et de production, moyennant une redevance modique, en reconnaissance du domaine
direct. « *Temporalis concessio rei sterilis aut aliàs incultæ ad
meliorandum ad vitam recipientis vel certas generationes, retenta
interim certa modica annua pensione, in recognitionem directi
dominii* ( Dumoulin, *ibid.* n° 29 ) ». Cette concession temporaire entraînait-elle le droit de propriété sur la tête de l'emphytéote? Nullement. Ce droit résidait toujours dans la personne
du bailleur ; et voilà pourquoi les concessions de cette nature
étaient autrefois permises, à l'égard des biens de l'Église, sans
aucune formalité ecclésiastique. *Præfato primo modo*, dit toujours Dumoulin ( *ibid.* n° 31 ), *possunt res ecclesiasticæ alienari
sine aliqua solemnitate ecclesiastica, seu potius ad meliorandum
ad tempus concedi* : QUIA NON EST PROPRIÈ ALIENATIO, *sed
temporalis concessio ad meliorandum, ut finito tempore, res in
meliore statu, ut potè fertilis et culta revertatur.* » Les auteurs du
Nouveau Denisart ( v° *Emphytéose*, § 2 ) disent que l'avis de
Dumoulin n'était pas suivi en ce point. Qu'il ne fut pas suivi
dans les derniers temps, quant aux solennités ecclésiastiques pour
la concession temporaire, c'est ce que je n'ai pas à examiner ;
mais le motif qu'il donne n'en conserve pas moins tout son poids ;
et ils n'ont pas entrepris de le combattre.

Prise dans le second sens l'emphytéose n'est plus une concession à temps, dans le but d'améliorer un fonds stérile. Elle
change d'objet dérivant d'une cause différente ; c'est une concession d'immeubles souvent très fertiles, pour en jouir à perpétuité,
moyennant une redevance convenue, en reconnaissance du
domaine direct.

Elle a pour but, dans ce cas, d'affranchir le bailleur de soins
pénibles, d'une gestion gênante qui pouvait n'être pas toujours
à sa portée, et d'assurer à tout jamais à lui et à sa postérité des
revenus en raison des biens concédés. Et de là vient que dans le
doute, selon Dumoulin ( *Coutume de Paris*, § 73, n° 34),
l'emphytéose est réputée perpétuelle. Mais ce contrat peut être
résolu en cas de commise, c'est-à-dire, si la redevance cesse
d'être payée pendant trois ans. Quelques autres droits sont aussi

_____

(1) *Emphyteusis seu insitio.*

attachés comme conditions accessoires à ce contrat; tels sont les droits de lods et ventes, de commise en cas de vente de la part de l'emphytéote, de son domaine utile, sans en prévenir le bailleur, de prélation, etc. Or, peut-on dire dans ce cas, que la concession entraîne la translation du domaine de propriété sur la tête de l'emphytéote ? Non encore. Cette concession ne porte pas le caractère de l'aliénation proprement dite. « L'emphytéote, dit toujours Dumoulin, en donnant la définition de l'emphytéose perpétuelle ( *in Cod.*, lib. 4, tit. 6 ), est un contrat qui transfère le domaine utile à l'emphytéote, le domaine direct, c'est-à-dire, *la propriété*, demeurant au bailleur qui a fait ainsi la concession moyennant une redevance annuelle. » *Undè sic definiri potest contractus emphyteuticus : esse contractum per quam transfertur dominium utile in emphyteutam id est, receptorem, retento directo dominio, id est,* PROPRIETATE, *apud eum qui concedit, ita ut singulis annis aliquid pendatur.*

Quel est donc en réalité le sort du domaine de propriété dans ce contrat? Il faut dire que l'emphytéose prise dans le premier comme dans le second sens, n'entraîne pas la translation réelle, effective, du domaine de propriété; que la distinction imaginée par les commentateurs entre le domaine direct et le domaine utile, a pour but d'exprimer seulement, que si de certains droits en la chose, tels que la possession naturelle et réelle, la complainte, la réintégrande, l'action au pétitoire, même contre le bailleur, un certain ordre d'aliénations (1), telles que l'hypothèque, la donation, même la vente lorsqu'il s'est conformé à la loi de son contrat, lui appartiennent comme droits propres à sa qualité d'emphytéote; d'un autre côté, les véritables priviléges du droit de propriété restent du côté du bailleur. C'est ainsi que Dumoulin faisant ressortir les grandes différences qui distinguent le contrat de vente de l'emphytéose, remarque que la vente emporte translation pleine et entière du domaine de

(1) Elles sont à peu près énumérées dans la loi dernière au Code, *de Reb. alien. non alien. Sancimus sive lex alienationem inhibuerit, sive testator hoc fecerit, sive pactio contrahentium hoc admiserit, non solum dominii alienationem, vel mancipiorum manumissionem esse prohibendam, sed etiam ususfructus dationem, vel hypothecam, vel pignoris nexum penitùs prohiberi. Similique modo, et servitutes minimè imponi, nec emphyteuseos contractum, nisi in his tantum modò casibus, in quibus constitutionum auctoritas vel testatoris voluntas, vel pactionum tenor, qui alienationem interdixit, aliquid tale fieri, permiserit.*

propriété sur la tête de l'acheteur, met par suite à ses risques les périls, comme il lui attribue tous les avantages de la chose vendue, tandis que l'emphytéose ne transfère au preneur qu'un domaine utile, proportionné à l'étendue de son droit, caractérisé par la loi 3 au Code de *Emphyteut.* elle-même, de simple droit d'amélioration : *licere emphyteutæ etiam non consentientibus dominis, ad alios* SUUM JUS, *vel* EMPHYTEUMATA ( *meliorationes* ), *tranferre;* droit inférieur, subordonné au véritable droit de propriété, et qui vient, dans certains cas, comme son émanation naturelle, se réunir à lui pour n'avoir plus qu'une existence commune avec lui. Tels sont particulièremeut les cas de commise, à défaut d'agrément du bailleur pour la vente, de paiement de la redevance, de prélation, etc.; ce qui certes ne saurait avoir lieu dans la vente. « *Nam*, dit toujours Dumoulin ( *ibid*, p. 687 ), *quia per contractum emphyteuticum non transfertur dominium directum, idèo sæpè fit, ut illud directum, id est, valentius dominium, auferat imbecilius dominium utile, ita ut rursus coalescant, quod non fit in venditione semel facta. Exemplum, si vendatur emphyteusis sine voluntate domini, si non solvatur pensio vel canon certo tempore.* »

5. Le même jurisconsulte indique plus loin les traits de ressemblance comme les différences qui existent entre le contrat de cens et le bail emphytéotique, ce qui n'entre pas dans mon sujet. Néanmoins, je dois dire que quelques auteurs graves, entre autres Vinnius, sur le § *adèo*, *Instit. Locati*, s'étaient mépris sur le véritable caractère du contrat de cens, quant aux effets que je décris. Ils avaient pensé, qu'à la différence du bail emphytéotique, il emportait translation réelle, pleine et entière du domaine de propriété sur la tête du censitaire. Mais cette erreur est ainsi rectifiée par Dumoulin ( *Coutume de Paris*, § 73, n° 19 ): « On prend en quatrième lieu le mot *cens* pour la redevance due à celui qui a cédé son fonds spécialement et transféré en même temps tous les droits de propriété et autres qui y étaient attachés, moyennant une modique redevance annuelle, sous le nom de *cens;* et c'est même ainsi que l'entendent généralement tous les docteurs. Mais c'est là une acception impropre, attendu que les fonds, dans ce cas, ne sont pas accensés, qu'aucune estimation ou peréquation n'en est faite, et qu'ainsi entendu le mot *cens* manque à son étymologie et à sa signification naturelle; c'est pourquoi elle n'est

nullement admise dans le droit civil. Les canonistes seuls emploient communément ce mot dans ce sens, et de là leur assertion que la grande différence qui existe entre le contrat de cens et le contrat emphytéotique, est que dans le premier cas le droit de propriété passe pleinement au preneur, tandis que, dans le second, c'est seulement le domaine utile qui passe à l'emphytéose, le domaine direct restant entre les mains du bailleur; mais il n'est nullement pris dans ce sens dans notre titre ». Arrivant ensuite au véritable caractère du *contrat de cens* ( n° 20 ), il le définit : celui qui transferre le domaine utile au preneur, moyennant une redevance annuelle et perpétuelle, sous la retenue que fait le bailleur du domaine direct et des droits du maître : « Apud nos contractus censualis est, quando « dominium utile certi fundi transfertur sub annua et perpetua « pensitatione, nomine censûs, *retento dominio directo et ju-* « *ribus dominicalibus.* » La nature propre de ce contrat l'amène donc à décider qu'il a une grande affinité avec le bail emphytéotique; et cette affinité résulte selon lui surtout, de ce que dans l'un comme dans l'autre, le véritable domaine de propriété demeure dans la personne du bailleur. Il signale plus loin les différences qui les distinguent.

6. Enfin, après avoir établi que le bail emphytéotique est aux concessions qui avaient lieu chez les Romains, sous le nom de *ager vectigalis,* ce que l'espèce est au genre; il arrive au contrat qui seul de tous les contrats modificatifs du droit de propriété, emporte réellement le droit de translation du domaine de propriété sur la tête du concessionnaire : c'est le cens foncier ou le contrat de bail à rente. Ce contrat, dit Dumoulin (*ibid.* n° 56), n'est ni le cens, ni le bail emphytéotique; c'est un contrat distinct, qui emporte aliénation complète, expropriation de la chose, sans retenue du domaine direct de la part du bailleur. Tout son droit se bornant à la redevance stipulée : *Concessio autem ad certum annum et perpetuum reditum in tota Gallia non est contractus censualis nec empytheuticus, sed distinctus contractus* TOTALEM ALIENATIONEM ET EXPROPRIATIONEM REI IMPORTANS, *sine retentione dominii directi vel alterius juris quam dicti reditus percipitendi.*

En disant que le bail à rente était le seul qui, d'après les anciens principes, emportât translation pleine, entière et effective du droit de propriété, ce que quelques auteurs caractérisaient assez justement du mot de *délibation de la propriété*, j'ai suffisamment fait entendre que certains autres contrats, tels que le bail à vie, à locaterie perpétuelle, à complan, superficiaire, etc., quelle que fût leur analogie avec le bail emphytéotique, n'emportaient pas plus que lui, la translation du véritable domaine de propriété, ou ce que Dumoulin appelle l'expropriation de la chose concédée; qu'ils ne conféraient que de simples droits en la chose, en vertu du domaine utile; qu'ils étaient uniquement conçus pour l'exécution de la jouissance convenue, d'où naissaient les actions utiles relatives à cette jouissance, mais qui, quelles que fussent les altérations ou modifications apportées au véritable domaine de propriété, le laissaient néanmoins toujours essentiellement subsister dans la personne du bailleur.

7. Après avoir ainsi rectifié les notions fondamentales qu'il importe de se former sur les divers contrats par lesquels le propriétaire accordait de certains droits dans ou sur sa chose; comment envisagerons-nous les dispositions des lois du 4 août 1789 et 18-29 décembre 1790 qui ont déclaré rachetables toutes les rentes foncières, en leur assimilant, pour l'application de cette mesure, les redevances emphytéotiques ou à locaterie perpétuelle? Il est évident que ces dispositions sont essentiellement rétroactives, néanmoins à des titres différens. Rendre rachetables des rentes foncières, irrachetables de leur nature, puisque, par une fiction absurde sans doute, mais qui n'en entrait pas moins, comme élément nécesaire, dans la formation du contrat de bail à rente, la rente représentait matériellement l'immeuble concédé, participait ainsi de sa nature, c'était bien anéantir rétroactivement un contrat consommé selon les conditions qui lui étaient propres, et duquel étaient nés des droits acquis. A l'égard des redevances provenant de beaux emphytéotiques perpétuels ou à locaterie perpétuelle, etc., la rétroactivité reposait, non-seulement sur le motif précédent, mais encore sur un nouveau motif; la loi ne se bornait pas à altérer des contrats anciens sous le rapport de l'irrédimibilité des rentes, elle allait jusqu'à altérer en outre le caractère même du contrat emphytéotique ou à locaterie perpétuelle dont émanaient ces redevances; car elle considérait comme propriétaire absolu, réel, exclusif, l'emphytéote ou le concessionnaire, qui, dans l'exactitude des principes, n'avaient que de certains droits limités en la chose concédée, et dépouillait ainsi le véritable pro-

priétaire d'un droit qu'il ne pouvait perdre, ou dont il ne pouvait être exproprié, selon l'expression de Dumoulin, que par un véritable contrat d'aliénation, tel que la vente, la donation, le bail à rente, etc.

Au reste, ces résultats s'expliquent naturellement par les vues politiques auxquelles l'Assemblée constituante crut devoir soumettre plusieurs matières législatives qu'elle voulait coordonner sur-le-champ avec les nouveaux principes proclamés par ses décrets. « Pour juger la loi qu'on rappelle ( celle du 18-29 déc. 1790 ), disait le consul Cambacérès dans la séance du conseil d'État où l'on proposait de rétablir les rentes foncières ( séance du 15 vent. an VI, 6 mars 1804 ) (1), et les résultats qu'elle a eus, il est nécessaire de remonter à l'esprit qui l'a dictée. L'Assemblée constituante avait à lutter contre la classe des privilégiés, qui était en même temps celle des grands propriétaires; elle l'a attaquée en attaquant la propriété, d'où cette classe tirait sa force, et par ce même moyen elle s'est attaché le tiers-état qu'elle voulait opposer aux privilégiés. Ce système a produit entre autres lois, celle qui permet le rachat des rentes foncières. Une telle loi *n'est pas fondée sur des principes de législation; elle est toute politique, toute de circonstance,* et l'effet en est tellement passé, que peut-être ceux qui s'en sont servi pour racheter, donneraient aujourd'hui leurs propriétés à rente foncière, si la législation les y autorisait. La question n'a donc pas été jugée en principe par l'Assemblée constituante. Une loi de circonstance sur les rentes foncières ne peut pas plus être considérée comme un préjugé, que ne l'ont paru des lois de la même nature sur d'autres matières : c'est ainsi qu'on vient de rétablir la faculté de tester, et plusieurs autres dispositions qui, comme les rentes foncières, avaient été sacrifiées aux circonstances ».

Il résulte de tout ce qui précède que quelle que fût l'affinité qui existât autrefois entre le bail à rente foncière perpétuel et le bail emphytéotique, ou tel autre bail également perpétuel, aux conditions qui lui étaient propres, le bail à rente foncière seul entraînait l'aliénation complète du droit de propriété; le caractère des autres contrats n'étant en réalité qu'un démembrement partiel, une diminution ou une altération plus ou moins étendue du droit de propriété qui restait éminemment le droit

(1) Locré, *Législ. civile*, t. VIII, p. 86.

du bailleur; que néanmoins, l'Assemblée constituante plaçant tous les contrats de cette nature sur la même ligne, quant aux effets, et ne voyant en eux que les inconvéniens graves dont ils étaient tous la source, c'est-à-dire, d'une part, la dépendance politique dans laquelle ils tenaient les citoyens, de l'autre, les entraves apportées par eux à la libre circulation des propriétés, effaça du même trait cet état de choses, ne laissant plus subsister que ce que l'art. 1er de la loi du 18-29 déc. 1790 appela baux à rente ou *emphytéoses non perpétuels* dont elle limita la durée à quatre-vingt-dix-neuf ans.

8. Quel était dans cet état de la législation le caractère de la détention de ces preneurs temporaires? Étaient-ils de véritables propriétaires? Les bailleurs étaient-ils complètement dessaisis du droit de propriété, expropriés en un mot, comme par l'ancien bail à rente foncière, pendant toute la durée du bail temporaire? Quelles que soient les inductions tirées par M. Merlin des diverses lois rendues sur la matière depuis 1789, pour affirmer que le véritable droit de propriété était passé au preneur, je tiendrai moins compte que lui de leurs dispositions pour asseoir les vrais principes et fonder les interprétations du Code civil.

Une loi du 18-27 av. 1791, porte (Art. 14), « que les rentes emphytéotiques ou à vie, appartenant à la nation en vertu des actes maintenus par les dispositions précédentes, *ensemble la nue propriété* des biens qui en sont l'objet, pourront être aliénées aux conditions et suivant les règles qui vont être expliquées ». Quelle est la pensée de cette loi lorsqu'elle établit ainsi une distinction entre la *nue propriété* et les *rentes emphytéotiques* qui on sont le produit? M. Merlin (*ibid.*) pense que c'est là une dénomination impropre, attendu qu'elle lui paraît se référer à l'idée de l'usufruit, or, l'emphytéose n'est pas un usufruit. J'ignore si c'est là une dénomination impropre; ce qu'il y a de certain, c'est qu'elle doit recevoir son véritable sens de sa comparaison avec la rente elle-même; or, la rente emphytéotique n'est évidemment dans l'esprit de la loi, que le résultat ou le fruit de la propriété restée par-là même entre les mains du bailleur, car, si elle se trouvait du côté de l'emphytéote elle cesserait d'être une rente. M. Merlin préfère la dénomination employée par la loi du 15 sept.-16 oct. même année, qui qualifie, comme on l'a vu, ce droit du preneur pour la durée du bail temporaire, de *propriété réversible* au bailleur à l'expiration du bail. Quelque étendue que l'on veuille donner aux mots *propriété réversible* dont se sert cette loi, alors que son rapporteur ne les appliquait pas, comme je l'ai fait remarquer, aux baux emphytéotiques temporaires, on ne leur donnera pas la vertu, comme je ne cesserai de le répéter, de faire violence à la raison et d'altérer dans leur essence les principes éternels du droit. Si de ces expressions peuvent sortir des inductions tendant à établir que l'emphytéote temporaire, est pleinement investi du droit de propriété pendant la durée de son bail, que le bailleur est dessaisi, exproprié pendant ce même temps; il faudra se soumettre à cette induction, sans doute, comme à toute disposition d'une loi positive à laquelle on doit obéissance jusqu'à son abrogation. Mais ces expressions qui peuvent tout aussi bien que celles de la loi du 18-27 av. 1791, être qualifiées d'impropres, n'étant expositives d'aucune doctrine, ne sauraient former autorité pour asseoir des principes certains sur la question qui nous occupe.

La loi du 9 messidor an III, porte art. 5 : « Sont seuls susceptibles d'hypothèque, 1° *la propriété* des biens territoriaux étant dans le commerce, ou pouvant être aliénés, de leurs accessoires inhérens ou établis à perpétuelle demeure, ensemble des fruits non recueillis, des bois non coupés, et des servitudes foncières. 2° *L'usufruit* des mêmes biens résultant seulement des baux emphytéotiques, lorsqu'il reste encore vingt-cinq années de jouissance. »

Peut-on voir dans cette dernière disposition, un principe expositif du véritable caractère de l'emphytéose temporaire, tel qu'il est consacré par la loi de 1790? Nullement. Il ne résulte de cette disposition rien autre chose sinon que sous la fausse dénomination d'usufruit, la loi n'a admis l'hypothèque sur les biens pris à bail emphytéotique, que tout autant que le bail aurait encore vingt-cinq années à courir, dérogation formelle au véritable droit de l'emphytéote, qui consiste à conférer en tout temps hypothèque sur les biens détenus à ce titre, puisque ce n'est là qu'une aliénation imparfaite, conforme à son titre et proportionnée à son droit (Dumoulin, *in Cod.*, lib. 4, tit. 66.).

Tenons donc pour certain encore une fois, que quelles que soient les dispositions plus ou moins incorrectes ou rétroactives des diverses lois rendues jusque-là sur cette matière, le bail à rente

foncière seul aura conservé son caractère de bail emportant aliénation complète, absolue, moyennant la redevance qualifiée *délibation de la propriété*, tant à l'égard du preneur perpétuel qu'à
l'égard du preneur temporaire, chacun selon son droit et sa qualité, sauf les dispositions des lois relatives à la rédimibilité des
rentes et à la concession des hypothèques; mais que le bail emphytéotique de son côté, quelles que soient les assimilations accidentelles dans lesquelles l'ont placé ces mêmes lois, selon leurs
vues particulières, avec le bail à rente, n'a pas perdu le caractère
qui lui est propre, tant à l'égard de l'emphytéote perpétuel,
qu'à l'égard de l'emphytéote temporaire, c'est-à-dire, le caractère de concession emportant non dessaisissement de la propriété, ou expropriation selon Dumoulin, mais jouissance perpétuelle ou temporaire, selon la convention, de l'immeuble
concédé, laquelle entraîne pour son exécution certains droits en
la chose qui ne sont qu'une altération plus ou moins grave du
véritable droit de propriété resté au bailleur.

9. Quelles sont les modifications que la loi du 11 brumaire
an VII a fait subir à la législation précédente? L'art. 6 de cette loi
porte que : « Sont seuls susceptibles d'hypothèque, 1° les biens
territoriaux transmissibles, ensemble leurs accessoires inhérens;
2° l'usufruit, ainsi que la jouissance à titre d'emphytéose des
mêmes biens pour le temps de leur durée. » Et l'art. 7, ajoute,
que, « les rentes constituées, les rentes foncières et les autres
prestations que la loi a déclarées rachetables, ne pourront plus
à l'avenir être frappées d'hypothèque. »

Que résulte-t-il de ces dispositions nouvelles? Deux choses
importantes;

La première, une distinction nécessaire, omise par la loi
du 9 messidor an III, entre l'usufruit et la jouissance à titre
d'emphytéose temporaire; et cette distinction, amélioration
évidente du régime hypothécaire, se rattache à la disposition
de la loi du 18-29 décembre 1790, qui autorise les baux emphytéotiques non perpétuels. La seconde, qui a pour résultat nécessaire, comme le remarque très-justement M. Merlin, de convertir en simples créances privilégiées et hypothécaires sujettes
à inscription les rentes foncières et autres prestations déclarées
rachetables par la loi, par conséquent les rentes emphytéotiques perpétuelles, mises par elle sur la même ligne que les ren-

tes foncières pour cet objet (1); et il est évident que cette disposition est à son tour rétroactive, puisqu'à l'égard du bailleur à rente foncière, elle détermine, que si la rente dont il est créancier ne se trouve pas rachetée aux termes des lois de 1789 et 1790, il ne pourra pas du moins l'offrir en hypothèque à son créancier; qu'il a dès lors perdu le droit de copropriété que lui avait donné son titre dans l'immeuble concédé à rente; que ce droit est devenu, sans sa participation, une obligation purement personnelle de la part du débiteur, accompagnée d'un privilége pour la conservation duquel il est tenu de remplir la formalité de l'incription. Or, changer ainsi par la conversion d'un droit réel en un droit personnel la position du bailleur, c'est bien clairement rétroagir. Quant au bailleur à titre d'emphytéose perpétuelle, la rétroactivité existe sous un autre rapport : son droit à la rente n'était pas à la vérité un droit de copropriété dans l'immeuble concédé à emphytéose, puisque l'aliénation effective, n'était pas comme je l'ai dit, la suite de ce contrat; la rente n'était pas une délibation de la propriété, puisqu'elle servait au contraire à attester que le domaine de propriété était toujours resté au bailleur. Mais le droit du créancier ne se résolvait pas en une pure obligation personnelle de la part du preneur; plusieurs droits importans étaient attachés à la condition du bailleur. On en a vu plus haut l'analyse. Enfin, à l'égard du bailleur emphytéotique, comme à l'égard du bailleur à rente foncière perpétuelle, on peut également dire que leurs droits se résolvent en une vente de l'immeuble concédé dont la rente forme le prix. Or, ni l'un ni l'autre n'avaient entendu réaliser une vente lors de la concession. La rétroactivité pour l'un comme pour l'autre est donc manifeste sous ce nouveau rapport.

Au reste, cette rétroactivité doit être limitée dans son objet; et il importe de remarquer que de ce que l'art. 7 de la loi du 11 brum. an VII déclare qu'à l'avenir « les rentes constituées, les rentes foncières et les autres prestations que la loi a déclarées rachetables, ne pourront plus être frappées d'hypothèque; » il ne s'ensuit pas que ces rentes perdent leur qualité d'immeubles pour un tout autre effet, par exemple, pour figurer comme

(1) Je ne rapporte pas un arrêt de la Cour de cassation, du 8 nov. 1824 (*Bulletin civil de cette Cour*, t. 26, p. 315), parce qu'il prononce sur un cas de rente foncière, et non d'emphytéose.

créances ou dettes immobilières, aux termes des anciennes coutumes, dans les partages de succession ou de communauté régis
par ces coutumes.

Inutile, dès lors, d'examiner la question de savoir si la loi
du 11 brum. an VII n'a pas fait cesser dans la personne du bailleur à titre perpétuel, le domaine direct sur le fonds concédé; il
est évident que les lois de 1789 et 1790 et la loi du 11 brum.
an VII n'ont pu ordonner, les premières, que les redevances foncières de toute nature seraient rachetables, la seconde, qu'en
définitive les mêmes rentes devenues dettes purement personnelles, se résoudraient en une vente de l'immeuble concédé,
sans rétroagir au détriment du bailleur, c'est-à-dire, en le dépouillant dans les deux cas de son droit de propriété pour en in-
vestir le preneur, sauf la distinction que j'ai faite plus haut par
rapport au droit du bailleur à rente foncière.

Relativement aux preneurs à titre temporaire, les effets de la
loi du 11 brum. an VII, ne sont pas les mêmes entre le preneur
par bail à rente et l'emphytéote, quelle que soit la confusion introduite à cet égard par la législation précédente. Le preneur
par bail à rente temporaire n'est pas compris dans les effets de
l'art. 7 de la loi du 11 brum. an VII, qui ne s'applique nommément qu'aux rentes déclarées rachetables, c'est-à-dire aux rentes
perpétuelles. Il faut donc reconnaître, sous ce rapport, que ce
preneur temporaire trouve encore dans son titre primitif l'étendue et la réalité de son droit, c'est-à-dire qu'ayant été investi
par ce titre du véritable droit de propriété, bien que résoluble,
ce droit, dont j'examinerai plus loin la nature, n'a pas cessé de
subsister en lui comme conséquence de l'aliénation absolue qui
résultait de la concession originaire, soit que son titre remonte
à une époque antérieure à 1790, soit qu'il soit postérieur; car
cette loi en bornant à quatre-vingt-dix-neuf ans la plus longue
durée des baux à rentes temporaires, n'a pas entendu dénaturer
ces baux, détruire, en les confondant avec les baux emphytéotiques, leurs qualités primordiales et essentielles.

Relativement à l'emphytéote temporaire, son droit, par les
mêmes raisons, demeurera tel que l'aura fait son contrat, c'est-
à-dire, qu'étant par l'effet de ce contrat, simple détenteur, investi d'une jouissance qui lui confère de certains droits réels
en la chose concédée, le domaine direct, éminent de propriété
ne lui ayant jamais été conféré, étant toujours resté dans les

mains du bailleur, la chose reviendra naturellement à celui-ci, comme véritable maître, à la fin de la concession. *Tunc*, comme disait Dumoulin (*ubi sup.*. p.687), *illud directum, id est, valentius dominium, auferet imbecilius dominium utile, ut rursus coalescant;* et c'est dans ce sens qu'a jugé la Cour de cassation (*suprà*).

10. Le Code civil a modifié sous d'importans rapports la législation précédente en cette matière. Son art. 529, déclare « meubles par la détermination de la loi..... les rentes perpétuelles ou viagères; » et, par son art. 530, « que toute rente établie à perpétuité pour le prix de la vente d'un immeuble, ou comme condition de la cession à titre onéreux ou gratuit d'un fonds immobilier, est essentiellement rachetable. »

De là deux observations en ce qui concerne les preneurs à titre perpétuel;

Et d'abord, quant à ceux dont les titres sont antérieurs au Code civil, la rédimibilité des redevances perpétuelles de toute nature consacrée rétroactivement par les lois de 1789 et 1790, la conversion des redevances de cette nature en pures obligations privilégiées sujettes à l'inscription, consacrée aussi rétroactivement au préjudice des bailleurs par la loi du 11 brumaire an VII, dispositions qui avaient toutes pour résultat de consolider définitivement le domaine de propriété sur la tête des preneurs, ont fait place à une disposition plus générale qui a étendu les effets de la rétroactivité à tous les cas; c'est celle qui mobilise toutes les rentes (art. 529). Il est clair que dès ce moment, les rentes ou redevances de toute nature ont perdu les qualités primitives que, sauf les modifications des lois précédentes, elles pouvaient recevoir encore des titres dont elles émanaient; qu'elles ont perdu ces qualités, non sans doute pour les actes consommés à titre de liquidation de partage, ou de paiement, et dans lesquels elles ont été employées avec leur qualité primitive, mais pour les actes à venir. Or, sous ce dernier rapport, la rétroactivité consiste en ce que la qualité des créances étant censée faire partie des créances elle-mêmes, en accroître ou en diminuer la valeur, ce que les Romains exprimaient exactement par les mots *pinguior, exilior obligatio*, altérer cette obligation, c'est bien évidemment porter atteinte à des droits acquis, et dès lors rétroagir.

Quant à ceux dont les titres sont postérieurs au Code civil, ils se trouvent régis, mais sans rétroactivité, par les disposi-

tions de ce Code, Or, l'art. 530 que l'on vient de lire, et dont
je développerai bientôt le sens, ne permet pas de douter, que,
quels que soient les termes employés, la concession n'emporte
aliénation complète, dessaisissement, expropriation de la part
du bailleur; la disposition qui permet de différer pendant trente
ans le remboursement de la rente est fondée sur un motif étranger à l'ancien principe en vertu duquel la rente participant de
la nature du fonds concédé, pouvait faire considérer le bailleur
comme ayant conservé encore le domaine direct; et la nullité
attachée comme disposition pénale à cet article, en cas de stipulation contraire, a été écrite en haine de ce principe.

11. Mais nous voici parvenus à de graves difficultés :

Les baux emphytéotiques temporaires sont-ils compatibles
avec la législation du Code civil? Sont-ils translatifs du plein
droit de propriété? La jouissance emphytéotique est-elle susceptible de l'affectation hypothécaire? Quels sont les effets
du Code civil sur les baux emphytéotiques temporaires antérieurs?

12. 1º Pour soutenir que le Code civil repousse la législation
antérieure sur les emphytéoses même temporaires, on emploie
deux genres d'argumentation : 1º le Code civil ne renferme aucune disposition d'où l'on puisse même induire qu'il admette
l'emphytéose; 2º plusieurs de ses articles, donnant pour de certains effets l'énumération de biens ou de droits, au nombre
desquels l'emphytéose devrait naturellement trouver sa place,
et alors même qu'elle était classée dans des énumérations analogues par les lois précédentes, n'ont pas admis l'emphytéose.
Ainsi, les art. 517 et suivans font l'énumération des biens qui
sont immeubles par leur nature, par leur destination, ou par
l'objet auquel ils s'appliquent, et ils passent complètement l'emphytéose sous silence. L'art. 530 peut être considéré comme
repoussant à un double titre les emphytéoses perpétuelles,
d'abord en ce qu'il convertit en vente tout contrat de cette nature, quelle que soit sa dénomination; ensuite, en ce qu'il convertit la rente stipulée en prix. Mais l'art. 529 mobilisant toutes
les rentes, déclare évidemment par-là ramener au système des
obligations pures personnelles, tout contrat perpétuel ou temporaire auquel on voudrait rattacher encore quelques uns des
effets des anciens baux à rente ou à emphytéose, et dès lors,
faire rentrer un tel contrat dans la classe des baux à loyer.

Enfin, l'art. 2118 donnant l'énumération des biens susceptibles d'hypothèques, admet l'usufruit, et rejette implicitement l'emphytéose, qui était expressément mise au nombre des biens susceptibles d'hypothèque par toutes les lois antérieures. On peut même ajouter que lors de la discussion de cet article au conseil d'État, sur l'observation d'un membre que la section avait gardé le silence sur l'emphytéose, sans doute parce qu'elle n'avait pas cru devoir en parler dans les autres parties du Code civil, M. Tronchet répondit, « qu'on n'employait autrefois l'emphytéose que pour éviter les droits seigneuriaux : maintenant elle n'aurait plus d'objet. Il était donc inutile d'en parler ». (Procès verbaux du conseil d'État, t v, p. 71).

Malgré la force de ces raisons, je pense que l'emphytéose temporaire n'est pas assez formellement repoussée par le Code civil pour en induire l'abrogation de l'art. 1er de la loi du 18-29 déc. 1790 qui l'autorise. Régulièrement parlant, l'abrogation des lois ne saurait résulter par induction du silence des lois nouvelles, à moins qu'il n'y ait incompatibilité évidente entre elles; or, je vais démontrer que cette incompatibilité est plus apparente que réelle.

Quelles sont les conditions auxquelles le Code civil admet la validité d'une convention? Elles sont au nombre de quatre : « Le consentement de la partie qui s'oblige; sa capacité de contracter; un certain objet qui forme la matière de l'engagement; *une cause licite dans l'obligation* ». (Art. 1108). Toute l'importance de la question se réduit donc à savoir, si l'emphytéose est licite; or, pour bien s'assurer des intentions des rédacteurs du Code civil à cet égard, il faut se reporter à la discussion dans laquelle on peut supposer qu'il se sont occupés de l'emphytéose. Dans la séance du 15 vent. an xii (6 mars 1804) (1), le consul Cambacérès propose le rétablissement des rentes foncières; la proposition est fortement combattue par M. Tronchet; elle est défendue par M. Maleville qui commet la singulière inadvertance de confondre le bail à rente foncière avec l'emphytéose; voici ses propres paroles : « M. Maleville dit qu'avant de se décider sur l'admission ou le rejet du contrat de bail à rente foncière, il faut se bien fixer sur sa nature et son objet. Ce bail est un contrat par lequel un propriétaire qui

(1) Locré, *Législation civ.*, t. viii, p. 78.

a des fonds incultes ou qu'il ne peut facilement cultiver, les cède à un autre, à la charge par celui-ci de lui payer en argent ou en denrées une rente convenue, pour tout le temps qu'il possédera le fonds. Ce contrat était connu des Romains qui l'appelaient *emphyteusis*, c'est-à-dire, bail pour améliorer : ce n'est en effet que des fonds en friche, et dont on ne retire presque aucun profit que l'on donne communément à rente; s'ils étaient en rapport, on les donnerait à ferme, ou on les vendrait ».

Au reste, il est le seul, dans toute cette discussion, qui ait employé le mot d'emphytéose. Le langage comme les argumentations de tous ceux qui y ont pris part avec lui, s'appliquaient uniformément et expressément aux rentes foncières; or, les motifs qui ont fait rejeter les rentes foncières ont été exposés par deux orateurs de la manière suivante (1) : « M. Crétet dit qu'il ignore si le défrichement des terres est dû au bail à rente foncière; mais il sait que ce contrat a été, dans la main des usurpateurs, un moyen puissant pour tenir les propriétaires sous leur dépendance. Au reste, ce contrat a toujours produit des inégalités énormes. Toujours on a vu des hommes habiles s'en servir pour circonvenir les gens simples par l'appât d'avantages imaginaires; s'assurer les fruits de leurs travaux, et ne leur laisser que l'indigence avec le vain titre de propriétaire. Si l'usage de ce contrat s'étendait, on verrait la nation partagée en deux classes, l'une qui jouirait paisiblement et sans labeur des produits de la terre, l'autre de serfs condamnés aux travaux les plus rudes pour payer les impositions et la rente foncière; sans pouvoir obtenir de leurs sueurs la substance de leurs familles ». M. Regnaud (de Saint-Jean-d'Angely) dit « qu'il faut surtout juger les rentes foncières par les effets qu'elles produiraient dans l'état actuel des choses. Il est évident que le propriétaire, pour se soustraire aux variations qu'éprouve l'intérêt de l'argent, ne constituerait la rente qu'en nature, en la fixant soit à une quotité déterminée, soit à une quotité proportionnelle du produit de l'héritage. Il se créerait donc une nouvelle sorte de suprématie dans le village dont le fonds lui appartiendrait. Ainsi, si les rentes foncières ne rétablissaient pas divers ordres, elles formeraient du moins plusieurs classes de citoyens. On

(1) Locré, *Législation civ.*, t. VIII, p. 78.

verrait reparaître aussi une partie des inconvéniens de la féodalité ; si le colon avait mis quelque négligence dans la culture des terres, le propriétaire ferait aujourd'hui comme faisait autrefois le seigneur, il l'obligerait à lui payer une indemnité d'après l'estimation du produit que la terre aurait dû donner. C'est ainsi qu'une loi en apparence toute civile, produirait de grands effets politiques, et des effets très étendus, car tous les citoyens que leurs fonctions obligent de vivre loin de leurs propriétés, les donneraient à rente foncière ».

Tels sont donc les motifs qui ont fait rejeter les rentes foncières ; et bien que les emphytéoses perpétuelles n'aient pas été nommément comprises dans la mesure de rejet, j'admets qu'elle leur soit applicable. Elles font d'ailleurs évidemment l'objet de la disposition générale de l'art. 550. De tels contrats, qu'ils portent le nom de bail à rente, de bail emphytéotique, ou tout autre qui entraînerait les mêmes résultats politiques, c'est-à-dire, une dépendance plus ou moins sentie, plus ou moins prochaine entre les citoyens, rappeleraient, sous d'autres noms, les distinctions, les dépendances féodales avec leurs odieux effets ; et il est dans l'esprit de la législation nouvelle de condamner cet ordre de choses, et d'en rendre le retour à jamais impossible ; la cause de ces contrats ne serait donc pas une cause licite, et la sanction de la loi nouvelle qui la prohibe consiste à ramener à l'état de vente la concession stipulée, et d'obligation pure et simple en paiement du prix, la rente convenue sous l'ancienne forme des concessions à titre perpétuel (1).

Mais de tels inconvéniens se rencontrent-ils dans les concessions à titre temporaire, alors que leur durée atteindrait le maximum déterminé par la loi du 18-29 déc. 1790, quatre-vingt-dix-neuf ans ? Il est évident que non. De telles concessions ne sauraient avoir les inconvéniens signalés lors de la discussion relative aux rentes foncières, le retour vers les anciennes dépendances féodales ; et néanmoins elles ont tous les avantages que l'on pouvait recueillir autrefois de ce genre de contrat, c'est-à-dire, qu'elles donnent la facilité de mettre, moyennant une modique redevance, en pleine culture, des terrains en friche, ou même

_____

(1) Un arrêt de la Cour royale de Colmar, du 25 mai 1821, avait prononcé la nullité d'une constitution emphytéotique passée depuis 1790 ; mais cet arrêt a été cassé le 15 déc. 1824 (Sirey, t. XXV, 1, p. 290).

21.

de concéder, au grand avantage du preneur et du bailleur, des
biens en pleine culture, mais dont la situation ou l'éloignement
rendent la gestion onéreuse ou diffi cile à ce dernier. Ces conces.
sions temporaires, ne s'appuyant pas sur une cause illicite, ren-
trent donc dans la catégorie générale des transactions autorisées
par la loi, en vertu du principe que la loi permet tout ce qu'elle
ne défend pas.

L'objection tirée de ce que l'art. 530 re latif aux concessions
perpétuelles, ne permettant pas au créancier de stipuler un délai
plus long que trente ans pour le remboursement de sa rente,
ce serait éluder indirectement cette prohibition que d'admettre
des baux temporaires de quatre-vingt-dix-neuf ans, dans lesquels
la stipulation prorogerait naturellement le remboursement de la
rente pendant tout ce délai, n'est pas solide. Le but de l'art. 530
n'est pas le même que celui de la loi de 1790. Dans le premier
cas, il y a aliénation complète du fonds; dès lors, le Code civil
règle, comme conséquence de cette aliénation, que le concessionnaire est débiteur du prix du fonds aliéné à l'égal d'un acquéreur; la disposition qui autorise à stipuler un délai qui ne
pourra excéder trente ans pour le remboursement de la rente
est fondée sur les inconvéniens attachés aux variations que peut
éprouver l'intérêt de l'argent (1). Dans le second cas, au contraire, le fonds concédé n'est pas aliéné; il reste toujours essentiellement la propriété du bailleur, comme je vais le démontrer;
dès lors, la rente n'est pas le prix d'une aliénation proprement
dite; elle est l'une des conditions de la concession temporaire
faite au preneur.

13. 2° Peut-on-dire que les baux emphythéotiques temporaires soient translatifs du plein droit de propriété?

Je ne le pense pas. Outre que le Code civil n'offre aucune disposition dont on puisse inférer qu'il autorise un effet aussi extraordinaire que la translation temporaire du droit de propriété,
surtout par l'emploi d'un contrat qu'il n'a pas formellement autorisé, il faut dire qu'il est dans son esprit de ramener en toute
occasion, et à moins d'une volonté formellement contraire de
sa part, à leur pureté primitive les grands principes du droit
que l'état politique de l'ancienne société, les contentions ou les
préventions diverses des esprits, avaient pu fausser ou altérer

(1) Procès verbaux du conseil d'État des 15 et 19 v ent. an XII.

sous quelques rapports. Or, que disent ces principes? Non pas que la translation temporaire du droit de propriété ne soit pas de droit naturel, mais bien qu'elle n'est pas conforme à la nature même du droit de propriété. J'ai déjà émis quelques idées à ce sujet ( V. *sup.*, p. 156); il n'est pas de la nature de ce droit de ne rester que temporairement et par un pur effet de la stipulation, sur la tête de celui qui en est investi; il faut essentiellement que le propriétaire puisse disposer de sa chose de la manière la plus absolue; tant que ce trait dominant du droit de propriété n'existera pas, on ne saurait reconnaître le véritable propriétaire; or, cette idée est incompatible avec une propriété rendue temporaire par l'effet de la convention; et voilà pourquoi la loi 1, *ff. de Jur. dot.*, décide que la constitution de dot est perpétuelle; car elle est réellement translative du plein domaine de propriété au mari : « Dotis causa perpetua est : et cum voto ejus qui dat, « ità contrahitur, ut semper apud maritum sit ». Par ces dernières paroles, disent Cujas et Denis Godefroi, la loi entend que le mari est devenu propriétaire de la dot; car les causes temporaires ne sont pas translatives du droit de propriété; ce ne sont que les causes perpétuelles : *His verbis significatur, ex dotis causá dominium adquiri marito : nec enim causæ contractuum temporariæ, dominium mutant, sed perpetuæ.* Le président Faber ne s'exprime pas différemment : « Les droits de lods et vente, dit ce jurisconsulte ( Cod., lib. 4, tit. 45, de fin. 28 ), ne cessent pas d'être dus pas cela seul que la donation a été résolue; car il suffit, pour qu'ils soient toujours dus, qu'ils procèdent d'une translation du domaine de propriété définitive et dérivant d'une cause perpétuelle de sa nature. *Ità fieri non potest ut semel debita laudimia ob solam donationis resolutionem deberi desinant; ut enim perpetuo debeantur, sufficit semel translatum fuisse dominium ex eá causá quæ* SUI NATURA POTUERIT ESSE PERPETUA, CUM SOLA DOMINII TRANSLATIO ILLA SIT, *quæ laudimiorum præstandorum obligationem parit.* Et sur quoi fonde-t-il sa décision? Sur ce que les causes temporaires ne sont pas translatives du véritable domaine de propriété : *Nam nec solet dominium transferri*, ajoute-t-il en note, *ex causá temporali.*

Les conditions résolutoires sous-entendues ou apposées aux contrats d'aliénation ne font pas des exceptions à cette règle. L'aliénation pleine et entière existe en principe; elle est le fondement de la convention. Néanmoins les parties prévoient ou sont censées prévoir que, si tel cas se réalise, l'aliénation sera résolue. Le président Faber vient d'en fournir un exemple : Je fais une donation ; l'acte est immédiatement translatif du plein droit de propriété sur la tête du donataire ; il a donc atteint dès ce moment tout son effet. Mais si je me marie depuis et que j'aie des enfans, la donation se trouvera résolue, et cette résolution ne sera pas contraire à l'essence de l'aliénation, car elle a été définitive et complète du jour même où elle a eu lieu. Ces caractères ne sauraient se rencontrer dans les concessions temporaires qui s'analysent nécessairement en ces termes : Je vous fais propriétaire pour un temps, néanmoins, ce temps expiré, je veux que vous cessiez de l'être. Qui reconnaîtrait dans le concessionnaire à ce titre le véritable propriétaire, pouvant essentiellement disposer de sa chose ? et qui ne voit là qu'un simple détenteur temporaire, ayant un droit en la chose sans doute, appelé, si l'on veut, le domaine utile, comme aussi les actions nécessaires pour le faire respecter, mais qui n'est pas foncièrement, incommutablement le maître de cette chose qu'il doit restituer, et qui ne peut, dès lors, porter qu'abusivement la qualité de propriétaire (1). Aussi les meilleurs auteurs enseignent-ils que les concessions temporaires ne sont pas translatives du droit de propriété, bien que M. Merlin adopte un avis contraire (*ibid*). J'ai déjà rapporté l'opinion de Dumoulin ; celle du président Faber n'est pas moins expresse. Il va même jusqu'à contester à tous les preneurs temporaires le véritable domaine utile ; il ne leur reconnaît qu'un certain droit en la chose, proportionné à leur jouissance ; et, après avoir caractérisé ce droit, il ajoute : « Or, voilà le droit qu'ont les emphytéotes, les concessionnaires de fonds, le superficiaire, le vassal, et autres auxquels nous refusons l'action directe, parce qu'ils *ne sont pas propriétaires*, bien qu'ils aient une action utile à cause du droit qui

(1) Les dispositions du Code civil, en matière de vente à réméré, sont conçues dans cet esprit. L'acquéreur à réméré ne peut être dit qu'improprement le maître de la chose vendue, puisque son droit peut être résolu selon le caprice du vendeur. Voilà pourquoi la faculté de rachat ne peut être stipulée pour un terme excédant cinq années ( Art. 1660 ). La perpétuité étant de l'essence du droit de propriété, le Code civil, tout en laissant subsister la faculté de rachat, en limite néanmoins les effets, et rend ainsi hommage aux vrais principes sur la translation de la propriété, en se rapprochant d'eux.

leur appartient dans la chose, malgré le propriétaire et même contre lui ; qu'ils n'aient aucun domaine, pas même le domaine utile, c'est ce qui résulte, outre ce que nous avons dit à ce sujet, de la décision de Paul en la loi 12, § *in vectig.*, ff., *de public. in rem act.* ; d'après laquelle les fonds concédés, superficies et autres ne peuvent être prescrits ». *Tale porrò jus habent emphyteuta, superficiarius, vectigalis fundi possessor, vassallus, et alii qui sunt similes, quibus quod non sint domini actionem directam denegamus, sed ità tamen ut utilem iis propter jus quod in re habent, domino quoque invito, in ipsum etiam dominum, concedamus. Nullum enim dominium istos habere, ne quidem utile, præter ea quæ diximus, ex illo etiam constat, quod Paulus scribit in l. cum sponsus 12, § in vectig. de publ. in r. act. vectigalia prædia, et superficiaria et alia ejusmodi, capi non posse (Conject., p. 795) ».*

Dunod (*Præscrip.*, p. 539) ne voit nullement un contrat translatif de propriété dans l'emphytéose. « Ce contrat ne donne pas tant que la vente, dit cet auteur, mais il donne plus que le bail ; et c'est un composé de deux domaines, dont le principal reste à l'ancien propriétaire du fonds, et l'autre appartient à l'emphytéote, à raison des améliorations et des bâtimens qu'il a faits dans l'héritage ». M. Proudhon (*de l'Usufruit*, n° 97) partage les mêmes idées : « L'emphytéose, selon lui, qui tient un milieu entre la vente et le bail, peut être stipulée aussi, soit pour durer pendant la vie du preneur seulement, soit pour tout tout autre temps déterminé ; alors *elle n'emporte pas aliénation du fonds*, et, dans ce cas, elle n'est autre chose qu'un bail plus ou moins modifié, suivant qu'elle a été stipulée pour une durée plus ou moins étendue, ou que la pension annuelle qui doit être payée au bailleur se rapproche plus ou moins de l'équivalent des fruits qui seront perçus par le preneur ; ou enfin, que celui-ci est plus ou moins chargé d'améliorer le fonds ». M. Grenier exprime absolument les mêmes principes dans son *Traité des hypothèques* (n° 143), et pour cette raison il refuse à l'emphytéote la faculté d'accorder hypothèque sur sa jouissance ; car son titre étant un bail, il détient pour autrui. Enfin, deux avis du conseil d'État, l'un du 7 mars 1803, l'autre du 2 fév. 1809, et que je ne transcris pas ici, sont confirmatifs des mêmes idées.

C'est à la lueur de ces principes qu'il faut expliquer les dispositions du Code civil sur cette matière, et dire que, ramenant la jurisprudence antérieure à de plus correctes solutions juridiques, il a repoussé les translations de propriété temporaires comme effet direct de la convention, à l'égard de tout contrat ou concession emportant altération plus ou moins grave du droit de propriété dans les mains du propriétaire ; que, s'il ne répugne pas à l'esprit philosophique et libéral de ses dispositions sur les conventions d'admettre des concessions temporaires sous le nom de bail emphytéotique, bail à vie, superficiaire, ou tout autre, autorisées par la législation précédente, et par-là même des droits en la chose, proportionnés à la nature et à l'étendue de jouissance qu'entraîne cette concession, il ne saurait du moins en résulter jamais la déviation la plus légère des véritables principes sur la propriété qu'il a eu dessein de réhabiliter.

14. 3° La jouissance emphytéotique est-elle susceptible de l'affectation hypothécaire ? Je pense que non, et voici mes raisons :

1° Les termes de l'art. 2118 sont restrictifs : « Sont *seuls* susceptibles d'hypothèques, 1° les biens immeubles qui sont dans le commerce et leurs accessoires réputés immeubles ; 2° l'usufruit des mêmes biens et accessoires pendant le temps de sa durée. » Ajoutez qu'ils dérogent implicitement à l'art. 6 de la loi du 11 brum. an VII, qui mettait précisément au nombre des biens susceptibles d'hypothèques, outre l'usufruit, la *jouissance à titre d'emphytéose*. La considération présentée par M. Merlin, que, si les auteurs de la loi du 11 brum. an VII ont mis nommément l'emphytéose au nombre des biens susceptibles d'hypothèque, c'était uniquement pour rectifier l'erreur commise par la loi du 9 mess. an III, qui qualifiait mal à propos d'usufruit l'emphytéose ; que sa disposition était dès lors surérogatoire, l'emphytéose se trouvant de droit susceptible de recevoir l'hypothèque, n'est pas admissible. Il n'est nullement conforme aux règles générales de l'interprétation de prêter à la loi un motif particulier, dirigé vers un but accessoire, savoir, la rectification de quelques termes impropres de la loi précédente, lorsque rien dans sa disposition ne conseille l'abandon des motifs généraux dont elle s'appuie naturellement, savoir, la convenance d'admettre l'emphytéose au nombre des biens susceptibles de l'affectation hypothécaire. D'ailleurs, quelle que fût l'impropriété des termes de la loi précédente, elle n'en embrassait pas moins l'emphytéose qui est exclue par la loi nouvelle ; 2° il est explicitement conforme aux dispositions du Code civil, de repousser les an-

ciennes concessions perpétuelles, à quelque titre que ce soit ;
si elles sont conçues dans cette forme, elles prennent, à ses
yeux, le caractère d'une vente dont la rente stipulée est le prix.
Analogiquement à ces dispositions, il est dans son esprit de dénier la translation du droit de propriété aux concessions temporaires qu'il ne prohibe pas formellement. Je ne saurais admettre
encore avec le même auteur (*ibid.*, p. 204), et par les raisons
que j'ai amplement développées, « que le Code civil ne déclarant
essentiellement rachetables que les seules *rentes perpétuelles*,
puisqu'elles sont les seules rentes qu'il mobilise, maintient par
là non-seulement comme irrachetables, mais encore *comme foncières*, *comme faisant partie des fonds qui en sont grevés*, les
rentes qui forment le prix d'une concession temporaire ». Je
pense que cette interprétation est directement contraire à l'esprit du Code civil, à l'ensemble de ses dispositions. Cette fiction
qui tendrait à faire revivre des rentes foncières temporaires par
l'effet d'un argument *à contrario*, ne me paraît nullement plausible. Elle supposerait la translation temporaire du plein droit
de propriété. Or, une telle disposition que j'ai démontrée contraire aux vrais principes du droit, ne pourrait trouver place
dans la loi que sous la forme expresse et directe et non sous la
forme indirecte. Je ne saurais d'ailleurs reconnaître dans les
baux emphytéotiques temporaires, faits sous le Code civil, le
même caractère d'aliénation qu'y attachait l'ancien droit. Ainsi,
les droits de commise, de prélation en cas de vente et autres,
ne pourraient se réaliser que tout autant qu'ils feraient l'objet
d'une stipulation expresse insérée dans le contrat, et ils se trouveraient régis par le droit commun. Dans l'état actuel de notre
législation, l'emphytéose ne donnerait pas à l'emphytéote le droit
de vendre sa jouissance à un tiers, à moins d'une convention expresse également énoncée dans l'acte ; il s'écarterait d'ailleurs du
but propre de la concession qui est de détenir la chose d'autrui
pour la cultiver, l'améliorer et la restituer en bon état à la fin de
la concession. Il ne pourrait dans aucun cas se soustraire à l'action du bailleur à raison de sa détention. Ajoutons que sa condition n'est pas la même que celle de l'usufruitier. L'usufruitier
jouit de la chose d'autrui ; mais sa détention n'a pas d'autre but
que sa propre jouissance ; elle est ce qu'on peut appeler *propriis-
sime* ; il n'en doit compte à personne. Voilà pourquoi l'usufruit
est considéré comme un démembrement de la propriété, sus-

ceptible d'être établi temporairement ( art. 580-617 ); car ce
qu'on décide pour le plein droit de propriété, qu'il n'est pas régulièrement susceptible d'une translation temporaire, ne saurait
s'appliquer à l'usufruit, le plein droit de propriété supposant,
comme il a été dit, jusqu'à la faculté d'anéantir sa chose ; le droit
d'usufruit, au contraire, supposant l'obligation de conserver la
chose sur laquelle il est assis. On conçoit donc que l'usufruit,
distinct du droit de propriété, puisse devenir l'objet d'une cession, et qu'il soit dès lors passible de l'affectation hypothécaire.

La jouissance de l'emphytéose ne porte pas les mêmes caractères; elle est propre sans doute à l'emphytéote, et j'admets
volontiers, comme je l'ai déjà dit, que la nature de cette jouissance confère un domaine utile, même un *jus in re* qui ne diffère pas essentiellement de celui de l'usufruitier, en tout ce qui
concerne le maintien de cette jouissance. Mais quel que soit son
droit à cet égard, il reste toujours essentiellement détenteur de
la chose d'autrui ; la condition de sa jouissance n'est pas simplement de conserver, mais encore d'améliorer la chose d'autrui, et
de la restituer en état d'amélioration. C'est même pour atteindre
proprement ce but que la concession existe, car les auteurs
remarquent que l'emphytéose, constituée uniquement pour procurer au bailleur des revenus certains de biens dont la gestion
était difficile ou éloignée, avait dégénéré de sa nature primitive.
Au reste, même dans ce dernier état, il était de l'essence du
contrat emphythéotique, que la jouissance ne pût en rien détériorer le fonds. De là vient que l'emphytéote ne pouvait,
même dans l'ancien droit, se livrer à aucune exploitation de
mines sur le fonds concédé, extraire, soit des pierres, soit de
la houille, soit tous autres objets recélés sous le sol, car il
aurait ainsi appauvri le fonds, ce qui était contraire à son titre.
Il en était autrement de l'usufruitier, dont la jouissance, se trouvant dégagée des obligations de l'emphytéote, sous ce rapport,
embrassait tous ces derniers actes, car ils étaient censés essentiellement compris dans son droit (Voët, *Comment. ad Pandect.*,
lib. 6, tit. 3, n° 11 ).

Ces distinctions ont pour objet de faire sentir, que tant que la
législation n'aura pas rendu, d'une manière expresse à l'em-
phythéose le caractère et les développemens dont elle est sans
doute susceptible, on ne saurait attribuer, par des interprétations forcées, au Code civil, ce qui est évidemment con-

traire à son esprit aussi bien qu'à son texte ; que la loi du
18-29 déc. 1790 n'a conservé en réalité que le principe de l'emphytéose, laquelle rentrant dès lors dans la grande catégorie
des contrats licites, est nécessairement régie par la loi générale
qui détermine à quelles conditions subsistent tous les contrats,
quels effets ils sont susceptibles de produire, et notamment
quels sont ceux auxquels peut s'attacher valablement l'hypothèque.

15. 4° Quels sont les effets du Code civil sur les baux emphytéotiques temporaires antérieurs ? D'après tout ce qui précède,
la réponse à cette question est facile.

Les intentions des rédacteurs du Code civil ont été d'embrasser
tout le droit civil ; tous les discours des orateurs qui ont présenté
ce Code aux pouvoirs publics en font foi. Or, l'emphytéose est
incontestablement une matière de droit civil, puisqu'elle est
caractérisée d'acte mixte participant de la vente et du louage
(L. 1 ; Cod. *de jur. emphyt.*). Néanmoins le Code civil n'ayant
défini aucun des anciens actes mixtes, tels que le bail à rente ou
l'emphytéose temporaire, faut-il en conclure qu'il a abrogé
l'art. 1, tit. 1 de la loi du 18-29 déc. 1790 qui les autorise ? Non,
sans doute, car on ne peut pas dire que ces baux soient incom-
patibles avec ses dispositions ; or, il n'y a, comme je l'ai dit,
qu'une telle incompatibilité qui entraîne l'abrogation implicite
de la loi. Mais ce qu'il a abrogé, ce sont les formes particulières
et arbitraires de ces contrats ; car elles sont inconciliables, sauf
les stipulations expresses qui peuvent les rappeler, avec les formes générales qu'il décrit et qu'il approprie aux contrats. Ses
prescriptions à cet égard sont une abrogation implicite des formes précédentes. Il n'est censé conserver de ces anciens contrats
que ce qui les constitue essentiellement, pour les classer ensuite
dans les formes générales qu'il a adoptées. Mais à quel trait
reconnaîtrons-nous le caractère essentiel des anciens contrats
mixtes ? C'est évidemment à la partie dominante dans cette mix-
tion, d'après les principes que nous enseignent Dumoulin (1),
Heineccius (2) et autres jurisconsultes ; or, je crois avoir suffisamment établi dans toute cette discussion, que, sauf le bail à
rente perpétuelle qui transférait le véritable droit de propriété,

(1) *Labyrinth.*, t. 1, n°s 17-18.
(2) *Pandect.*, part. 2, § 63.

expropriait complètement le bailleur, tous les autres contrats emportant cession perpétuelle ou temporaire restaient essentiellement baux, laissant subsister éminemment la propriété sur la tête du bailleur, et ne conférant au preneur que des droits plus ou moins étendus sur la chose, conformes souvent aux droits de l'usufruitier, quelquefois même les dépassant ; mais n'emportant jamais translation du véritable droit de propriété au preneur. Partant donc de ces principes, il faudra dire que le Code civil a entendu comprendre parmi les baux à loyer les baux dont il s'agit, les soumettre à ses dispositions générales relatives aux contrats, en leur laissant néanmoins tous ceux de leurs effets qui tiennent à leur nature propre et ne sont pas implicitement repoussés par ses dispositions (1).

Il faut dès lors poser comme conséquences ultérieures que tout ce qui se trouvera consommé antérieurement au Code civil, conformément au titre emphytéotique précédent, restera irrévocablement réglé d'après ce titre ; mais qu'il n'en sera pas ainsi des effets à venir qui tomberont naturellement sous l'action du Code civil. Ainsi, une hypothèque conférée par l'emphytéote sur sa jouissance avant le Code civil, sera valablement conférée sans doute ; mais il ne pourra pas en conférer une nouvelle depuis la promulgation de ce Code ; ainsi, un bail emphytéotique ne fera pas partie de la communauté de biens d'un mariage que j'aurai contracté avant le Code civil ; mais il entrera sans difficulté dans la communauté d'un mariage que j'aurai contracté depuis ; et en cela il n'y aura nulle rétroactivité, car la loi ne rétroagit pas lorsqu'elle étend naturellement son action sur des faits réalisés sous son empire. Mais de même que l'emphytéote aurait pu avant le Code civil former une action en complainte, en réintégrande, au pétitoire, même contre le bailleur, pour le recouvrement ou le maintien de sa jouissance, de même il peut former ces actions sous le Code civil et le Code de procédure civile ; car ces actions sont de l'essence même du bail emphytéotique, attendu que l'emphytéote a un domaine utile, même un *jus in re* conforme à la

_____

(1) L'arrêt de la Cour de cassation, du 26 juin 1822 ( aff. Dubourg, *Bulletin civ.*, t. XXIV, p. 181 ) a jugé, conformément à ces principes, que l'emphytéote pouvait former utilement une action possessoire. Mais il ne faudrait pas tirer de cet arrêt les conséquences générales qui paraissent en résulter. Il suppose une législation formelle sur la matière, que l'on peut désirer sans doute, mais qui n'existe pas encore.

nature de son titre , et que l'exercice de ces actions n'est nullement incompatible avec les dispositions du Code civil, ou du
Code de procédure civile.

—

§ 2. — Des servitudes.

—

### SOMMAIRE.

1. — *Distinction importante entre les servitudes légales et
les servitudes conventionnelles. La loi nouvelle
rétroagit à l'égard de celles-ci ; elle ne rétroagit
pas à l'égard des premières.*

2. — *Les servitudes, résultant de la possession, et caractérisées par l'art. 691 du Code civil, doivent être
acquises avant la promulgation de ce Code. Elles
ne sauraient être complétées par une possession
prolongée sous son empire.*

3. — *Les actions possessoires ne sauraient être admises
que le demandeur n'ait administré préalablement
la preuve de sa propriété de la servitude ; par le
résultat de la possession ; de là l'incompétence
du juge de paix, même quant aux actions possessoires. Néanmoins, il pourrait statuer au possessoire, si à la possession annale se joignait un
titre établissant la servitude.*

4. — *Mais si cette possession n'était que le résultat d'une
prohibition de la loi ou de l'ancien statut local,
elle ne serait pas de nature à fonder la prescription de cette servitude.*

5. — *A l'égard des servitudes continues et apparentes,
que le Code civil permet d'acquérir par la prescription de trente ans ( Art. 690), la possession
antérieure à sa promulgation compte ou ne compte
pas pour commencer cette prescription, selon
qu'elle est admise ou repoussée par les statuts antérieurs.*

6. — *Mais la loi nouvelle, relative aux servitudes légales, est applicable immédiatement et sans rétroactivité.*

7. — *Quelle que soit la difficulté de la preuve de la possession antérieure au Code civil, à mesure qu'on s'éloigne de l'époque de sa promulgation, cette preuve n'en reste pas moins une obligation constante pour les tribunaux de la refuser ou de l'admettre, selon la nature de la demande.*

8. — *Relativement à la servitude de passage nécessaire, quelles que soient les dispositions des anciennes coutumes, il faut admettre, que comme servitude légale, la loi nouvelle sera applicable du jour de sa promulgation et sans rétroactivité. Comme servitude conventionnelle, ou résultant du fait de l'homme, elle ne saurait être appliquée sans rétroagir.*

———

1. Je viens d'indiquer dans quel sens les anciens baux emphytéotiques, et les contrats analogues modifiaient réellement le droit de propriété ; et comment les lois nouvelles, cédant à de certains principes de réforme sociale ont dû porter des traces évidentes de rétroactivité. Je vais m'occuper un instant des servitudes, modifications d'un autre ordre, du droit de propriété.

En cette matière ( j'entends parler des servitudes proprement dites ou services fonciers ), la rétroactivité législative, si elle existe, n'est fondée sur aucune cause politique.

Je ne saurais du reste placer sur la même ligne les mesures générales par lesquelles la loi impose aux citoyens, ou même à quelques uns d'entre eux dans l'intérêt de tous, des obligations plus ou moins destructives du droit de propriété ; par exemple : celles qui ont pour objet « le marche-pied le long des rivières navigables ou flottables, la construction ou réparation des chemins et autres ouvrages publics ou communaux (Art 650, C. civ.) ; la défense de planter des bois ou de construire des édifices dans un rayon déterminé des forêts royales, sans per-

mission expresse du Gouvernement ( Cod. forest., Art. 181 et
suiv. ). La défense de changer la face du terrain et d'élever des
constructions, ou de ne les élever que sous des conditions
imposées par le Gouvernement, dans un rayon déterminé au-
tour des places de guerre et postes militaires ( Lois des 10 juil.
1791 et 17 juil. 1819 ), etc. ; et la disposition législative, par
exemple, qui prononce le rachat des rentes foncières ou la
suppression de certains droits, sans indemnité. Dans le premier
cas, la loi, agissant au nom de tous, crée ou modifie, dans le
sens du bien public, quelques unes des charges sociales ; et
comme du simple rapport du citoyen à la loi, ainsi que je l'ai
dit souvent, ne saurait jamais résulter un droit acquis, la loi
peut toujours, sans rétroagir, modifier ou aggraver ces charges.
Dans le second cas, au contraire, elle détruit des droits acquis,
s'interpose dans les rapports privés des citoyens, change arbitrairement leur position sociale, alors que sa véritable mission
consiste à respecter et à protéger celle qu'ils se sont volontairement donnée sous ses auspices, car toutes les lois sont solidaires, quant à l'autorité de leurs prescriptions ; et de là la
rétroactivité.

2. Mais les inconvéniens de la rétroactivité peuvent facilement résulter, en cette matière, du texte même de la loi ; soit
en ce qu'il est insuffisant, soit parce qu'il est mal interprété.

J'ai particulièrement à m'expliquer sur l'art. 691 du Code
civ., siège de quelques questions de rétroactivité. Cet article est
ainsi conçu : « Les servitudes continues non apparentes, et les
servitudes discontinues, apparentes ou non apparentes, ne peuvent s'établir que par titres. La possession, même immémoriale, ne suffit pas pour les établir, sans cependant qu'on puisse
attaquer aujourd'hui les servitudes de cette nature déjà acquises
par la possession, dans les pays où elles pouvaient s'acquérir
de cette manière »

La première partie de cet article remédie aux graves inconvéniens qui résultaient autrefois de l'établissement de ces sortes
de servitude, par l'effet d'actes de possession souvent équivoques
ou incertains. La seconde partie exprime formellement la volonté de la loi de ne pas rétroagir. Mais la difficulté réelle est
tout entière dans l'application régulière de cette disposition.

Et d'abord, il faut partir du principe certain, que la servitude n'est acquise, dans l'esprit de la loi, que lorsque la

possession de trente ans ou immémoriale, selon les coutume
qui l'admettaient dans l'une ou l'autre condition, est acquise
avant la promulgation de cet article du Code civil. Que si elle
n'était pas encore acquise, elle n'est plus susceptible de l'être,
car il lui manquera toujours ce que la loi nouvelle lui refuse,
une possession de nature à compléter le temps nécessaire pour
l'acquérir; c'est ce qu'a jugé avec toute vérité la Cour de cassation le 31 août 1825 ( aff. Coiffard ) (1); et de là plusieurs
graves conséquences.

3. 1° Non-seulement l'action en complainte serait non recevable en cas de trouble pendant l'année écoulée sous le Code
civil (2), ou commencée avant le Code civil, et terminée depuis (3); mais encore elle le serait, alors que la servitude serait
réellement acquise par la possession, aux termes de l'ancien
droit. Il faut, dans tous les cas, administrer préalablement la
preuve de l'existence de la servitude ainsi acquise; et c'est là
une question de pétitoire qui sort évidemment de la compétence du juge de paix (4). Néanmoins, le juge de paix pourrait
très bien statuer au possessoire, si à la possession annale se
joignait un titre établissant la servitude. La simple appréciation
du titre dans ce cas, ne saurait entraîner le reproche de cu-
muler le pétitoire avec le possessoire (5).

4. 2° Mais il faut que cette possession soit de nature à fonder
la prescription, par conséquent qu'elle soit continue, non in-
terrompue, paisible, publique, non équivoque, et à titre de
propriétaire, ( Art. 2229, C. civ. ). Une possession résultant
d'une simple disposition prohibitive de la loi, ou d'un règlement
local non abrogé, ne serait donc pas une possession propre à
fonder une prescription de cette nature. Par exemple : d'après
un statut ancien existant dans le ci-devant pays de Monaco,
celui sur la propriété duquel s'avançaient des branches d'olivier
ou de citronnier, ne pouvait en demander la coupe ; il devait
même souffrir que le propriétaire des arbres vint les couper sur
son fonds. L'art. 672 du Code civil, au contraire, dispose que

(1) Sirey, t. XXVI, 1, p. 27.
(2) Cassation, 13 août 1810; Sirey, t. X, 1, 333.
(3) Ibid., 10 fév. 1812; Sirey, t. XIII, 1, p. 3.
(4) Ibid., 17 fév. 1813; Journal du Palais, t. XXXVI, 1, p. 408; et
2 juil. 1823; Sirey, t. XXIII, 1, p. 430.
(5) Ibid., 24 juil. 1810; Sirey, t. X, 1, p. 334.

celui sur la propriété duquel avancent les branches d'arbres peut contraindre le propriétaire des arbres à couper ces branches. Quelque prolongée que fût, avant le Code civil, l'inaction du propriétaire du fonds asservi, le propriétaire du fonds dominant où se trouveraient plantés les arbres, ne saurait s'en prévaloir, comme d'une possession véritable, pour fonder une servitude discontinue acquise aux termes de l'art. 691, attendu que la prohibition du statut local était l'unique cause de l'inaction du propriétaire du fonds asservi; et c'est ce qu'a positivement jugé un arrêt de la Cour de cassation du 31 déc. 1810 (1).

5. 3° Comme conséquence du principe que la servitude, résultant de la possession, ne saurait émaner que d'une possession de nature à entraîner la prescription, et former dès lors, dans la personne du possesseur, un droit irrévocable à l'abri de toute action rétroactive de la loi nouvelle, il faut dire, à l'égard des servitudes continues et apparentes que le Code civil permet d'acquérir par la possession trentenaire (Art. 690), que la possession antérieure à sa promulgation comptera pour former cette prescription ou ne comptera pas, selon qu'elle sera admise ou repoussée par les statuts des divers pays dans lesquels elle aura commencé. Ces principes sont professés, avec toute raison, par MM. Toullier (2), Merlin (3) et Pardessus (4).

6. Néanmoins, ils ne sont pas applicables aux servitudes légales.

A l'égard de ces servitudes, la loi puisant ses déterminations dans des motifs d'ordre public, n'ayant jamais aliéné son action générale sur la société, est immédiatement applicable, et sans rétroactivité, alors que la possession commencée avant sa promulgation serait repoussée par la loi précédente. Ainsi, bien que l'ancienne loi contint la prohibition formelle d'ouvrir des vues droites sur l'héritage de son voisin, si la loi nouvelle tolère ces sortes d'ouvertures, elle sera immédiatement applicable, alors même qu'elles auraient été pratiquées sous l'empire des anciennes lois qui les défendaient. Il faut admettre toutefois qu'aucun jugement passé en force de chose

(1) Sirey, t. XI, 1, p. 81.
(2) T. III, n° 626.
(3) Répert., v° *Prescription*, sect. 1re, § 3, n°s 8 et 9.
(4) *Servitudes*, n° 342.

II.                                    22

jugée, et qui condamne une telle entreprise, n'aura été rendu avant l'émission de la loi nouvelle, ou qu'on ne pourra induire d'aucune convention expresse ou tacite intervenue entre les parties à la même époque, qu'elles ont entendu régler différemment leurs rapports de voisinage. Dans ce cas, sans doute, la loi existante au temps du jugement ou de la convention, devrait être suivie. Ces principes ont été plus ou moins explicitement consacrés par un arrêt de la Cour de cassation, du 17 therm. an XIII (1).

7. Au reste, la dernière partie de l'art. 691, évidemment insuffisante dans son laconisme, peut donner lieu à de grandes difficultés dans l'application. La servitude discontinue, apparente ou non apparente, bien définie, comment arrivera-t-on, à mesure qu'on s'éloignera de l'époque à laquelle a été promulgué le Code civil, à faire la preuve de l'acquisition ancienne d'une telle servitude par la possession? Il faudra bien, à cet égard, se soumettre à la loi, quelques difficultés que l'on entrevoie aujourd'hui dans son exécution ; et les tribunaux ne pourront dans aucun cas, se refuser à admettre, d'après la nature de la demande, la preuve testimoniale de la possession antérieure, sauf à la juger insuffisante si telle est sa condition. Mais j'ai déjà établi qu'aucune action possessoire n'était admissible dans cette hypothèse ; une telle action supposant du moins un droit apparent de propriété qui ne saurait absolument résulter d'une possession, tendant à l'établir, qui ne serait pas encore prouvée.

8. Relativement aux coutumes qui n'admettaient pas, par exemple, de passage sans titre, qui même ne contenaient aucune disposition pour le passage nécessaire, M. Pardessus (2) voit de bien graves inconvéniens à exiger aujourd'hui la suppression de ces passages, ou à astreindre au paiement d'une indemnité ceux qui les possèdent; et ses raisons sont propres à faire impression. Néanmoins, je ne vois pas là un motif suffisant d'appliquer rétroactivement le Code civil à ces matières. La jurisprudence, quelles que soient ses intentions, ne saurait jamais se permettre de détourner le sens de la loi lorsqu'il est clair. Reprenant l'hypothèse présentée par M. Pardessus : ou

_____

(1) Chabot, *Quest. transit.*, t. II, p. 358.
(2) *Ibid.*, n° 343 et suiv.

il s'agira d'une servitude légale, ou il s'agira d'une servitude conventionnelle; dans le premier cas, qu'importe que l'ancienne coutume refusât le chemin nécessaire? J'ai établi plus haut, et la Cour de cassation a jugé (1) que ce n'est pas faire rétroagir le Code civil que de l'appliquer du jour de sa promulgation, aux servitudes de cette nature. On accordera donc immédiatement à la partie intéressée qui prouvera qu'elle est dans les conditions voulues par la loi pour l'obtenir, et par une application directe de l'art. 682, le chemin nécessaire que lui refusait la coutume. Que s'il s'agit d'une véritable servitude discontinue apparente, alors, pourquoi ne pas se conformer au texte précis de la loi? Quelles que soient les déterminations des anciennes coutumes sur la manière d'acquérir ces sortes de servitudes, la loi n'exige qu'une chose : c'est la preuve qu'elles sont acquises par la voie de la possession dans les pays où elles pouvaient s'acquérir de cette manière. S'il n'en est pas ainsi, on ne saurait aller plus loin qu'elle, et on méconnaîtrait ouvertement son vœu qui consiste à exiger un titre pour l'établissement de ces servitudes.

En évitant donc une certaine confusion entre les servitudes légales et celles qui résultent du fait de l'homme et qui supposent un consentement de sa part, on diminue de beaucoup, ce me semble, les inconvéniens dont il vient d'être parlé, et l'on évite la rétroactivité qui est toujours un mal réel.

Je sais que la Cour de cassation ayant à statuer sur une action en complainte formée pour le maintien d'un passage destiné à l'exploitation de plusieurs pièces de vignes (2), n'a admis en principe, ni la servitude légale de passage nécessaire, ni la servitude discontinue apparente; qu'elle s'est bornée à dire : « Que s'agissant d'un sentier de simple exploitation, c'est moins une servitude discontinue, que l'exécution *d'une convention supposée* entre les propriétaires voisins pour la desserte de leurs fonds respectifs, pour laquelle on a pu intenter complainte ». Mais cet arrêt, qui sans doute, se recommande par de fortes raisons d'équité, n'est nullement un arrêt de doctrine.

(1) Arrêt du 17 therm. an XIII, *suprà*.
(2) Arrêt du 29 nov. 1814, Sirey, t. XVI, 1, p. 22.

§ 3. — De quelques actes de libéralité simulés.

—

## SOMMAIRE.

13. — *Examen de la question dans le cas où l'acte a été passé antérieurement à la loi du 17 niv. an II.*

14. — *Dans le cas où il a été passé sous l'empire de cette loi.*

15. — *Dans le cas où il a été passé sous la loi du 4 germ. an VIII.*

16. — *Les principes précédens, vrais en ce qui concerne les qualités intrinsèques de l'acte, ou l'interposition des personnes, touchant la question de simulation, sont inapplicables à la disponibilité ou à la quotité disponible.*

17. — *Retour des esprits vers l'ancienne jurisprudence, quant aux applications de l'art. 911.*

18. — *Quel sera le sort d'une libéralité faite entre concubinaires, depuis la loi du 12 brum. an II, jusqu'au Code civil, alors que le disposant est mort depuis le Code, et qu'il existe des enfans naturels issus de ce concubinage?*

19. — *Quel sera le sort d'une libéralité déguisée sous la forme indiquée par l'art. 26 de la loi du 17 niv. an II, faite sous l'empire de cette loi, au père ou à la mère de l'enfant naturel reconnu?*

———

1. Il est curieux de voir les efforts qu'ont fait de tout temps les esprits pour éclairer la matière ténébreuse de la simulation; mais on est surtout étonné des faibles résultats qu'on a obtenus. La faute en est-elle aux législateurs, aux jurisconsultes, à la matière elle - même? Je l'ignore. Les Romains, qu'il faut toujours consulter sur les diverses parties du droit civil qu'ils ont traitées, sous peine de ne les avoir qu'effleurées en leur absence, ne nous ont laissé que des solutions et des doutes. Servius définit ainsi le mauvais dol ( L. 1, ff *de Dol. mal.* ): certaine manœuvre employée, dans le but de tromper quelqu'un, en simulant une chose, et en en faisant une autre : *Machinationem quandam alterius decipiendi causâ, cùm aliud simulatur, et aliud agitur.* Mais Labeon n'est pas content de cette définition : selon lui, une personne peut être circonvenue, autrement que par la simulation; il y a plus : la simulation

peut être employée sans mauvais dol, comme, par exemple, lorsqu'on en fait usage pour la défense de sa chose ou de celle d'autrui. *Labeo autem posse et sine simulatione id agi, ut quis circumveniatur ; posse et sine dolo malo aliud agi, aliud simulari : sicuti faciunt, qui per ejusmodi dissimulationem deserviant, et tuentur vel sua vel aliena.* En conséquence, il définit lui-même le mauvais dol : toute ruse, fraude, manœuvre employées pour circonvenir, abuser, tromper quelqu'un : *Omnem calliditatem, fallaciam, machinationem ad circumveniendum, fallendum, decipiendum alterum adhibitam.* Ulpien approuve cette dernière définition : *Labeonis definitio vera est.* Il donne en outre la raison pour laquelle le préteur a ajouté dans son édit, au mot *dol*, la qualification de *mauvais ;* c'est parce que les anciens reconnaissaient un dol permis qui n'était autre chose que la ruse employée dans la défense, par exemple, contre l'ennemi, contre les voleurs. *Non fuit autem contentus prætor dolum dicere, sed adjecit malum : quoniam veteres dolum etiam bonum dicebant, et pro solertia hoc nomen accipiebant : maximè si adversus hostem latronemve quis machinatur.*

2. Ces définitions, quelque précises qu'elles soient, ne sauraient tenir lieu de principes : aussi voyez les doutes, les incertitudes, les longues controverses auxquelles a donné lieu, sous l'ancienne jurisprudence, tout ce qui se rattache à la simulation ; les contre-lettres, les donations déguisées, les avantages entre époux, entre concubins, entre parens naturels, les fidéicommis tacite, etc. ; ajoutez que la législation étant habituellement nulle ou insuffisante sur ces matières, tout était abandonné à l'arbitraire des tribunaux. Mais il ne faut pas moins s'étonner de ne rencontrer dans les discussions préparatoires du Code civil sur cet matière, aucun des traits philosophiques, fruits naturels de l'époque où parut le Code civil, qui signalaient si souvent ces discussions ; loin de là : un conseiller d'État demande qu'on proscrive d'une manière absolu les contre-lettres qui tendent à déguiser les conventions (1) ; et cette proposition ne fut repoussée que par quelques considérations secondaires ; comme, par exemple, que les contre-lettres peuvent avoir souvent pour objet de fixer le sens de la convention primitive, de réparer des omissions ; que les intérêts du fisc seraient mieux protégés par des amendes que par la suppression

(1) Procès verbaux, t. III, p. 301.

des contre-lettres, etc.; du reste, on en restreignit les effets entre les parties (Art. 1321).

C'est à cette cause, à cette absence constante de tout principe régulateur, qu'il faut incontestablement attribuer les controverses que souleva l'art. 1er de l'ordonnance de 1731 sur la question de savoir, si les donations déguisées sous la forme d'un contrat onéreux étaient abrogées par cet article ou subsistaient encore. Ces controverses, qui se sont prolongées jusqu'au Code civil, loin de cesser par la publication de son art. 931 qui retrace avec une scrupuleuse fidélité la même disposition, se sont renouvelées peu de temps après avec plus de ferveur que jamais; et l'on peut douter encore que l'opinion qui a succombé dans la lutte, au sein de la Cour de cassation elle-même, qui est restée long-temps partagée sur cette question, ne renaisse pas pour agiter de nouveau les esprits; car, on ne saurait se dissimuler que le triomphe de l'opinion contraire ne soit plutôt l'œuvre de la jurisprudence interposant son autorité dans le conflit, qu'une réhabilitation solennelle et discutée des saines doctrines de la matière.

3. Pour bien fixer les esprits et ramener la jurisprudence dans ses voies propres, posons quelques principes:

La maxime que la loi permet tout ce qu'elle ne défend pas est tout entière de l'ordre civil; elle est une conséquence de l'état de l'homme en société. Puisqu'il est comptable envers la loi civile des actes mêmes du pur droit naturel (*suprà*, t. 1, p. 74 et 184), il est juste que la loi civile à son tour protége, non-seulement les actes positifs auxquels il s'est livré, et dont elle a consacré l'existence et les formes, mais encore qu'elle étende ses garanties sur toutes les manifestations explicites ou implicites de sa volonté; car la loi, essentiellement protectrice des citoyens, intervient dans les actes les plus intimes de leur vie privée, pour assurer dans ces actes les effets de leur libre consentement; et, protéger l'expression de ce consentement, quelle qu'en soit la forme, c'est protéger la liberté individuelle. Ajoutez que l'homme en société doit la vérité à l'homme, moins parce qu'elle est vérité que parce qu'elle est utile au corps social (1). De là ces conséquences admises de tout temps

(1) Ainsi, la loi approuve et sanctionne l'acte par lequel un citoyen dissimule la vérité à un autre citoyen pour l'arracher au danger qui le presse (Noodt. *de Forma emend. dol mal.*, cap. 1, 2).

par la législation : Que les paroles importent peu dès qu'il y a
équipollence dans les faits : *Nihil interest quid eveniat ex æqui*
*pollentibus* (1); que le consentement tacite a la même force
que le consentement exprès : *Eadem vis taciti ac expressi* (2);
de là ce principe posé par le président Faber sur la loi 1ʳᵉ au
Cod. *Plus valere quod agitur quam quod simulatè concipitur*
( *Cod. lib.* 4, tit. 16 , *Definit.* 3), que le contrat simulé vaut pour
l'objet que se sont proposé les parties , s'il peut valoir à ce titre :
*Contractus simulatus valet, secundum id quod actum est, si eo*
*modo valere possit ;* et il ne faut pas considérer comme des
objections sérieuses à ces principes , ces paroles de d'Argentrée
sur l'art. 270 de la coutume de Bretagne : « que les contrats simulés ne sont pas proprement des contrats ». *Colorem habent*
*substantiam verò nullam ; nulla quippè conventio initur, nullus*
*contractus agitur, sed fingitur ;* ce que Balde, sur la loi 1ʳᵉ, Cod.
*Plus valer. quod agit. ,* exprime en ces termes : « *Hujus-*
*modi contractus simulatus , est tanquam corpus sine animâ, et*
*dicitur coloratus , de pictus, extrinsecùs apparens, intrinsecùs*
*nihil habens* ». Dumoulin réduit cette pensée, prise dans l'hypothèse spéciale de Balde, à sa juste valeur. « Le contrat simulé,
dit ce grand jurisconsulte ( t. II, p. 168 ), diffère du contrat
réel fait dans la vue de la fraude usuraire. Le premier ne
transfère pas le domaine de propriété, et voilà pourquoi l'action en revendication appartient toujours au prétendu vendeur;
par le second , au contraire , le vendeur n'a que l'action en
rescision ». *Aliud est simulatè contrahere, quo casu nullum*
*transit dominium , et directò res vindicari potest; aliud verè*
*contrahere , sed vitiosè et per fraudem usurariam : quo casu*
*transit dominium , sed agi potest ad rescisionem et repetitionem...*

4. Il faut donc rentrer dans le vrai, et dire que le contrat
simulé produit tous les effets dont il est susceptible, d'après les
intentions des parties, pourvu que la loi ne s'y oppose pas.
Aussi, le président Faber, qui, d'accord avec tous ces jurisconsultes, avouait qu'en soi le contrat simulé n'était pas un
véritable contrat, allant néanmoins au fond des choses, ajoutait ( *Ibid.* ): qu'il valait toujours ce qu'il pouvait valoir selon

---

(1) L. Mulier, ff *ad Senatus-Consultum Trebell.* ; L. *Si mater Cod. de*
*Inst. et subst.*

(2) Bald., L. 3 , ff *de Testam.* , *Tutel.* Éverhard., *Topic, ab Express.*
*ad tacit.*

le droit commun, et le but que s'étaient proposé les parties : *Quod dicimus contractum nullas omninò vires habere, quia nec contractûs nomen mereatur, ità accipiendum est, ut quod simulatè gestum est, pro infecto habeatur,* NEQUE TAMEN EO MINUS VALEAT, QUOD REVERA, ACTUM PROBATUR, SI QUO JURE VALERE POSSIT. Et, en effet, les rapports des hommes entre eux ne sont pas tous de même nature : ils sont d'une variété infinie. Les hommes peuvent, pour des raisons qui intéressent éminemment leur liberté et leur bien-être social, préférer la voie indirecte à la voie directe, dans le règlement de ces rapports. La loi, qui est plus essentiellement répressive que préventive, ne doit restreindre qu'avec prudence cette liberté indéfinie abandonnée au citoyen pour ses transactions sociales; mais par-là même, tout ce que la loi ne lui a pas ravi sous ce rapport, lui appartient; et il suffit que les effets de ces actes directs ou indirects tombent dans ses dispositions régulatrices ou prohibitives, pour qu'il puisse en user selon ses vues et sans craindre d'encourir jamais le blâme des lois.

5. Néanmoins, il est vrai de dire qu'en général la simulation, lorsqu'elle est constante, est liée à la fraude. Aussi le président Faber atteste-t-il, avec les meilleurs jurisconsultes, que la simulation des contrats peut être prouvée, même par des conjectures et des indices, attendu que la preuve en est difficile, comme celle du dol, et qu'il est bien rare qu'elle ne soit pas accompagnée de dol. *Simulatio contractûs probari quidem potest ex conjecturis et indiciis, quia difficilis est probationis, sicut et dolus, cùm simulatio vix unquam sit sine dolo* (*lib.* 4, tit. 14, *definit.* 51); et de là vient qu'elle est si fréquemment employée pour frauder les droits du fisc, ou pour nuire aux droits des tiers. Au reste, elle ne saurait être présumée d'après le même auteur (*lib.* 4, tit. 17, *definit.* 15, *in notis*), et Dumoulin (t. II, p. 443), lorsque les parties ont pu employer la voie naturelle et directe.

6. Il faut donc poser comme principes certains,

1° Que le dol ne saurait exister sans simulation; et qu'à cet égard la proposition de Labéon : « Qu'une personne peut en circonvenir une autre sans simulation, *posse et sine simulatione id agi, ut quis circumveniatur,* est susceptible des diverses rectifications tirées de Cicéron, de Gallus, d'Ulpien, et que l'on trouvera dans Noodt (*de Forma emend. dol mal.*, cap. 2.) »;

2° Que la simulation peut être indépendante du dol ;

3° Que néanmoins, elle est habituellement liée au dol et à la fraude, sans qu'on doive cependant les présumer, lorsque les parties ont pu employer la voie directe.

7. Il est bien facile maintenant d'éclairer les causes qui ont amené les anciens comme les nouveaux doutes sur la question de savoir : si des donations faites sous la forme de contrats onéreux, entre personnes capables, sont valables. Il est évident qu'on s'est mépris constamment sur le sens, la nature et la vertu propre de la disposition de l'ordonnance de 1731 (art. 1er) et du Code civil (Art. 931), qui déterminent le caractère de la donation par acte entre vifs. On a toujours voulu voir dans cette disposition une concession restrictive ou exclusive de la loi, au-delà de laquelle se rencontrait nécessairement sa prohibition, et, par suite, la nullité de l'acte qui ne s'y trouvait pas exactement conforme, comme si la loi concédait les droits propres, antérieurs, des individus; comme s'il n'était pas plutôt de sa nature de reconnaître ces droits, de les consacrer, de les protéger, de les régulariser et d'en améliorer constamment l'exercice ! Quel a été le but propre de cette disposition? Furgole lui-même ne l'a que faiblement entrevu. « Il me semble, dit cet auteur sur l'art. 1er de l'ordonnance de 1731, que l'intention du législateur n'a pas été de supprimer ou d'abroger les donations tacites, dans le cas où elles sont présumées, non plus que les quittances ou les renonciations qui sont d'écriture privée, lorsqu'elles renferment des traités réciproques, ou qu'on ne peut pas les considérer comme des donations proprement dites. Notre texte, par ces mots, *tous actes portant donation entre vifs*, fait comprendre qu'il n'entend parler que des donations expresses dont on avait accoutumé de dresser des actes pour la preuve de la donation. »

Mais quelle conviction apportez-vous dans mon esprit que telle soit en effet l'intention du législateur? Qu'entendez-vous par donations expresses ? Quelle raison a pu déterminer le législateur à porter de préférence ses regards sur les donations expresses ? Ne sont-elles pas toutes, expresses ou non, translatives du domaine de propriété, lorsqu'elles sont consommées ? Si elles entraînent quelque effet grave ou dangereux dans leur accomplissement, n'est-il pas le même dans tous les cas ? Arrivons à des raisons plausibles et disons : Que la loi n'a pas entendu restreindre dans l'individu la faculté de donner ; qu'après avoir entouré une fois de sa sanction suprême, comme loi civile, ce droit dans l'homme social, elle a voulu, pour un cas déterminé, améliorer l'exercice de ce droit, et par-là même améliorer la législation. M. D'Aguesseau indique évidemment ce motif, lorsqu'il s'exprime ainsi : « A l'égard de l'art. 1er ( de l'ordonnance de 1731 ), sa disposition a paru d'autant plus nécessaire que la donation entre vifs étant irrévocable, il est plus important d'*y prévenir les fraudes et les surprises par la solennité extérieure de l'acte*, suivant l'esprit de la loi 25 au Code *de Donationibus*. » C'est donc pour perfectionner la donation dans son essence, pour la rendre à son caractère propre, pleinement translative du domaine de propriété, efficace dans ses effets vis-à-vis des tiers, que la loi a été créée ; c'est pour assurer à ce contrat dont les élémens ne sont pas aussi simples, ni aussi déterminés que ceux du contrat de vente, par exemple, des effets aussi généraux et aussi irrévocables que les siens. Ce n'est donc pas pour enlever aux individus la faculté de manifester et d'exécuter sous d'autres formes, leurs libéralités ; ils devront seulement à la loi de pouvoir, dans l'usage d'un contrat aussi important que la donation par acte entre vifs, faire l'emploi d'une forme consacrée par elle, et qui pour la première fois donne aux droits qui en résultent, une certitude qu'ils n'avaient pas jusqu'alors. La loi 25, au Code *de Donationibus*, n'atteignait qu'imparfaitement ce résultat. Néanmoins, Brunneman l'avait aperçu : « La loi est faite, dit cet auteur ( Comment. ad Cod. *de Donat.*, L. 25 ), *pour le cas où les parties ont voulu faire une donation écrite ; alors elle prescrit une forme déterminée.....* » *In eo casu* QUANDO AB INITIO PLACUIT, *ut super donatione conficeretur scriptura et ita in scriptis contraheretur, prescribit certam formam instrumenti.....* Ce qui donne pour conséquence, que dans tous les autres cas, les parties seront placées sous l'empire du droit commun.

8. Il résulte de tout ce qui précède, que les dispositions de l'ordonnance de 1731 et de l'art. 931 du Code civil relatives aux formalités de la donation par acte entre vifs, ayant moins pour but de donner des entraves à la libre faculté de disposer à titre gratuit, que de régulariser et de perfectionner cet acte, dans l'intérêt général, pour le cas où les citoyens voudront obtenir par ce contrat les effets irrévocables qu'il peut produire, on ne

viole pas les dispositions de la loi, lorsque, s'abandonnant aux
formes plus ou moins expresses du droit commun, on se borne
aux seuls effets qui peuvent résulter de ces formes. Sans doute,
la publicité qu'entraîne l'accomplissement de cet acte solennel tel
qu'il est réglé par la loi, a pour but d'éveiller l'attention des tiers
et de prévenir les fraudes ; mais ce but même n'est qu'une de ses
conditions secondaires ; le premier objet de la loi est la réalisation même de la donation par le dessaisissement actuel et absolu
de la propriété : or, c'est par les mesures de publicité, soit
quant aux formes, soit quant à la transcription (Art. 939 C. civ.)
qu'elle atteint ce but ; c'est même en cela que la donation diffère
de la vente qui est parfaite aux yeux de la loi, lorsque les trois
élémens qui la composent, le consentement, la chose, le prix,
concourent pour la former. La publicité n'est évidemment pas
attachée à cet acte, et cependant il n'a jamais été considéré
comme propre par sa nature aux combinaisons de la fraude, et
susceptible par-là du remède de la publicité. Les formes de la
donation entre vifs ne sont donc pas conçues dans un but exclusif et prohibitif ; et leur omission, lorsqu'on n'aura pas témoigné
vouloir les suivre, laissera leurs effets naturels aux actes que
l'on aura accomplis sous l'empire du droit commun.

9. Mais ici commence l'examen des actes de libéralité simulés
considérés dans leurs rapports avec les prohibitions de la loi ;
et s'il n'est pas possible d'entrevoir une question de rétroactivité
dans le premier cas, elles naissent en foule dans le second.

Et d'abord, ce n'est pas déroger aux principes que je viens de
poser que d'affirmer que les effets nécessaires, attachés par la
loi aux dispositions entre vifs, d'après les formes expresses qu'elle
trace, ne sauraient être éludés par l'emploi d'une voie tacite ou
détournée qu'elle ne prohibe pas. Ce n'est pas pour qu'on trompe
ses prohibitions qu'elle laisse subsister les formes du droit commun ; c'est parce qu'elle respecte, comme je l'ai dit, dans tous
ses développemens, la liberté de l'homme dont elle est essentiellement protectrice. Il faudra donc dire : que de même que la
donation par acte entre vifs est susceptible d'être annulée ou
réduite parce qu'elle est faite à un incapable, en tout ou en partie
(C. civ. art. 901 et suiv., 913 et suiv., 1081 et suiv., et *passim*),
d'être révoquée pour cause de survenance d'enfant (Art. 960);
de même l'acte simulé tendant au même but, accompli dans les
mêmes conditions, sera frappé de prohibitions pareilles ; et

quelle peut en être la raison ? C'est que la loi a posé en principe (Art. 1165), que les conventions n'avaient d'effet qu'entre
les parties contractantes ; qu'elles ne nuisaient point aux tiers,
et ne leur profitaient que dans le cas prévu par l'art. 1121, consécration formelle de ce principe éternel que nul ne saurait
souffrir du fait d'autrui : *Animadvertendum est*, dit la loi 27,
§ 4, ff., *de Pact. ne conventio in aliâ re facta aut cum aliâ
personâ, in aliâ re, aliave persona noceat*; c'est qu'elle a posé
également en principe (Art. 6) qu'on ne pouvait déroger par
des conventions particulières aux lois qui intéressent l'ordre
public; et telle serait, sans aucun doute, la convention dirigée
dans le but de se soustraire à l'application des lois. Or, comment admettre que des actes simulés qui ne subsistent que parce
que la loi ne les prohibe pas, obtiennent des résultats qu'elle
condamne dans les actes dont elle consacre elle-même la forme?

10. Mais la loi refuserait à un tel acte simulé le privilége
qu'elle attache à la donation accomplie dans la forme expresse,
d'être révoquée pour cause d'ingratitude (Art. 955); car elle ne
garantit aux citoyens les effets des actes dont elle trace elle-
même les formes, qu'autant que ces formes auront été exactement remplies par eux ; s'il en est autrement, ils ont à s'imputer
de ne les avoir pas suivies ; et il n'y a pas d'injustice à les soumettre aux effets naturels des actes dont ils ont fait volontairement choix.

11. Avant d'aborder les questions de rétroactivité que je me
propose d'examiner, je désire jeter un coup d'œil rapide sur la
législation antérieure au Code civil. On verra comment des
idées meilleures sur cette matière ont successivement pris place
dans les tables de la loi, et comment le Code civil a définitivement posé des règles dont la sagesse n'a pas été démentie depuis
sa promulgation.

La loi du 17 niv. an II était assise en tout point sur la base
chimérique de l'égalité absolue. Cependant ses diverses parties
ne furent pas tellement mûries pour ce but, qu'elles ne laissas-
sent apercevoir leur insuffisance. Ainsi, il était conforme à son
esprit qu'elle prévît, pour les annuler radicalement, tous les
actes simulés par lesquels les parens pouvaient rompre ce système d'égalité entre les enfans, auquel elle avait sacrifié les principes les plus raisonnables de la législation précédente et du
droit romain; et sa sollicitude inquiète devait être d'autant plus

excitée à cet égard, que ses bases nouvelles rencontraient précisément les plus puissans obstacles dans l'esprit de famille,
dans des mœurs qu'il était plus facile d'irriter que de changer.
Cependant elle se borna à déterminer (Art. 26) que « toutes donations à charge de rentes viagères ou ventes à fonds perdus,
en ligne directe ou collatérale, à l'un des héritiers présomptifs
ou à ses descendans, sont interdites, à moins que les parens du
degré de l'acquéreur, et de degrés plus prochains, n'y inter-
viennent et n'y consentent ».

La conséquence de cette disposition qui avait pour but d'empêcher les avantages indirects, et par-là même l'inégalité entre
les cosuccessibles, était évidemment qu'elle laissait subsister les
actes de cette nature, faits soit à un ascendant, soit au conjoint
de l'un des héritiers présomptifs du donateur, et c'est ce qu'a
définitivement reconnu, après quelque hésitation, la Cour de
cassation, notamment par son arrêt du 6 prairial an x (1). Il y
a plus : par la plus bizarre des interprétations, le numéro 55 du
décret du 22 vent. an II explique que le fondement de cet art. 26,
qui annule pour le tout les donations déguisées sous la forme
qu'il détermine, est que les bases d'estimation manquent. En
telle sorte que, sous ce prétexte frivole, l'acte perdait son effet,
même pour la portion dont la libre disponibilité était laissée au
donateur. La loi du 4 germ. an VIII, aidée d'une jurisprudence
éclairée, remédia à ce vice. Quelques Cours royales, entre autres celle de Douai (2), avaient bien pensé que la disposition
irritante de la loi du 17 niv. an II, annulant la disposition pour
le tout dans le cas prévu de simulation, subsistait encore même
après la loi du 4 germ. an VIII, qui, sans altérer en rien les
dispositions de la loi précédente, relatives à la qualité des personnes interposées, étendait du moins le cercle de la disponibilité en faveur des successibles, mais la Cour de cassation sut
toujours ramener aux saines interprétations du droit et de la loi
elle-même les divergences des Cours royales sur ce point, et
elle prononça constamment dans le sens de la réduction, d'après
les proportions fixées par la loi de l'an VIII (V. inf.). Enfin, les
diverses dispositions du Code civil (V. entre autres les art. 911,
1100) ont rendu les matières relatives aux libéralités par acte

(1) Sirey, t. II, 1, p. 271.
(2) Arrêt du 18 vent. an II.

simulé à une clarté d'exposition, une précision et un ordre qu'elles
n'avaient jamais connus. Ce code renferme même une amélioration que la jurisprudence n'avait pu introduire dans les lois précédentes : c'est de considérer comme avantages indirects, même
les aliénations de biens avec réserve d'usufruit à l'un des successibles en ligne directe, puisqu'il ordonne que la valeur des biens
ainsi aliénés sera imputée sur la portion disponible (Art. 918).

12. Quel sera le sort d'une libéralité déguisée sous la forme
d'un contrat onéreux, donation à charge de rente viagère, vente
à fonds perdus, aliénation avec retenue d'usufruit, faite antérieurement au Code civil, alors que le donateur sera décédé sous
son empire?

13. Cette question ne peut recevoir une exacte solution qu'à
l'aide des distinctions suivantes : ou l'acte à titre onéreux simulé
aura été passé antérieurement à la loi du 17 niv. an II, ou sous l'empire de cette loi, ou sous la loi du 4 germ. an VIII. Dans le premier cas, pour apprécier la qualité de l'acte, sous le rapport de
sa nature propre et de l'interposition des personnes qui y ont
figuré, on ne pourra guère s'aider, à défaut d'une législation
précise à cet égard, que des monumens certains et les plus incontestables de l'ancienne jurisprudence, puisque les solutions
de cette nature rentraient d'une manière absolue dans son domaine. Néanmoins, en cas d'absence de ces monumens, ou s'ils
étaient évidemment contradictoires entre eux, je ne verrais pas
de rétroactivité, ainsi que je l'ai établi (t. 1, p. 140, sect. 3),
à reporter sur ces faits anciens les lumières et les secours de la
législation nouvelle; car, en définitive, il s'agit d'arriver à la
meilleure appréciation de certains faits, dont la moralité, et
par conséquent les avantages comme les dangers, sont les mêmes
dans tous les temps. D'ailleurs, vus de près, ces faits intéressent plus directement encore la morale publique que les individus. Il n'y a donc nulle injustice pour ceux-ci, et il y a nécessité démontrée pour la société, de soumettre ces faits aux
appréciations nouvelles que la loi a consacrées au nom de tous.

14. Que si ces actes ont été passés sous l'empire de la loi du
17 niv. an II, il faudra se soumettre aux dispositions précises
de cette loi, quelque différentes qu'elles soient des lois postérieures, sous ce rapport. Ainsi, son art. 26 ne reconnaît comme
actes déguisant une libéralité prohibée, que les donations à
charge de rentes viagères, ou les ventes à fonds perdus, et

de personnes interposées, que les descendans des successibles. Il
ne serait pas permis, pour juger et apprécier plus tard la qualité de ces actes, de leur appliquer les dispositions du Code
civil, qui mieux adaptées sans doute à l'importance de la matière, et dès lors plus parfaites, mettent au rang des donations
déguisées sous la forme d'un contrat onéreux, les aliénations
avec retenue d'usufruit ( Art. 918 ), et considèrent comme
personnes interposées, non-seulement les enfans et descendans, mais encore les père et mère, même l'époux de la personne incapable ( Art. 911 ). Ce serait là rétroagir; car les
actes, dont il s'agit, ont reçu leur qualité définitive de la loi
sous l'empire de laquelle ils ont été passés; et quelles qu'aient
été les vues de cette loi lorsqu'elle a posé sa règle, on ne saurait aujourd'hui la méconnaître sous aucun prétexte, sans méconnaître aussi un fait consommé, et porter par-là même atteinte à un droit acquis. Les Cours royales n'ont pas toujours
tenu compte de ces principes, mais ils ont constamment prévalu devant la Cour de cassation (1). Leurs conséquences me
paraissent si rigoureuses, qu'il faudrait, selon moi, décider
même aujourd'hui, que, conformément à la loi interprétative
du 22 vent. an II, n° 55, une libéralité déguisée sous la forme
prohibée par l'art. 26 de la loi du 17 niv. précédent, serait
nulle pour le tout, et non simplement réductible à la portion
dont la loi avait laissé la libre disponibilité au donateur, car
tel est le vœu précis des lois de l'an II. Je sais que la Cour de
cassation, par son arrêt du 22 août 1810 (2), appréciant un
acte de cette nature, paraît avoir jugé dans le sens de la simple
réduction. Mais la lecture attentive des motifs de cet arrêt
prouve que la Cour de cassation s'est refusée à voir dans les
lois des 17 niv. et 22 vent. an II, la disposition irritante dont je
parle; et elle a mis par-là son arrêt à l'abri de toute rétroactivité. « Attendu, porte l'arrêt, que si on considère l'acte du
4 vendém. an VII, comme une donation déguisée par l'interposition de la personne du sieur Labarbe, devenu depuis le mari
de la demoiselle Angélique-Flore Bréant, cette donation n'aurait été que réductible; Qu'en effet, la loi du 17 niv. an II,

____

(1) V. entre autres, arrêts des 24 brum. an V, et 23 brum. an XII
( Sirey, t. IV, 2, p. 31 ).
(2) Sirey, t. X, 1, p. 371 ( aff. Labarbe ).

n'établissait pas une incapacité absolue dans la personne d'un co-successible, mais annulait seulement, pour le maintien de l'égalité, l'avantage fait à l'un des héritiers, au préjudice des autres ». Mais cette interprétation résiste évidemment au texte précis des lois dont il s'agit. Au reste, on verra, par un autre arrêt de la même Cour, que je rapporterai dans un instant, que ce qu'elle a jugé en 1810, dans le sens de la justice générale, n'était pas à ses propres yeux l'interprétation fidèle des lois de l'an II, car elle motive ce dernier arrêt sur l'abrogation résultant de la loi du 4 germ. an VIII, de la disposition irritante et absolue des lois de l'an II.

15. Enfin, que faudrait-il décider si ces actes avaient été passés sous la loi du 4 germ. an VIII ? On remarque que sous l'empire de cette loi, les libéralités déguisées restaient toujours soumises aux prohibitions des lois de l'an II, puisqu'elle ne s'exprimait pas à leur égard, et qu'elle se bornait à étendre le cercle de la disponibilité en faveur des successibles, soit en ligne directe, soit en ligne collatérale. La Cour royale de Douai avait pensé que la nullité absolue de la donation déguisée, prononcée par les lois de l'an II, avait survécu à la loi du 4 germ. an VIII, et elle tirait son principal motif de la difficulté de séparer, dans une vente à fonds perdus, la vente de la donation ; de distinguer le titre onéreux du titre gratuit. Ce motif, disait-elle, écrit dans la loi du 22 vent. an II, subsiste, après la loi du 4 germ. an VIII, comme avant ; il doit donc entraîner les mêmes résultats. Mais la Cour de cassation qui a cassé cet arrêt, le 21 vent. an XIII, a justement considéré que le motif tiré de l'impossibilité de distinguer le titre onéreux du titre gratuit, n'était que secondaire dans la loi ; que le motif principal était la prohibition de tous les avantages en faveur des successibles ; or, elle a jugé avec raison, ce motif inconciliable avec l'esprit et l'ensemble de la loi du 4 germ. an VIII, et dès lors comme abrogée la disposition à laquelle il servait d'appui. Voici les termes de son arrêt (1) : « Considérant que ça été dans la vue d'empêcher que l'on éludât la prohibition faite par l'art. 16 de la loi du 17 niv. an II ; que l'art. 26 a interdit, comme voies indirectes, toutes donations à rentes viagères et toutes ventes à fond perdu, faites, soit à des successibles, soit à leurs descendans ; qu'en cela la Conven-

_____

(1) Sirey, t. V, I, p. 247.

tion nationale a voulu prévenir deux sortes de fraudes, l'une relative à la forme des actes, l'autre relative aux personnes ; étant possible de déguiser une donation sous la forme d'une vente à fonds perdu, ou de soustraire à la masse d'une succession, une portion plus ou moins forte des biens qui devraient naturellement y entrer, en interposant les descendans des successibles. Considérant que si le n° 55 de la loi du 22 vent. an II donne à l'art. 26 de celle du 17 niv., le motif de la difficulté de trouver une base d'estimation dans une vente à fonds perdu, c'est toujours dans le système de la prohibition de tous les avantages en faveur des successibles, prohibition qui, dans le fait, est le but principal de la loi. Mais que la loi du 4 germ. an VIII, ayant aboli cette prohibition absolue, et l'ayant remplacée par la faculté de disposer, même en faveur des successibles, jusqu'à concurrence du quart, de la moitié, des trois quarts ou de la totalité de l'hérédité, selon les cas qu'elle a déterminées, les art. 16 et 26 de ladite loi de nivôse sont tombés avec leurs motifs et leurs conséquences ; Considérant que, dans un tel état de choses, il n'y a pas de raisons pour soutenir qu'une vente à fonds perdu, et une donation à charge de rentes viagères, en faveur soit d'un successible, soit de ses descendans, continuent d'être défendues ; Considérant enfin que la loi du 4 germ. an VIII, ayant déclaré, dans ses art. 1er et 5, que toutes libéralités qui seraient faites, soit par acte de dernière volonté, soit par acte entre vifs, dans les formes légales, seraient valables, lorsqu'elles n'excéderaient pas la portion disponible des biens du donateur, encore qu'elles fussent faites au profit des enfans ou autres successibles du disposant, et ayant abrogé, par son art. 6, toutes les lois contraires, il est devenu indifférent, à compter de la publication de cette loi, que les libéralités soient faites au profit des successibles, sous la forme de donations à rentes viagères ou de ventes à fonds perdu, pourvu qu'elles n'excèdent point la quotité dont cette même loi accorde la liberté de disposer ; et que, dans l'espèce, il n'avait été ni justifié, ni même prétendu, que les objets du contrat du 6 pluv. an IX, eussent une valeur supérieure à la portion disponible des biens de la venderesse ; casse, etc. ».

16. Au reste, les principes que je viens de poser, vrais en ce qui concerne les qualités intrinsèques de l'acte, pour le faire considérer comme déguisé, et par conséquent comme

prohibé aux termes, et dans les conditions prévues par la loi sous l'empire de laquelle il est passé, vrais en ce qui concerne l'interposition des personnes désignées à ce titre par la même loi, ne sont nullement applicables à la disponibilité ou à la quotité disponible; et quelles que soient à cet égard les règles ou les limites adoptées par la loi du temps de l'acte, la donation déguisée n'aura ni plus de force, ni plus d'autorité que la donation directe; elle sera donc soumise comme elle aux modes de réduction, et aux rapports déterminés par la loi du temps du décès (V. *passim* les principes que j'ai développés à ce sujet, et notamment *suprà*, t. 1, p. 357 et suiv.).

17. L'art. 911 porte : « Toute disposition au profit d'un incapable sera nulle, soit qu'on la déguise sous la forme d'un contrat onéreux, soit qu'on la fasse sous le nom de personnes interposées. Seront réputées personnes interposées les père et mère, les enfans et descendans, et l'époux de la personne incapable ».

Les diverses applications qu'a reçues cet article depuis la promulgation du Code civil, servent comme de nouvelles preuves d'une vérité que j'ai souvent signalée; c'est que quelque formelles, précises, et habituellement supérieures que soient les dispositions du Code civil, néanmoins, par un retour involontaire des esprits vers les anciens doutes, les anciennes contentions auxquelles donnaient lieu quelques matières que la législation antérieure n'avait pas suffisamment éclairées, peut-être aussi par l'effet naturel des mœurs des hommes, des préjugés des jurisconsultes, mêmes des combinaisons de l'intérêt privé, on voit renaître les mêmes doutes, les mêmes incertitudes, et en même temps détournée de son sens primitif la disposition nouvelle.

C'est ainsi qu'une foule d'arrêts, ramenant sur cette matière l'arbitraire de l'ancienne jurisprudence, qui admettait ou rejetait, selon les circonstances, la présomption d'interposition des père et mère à l'égard de leurs enfans naturels, et réciproquement, renverse directement cette disposition si sage de l'art. 911, qui les répute les uns et les autres, par l'effet d'une présomption légale *juris et de jure*, personnes interposées (1). Il est vrai que la Cour de cassation, par son arrêt du 13 juil.

___

(1) V. CC. Amiens, 6 flor. an XII; Rouen, 15 janv. 1808; Grenoble, 15 juil. 1811.

1813 (1), a réhabilité à cet égard les saines doctrines, aussi bien que le véritable sens de l'art. 911, en jugeant : « Que toute donation faite à l'enfant naturel, par personnes interposées, au-delà de ce qui lui est accordé au titre *des Successions*, est nulle, et que cette présomption légale d'interposition doit l'emporter sur la preuve contraire, qu'il n'est pas même permis aux juges d'admettre, relativement aux actes dont la loi prononce la nullité. » Il est néanmois permis de douter encore que cet arrêt suffise pour fixer irrévocablement les esprits sur cette interprétation, quelque sage qu'elle soit, de l'art. 911. Mon but n'est pas de m'appesantir sur cette matière ; mais je ferai de ce principe, ainsi admis, mon point de départ pour résoudre quelques questions de rétroactivité qui peuvent sortir encore de l'application de cet article.

Il est évident, d'une part, que la disposition de l'art. 132 de l'ordonnance de 1629 qui annulait les donations faites entre concubinaires, n'était pas rigoureusement appliquée avant le Code civil ; la jurisprudence admettait toujours des considérations ; et elle annulait ou maintenait le don selon qu'il prenait à ses yeux le caractère d'une libéralité prohibée, ou qu'il était la récompense de services rendus, une simple ressource destinée à servir d'alimens au donataire ; d'autre part, que les lois des 4 juin 1793, 12 brum. et 17 niv. an II, et 4 germ. an VIII, n'ont rien changé à cet état de choses (2). Le Code civil seul l'a modifié. L'art. 902 reconnaît toutes personnes capables de disposer et de recevoir ; il n'en excepte que celles que la loi en déclare incapables ; or, les concubinaires n'étant pas mis au nombre des incapables, il en résulte qu'ils ont toute capacité pour disposer et recevoir. Mais l'art. 908 frappe les enfans naturels, légalement reconnus, d'une incapacité relative ; ils ne peuvent rien recevoir au-delà de ce qui leur est attribué au titre *des Successions* ; et il est évident que les dispositions de l'art. 911 sont applicables à leurs père et mère.

18. Or, on demande quel sera le sort d'une libéralité, donation entre vifs ou testamentaire, faite entre concubinaires, depuis la loi du 12 brum. an II, jusqu'au Code civil, alors que le donateur ou testateur est mort depuis ce Code, et qu'il

(1) Sirey, t. XIII, 1, p. 361.
(2) V. entre autres Cassat., arrêt du 1er fruct. an XIII.

existe des enfans naturels issus de leurs relations? La difficulté
de cette question réside tout entière dans l'art. 10 de la loi
du 12 brum. an II, ainsi conçu : « A l'égard des enfans nés
hors du mariage, dont le père et la mère seront encore existans lors de la promulgation du Code civil, leur état et leurs
droits seront en tous points réglés par les dispositions du Code ».

Cet article renferme évidemment le germe de la rétroactivité; car, ajourner à l'époque plus ou moins éloignée de la
promulgation d'une loi qui n'existe pas encore, le soin de régler l'état et les droits d'enfans naturels existans, c'est dire,
d'une part, que ces enfans sont provisoirement privés d'état et
de droits; d'autre part, que la loi à venir rétroagira sur le passé
pour régler un ordre de faits qui ne tombent pas régulièrement
sous son empire, mais qu'elle soustrait à la législation précédente. Or, quelle est la conséquence de cet état de choses? C'est
que, quelle que fût la latitude des conjectures auxquelles se li-
vrait l'ancienne jurisprudence dans l'appréciation de ces actes,
ils ne seront pas réputés faits en contravention aux dispositions
de la loi du 17 niv. an II, qui prohibe toutes libéralités en faveur des successibles, puisque ces enfans ne sont pas successibles d'après la loi du 12 brum. an II; c'est que l'art. 911 du
Code civil, qui répute personnes interposées les père et mère
de l'incapable, ne saurait, sans une rétroactivité manifeste,
s'appliquer à des donations consommées avant sa promulgation.
Mais ce n'est pas à l'égard de l'enfant naturel qu'existera la
rétroactivité, puisqu'elle est écrite dans la loi, comme conséquence de la disposition qui renvoie au Code civil le règlement de l'état et des droits de l'enfant naturel, ce sera, à
l'égard du donataire, qui ne peut, sous aucun rapport, être
soumis aux prescriptions de l'art. 911 du Code civil, avant sa
promulgation; c'est que dès lors, enfin, un pareil acte rentre dans
la catégorie générale des actes de libéralité faits entre concubinaires, pour être appréciés et jugés selon les principes de
l'ancienne jurisprudence à laquelle ils appartiennent. La Cour
royale de Poitiers a consacré ces principes, à l'égard d'un legs
fait sous l'empire des lois de l'an II, et devenu droit acquis au
légataire par le décès du testateur antérieurement au Code
civil (1). Néanmoins, cette solution entraîne un grave inconvénient qui prend sa source, comme on le voit, dans la loi

(1) Arrêt du 2 juin 1808; Sirey, t. VIII, 2, 232.

elle-même. En effet, l'enfant naturel, dans le cas prévu, n'est pas soumis aux prohibitions de la loi du 17 niv. an II, en qualité de successible; en sorte que, par un privilége que rien ne justifie, il peut, bravant toutes les dispositions prohibitives de lois en pleine vigueur, sur les avantages directs, recueillir l'objet de ces avantages, sans avoir même à redouter une action fondée sur la réalité de la simulation. Il y a plus; comme conséquence ultérieure de ce principe, il faut dire : que les héritiers légitimes ne seraient pas recevables à demander qu'une libéralité ainsi faite au père ou à la mère de l'enfant naturel reconnu, par l'autre conjoint, fût imputable sur la portion attribuée par l'art. 757 du Code civil à cet enfant; car l'objet de la libéralité est resté par la force de la loi dans le domaine du donateur, où, dans tous les cas, le donataire était capable de recevoir la libéralité; et néanmoins rien ne pourrait défendre les héritiers légitimes d'une action de la part de l'enfant naturel, qui tendrait à les obliger au rapport, même à la réduction de leur don, pour la formation de la portion que la loi lui attribue. C'est même dans ce sens qu'a jugé la Cour royale d'Amiens par son arrêt du 26 nov. 1811 (1). Je ne serais pas étonné, je dois l'avouer, que la jurisprudence, s'il y avait encore lieu de statuer sur des questions de ce genre, ne s'écartât, par des interprétations plausibles, d'une législation dont les traces ne sauraient trop tôt s'effacer.

19. Enfin, quel serait le sort d'une libéralité déguisée sous la forme déterminée par l'art. 26 de la loi du 17 niv. an II, donation à charge de rente viagère ou vente à fonds perdu, faite sous l'empire de cette loi, au père ou à la mère de l'enfant naturel reconnu? Il est évident que les mêmes principes recevraient leur application; car, puisque l'enfant naturel a pu recevoir, indépendamment de toute présomption de simulation, l'objet d'une donation directe, il a pu recevoir aussi l'objet d'une donation indirecte, le donateur et le donataire étant également capables aux yeux de la loi; or, nous avons vu, qu'aux termes du droit, la forme indirecte des actes n'était pas moins énergique ni moins valable que la forme directe (2); que ce principe cessait d'être vrai seulement dans le cas où la forme indirecte avait pour but de tromper les dispositions de la loi, ou de nuire aux droits des tiers.

(1) Sirey, t. XII, 2, p. 411.
(2) Cassat., 19 nov. 1809 (Sirey, t. XI, 1, p. 76).

Que si la libéralité ainsi déguisée était faite directement à l'enfant naturel et à la même époque, alors que le donateur serait décédé depuis le Code civil, elle ne serait pas soumise aux dispositions de l'art. 911; elle appartiendrait incontestablement à la législation sous laquelle elle aurait eu lieu.

§ 4. — Des lois abrogatoires de l'effet rétroactif.

## SOMMAIRE.

1. — *Les lois des 9 fruct. an III et 3 vendém. an IV, abrogatoires de l'effet rétroactif des lois des 5 brum. et 17 niv. an II, ont en général conservé une exacte mesure entre l'abrogation précise de la rétroactivité et le danger de porter atteinte aux droits irrévocablement acquis sous les lois précédentes.*

2. — *Il n'en est pas de même de la loi du 9 brum. an VI abrogatoire de la loi du 27 août 1792 sur les domaines congéables. Le tort grave de cette loi est d'avoir abandonné à l'interprétation les conséquences de l'abrogation qu'elle prononçait de la rétroactivité dont était entachée la loi du 27 août 1792.*

3. — *Observations critiques sur un arrêt de la Cour royale de Rennes expositif d'une doctrine contraire aux principes en cette matière.*

1. Je ne m'arrêterai pas aux difficultés nombreuses auxquelles a donné lieu l'application des lois des 9 fruct. an III et 3 vendém. an IV, abrogatoires de l'effet rétroactif des lois des 5 brum. et 17 niv. an II. Lois essentiellement réparatrices des maux qu'avait causés la rétroactivité, la tendance des esprits devait naturellement porter les interprétations dont elles étaient susceptibles,

quelque prudentes qu'en fussent les dispositions, au-delà même
de leur but, c'est-à-dire jusqu'à méconnaître les faits consommés et dès lors les droits acquis sous l'empire de ces lois irré-
gulières; et de là ces référés fréquens des tribunaux au Corps
législatif pour s'assurer du véritable sens des dispositions abrogatoires de l'effet rétroactif. Néanmoins, je dois dire qu'en par-
courant les diverses décisions législatives ou judiciaires rendues
en exécution de ces lois, j'ai été à portée de me convaincre
qu'on s'était habituellement appuyé des vrais principes de la
matière pour effacer tout à la fois les traces de la rétroactivité,
et rester dans de sages limites que la loi ne saurait franchir
sans entrer dans des voies réactionnaires, résultat non moins
désastreux que la rétroactivité. C'est ainsi que si, d'une part,
les arrêts décident que l'annulation des institutions d'héritiers
subordonnées à une élection, annulation prononcée par l'art. 24
de la loi du 17 niv. an II, est comprise dans l'abrogation de l'effet
rétroactif résultant des lois des 9 fruct. en III et 18 pluv. an V,
en telle sorte qu'une institution de cette nature, faite par des
époux au profit de l'aîné de leurs enfans, doit obtenir tout son
effet, si l'instituant décède depuis l'abrogation de l'effet rétroactif, sans avoir fait de choix (1); d'autre part, ils décident
que l'élection d'héritier, faite par un tiers, en vertu d'une institution ancienne, dans l'intervalle du 14 juil. 1789 au 17 niv.
an 11, et par conséquent, annulée aux termes de la disposition
rétroactive de l'art. 24 de cette dernière loi, revivra néanmoins
par l'effet des lois postérieures, abrogatoires de l'effet rétroactif (2). Et quel est le fondement de cette solution? C'est
qu'on ne peut pas affirmer, que, sauf des actes régulièrement consommés, de la simple disposition de la loi qui annule de semblables institutions, lorsque, à l'époque où elle est émise, le
droit de l'institué n'est pas devenu irrévocable par le décès du
tiers, ou par voie de transaction, des droits soient définitivement
acquis à personne au détriment de l'institué; que dès lors l'inévitable effet de l'abrogation prononcée par la loi du 9 fruct.
an III, de l'effet rétroactif des lois de l'an 11, est de rendre
l'institution à son état primitif, en considérant comme valable
l'élection.

(1) Cassat., arrêt du 22 déc. 1812; Sirey, t. XIII, 1, t. 183. V. *ibid.*,
divers autres arrêts cités dans ce sens.
(2) Cassat., arrêt du 26 vend. an VII; Sirey, t. 1, 1, p. 171.

2. Mais lorsque la loi ne remplit pas complètement son but, lorsqu'au lieu de définir exactement l'objet qu'elle se propose, elle abandonne à l'interprétation le soin d'en déterminer la portée réelle, il est bien rare que les esprits s'accordent pour n'appliquer qu'à la lueur des principes généraux une disposition sur laquelle la loi n'a pas suffisamment fait connaître toute sa pensée. Tel a été le sort de la loi du 9 brum. an VI sur les domaines congéables. Cette loi, qui se compose de deux articles seulement abroge par le premier la loi du 27 août 1792, abolitive des domaines congéables et les décrets postérieurs, rendus en exécution de cette loi ; et par son art. 2, elle fait revivre le décret de l'Assemblée constituante du 6 août 1791, déclarant, en conséquence, « que tous les propriétaires fonciers de domaines congéables sont maintenus dans la propriété de leurs tenures, conformément aux dispositions dudit décret.

Quel est l'effet, l'étendue de cette disposition abrogatoire ? Il est évident que la loi du 27 août 1792, consolidant sur la tête des domaniers, moyennant le rachat de la redevance à laquelle ils étaient tenus, la propriété du domaine congéable, était rétroactive, puisqu'elle dépouillait le foncier d'un droit de propriété qu'il n'avait jamais aliéné ni entendu aliéner. La loi du 9 brum. an VI, abrogeant cette inique disposition de la loi de 1792, a-t-elle entendu que tout ce qui avait été consommé sous son empire, serait par-là même annulé de plein droit, et déclaré comme non avenu ? Mais comment en serait-il ainsi ! Est-ce que la loi de 1792, du jour où elle a été promulguée, n'a pas eu toute l'autorité de la loi la plus régulière et la plus juste ? Est-ce qu'il peut dépendre du législateur de nier à son gré et selon son caprice, les effets naturels et inséparables de sa puissance de législateur, pour faire retomber inopinément ensuite les terribles effets de sa résolution nouvelle sur une classe de citoyens, qui ont traité de bonne foi sous les auspices de l'unique règle qu'elle proposât à leurs conventions ? Il est évident que non. Tels sont les vrais principes. Mais lorsque la loi, comme je l'ai dit, ne les énonce pas formellement dans son texte, on voit les interprétations individuelles, prendre leur essor, pour faire triompher, selon les temps, l'équité, ou ce que l'on croit être la véritable raison de la loi, les principes particuliers qui les inspirent. C'est ainsi qu'un premier arrêt de la Cour de cassation du 21 therm. an VIII (1), interprétant l'abrogation prononcée par la loi du 9 brum. an VI, pose deux hypothèses ; l'une d'après laquelle les remboursemens faits par les domaniers, pendant que la loi de 1792 était en vigueur, auraient obtenu l'effet irrévocable de fixer sur eux la propriété du fonds; l'autre d'après laquelle les propriétaires fonciers seraient réta- blis dans tous leurs droits primitifs, ils consentaient restituer les sommes reçues pour le remboursement de la redevance, faculté dont ils pouvaient user ou ne pas user, en restituant les sommes, ils recouvraient leurs droits de propriété; il était définitivement perdu, au contraire, pour eux s'ils se refusaient au remboursement. La Cour, du reste, ne se prononce ni pour l'un ni pour l'autre de ces avis.

C'est ainsi qu'un autre arrêt de la même Cour, mais rendu seulement par défaut, le 3 août 1812 (2), allant beaucoup plus loin : prononce que si les rentes convenancières ont été déclarées féodales par la loi de 1792, *c'est par suite d'une erreur sur la qualité desdites rentes;* que cette erreur est solennellement reconnue par la loi du 9 brum. an VI, qui fait revivre la loi du 21 juin 1791, laquelle ne les considérait pas comme féodales ; que cette loi, considérant par-là comme non avenue la loi du 27 août 1792, celle-ci *a dû nécessairement être privée de tout son effet »*. Voilà qui atteste tout à la fois le grave inconvénient d'une loi imparfaite et le danger des interprétations arbitraires. La loi du 9 brum. an VI ne déclare nulle part comme non avenue la loi du 27 août 1792, elle emploie au contraire le mot *abrogation.* Elle fait revivre les lois sur la matière anté- rieures à celle-ci; mais c'est aux termes du droit commun, c'est-à-dire pour étendre leur action sur l'avenir seulement, à titre de lois nouvelles. Que s'il fallait s'écarter de cette règle sévère d'interprétation qui n'est repoussée, ni par l'économie, ni par l'esprit de la loi du 9 brum. an VI, et chercher hors de son texte un appui pour étayer ce sens, on pourrait s'autoriser du rejet d'un résolution du 17 therm. même année, portant que le propriétaire foncier pouvait recouvrer sa propriété en resti- tuant les sommes reçues à titre de remboursement.

C'est ainsi, enfin, que la Cour royale de Rennes, ayant à

_____

(1) Sirey, t. I, 1, p. 331.
(2) *Ibid.*, t. XIII, 1, p. 87.

juger la même question, prononce, par la plus étrange des interprétations, le 29 janvier 1825 : « Qu'abroger une loi rétroactive, ce n'est pas seulement la faire cesser pour l'avenir,
c'est encore restituer dans leur entier les droits qu'elle avait
ravis, en annulant tout acte qui leur préjudicie ; que tel a été
précisément le vœu de ladite loi du 9 brum. an VI, dont l'art 2
maintient purement et simplement les propriétaires fonciers
dans la propriété de leurs tenures, en conséquence de l'abrogation de la loi qui les avait dépouillés ; d'où il suit que cette
loi était comme non avenue aux yeux du législateur de l'an VI,
et qu'ainsi, les achats effectués en conséquence de sa disposition
ont été valablement anéantis comme elle ; qu'autrement, si ces
rachats avaient conservé l'effet d'éteindre les redevances rachetées, les fonciers n'auraient pas été maintenus à pur et à
plein dans leur propriété, puisque le fond ne leur aurait été
rendu que diminué de son fermage. Que pour restreindre ainsi
l'effet de la maintenue pure et simple, prononcée par la loi
du 9 brum. an VI, il faudrait une disposition formelle qu'on
ne trouve pas dans cette loi, et qu'il ne suffit pas des inductions qu'on voudrait tirer du voisinage du rejet dans le Conseil des Anciens, d'une seconde résolution prise par le Conseil
des Cinq-Cents, à l'effet de régler les conséquences de la loi
restauratrice du 9 brum. an VI ; qu'en effet, d'après le rapport
du Conseil des Anciens, le motif de ce rejet est étranger à la
question des rachats effectués en vertu de la loi du 27 août 1792 ».

3. On ne saurait méconnaître plus ouvertement les principes
sur (les effets naturels de la loi promulguée, la réalité et les
bornes de la rétroactivité. J'ai déjà dit que la loi du 9 brum.
an VI, ne déclarait pas *non avenue*, mais bien *abrogée*, la loi
du 27 août 1792 ; or, où a-t-on jamais vu consacré ce principe :
« qu'abroger une loi rétroactive ce n'est pas seulement la faire
cesser pour l'avenir, c'est encore restituer dans leur entier les
droits qu'elle avait ravis en annulant tout acte qui leur préjudicie ; » que les rachats effectués, en vertu de la loi de 1792 par
les domaniers, sont valablement anéantis avec elle ; que si ces
rachats avaient ainsi conservé l'effet d'éteindre les redevances
rachetées, *les fonciers n'auraient pas été maintenus à pur et à
plein dans leur propriété, puisque le fonds ne leur aurait été rendu
que diminué de son fermage ?* N'est-ce pas dire en termes aussi
clairs que le jour, qu'une loi a été rendue, a vécu plusieurs

années, inutilement, sans résultat; que son caractère de loi, pendant tout ce temps, n'a été qu'une pure illusion; que les traités de famille, les transactions les plus solennelles, intervenus sur la foi de ses dispositions, n'étaient qu'un jeu de la législation, qui ne devait laisser aucune trace, du moment qu'il plairait au législateur d'abroger la loi qui les autorisait? N'est-ce pas dire qu'il est de l'essence des lois abrogatoires d'agir aussi efficacement, aussi pleinement sur le passé que sur l'avenir? Enfin, n'est-ce pas prêter à la loi du 9 brum. an VI un sens qu'elle est loin de présenter, lorsqu'on affirme que par ces termes : *Les propriétaires fonciers sont maintenus dans leurs tenures*; elle a entendu que les propriétaires qui avaient cessé de l'être par l'effet des rachats recouvraient de plein droit leur propriété; que c'est bien là les maintenir à pur et à plein, selon les intentions de la loi; lorsque les principes éternels du droit disent toujours, ce qu'ils n'ont jamais cessé de dire : que les lois, à moins de dérogations expresses, ne disposent que pour l'avenir; que par ces mots : « les propriétaires fonciers sont maintenus », la loi du 9 brum. an VI, a évidemment entendu parler des propriétaires qui avaient encore conservé leurs propriétés, et non de ceux qui ne les avaient plus, par l'effet des rachats; qu'à l'égard des premiers, la loi rétroactive du 27 août 1792, cessait d'avoir ses effets, c'est-à-dire que les domaniers n'auraient plus à l'avenir la faculté, à l'aide du remboursement des redevances, de s'approprier des fonds, dont ils étaient simples détenteurs précaires; qu'en cela la loi du 9 brum. an VI entendait maintenir les fonciers dans leurs propriétés?

La **Cour** de cassation a cassé sans doute cet arrêt; mais il est à regretter qu'elle n'ait rappelé aucun des principes de la matière. Voici les termes de son arrêt (1) : « Attendu que le rachat de la rente dont il s'agit ayant eu lieu en exécution de la loi du 27 août 1792, il a été légalement fait; attendu que la la loi du 9 brum. an VI abroge, sans autre explication, et par conséquent n'abroge que pour l'avenir, cette loi du 27 août 1792, et que dès lors qu'elle ne prononce rien sur les rachats faits conformément à l'art. 11 de ladite loi, elle maintient tous les effets desdits rachats; qu'il suit de là qu'en jugeant que la loi du 9 brum.

(1) Sirey, t. XXVIII, 1, p. 289.

an VI avait annulé le remboursement fait en l'an III, par les
auteurs des demandeurs, à la dame Kgarion, l'arrêt attaqué a
donné, contrairement à l'art. 2 du Code civil, un effet rétroactif
à cette loi, et a violé l'art. 11 de la loi du 27 août 1792,
casse, etc. »

---

### RÉSUMÉ GÉNÉRAL SUR LA RÉTROACTIVITÉ.

Parvenu au terme de mes travaux sur la non rétroactivité
des lois, je désire jeter un coup d'œil rapide sur la matière,
non pour en récapituler les principes généraux, mais pour indiquer les progrès, les incertitudes, même les écarts de la
jurisprudence dans l'application de ce grand principe, qui n'est
en réalité que l'une des qualités essentielles de la loi, mais
qu'il appartient surtout à la jurisprudence de faire ressortir par
ses appréciations, autant que par l'interprétation spéciale qui
lui est dévolue des lois que des considérations supérieures
d'ordre public ou émanées d'autres sources, peuvent parfois
soustraire à son empire.

On se souvient du vague, du faux, des préventions de tout
genre qui régnaient généralement dans les esprits, en matière
de rétroactivité, lors de la présentation des six premiers articles
du Code civil aux pouvoirs publics. A peine la discussion sur
l'art. 2 fut-elle engagée que les récriminations se firent entendre
de toutes parts ; c'est un retour évident vers la féodalité, disaient
les uns ; consignez dans la loi, le principe de la non rétroactivité, et vous allez par-là redonner la vie à toutes les institutions anéanties par les lois de 1789 et 1790 ; vous allez perdre
tous les heureux fruits de la révolution. La jurisprudence elle-
même appuya pendant quelques instans ses solutions sur cette
erreur. C'est ainsi que divers jugemens, fondés sur ce que
l'art. 2 du Code civil abrogeait de plein droit les lois rétroactives existantes, déclarèrent abrogée la loi du 27 vent. an IX,
qui ordonne la perception des droits d'enregistrement suivant
les fixations établies par la loi du 22 frim. an VII, quelle que soit
la date des actes à enregistrer, par conséquent, alors qu'ils seraient antérieurs à la loi (1). Si vous consacrez ce principe,

(1) Dalloz, Jurisp. gén, vᵒ *Lois*, p. 835.

disait à son tour le Tribunat dans les communications qui lui
étaient faites au nom du Gouvernement, vous allez enchaîner
jusqu'à la puissance de la loi ; il ne lui sera plus permis, quelque grave que soit son motif, de se reporter jamais vers des
voies rétroactives ; le juge, armé de la disposition qui condamne la rétroactivité des lois, se refusera à l'application de
celle qui s'écartera de ce principe sacré. Enfin, d'autres soutenaient que cette disposition appartenait proprement à la doctrine, qu'elle était déplacée dans le livre de la loi qui doit
contenir, non des préceptes, mais des règles positives sur les
droits et les devoirs des citoyens.

La jurisprudence a généralement démenti tous ces funestes
pressentimens ; aidée des lumières qu'elle doit toujours emprun-
ter de la doctrine, elle a su, dans une foule de circonstances, et
dans presque toutes les matières du droit, s'appuyer sur l'art. 2
du Code civil pour rallier des opinions que l'ardeur des controverses ou le retour insensible, comme je l'ai remarqué souvent, vers les aberrations, les incertitudes de l'ancienne jurisprudence, entraînaient loin du sens et du vœu précis de cet
article ; et s'il existe quelques points que j'ai eu soin de signaler
dans mon ouvrage, sur lesquels elle paraisse hésiter encore,
il ne faut pas douter que, s'élevant aux vraies considérations
d'ordre et de bien public qui dominent essentiellement la matière de la non rétroactivité, ses hésitations ne trouvent bientôt
un terme.

C'est ainsi qu'elle me paraît avoir posé le principe certain aujourd'hui, que la loi nouvelle n'agissant que sur les faits réalisés
sous son empire, est inapplicable d'elle-même, et à moins d'une
volonté contraire, mais expresse de sa part, aux faits consommés, et formant dès lors droit acquis sous l'empire de la loi
précédente, non-seulement alors que cette dernière loi, restée
fidèle à ses conditions normales, agit simplement sur des faits à
venir, mais encore alors que, reposant sur des considérations
supérieures, quelle qu'en soit la source, elle est plus ou moins
empreinte de rétroactivité ( V. t. II, § dernier, *des Lois
abrogatoires*, etc., et les arrêts cités *suprà hic* ).

C'est ainsi que la Cour de cassation, spécialement appelée par
la nature de ses attributions, à fixer le véritable sens du Code
civil, après avoir montré quelque incertitude sur les questions
de rétroactivité relatives à l'état des personnes, entraînée

qu'elle était par les opinions contraires, a fini par poser ce principe souverain dont elle ne s'est jamais départie depuis ; bien que les motifs dont elle l'a appuyé ne soient pas exempts de toute critique, « que les lois qui règlent et modifient l'état des personnes, en améliorant leur sort, doivent par la nature même des choses, et en raison de la faveur due à l'état des personnes, recevoir leur application du jour qu'elle ont été promulguées ( *suprà*, t. 1, p. 262 et suiv.) ».

C'est ainsi que la jurisprudence de cette Cour, régulièrement entendue aujourd'hui, ne pose pas en principe, comme l'ont pensé quelques jurisconsultes, qu'il y a lieu à casser un arrêt par l'unique raison qu'il viole une loi interprétative, rendue postérieurement à l'espèce jugée, cette loi interprétative étant censée remonter au jour de la loi interprétée qui régissait l'espèce ; mais bien qu'il y a lieu à casser un arrêt qui, tout en violant la loi interprétative, viole essentiellement et en même temps aussi la loi interprétée, car cette Cour a toujours vu en principe la violation de la loi interprétée, la violation de la loi interprétative n'étant à ses yeux qu'une conséquence de la violation de la première. Que si la loi interprétative s'écartait évidemment de la loi interprétée, il y aurait lieu à des distinctions nécessaires ( V. t. 1, p. 126 et suiv. ).

C'est ainsi que ses efforts m'ont paru constamment avoir pour but de déterminer avec précision le caractère des droits acquis, d'où résultent les lumières les plus certaines sur la rétroactivité ; de marquer la distinction nécessaire, quant aux effets, entre les droits acquis résultant de la loi, et les droits acquis résultant du contrat ( t. 1, p. 161-165 et suiv. *et passim* ).

C'est ainsi que, si les Cours d'appel de Parme et d'Agen, se méprenant sur la véritable nature des droits acquis dans des matières de droit civil auxquelles se mêlaient des considérations politiques, consacraient ou repoussaient la rétroactivité, en prenant pour unique règle de leur solution la loi civile, la Cour de Turin et la Cour de cassation, s'élevant à la véritable raison de la loi, ont consacré ou repoussé la rétroactivité dans les mêmes hypothèses, par des considérations tirées de la loi politique, attendu qu'elle dominait la matière ( t. 1, p. 503 et suiv. ). Au reste, ces distinctions importantes sur lesquelles je trace quelques règles ( *Ibid.*), attendent, pour devenir plus familières aux esprits, des applications qui ne sauraient leur manquer.

C'est ainsi qu'elle a su toujours rappeler à ses saines interprétations la maxime, *le mort saisit le vif*, en décidant contre l'opinion de plusieurs Cours royales, que ce n'était pas blesser le grand principe de la non rétroactivité des lois, mais bien respecter celui qui consacre les transmissions régulières de successions, que d'attribuer aux héritiers du temps du décès, et non aux héritiers du temps de la restitution, les biens confisqués, et restitués par l'effet des actes d'amnistie ( t. II, p. 188 et suiv. ).

C'est ainsi, enfin, qu'après avoir longuement hésité et s'être laissé aller même à quelques contradictions dans ses propres décisions, elle a définitivement posé comme principe constant en matière d'inscription hypothécaire et de transcription, que l'art. 1583 du Code civil, ne disposant que pour l'avenir, un créancier hypothécaire antérieur au Code civil, pouvait prendre valablement inscription depuis sa promulgation, sur un immeuble vendu antérieurement, mais dont la transcription n'avait pas été opérée, aux termes de la loi du 11 brum. an VII ( t. II, p. 214 ). En matière de prescription, après de semblables hésitations, et même en revenant sur sa propre jurisprudence comme erronée, que les tribunaux doivent faire jouir les prévenus du bénéfice de la prescription lorsqu'il y a lieu, en appliquant, soit la loi existante au temps du délit, soit la loi existante à l'époque où la prescription est invoquée, selon que l'une ou l'autre est plus favorable au prévenu (t. II, p. 300). En matière de donation déguisée sous la forme de contrat onéreux, qu'il faut, sous peine de rétroactivité, prendre l'acte antérieur au Code civil, dans les conditions de validité ou d'invalidité (sous le rapport des présomptions de fraude ), déterminées par la loi existante au temps de l'acte (t. II, p. 351 ). En matière de lois abrogatoires de lois rétroactives, qu'à moins d'une dérogation expresse dans la loi, il faut constamment appliquer le principe, que la loi abrogatoire laisse subsister tous les faits ou actes consommés sous l'empire de la loi rétroactive précédente et d'où peuvent résulter des droits acquis; que tel est notamment le sens et le vœu de la loi du 9 brum. an VI sur les domaines congéables ( t. II, p. 364 ).

Mais d'un autre côté, sa jurisprudence ne saurait être considérée comme irrévocablement fixée sur une foule de matières.

Ainsi, on a pu voir ( t. I, p. 225 ) comment il est permis

de douter que l'arrêt rendu par cette Cour, le 12 juin 1815, relativement à la capacité de la femme mariée pour l'aliénation de ses biens dotaux et dans l'hypothèse prévue, puisse balancer l'ancienne jurisprudence qu'elle avait adoptée sur la même matière ( t. II, p. 161 et suiv. ) ; comment il est permis de douter que son opinion sur la non rétroactivité de l'art. 2 de la loi du 14 nov. 1792, en matière de substitutions, soit définitive, alors que les plus graves objections s'élèvent contre elle, et que la rétroactivité se justifie d'ailleurs par des considérations supérieures tirées de la loi politique ( t. II, p. 223 ); comment il est permis de douter que sa jurisprudence (1) sur la question de savoir, si l'art. 1912 du Code civil relatif au rachat des rentes constituées, étant une disposition purement conservatoire, d'après son sentiment, s'applique sans rétroactivité, même aux contrats antérieurs au Code civil, soit tellement certaine à ses yeux, que, déterminée plus tard par de nouvelles appréciations du contrat de rente constituée, elle ne préfère pas l'opinion contraire, adoptée par plusieurs Cours royales et de graves jurisconsultes, sur le motif que la disposition dont il s'agit, portant atteinte au fond du droit des parties, est nécessairement rétroactive ( t. II, p. 231 ); comment il est permis de douter qu'il n'en soit par de même de sa jurisprudence sur l'application de l'art. 1978 relatif à la résolution du contrat de rente viagère aux actes antérieurs ( t. II, p. 123 ); comment il est permis de douter que sa jurisprudence sur la question de savoir si l'héritier donataire renonçant peut retenir tout à la fois sa réserve et la portion disponible, si nettement fixée d'abord par son arrêt du 18 fév. 1818 (aff. Laroque de Mons), devenue flottante depuis, parce qu'elle a cru devoir céder à quelques argumentations plus subtiles que solides dont j'ai indiqué la source, ne revienne incessamment sur ses pas pour ressaisir avec fermeté les véritables doctrines du Code civil ( t. II, p. 258 ); comment il est permis de douter que sa jurisprudence relative à la non rétroactivité appliquée à la compétence criminelle, peu certaine encore par suite des difficultés graves qu'offre une matière habituellement mêlée de considérations politiques, ou qui tiennent à des distinctions radicales sur l'essence, l'ordre, la puissance réelle des lois, les rap-

--------

(1) V. entre autres son arrêt du 6 juil. 1812.

ports par lesquels elles sont unies ou subordonnées entre elles, ne finisse par asseoir ses solutions sur des bases invariables puisées dans les sources pures et élevées de la doctrine dont elle est éminemment dépositaire aussi bien que du sens intime des lois dont l'exécution lui est confiée. Enfin, comment il est permis de douter que portant de nouveau ses soins scrutateurs sur l'importante question de savoir si, sous l'empire du Code civil, la jouissance emphytéotique est passible de l'affectation hypothécaire, elle ne s'arrêtera pas définitivement à ces graves considérations (1) : que le preneur, dans quelque sens que soit conçue l'emphytéose, est toujours comptable de sa détention vis-à-vis du bailleur ; qu'il est nécessairement soumis à ses actions, pendant toute la durée de cette détention, car ainsi le veut son titre ; que dès lors, si cette détention comprend quelques uns des droits immobiliers, conséquences naturelles de l'aliénation consentie à son profit, ces droits n'ayant pour objet que sa propre jouissance, restent exclusivement attachés à sa personne, et dès lors, ne sont nullement *les biens immobiliers qui sont dans le commerce*, dont parle l'art. 2118 du Code civil ; que pour être susceptible de l'affectation hypocaire, il faudrait que cette jouissance fût susceptible de l'aliénation absolue, c'est-à-dire de la vente, car le créancier hypothécaire doit pouvoir parvenir jusqu'à la réalisation de son droit par la vente de l'immeuble qui lui est affecté ; or, le consentement même du bailleur, à la vente de la jouissance emphytéotique, ne serait pas sans résultat sans doute, dans l'état actuel de notre législation (2) ; mais, d'une part, il dénature-

(1) Voici les termes de son arrêt du 19 juil. 1832 : « Attendu que les règles concernant l'emphytéose n'ont été ni changées, ni modifiées par le Code civil ; que les lois lui ont toujours attribué un caractère particulier ; que ce contrat n'a jamais été confondu avec le contrat de louage ; que, suivant la législation encore existant, le preneur a le droit, pendant toute la durée de l'emphytéose, d'exercer l'action, *in rem*, contre ceux qui le troublent dans sa possession et contre le bailleur lui-même ; qu'un tel droit est immobilier, et que l'emphytéote a la faculté de disposer de tout ce qu'il possède à ce titre, par vente, échange ou donation, et par affectation hypothécaire, sauf les droits du bailleur ; que, dans l'espèce, le bailleur et le preneur ont reconnu eux-mêmes que l'emphytéote établie dans l'acte de cession était susceptible d'hypothèque, etc. »

(2) On ne doit pas oublier que dans l'ancien droit la vente de l'*emphytéose perpétuelle elle-même* n'était pas un droit absolue dans la personne de l'emphytéote, car elle était soumise à la prélation.

rait le contrat emphytéotique, puisqu'il supposerait que des tiers avec lesquels il n'a pas traité, pourraient s'écarter des conditions primitives de la concession, sans avoir même d'autre recours fondé vis-à-vis du preneur que celui qu'il se serait réservé par le contrat; d'autre part, une telle stipulation exorbitante, car on ne conçoit pas facilement que le bailleur, diminue au lieu de fortifier les sûretés de son contrat, ne saurait, dans aucun cas, imprimer à cette jouissance, ainsi rendue, susceptible d'aliénation absolue, le caractère certain *de biens, immeubles qui sont dans le commerce*, aux termes de cet article; les définitions de la loi ne pouvant, dans aucun cas, recevoir leur portée, leur sens réel, du caprice ou des bizarreries des stipulations, étant écrites, au contraire, dans des vues générales de bien public, conformément à la nature des contrats et aux intérêts de ceux qui les accomplissent; que si la vente proprement dite ne peut se concilier avec la jouissance emphytéotique, il faut nécessairement en conclure, et par la même raison, que l'hypothèque ne saurait s'y concilier; que son assimilation avec l'usufruit est inexacte par toutes les raisons que que j'ai développées plus haut, p. 329; que l'hypothèse, d'après laquelle la faculté de conférer hypothèque de la part de l'emphytéote sur des immeubles élevés sur le fonds concédé, ne paraît pas répugner à la nature de la concession, n'est nullement contraire à ces principes; qu'une telle stipulation produira, sans doute, tout l'effet qu'elle est susceptible de produire; mais qu'elle n'ira jamais jusqu'à engager hypothécairement le fonds concédé; car, en définitive, le créancier hypothécaire ne parviendra jamais à exproprier l'emphytéote du fonds sur lequel sont élevés les immeubles, puisqu'il ne lui appartient pas.

Au reste, mon but n'est pas de parcourir rigoureusement ici toutes les matières traitées dans cet ouvrage, et sur lesquelles la jurisprudence faisant des applications plus ou moins expresses de l'art. 2 du Code civil, il est permis de se former une idée exacte du sens réel qu'elle attache à cet article. Je me suis borné à indiquer l'esprit général des interprétations qu'elle lui a données; celles que l'on peut considérer comme définitives, celles qui, par les raisons diverses que j'ai développées, peuvent paraître comme douteuses encore, ou même comme le

24.

résultat de quelque erreur de principe qui ne saurait se prolonger.

Mais je dois ajouter que l'étendue de cet article, comme règle du droit positif, est telle, que non-seulement il est tacitement attaché à chacune des dispositions dont se composent les diverses branches de la législation depuis l'émission du Code civil et à toutes celles qui pourraient être créées par la suite ; mais encore qu'il est aussi tacitement attaché à toutes les branches de la législation précédente , ou même à toutes les dispositions de cette législation subsistantes encore et susceptibles de recevoir une application actuelle à des espèces nées depuis le Code civil.

FIN DU TOME SECOND.

# TABLE

FIN DE LA TABLE DU TOME SECOND.

# TABLE

## ALPHABÉTIQUE ET ANALYTIQUE

### DES MATIÈRES

CONTENUES DANS LE PREMIER ET LE SECOND VOLUME.

—

pas cependant le principe des droits acquis aux individus, t. II, p. 255. — Exceptions tirées de circonstences extraordinaires ; par exemple, de celles qui ont nécessité les lois des 18 pluv. an IX et 23 flor. an X, 258. — Application des principes précédens à la législation sur la mise en état de guerre et de siége, 259 ( V. *Loi* ). — Comment doit-être entendue la rétroactivé par suite de la mise en état de siége, 260, 264. — Distinctions, quant à la compétence, résultant de la diversité de nature des juridictions, 261. — Les difficultés qu'éprouve la jurisprudence à se fixer sur ces distinctions tiennent à deux causes : 1° concilier les garanties sociales avec les garanties dues à l'accusé ; 2° ne pas confondre les lois exceptionnelles accidentelles, avec les lois exceptionnelles permanentes, 262 ( V. *Loi* ).

Concessions de la loi ( V. *Droits acquis*, *Loi* ).

Conciliation développée des deux maximes : « que certaines choses une fois établies ne laissent pas de continuer d'exister, malgré la survenance d'événemens qui les auraient empêché de naître, s'ils eussent coexisté avec elles » ( L. 85, § 1, ff *de Rég. jur.* ) ; et « que les choses régulièrement ou utilement constituées d'abord, cessent d'exister, lorsqu'elles parviennent au cas auquel elles n'auraient pas pu commencer à exister » ( L. 98, ff *de Verb. oblig.*), t. II, p. 10 et 12 ( note).

Confirmation ou ratification des contrats, t. I, p. 407 ( V. *Contrats* ). — La ratification ne rétroagit pas à l'acte primitif pour le compléter, et de manière à ne laisser aucune trace d'existence après elle ; au contraire, l'acte primitif ne commence réellement à exister que par la ratification et en même temps qu'elle, 408. — Preuves de ce principe. Rigoureusement la ratification s'applique non à un contrat, puisqu'il n'existe pas encore, mais à un fait antérieur ; et voilà pourquoi les contrats nuls, comme contraires à l'ordre public, aux lois, aux bonnes mœurs, ne sont pas susceptibles de ratification, 409. — Que s'ils sont nuls de nullité relative, que nous ayons ou non concouru à ces contrats, la solution restera la même ; car la rétroactivité n'aura pas d'autre effet dans ce cas, que de rappeler et faire rentrer sous les conditions de la loi en vigueur au temps de la ratification l'acte ou le fait antérieur, 411. — Applications diverses à la vente, à l'hypothèque, aux engagemens de la femme mariée, *ibid*. — Espèce discutée par Tulden. On ne peut rien conclure des raisonnemens de cet auteur contre les principes précédens, t. 1; p. 412. — C'est de cette analyse des effets de la ratification que découle ce principe consacré par l'art. 1358 du Code civil : que la confirmation ou ratification ne saurait nuire aux droits des tiers., 413. — Réfutation d'une opinion de MM. Merlin et Toullier à ce sujet, *ibid.* — Conclusion. C'est la loi en vigueur au temps de la ratification qui régit l'acte ou le fait ratifié, 414.

CONSERVATION ET EXERCICE DES DROITS CIVILS, t. II, p. 202. — Examen du principe posé par M. Merlin, relativement à la conservation et à l'exercice des droits acquis, 205. — Distinction nécessaire entre le cas où la loi nouvelle ne porte pas, même indirectement, sur le fond même du droit, et celui où elle porte plus ou moins atteinte au fond de ce droit. On peut dire dans le premier cas, que si la rétroactivité existe, elle est justifiée par des motifs d'amélioration de l'exercice des droits individuels. Rien n'autorise la rétroactivité dans le second cas, à moins qu'elle ne soit expresse, 206 et suiv. — Application de ce principe à la loi du 11 brum. an VII, 207. — Que si la rétroactivité ne résulte pas du texte formel de la loi ni de ses motifs, la jurisprudence ne saurait l'interpréter dans un sens lésif pour le fond du droit, 208. — Application de ces principes, 1° aux intérêts ou arrérages résultant de contrats antérieurs au Code civil (Art. 2277), 209; 2° aux *hypothèques antérieures* aux dispositions de la loi du 11 brum. an VII, relatives à la formalité de l'inscription (Art. 7), 210. — A la nécessité de l'inscription ou de la transcription de la part du vendeur, sous l'empire des anciennes lois, pour la conservation de son privilége, 211. — Aux contrats antérieurs à la loi nouvelle, à l'égard desquels on n'aurait pas rempli les formalités relatives à la publicité des hypothèques, alors que ces formalités se trouvent abrogées par la nouvelle loi, 212. — L'article 2161 du Code civil qui accorde au débiteur dans l'hypothèse qu'il prévoit, une action en réduction des inscriptions ou en radiation d'une partie, etc., n'est pas applicable aux anciennes créances hypothécaires, résultant d'actes notariés ou de jugemens; à celles des femmes mariées sur les biens de leurs maris, des mineurs et des interdits sur les biens de leurs tuteurs, du tré-

qui, ont voulu juger les questions élevées sur cette matière,
par les purs principes du droit civil, t. 1, p. 294. — Résumé:
C'est par des considérations politiques ou d'ordre public
qu'il faut résoudre ces questions, 300 et 303. — Erreur non
moins grave commise par les mêmes motifs, quoique dans
un sens différent, par la Cour royale d'Agen, sur la question
de savoir si un individu, qui, après avoir renoncé, par son
contrat de mariage à une succession future à laquelle il était
appelé, avait laissé écouler dix ans depuis son ouverture,
sans réclamer contre sa renonciation, était, soit d'après
l'art. 134 de l'ordonnance de 1539, soit d'après l'art. 1304 du
Code civil, déchu du droit de demander le partage de cette
succession, 303. — Cette erreur est rectifiée par un arrêt de
la Cour de cassat. du 2 juil. 1828, 304. — Néanmoins, de
justes bornes doivent être données à l'application de cette
doctrine. Premier exemple de cette limitation tirée de la
législation et de la jurisprudence sur les religionnaires fugitifs. Distinctions nécessaires, 305. — Second exemple tiré
de la législation relative à la clause imposée au donataire,
avant la loi du 5 sept. 1791, de ne pas se marier, 308. —
Troisième exemple relatif à la clause de ne pas se remarier.
Erreur de la Cour royale de Paris sur cette application.
Elle est rectifiée par un arrêt de la Cour de cassation du
20 janv. 1806, 390. — Mais il en serait autrement d'une loi
qui consacrerait la violation de la liberté individuelle, de la
sûreté personnelle, du droit de propriété. Dans ce cas, la
loi nouvelle qui remonterait aux faits précédens pour les
anéantir, ne serait pas censé rétroagir, 312. — Cependant ces
raisonnemens ne recevraient une juste application que sous le
règne régulier de la loi. Ils ne sauraient convenir aux mesures que pourrait dicter la RAISON D'ÉTAT ou le POUVOIR
CONSTITUANT, 190, 191, 196, 313. — Danger qu'il y aurait à
invoquer le pouvoir constituant comme pouvoir régulier,
314. — L'état des personnes, les expectatives, etc.; sont
tellement dans le domaine de la loi, qu'il ne serait pas au
pouvoir des particuliers de renoncer, par des stipulations
anticipées, à l'effet des lois nouvelles, abrogatoires ou mo-
dificatves des lois précédentes sur ces matières, ibid. —
Comme conséquence de ce principe, il faut dire: que la
donation entre vifs faite par un individu, à la veille de pro-

noncer ses vœux, est soumise à l'action en révocation pour cause de survenance d'enfans, lorsque cet individu, par suite de la suppression des ordres religieux et de sa réhabilitation dans la vie civile, s'est marié, t. I, p. 315. — SUITES EXTRINSÈQUES OU ÉLOIGNÉES DES CONTRATS, 328. — Distinction entre les effets et les suites des contrats. Opinions diverses des auteurs, quant aux applications, 329. — Nécessité de recourir aux principes généraux en cette matière, *ibid.* — Application de ces principes, 1° au contrat de vente; 2° à la révocation de donation pour cause de survenance d'enfant; 3° à l'obligation de souffrir la réduction de fermage, en cas de destruction d'une récolte entière; 4° à la révocation de donation pour cause d'ingratitude; 5° à l'action en rescision; 6° aux dommages et intérêts par suite de conventions; 7° à l'obligation de garantie en cas de partage; 8° à la tacite réconduction, 330. — Confirmation de l'application relative à la révocation de donation pour cause de survenance d'enfant par Dumoulin, *ibid.* — Des causes diverses qui peuvent amener la résolution des contrats en tout ou en partie. Application spéciale aux donations irrévocables et aux institutions contractuelles, 336. — Distinction nécessaire, quant à la première hypothèse, entre le fond du droit et l'exercice du droit, 337. — Examen de la question de savoir, 1° si un successible, auquel a été faite une donation irrévocable sous une loi qui le dispensait du rapport, est tenu au rapport si la succession s'ouvre sous une loi qui ne permet une telle donation qu'à la condition du rapport, 338. — 2° Quel sera le sort d'une donation irrévocable ou institution contractuelle, lorsqu'elle n'excède pas la quotité disponible fixée par la loi du temps de la donation ou institution, et que la loi existante au temps du décès du donateur ou instituant réduit cette quotité, 349. — 3° Quel sera le sort d'une donation irrévocable ou institution contractuelle qui excède la quotité fixée par la loi du temps de sa confection, mais n'excède pas celle que détermine la loi du temps du décès, 360.

CRIMES, DÉLITS, QUASI-DÉLITS. La position de celui qui se rend coupable d'un fait repris par la loi, n'est pas irrévocablement fixée, quant à la peine, par cette loi, t. II, p. 274. — Ce principe repose sur deux considérations générales, 275. — Les conséquences de ce qui précède sont : que les faits accomplis sous

l'institution existe ; celui de la mort du testateur pour qu'elle ait son effet, t. II, p. 105.—Examen de la question de savoir, s'il faut avoir égard à la capacité de l'héritier institué conditionnellement ou du légataire au même titre, à la mort du testateur, *ibid.* — Raisons pour l'affirmative, 110. — Opinion de Pothier et de M. Toullier sur cette question, *ibid.* — Celle de Vinnius, Serres, etc., doit être préférée, 112. — S'il était vrai que les lois anciennes offrissent quelques doutes à cet égard, ils seraient levés par l'art. 7 de la loi du 30 vent. an XII, 114. — Dans tous les cas, de telles dispositions insérées dans un testament antérieur au Code civil, dont l'auteur serait décédé depuis, doivent être appréciées d'après le Code civil entendu en cette matière comme il vient d'être dit, 115 (V. *Testament*).

DONATIONS IRRÉVOCABLES (V. *Institutions contractuelles, Réserve légale*).

DROITS ACQUIS. Définition de Reinhart, t. I, p. 157; de M. Merlin, 158. — Analyse critique de cette définition, *ibid.* — Les droits acquis résultant de la loi reposent sur une théorie distincte de celle sur laquelle se fondent les droits acquis résultant des stipulations, 160. — Les droits facultatifs ne confèrent pas de droits acquis. Ce qu'on doit entendre par *droits facultatifs*, 158 et suiv. — Comment les droits acquis résultent plutôt du contrat que de la loi; et réciproquement, 162. — Le principe que c'est la loi du temps du contrat qui le régit, et non celle du temps du décès, est applicable même au contrat tacite, 163 ; même au cas où les parties sont présumées avoir accepté la loi ou l'usage en vigueur, comme règle de leurs conventions, 164. — A cet égard, le contrat tacite n'est pas le contrat présumé, 165 (note). Pour démêler les droits acquis en cette matière, c'est surtout à la question de savoir si la loi s'applique *comme loi* ou *comme contrat* qu'il faut s'attacher. Application spéciale de cette distinction, sous les lois de l'an II et postérieurement, à la capacité ou à l'incapacité des époux, au douaire, à l'usufruit et autres gains de survie, 165 et suiv. — Interprétation extensive des anciens principes en cette matière définitivement condamnée par la Cour de cassat., qui a reconnu que la cause de cette extension se trouvant uniquement dans les lois interprétatives de l'an II, elle n'était applicable qu'aux mariages antérieurs, nullement aux mariages à

qu'alors même que la loi est innovative ou corrective de la
loi interprétée, elle reste toujours loi interprétative et ne
rétroagit pas, t. 1, p. 131, 135. — Jurisprudence conforme de la
Cour de cassation, 132. — Tout ce qui est définitivement
réglé par jugement, transaction etc., et constitue un droit
acquis sous la loi interprétée, est dans tous les cas, à l'abri
des atteintes de la loi interprétative, *ibid*. — Relativement
aux contrats ou jugemens rendus sous une loi dont le sens est
tellement obscur ou si contraire au vœu présumé du législateur, qu'une loi interprétative est devenue indispensable, il
y a lieu à faire une distinction, *ibid*. — En résumé, toute
loi interprétative suppose une loi interprétée dont elle reproduit le sens primitif, 133. — *Quid*, si la loi interprétative
embrasse des cas nouveaux omis par la loi interprétée? — Distinction indiquée par Bacon, 134. — Les lois morales, d'ordre
public, etc., essentiellement renfermées dans toute législation,
ne sont pas proprement rétroactives, 135. — Preuves tirées
de la jurisprudence de la Cour de cassation, 136 et sniv. — La
loi nouvelle s'applique, sans rétroagir, à des faits anciens que
ne régissait aucune loi ; même à des faits régis par une simple
jurisprudence ; preuves diverses, 140 et suiv. — Inconvénient grave que peut entraîner quelquefois l'application de
ce principe, 142. — La loi nouvelle ne rétroagit pas, alors
qu'elle statue sur des faits antérieurs régis même par une
jurisprudence constante, 144. — Mais la loi nouvelle qui sur
le fondement que la loi précédente était injuste, anéantirait
ce qui s'est passé sous son empire, serait rétroactive, 145
(V. *Lois abrogatoires de l'effet rétroactif*). — Lorsque les motifs de la loi nouvelle sont les mêmes que ceux d'une affaire ou
d'un acte précédent consommé, elle s'étend, sans rétroagir,
à cette affaire ou à cet acte, 146. — Les principes précédens
reçoivent une exception lorsqu'il y a RÉTROACTIVITÉ EXPRESSE
dans la loi, *ibid*.—Cette rétroactivité est fondée sur quatre ordres de motifs, 148, 149, 151. — D'après le sens réel de la loi 7
au Code *de legib.*, *les choses passées et les choses en suspens*
sont mises sur la même ligne ; à l'égard des unes, comme à
l'égard des autres, la rétroactivité n'est fondée qu'autant qu'elle
repose sur une disposition expresse de la loi. Preuves diverses
tirées des lois romaines et des opinions des auteurs, 153. —

naissent que par leur publicité de fait, quoique depuis leur promulgation? Si elles ont pour objet l'ordre public ou l'intérêt des tiers, elles ne sont pas susceptibles d'une exécution volontaire, t. 1, p. 77. — *Secùs* dans le cas contraire, 78. — Les lois prohibitives ne sont exécutoires par anticipation, que dans le seul cas où cette exécution n'entraînerait aucune dérogation à la loi précédente ou aux droits des tiers, 79 et suiv. — Les lois permissives ou facultatives intéressant l'ordre public ou les tiers, ne sont pas susceptibles d'une exécution anticipée; *secùs* dans le cas contraire, 80 et suiv. — Lorsque la loi, bien que facultative, a défendu de déroger à ses dispositions, les particuliers ne peuvent exécuter par anticipation une loi qui y dérogerait, 82. — Divers cas intéressant le droit public ou les tiers, *ibid.* — Analyse d'un arrêt de la Cour royale de Lyon sur cette matière, 84. — *Quid*, si la loi ne fait que régler le mode d'une faculté déjà existante? On ne saurait exécuter d'avance une loi qui intéresserait l'ordre public ou les tiers, 86. — Application de ce principe aux formes des testamens, 87. — Aux formes des contrats, 90. — Raisons de cette application, *ibid.* — Que si la forme n'intéresse ni l'ordre public ni les tiers et n'est pas substantielle, la loi nouvelle est exécutoire par anticipation, 91. — La loi sanctionnée, mais non promulguée n'est pas susceptible d'une exécution anticipée, 92. — A quelle époque les lois politiques et constitutionnelles sont-elles obligatoires dans les pays réunis (V. *Promulgation*)? — Les lois sont d'une égale puissance entre elles; elles ne sauraient enchaîner leur action pour l'avenir, 313. — Nature des lois constitutionnelles, 197 (V. *Droits acquis*). — La loi par essence et comme précepte de raison dans l'ordre social ne rétroagit pas. Les lois dites interprétatives, les lois morales ou supplétives de lois absentes, ne forment pas, à proprement parler, des exceptions à cette règle, 123, 125, 135, 140. — Lorsque les motifs de la loi nouvelle sont les mêmes que ceux d'une affaire ou d'un acte précédent consommé, elle s'étend, sans rétroagir, à cette affaire ou à cet acte, 146. — La loi rétroagit lorsqu'elle en renferme LA VOLONTÉ EXPRESSE, 123, 146 (V. *Effet rétroactif*). — La loi considérée comme principe fondamental de toute association politique agit de deux manières, 1° sur les élémens généraux de l'association même, pour en améliorer incessamment toutes les conditions ; dans ce cas, son action s'étend sur le passé sans rétroagir, t. 1, p. 123, 175, 176 ; 2° directement sur les individus pour les mettre en communication des avantages résultant de l'association. Dans ce cas, son action ne s'étend sur le passé que tout autant qu'elle ne blesse pas des droits acquis, 125, 183. — Les concessions de la loi ne confèrent pas de droits acquis. Application de ce principe à l'ancien douaire coutumier en Normandie, 176. — Erreur de la jurisprudence contraire ; elle vient surtout de ce qu'on a voulu juger par les règles du droit civil, ce qui ne peut être résolu que par des considérations de droit public, 178 et suiv. — Application du même principe aux substitutions, au droit d'aînesse, aux renonciations à successions futures, au retrait lignager, au droit de dévolution existant autrefois dans certains pays, 179 et suiv. — Distinction nécessaire entre les simples espérances ou attentes formées, etc., et les droits acquis. Les premières sont exclusivement du domaine de la législation ; les secondes sont du domaine du jurisconsulte, 177 (note). — Aux institutions sociales proprement dites, 180 et suiv. (V. *Contrats auxquels se mêlent des considérations d'ordre public*). — Dans ses rapports avec les individus, la loi ne confère des droits acquis que par l'effet de stipulations ou de certains faits consommés selon ses prescriptions pour conférer ces droits, 183, 185. — Comme conséquence du principe que l'homme est placé dès sa naissance sous l'empire de la loi civile, l'exercice même du droit naturel et des actes les plus indépendans de la vie sociale n'est qu'une concession virtuelle de la loi, 74, 184. — Preuves tirées du droit romain, *ibid.* — La loi civile devant par essence protéger la liberté naturelle et la propriété, est sans pouvoir contre ces deux faits, 185. — Si la loi, statuant dans ses rapports généraux avec la société, ne confère pas de droits acquis, il n'en est pas de même lorsqu'elle statue dans des vues plus restreintes, par exemple, lorsque de deux ou de plusieurs intérêts qui se trouvent en présence, il en est un qu'elle veut faire prévaloir pour le bien de l'État, 188. — Elle peut même porter le caractère de la stipulation civile, *ibid.* — Elle peut renfermer des dispositions à titre gratuit, dans ce cas les règles ordinaires des contrats de bienfaisance recevront leur application, 189. — Pour apprécier exactement la disposition de la loi, et savoir si elle confère réellement des droits acquis, il

de droit, un droit acquis aux individus, t. 1, p. 243. — Comme
conséquences de ce principe, on doit dire que le Code civil
a pu, sans rétroagir, appeler la mère, mariée avant sa promulgation, à partager la puissance paternelle, 244. — Que
la loi du 28 août 1792 a affranchi de la puissance paternelle,
dès sa promulgation, tous les enfans de certains pays, qui,
bien que majeurs, vivaient néanmoins toujours sous le joug
de cette puissance, *ibid.* — Que tous les enfans nés sur quelque partie que ce soit du territoire français ont été soumis,
du jour de leur promulgation, aux art. 148 et suiv., 375 et suiv.
du Code civ., 245. — Erreur d'un arrêt de la Cour royale
d'Agen, qui, se déterminant par de pures considérations de
*droit civil*, dénie à une femme devenue veuve avant le Code
civil, et investie de la tutelle de son enfant par ce [Code
le droit d'usufruit légal que lui attribue l'art. 384, *ibid.* —
Résumé des principes précédens, 248. — Ces principes vrais
quant aux effets immédiats et prochains des qualités de père
et de fils légitime, le sont à plus forte raison, quant aux effets
éloignés; par exemple, la successibilité, 249. — Consécration
de ces principes par la Cour d'appel de Bruxelles qui les avait
d'abord méconnus, 250.

PÈRE ET D'ENFANT ADOPTIF (État de), t. 1, p. 251. — Les qualités
de père et d'enfant adoptif sont soumises aux règles des contrats, *ibid.* — Confirmation de ces principes par diverses
cours judiciaires, 252. — Néanmoins, l'exercice des droits que
confèrent ces qualités n'est pas moins dépendant, en principe,
de la loi générale, que celui des droits qui résultent de la
paternité et de la filiation légitimes, 253.

PÈRE ET D'ENFANT NATUREL (État de), t. 1, p. 254. — La paternité naturelle repose sur un fait individuel, auquel la loi civile
n'attache qu'un seul effet, c'est de nourrir l'enfant dont on
se reconnaît le père; la paternité légitime, au contraire, repose sur la présomption formelle de la loi, née du mariage;
ce ne serait donc qu'en rétroagissant qu'elle anéantirait ces
effets, *ibid.* — De là de nombreuses différences, dans ces deux
cas, quant aux effets généraux de la paternité et aux droits
des enfans, 255. — Mais si la loi ne rétroagit pas en modifiant
les effets de la paternité naturelle, elle rétroagit en modifiant
les preuves de la paternité elle-même; et tels sont les effets
de l'art. 8 de la loi du 12 brum. an II, *ibid.* — Les cours

judiciaires qui ont appliqué cet article dans ce sens se sont
fondées sur l'indivisibilité de l'état de l'enfant, t. 1, p. 256. —
Cette loi renfermait deux principes qui ont passé dans le Code
civil, 257. —Développemens de quelques autres dispositions
rétroactives de la même loi, *ibid.*

crivaient par trente ans, sous l'ordonnance de 1673, sont
prescrits par cinq ans sous le Code de commerce, lorsque le
paiement n'en a pas été demandé pendant ce temps, depuis
sa publication, et réfutation de l'opinion qui fait dépendre
cette prescription de l'ancienne loi, t. II, p. 295. — Les principes
sur lesquels repose la non rétroactivité en matière de PRESCRIP-
TION DE DÉLIT ET DE PEINE, tient plus à l'ordre public qu'à
la théorie des droits acquis, 298. — La Cour de cassation a
abandonné l'ancienne jurisprudence qu'elle professait sur
cette matière; sa nouvelle doctrine est incontestablement
préférable. Réponse à une argumentation de M. Merlin, qui
persiste dans l'ancien système de cette Cour, *ibid.* et suiv.

PROMULGATION, PUBLICIATION DE LA LOI. Définition de la promulgation, d'après le Droit romain et les auteurs, t. I, p. 13, 15,
61 et 62. — Sa différence de la publication, 62. — Prise
dans le sens de la publication, elle emportait le fait physique
de publication, 16, 17. — Détermination exacte des mots
*sanction, enregistrement, promulgation, publication,* sous
l'ancienne monarchie, *ibid.* — La promulgation distincte de
la publication était comme une émanation virtuelle de la
puissance législative du Roi, *ibid.* — L'enregistrement et la
publication d'une loi dans une Cour souveraine suffisaient-ils
pour la rendre obligatoire dans tout le ressort de cette Cour?
Opinion de quelques auteurs sur cette question, 18, 19. —
Il n'est pas exact de dire que l'enregistrement des cours souveraines fût le complément de la loi, *ibid.* — La puissance législative étant tout entière dans les mains du Roi, l'enregistrement
n'était pas un concours réel à la confection de la loi, 21. — La
loi était obligatoire dans l'étendue du ressort des Cours souveraines, non par l'enregistrement dans le lieu où siégeaient ces
Cours, mais par un second enregistrement et la publication dans
le lieu où siégeaient les tribunaux inférieurs, 21, 22. — La
sanction et la promulgation n'offrent aucune trace d'existence commune à partir de 1789. Pourquoi? 24. — La promulgation passe, par la force des événemens, dans les mains
de l'Assemblée constituante, 25. — De là, les décrets des
5 et 9 nov. 1789, *ibid.* — Raisons politiques qui détermi-
nèrent cette Assemblée à promulguer directement tous les
actes revêtus de la sanction du Roi, et vainement promulgués
par lui, 26. — La loi du 2 nov. 1790 a eu pour but prin-

cipal de régler les effets de la promulgation sous les rapports
politique, judiciaire et administratif, t. 1, p. 26. — Les publications faites par les autorités judiciaires, avant la loi du 2 novembre 1790, étaient-elles obligatoires, même quant aux lois
administratives? Opinions contraires de M. Merlin et de la
Cour de cassation sur cette question qui se reproduit relativement à une application postérieure à la loi du 9 nov. 1790.
L'opinion de la Cour de cassation doit être préférée, bien
que celle de M. Merlin soit plus conforme aux lois du temps,
31, 32. — Sens des décrets du 27 mars et 17 juin 1791 en ce
qui concerne la promulgation, *ibid.* — La loi du 14 frim. an II,
commence une ère nouvelle pour la promulgation, 33. —
Coup d'œil politique sur l'état de la France à cette époque,
*ibid.* — Changemens introduits par cette loi, 34. — Décret
du 30 therm. an IV, qui établit une distinction entre le Bul-
etin des lois et le bulletin de correspondance; en quoi elle
consiste, *ibid.* — La loi du 12 vendém. an IV renverse à son
our le mode de publication de la loi de l'an II; elle procède
d'après un autre ordre d'idées politiques (la Constitution de
an III); conséquences de ce changement, 35. — Elle fonde
le feuilleton, 37. — La loi du 2 nov. 1790 ne s'applique pas
ux lois publiées antérieurement, *ibid.* — La loi du 12 vendém.
an IV a-t-elle rendu obligatoire de plein droit, les lois anté-
ieures envoyées dans chaque département, mais qui n'y
aient pas été publiées dans les formes précédentes? 38. —
léveloppement du sens de la loi du 24 brum. an VII sur la
ublication des lois dans les départemens réunis, *ibid.* —
rois époques distinctes pour la promulgation des lois dans
es départemens; la première, à partir du 20 frim. an III, la
seconde du 15 frim. an V, et la troisième du 24 brum.
an VII, 39 et suiv. — Les lois politiques et constitutionnelles
nt-elles obligatoires dans les pays réunis, du jour même de
ur réunion, et indépendamment de toute publication? 43.
V. *Loi*). — Distinction entre les dispositions de ces lois re-
tives à la capacité politique des individus, à leur liberté, ou
i tendent de toute autre manière à améliorer leur sort,
ns nuire au public ou aux tiers, et celles qui n'ont pas ces
jets généraux; elles sont obligatoires dans le premier cas,
ns être promulguées; elles ne le sont pas dans le second,

s'appliquer aux servitudes conventionnelles ; elle s'applique au contraire, sans rétroagir, aux servitudes légales, t. II, p. 334, 337, 339. — Les servitudes caractérisées par l'art. 691 du Code civil doivent être acquises avant la promulgation de ce Code ; elles ne sauraient être complétées par une possession prolongée sous son empire, 289, 335. — Les actions possessoires ne sont admissibles que tout autant que le demandeur administre préalablement la preuve de la propriété de la servitude, 336. — Que si la possession n'était que le résultat de la possession de la loi elle ne serait pas de nature à fonder la prescription de cette servitude, *ibid.* — A l'égard des servitudes déterminées par l'art. 690, la possession antérieure compte ou ne compte pas, selon qu'elle est admise ou déterminée par les anciens statuts, 337. — Quelle que soit la difficulté de la preuve de la possession antérieure au Code civil, les tribunaux ne sauraient se dispenser de l'ordonner, s'il y a lieu, 338.

SUBSTITUTION (de la) DIRECTE OU VULGAIRE, t. II, p. 153. — Définition de la substitution, c'est l'institution d'un second héritier, à défaut du premier, 154. — La substitution fidéicommissaire ne peut être appelée qu'improprement du mot *substitution*, *ibid.* — Les altérations primitives de ce mot se retrouvent dans notre ancienne législation ; il faut en chercher les raisons dans l'ordre des causes politiques, 155. — De là les confusions de l'ancienne jurisprudence sur la nature du droit de propriété, en matière de substitution, *ibid.* — Erreurs de quelques auteurs qui ont voulu voir dans ces substitutions une disposition modale dont l'effet était de reporter sur la tête des grevés successifs une sorte de propriété modifiée, altérée, etc., et qui ont voulu la justifier par le droit romain, 156. — Le Code civil a pris (art. 896) le mot substitution dans le sens des anciennes ordonnances et de la loi du 14 nov. 1792. Il dépouille par le même article la substitution vulgaire du caractère même de substitution, 158 — La loi du 14 nov. 1792 avait aboli les substitutions vulgaires et fidéicommissaires ; le Code civil ne rétablit en principe que les premières, sous une nouvelle dénomination, *ibid.* — Les lois intermédiaires qui ont prononcé l'abolition de toutes les substitutions, n'ont pu influer sur les substitutions antérieures à cette abolition, mais qui n'ont été ouvertes que depuis la promulgation de l'art. 898 du Code civil ; à l'égard de ces substitutions s'applique la maxime *media tempora non nocent*. Le testament olographe, contenant substitution, et d'une date antérieure à la publication de l'art. 898 du Code civil, mais postérieure à la loi du 14 nov. 1792, dont l'auteur est mort depuis le Code civil, est valable ; le testateur est présumé avoir adopté la forme olographe tracée par la loi nouvelle, t. II, p. 159.

que soit leur date, c'est par la loi du temps du décès, que sont régies, soit l'institution, soit la substitution, t. II, p. 175. — Que faudrait-il penser d'un acte de libéralité antérieur ou postérieur à la loi du 14 nov. 1792, emportant substitution dans les limites mêmes de la loi du 17 mai 1826, et dont l'auteur serait mort sous l'empire de cette loi? 176. — *Quid*, si l'acte de libéralité s'écartait à quelques égards des limites tracées par loi nouvelle? *ibid.* — Application des observations précédentes au cas où l'acte de libéralité ayant été fait sous l'empire de l'art. 896 du Code civil le testateur serait mort sous l'empire du même article. Néanmoins, on peut induire d'un arrêt de la Cour de cassation qu'il en serait autrement, si. le testateur fût mort depuis la publication de la loi du 17 mai 1826, 177.

SUCCESSIONS AB INTESTAT ( de l'effet des lois nouvelles sur les), t., II, p. 179. — La jurisprudence qui s'est élevée à côté du Code civil, en cette matière, a ramené les doutes et les obscurités de l'ancienne jurisprudence, 181. — Deux observations générales propres à rappeler au véritable système du Code civil. *La première* est que la volonté de l'homme est préférable à la volonté de la loi pour la transmission des biens par succession (V. *Transmission ( droit de*), *le mort saisit le vif, suite*); justification de cette proposition tirée du Droit romain; elle se fonde principalement sur la puissance du citoyen et le droit de propriété, 182. — Malgré la modification apportée plus tard à ce principe, surtout par la Novelle 118, on le retrouve toujours dans le respect des Romains pour les dernières volontés des mourans, 184. — La fiction relative à la transmission des biens par succession repose sur un tout autre principe dans le droit coutumier, *ibid.* (V. *Transmission ( droit de*). — Les fictions de l'ancienne législation, en cette matière, ont été abandonnées en 1789, 185. — Les rédacteurs du Code civil ont admis pour base de la fiction nouvelle les présomptions tirées des liens de famille. Néanmoins, il ont restitué à la volonté de l'homme et au droit de propriété la prééminence que leur refusait le droit coutumier, 186. — *La seconde observation* est que, comme conséquence de tout ce qui précède la jurisprudence devra diriger ses interprétations dans le sens qui vient d'être indiqué, 187. — La maxime, *le mort saisit le vif,* elle-même, doit être interprétée dans ce sens, t. II, p. 187 (V. *cette maxime*). — Différence, sous ce rapport, entre cette maxime et la *suite* du Droit romain, 188, 195. — Application de ce principe, 1° à la remise faite aux émigrés de leurs biens confisqués, en vertu du sénatus-consulte du 6 flor. an x ; 2° à la remise des biens confisqués aux condamnés révolutionnairement et aux religionnaires fugitifs, ou à leurs héritiers ; 3° à l'indemnité attribuée aux émigrés par la loi du 27 avril 1825, 188 et suiv. — Questions diverses, sur l'application de cette dernière loi, résolues par le même principe, 191. — Pour déterminer avec exactitude quelle loi doit régir les successions *ab intestat*, il faut ramener à ses effets inévitables la maxime, *le mort saisit le vif*, 194. — Dans le cas d'une succession ouverte et acceptée sous le Code civil, il ne serait pas exact de dire que les obligations solidaires créées sous l'empire des anciennes coutumes fussent divisibles entre les héritiers, d'après le Code civil ; c'est en vertu d'un tout autre principe que celui qui s'applique à l'ouverture des successions, 199. — Mais c'est en vertu de la maxime, *le mort saisit le vif*, qu'il faut résoudre négativement la question de savoir si une succession ouverte sous l'empire des coutumes qui chargeaient solidairement tous les héritiers des dettes du défunt, ces dettes doivent, si la succession est acceptée sous le Code civil, être divisées entre les héritiers, conformément à ce Code, 200. — L'individu qui succède en vertu de la loi actuellement existante, par suite d'un décès, n'a aucun droit acquis sur les successions qui s'ouvriront à l'avenir, dans l'ordre de successibilité déterminé par cette loi, 201 (V. *le Mort saisit le vif*, *Transmission* (*droit de*), etc.).

FIN DE LA TABLE.

# ERRATA.

—

## TOME I.

Pag. 211, lig. 30, après *du principe que*, ajoutez *la cause de*.
— 254, lig. 27, au lieu de *elles*, lisez, *ils*.
— 304, lig. 22, au lieu de 1805, *lisez* 1825.
— 311, lig. 18, au lieu de 1805, *lisez* 1806.

## TOME II.

— 21, lig. 19, au lieu de 6,900, lisez 6. 900.
— 35, lig. dernière, au lieu de *clause principale*, lisez *cause principale*.
— 130, lig. 33, au lieu de 1812, *lisez* 1818.
— 154, lig. 9, au lieu de 889, lisez 898.
— 228, lig. 27, après § 2, lisez *de partis*.

www.ingramcontent.com/pod-product-compliance
Lightning Source LLC
Chambersburg PA
CBHW052104230326
41599CB00054B/3755